中国社会科学院创新工程学术出版资助项目

品/牌/管/理/与/建/设/经/典/译/丛

总主编：杨世伟

U0666963

品牌与品牌地理化

[英]安迪·派克（Andy Pike）/ 编

邓龙安 / 译

BRANDS

AND

BRANDING GEOGRAPHIES

经济管理出版社

ECONOMY & MANAGEMENT PUBLISHING HOUSE

北京市版权局著作权合同登记：图字：01-2015-6470

BRANDS AND BRANDING GEOGRAPHIES

Copyright ⓒ 2011 by Andy Pike

Published by Edward Elgar Publishing Limited

Chinese Translation（Simplified Characters）Copyright ⓒ 2016 by Economy & Management Publishing House

图书在版编目（CIP）数据

品牌与品牌地理化/（英）安迪·派克编；邓龙安译. —北京：经济管理出版社，2016.3

ISBN 978-7-5096-3453-0

Ⅰ.①品… Ⅱ.①安… ②邓… Ⅲ.①城市管理—品牌战略—研究 Ⅳ.①F293

中国版本图书馆 CIP 数据核字（2014）第 246986 号

责任编辑：王光艳

责任印制：黄章平

责任校对：张　青

出版发行：经济管理出版社

（北京市海淀区北蜂窝 8 号中雅大厦 A 座 11 层　100038）

网　　址：www. E-mp. com. cn

电　　话：(010) 51915602

印　　刷：三河市延风印装有限公司

经　　销：新华书店

开　　本：710mm×1000mm/16

印　　张：23

字　　数：387 千字

版　　次：2016 年 3 月第 1 版　2016 年 3 月第 1 次印刷

书　　号：ISBN 978-7-5096-3453-0

定　　价：78.00 元

序 言

　　品牌是企业生存和发展的灵魂，品牌建设是一个企业进行长期积淀、文化积累和品质提升的过程。一个成功的品牌需要经历品牌管理和建设，品牌建设包括品牌定位、品牌规划、品牌形象、品牌扩张等。改革开放30多年来，中国经济实现了跨越式发展，已经成为世界第二大经济体，截至2014年已有220多种工业品产量居世界第一位，制造业净出口连续多年居世界第一位，中国已是一个名副其实的制造大国。但是，与我国经济发展的速度和规模相比较，企业品牌建设明显滞后，已经成为我国产业进一步提高竞争力的"瓶颈"。

　　在中国制造快速崛起的背后，却是中国品牌严重缺失的现实。在世界品牌实验室（World Brand Lab）发布的2014年世界品牌500强排行榜中，美国占据227席，仍然是当之无愧的品牌强国；法国以44个品牌位居第二；英国以42个品牌位居第三。入选品牌数量位于前十名的国家还有日本（39个）、中国（29个）、德国（23个）、瑞士（21个）、意大利（18个）、荷兰（8个）和瑞典（7个）。从这些数据可以看出，美国品牌数量在世界品牌500强中占据了45.4%，中国只占5.8%，而中国制造业增加值在世界占比已达到20.8%。由此可以看出，中国还是一个品牌弱国，中国在品牌建设与管理的道路上还有很长的路要走，有大量的工作要做。

　　中国企业从20世纪80年代中期开始了品牌建设的实践。1984年11月，双星集团（前身为青岛橡胶九厂）时任党委书记汪海举行了新闻发布会，这成为国有企业中第一个以企业名义召开的新闻发布会，集团给到会记者每人发了一双高档旅游鞋和几十元红包，这在当时是前所未有的。此事件之后，"双星"品牌红遍全国。1985年12月，海尔集团的前身——青岛冰箱总厂的张瑞敏"砸冰箱"事件，代表了中国企业开始有了自觉树立品牌的质量意识。从那时起，海尔逐渐通过品牌建设实现了全球的本土化生产。据世界权威市场调查机构欧睿国际

（Euromonitor）发布的 2014 年全球大型家用电器调查数据显示，海尔大型家用电器品牌零售量占全球市场的 10.2%，位居全球第一，这是海尔大型家电零售量第六次蝉联全球第一，占比更首次突破两位数。同时，海尔冰箱、洗衣机、冷柜、酒柜的全球品牌份额均继续蝉联全球第一。

进入 21 世纪后，中国企业在品牌建设上做了诸多尝试。以联想集团收购IBM-PC 品牌，吉利汽车集团收购沃尔沃品牌为标志，开始了中国企业收购国外品牌的过程。这说明中国的经济实力在增强，中国的企业在壮大，也说明了中国的品牌实力在增强，经历着从无到有、从小到大的过程。

2011 年，《国民经济和社会发展第十二个五年规划纲要》提出了"推动自主品牌建设，提升品牌价值和效应，加快发展拥有国际知名品牌和国际竞争力的大型企业"的要求。为贯彻落实这个规划精神，工信部、国资委、商务部、农业部、国家质检总局、国家工商总局等部门非常重视，分别从不同的角度发布了一系列品牌建设的指导意见。工信部等七部委于 2011 年 7 月联合发布了《关于加快我国工业企业品牌建设的指导意见》，为工业企业品牌建设引领了方向并提供了政策支撑。国家质检总局于 2011 年 8 月发布了《关于加强品牌建设的指导意见》，明确了加强品牌建设的指导思想和基本原则、重点领域、主要措施和组织实施。国务院国有资产监督管理委员会于 2011 年 9 月发布了《关于开展委管协会品牌建设工作的指导意见》，为委管协会品牌建设工作明确了方向。这一系列相关政策的发布，为中国品牌建设在政策层面上给予了保障，为全面加强中国品牌建设，实施品牌强国战略，加快培育一批拥有知识产权和质量竞争力的知名品牌明确了原则和方向。

中国经济步入新常态，表现为经济相对稳定、增长速度适宜、结构优化、社会和谐，经济发展条件和环境发生诸多重大转变，与传统不平衡、不协调、不可持续的粗放增长模式有着本质区别，意味着中国经济已进入一个与过去 30 多年高速增长期不同的新阶段。因此，我们需要认识新常态下的新趋势、新特征、新动力，创新驱动成为经济的重要引擎，加强品牌管理和品牌建设将成为新常态下企业发展的重要举措。

为了推进中国品牌管理和品牌建设工作，借鉴发达国家的品牌管理理论研究和品牌管理实践，中国企业管理研究会品牌专业委员会组织国内专家学者翻译了一批品牌管理和品牌建设相关著作，愿本套丛书的出版能为中国的品牌管理和品牌建设提供有价值的思想、理念和方法。翻译是一项繁重的工作，在此对参与翻译的专家学者表示感谢，但囿于水平、能力，加之时间紧迫，如有不足之处，希望国内外专家学者批评指正。

丛书总主编　**杨世伟**

编著者

西蒙·安霍尔特 国家认同与声誉管理和评估方面的权威专家之一，同时也是国家和地方品牌化领域的创始人。他是英国外交部公共外交委员会成员，曾为其他 30 个国家政府提供咨询，包括智利、博茨瓦纳、韩国、牙买加、不丹和法罗群岛。他也是季刊《地方品牌化和公共外交》的创始编辑，撰写了《再一次的轰轰烈烈》、《全新正义》、《品牌美国》、《竞争性身份：国家、城市和区域新品牌管理》、《地区：身份、形象和声誉》等书。他已出版两份年度重点调查报告：《安霍尔特国家品牌指数》和《各州品牌指数》。他因在经济与管理领域的领导力，而被授予 2009 年诺贝尔学术研讨奖，目前担任欧洲文化议会的议员。

亚当·阿维德松 意大利米兰大学社会和政治科学系社会学副教授。同时在丹麦哥本哈根商学院教授创业产业课程。他的著作涉及品牌、信息经济、城市和创意。他撰写了《品牌：媒体文化中的价值和含义》（劳特利奇出版社，2006 年），并且与尼科莱·佩特合著《伦理经济》（哥伦比亚大学出版社，即将出版）。其研究方向包括信息经济和新经济模式、创业产业、声誉的经济价值等。他同伦敦的 actics.com 合作，开发基于同行的企业和组织机构社会影响力测量体系，有时也在 P2P 基金会网站上撰写博客。

戴维·本尼森 英国曼彻斯特城市大学商学院市场营销与零售业系零售业和研究统筹专业教授。其研究和教学方向侧重于零售区位和规划事项，近期关注地区营销。虽然研究重点放在英国市场，但他长期以来持续研究希腊及其他地中海、中东国家的零售业变化。他的著作范围很广，同时还积极为政府提供公共政策以及为企业提供战略咨询。他承担了众多组织机构的研究，包括百安居、乐购门店、国家零售规划论坛、广泛零售、乡村署、P&O 购物中心、博尔顿 MBC 等。他还担任地区管理研究院的高级研究员。

乌利奇·埃尔曼 德国莱比锡市莱布尼兹区域地理研究所研究员，同时也在莱比锡大学授课。其研究方向为经济与文化地理综合学科，尤其专注于消费与生产地理学、商品与品牌学。他的著作涉及德国区域经济圈和本地食品标签，以及保加利亚时装市场。

亨里克·哈克尔 丹麦奥尔堡大学文化和全球研究系地区和旅游研究专业教授。其主要研究领域为公共政策，包括地方品牌化、旅游政策及地区经济发展知识流程。曾在国际文献和期刊上发表过地区政策、地方品牌化和旅游政策方面的文章，目前正从事一项地区和旅游开发知识流程和政策项目，以及城市品牌化对比研究。

安德鲁·哈里斯 英国伦敦大学地理与城市研究专业讲师。研究重点为艺术和艺术家在城市转型中的作用以及当代城市的三维地理。目前承担 ESRC 资助的孟买立交桥和人行天桥建造与维护研究。

阿特勒·豪格 挪威东部研究中心高级研究员。在乌普萨拉大学社会和经济地理学系获得博士学位，2007~2008 年获得多伦多大学博士后学位。曾开展文化产业方面的多项研究，博士论文主题为瑞典时装业。其研究主要关注产品的物质和非物质维度之间的联系，尤其侧重于非物质生产和象征价值。另外，他还涉足地区开发和人才吸引及留住研究。

彼得·杰克逊 英国谢菲尔德大学人文地理学教授。他与人合著了《追寻男性杂志的意义》（政体出版社，2001 年），同时担任《改变家庭，改变食品》刊物编辑（帕尔格雷夫·麦克米伦出版社，2009 年）。目前工作重点为消费者对食品安全的担忧，其研究获得欧洲研究理事会资助（有关更多信息，请访问 www.sheffield.ac.uk/conanx）。

约翰·杨森 瑞典乌普萨拉大学社会和经济地理学系讲师。其主要研究方向为经济地理学，理论研究侧重于城市群地区——全球联系、知识流、创意（城市）环境、创业和品牌化。这些理论方法已经在文化产业（比如设计、音乐、艺术）、互联网产业、城市环境和城市品牌化等研究中采用。已出版上述研究领域相关的书籍，并在国际期刊中发表了相关文章。另外，他还担任文化产业政策顾问和咨询师。

盖伊·朱利耶 任职于布莱顿大学，为伦敦维多利亚和阿尔伯特博物馆当代设计首席研究员。他曾担任"利兹·爱它·分享它"社区利益公司总监，专门从事研究再生新方法。另外，他也担任英国利兹城市大学设计学教授。他撰写了《设计文化》（赛奇出版社，2008 年）一书，并同利兹·摩尔合著了《设计和管理：政策、管理和实践》（博尔格出版社，2009 年）。研究范围涵盖设计活动、公共政策和设计经济。

博多·库巴茨 咨询师和趋势研究员，研究方向为香水和化妆品行业。获得美国奥克拉荷马大学经济地理学博士学位，并于 2006 年在奥克拉荷马大学担任讲师。研究领域为品牌和品牌化，与知识、学习和创新相关的社会经济地理学，基于实践的经济地理学以及创意空间研究。已在《城市地理》、《地区研究》和《欧洲规划研究》等刊物上发表过文章，并同弗兰克·J.施尼茨勒合著了 "Das Grosse Buch vom Parfum"（罗尔夫·海涅合集出版社，2011 年）。

尼克·刘易斯 奥克兰大学经济和政治地理学家。其研究方向为想象地理关系、地理种源主张和经济价值塑造。已展开酒业、国际教育业和时装业相关研究。研究方向还延伸至政治经济学的"后发展"和后结构方法理念，尤其是新西兰和太平洋地区经济发展机构工作和措施的相关内容。尼克大量参与提升新西兰社会科学的项目中，目前担任国家社会科学网络研究能力建设项目联合主任。

西莉亚·吕里 英国伦敦大学金斯密斯学院社会学教授，同本学院的利兹·摩尔一起讲授品牌开发硕士课程。她撰写了《品牌：全球经济商标》（劳特利奇出版社，2004 年）、《全球文化产业：万事斡旋者》（与斯考特·拉什合著，政体出版社，2007 年），并且最新编撰《消费文化》（政体和罗格斯出版社，2011 年）。其研究方向涉及女权主义、文化产业、著作权和知识产权以及拓扑学。

多米尼克·梅德韦 英国曼彻斯特商学院高级讲师和营销团队负责人。其学术研究扎根于地理学和营销学，侧重于地区营销和管理。其研究成果已经出版在众多营销和地理学期刊上，包括《欧洲营销期刊》、《环境和规划 A》、《地区和城市》。他欢迎就地区营销研究展开讨论和辩论，对此感兴趣的人士可以发邮件至 dominic.medway@mbs.ac.uk。另外，他还从事众多其他项目，包括基于农场的商业创投开发研究，以及碳中和研究实践性长期调查。

利兹·摩尔 英国伦敦大学金斯密斯学院媒体和传播学高级讲师。其研究方向涉及消费文化、物质文化、设计和品牌化领域。他撰写了《品牌崛起》（博尔格出版社，2007 年），并同盖伊·朱利耶合著了《设计和创意：政策、管理和实践》（博尔格出版社，2009 年）。

尼古拉斯·帕帕多普洛斯 加拿大渥太华卡尔顿大学斯普洛特商学院院长、

讲座教授以及营销和国际商业学教授。其研究重点为国际战略、买家国际战略应对，包括地区形象和品牌化、文化作用、扩张战略、国际市场体系。已出版200多部著作和文章，包括编撰《产品和国家形象》（1993年）、《低谷营销》（2006年），编写教科书《国际营销学》（与凯特奥拉、吉利和格拉哈姆合编，第三版，麦格劳希尔出版社，2011年）。近期在《国际商业评论》、《国际商业研究期刊》和《国际营销学期刊》上发表文章。目前在北美和欧洲授课并提供咨询，担任六家期刊编辑委员会委员，包括《营销学学术期刊》、《国际营销评论》以及《地方品牌化和公共外交》。

塞西莉亚·帕斯奎内利　意大利比萨圣安娜高等学校管理、竞争力和开发专业博士生。其研究领域为地区品牌和品牌化过程，侧重有利于品牌网络开发的社会经济和政治条件。担任圣安娜高等学校管理和创新实验室研究助理，在此研究地方和区域发展创新政策以及地区营销。她毕业于意大利比萨大学经济学专业，并获得英国纽卡斯尔大学城市和区域发展研究中心地方和区域发展专业文学硕士学位。

安迪·派克　英国纽卡斯尔大学城市和区域发展研究中心地方和区域发展专业教授。其研究方向为地方和区域发展地理政治经济学。已在众多国际期刊上发表文章，并合著《地方和区域发展》（劳特利奇出版社，2006年）、合编《地方和区域发展手册》（劳特利奇出版社，2011年）（均是与安德里斯·罗德里格斯·波斯和约翰·托美尼合作）。承担经合组织、欧洲理事会以及众多国家、城市和区域组织机构的研究项目。目前从事品牌与品牌地理化、经济地理学发展和空间不均衡性、空间经济政策和地区分权等研究。担任《地区研究》编辑，领导城市和区域发展研究中心地方和区域发展博士后项目。

多米尼克·保尔　瑞典乌普萨拉大学经济地理学教授。其研究关注集群、地区和产业竞争力、创新动态。主要侧重于文化经济和产业研究工作，尤其是音乐、设计和时装业。最近开展作为文化经济领域竞争战略的关系结构和差异化的地理和空间研究。已经出版了与这些领域相关的大量文章。为众多北欧政府部委和机构担任文化、创新和产业政策领域的文化政策咨询师和顾问。

波利·罗素　2003年获得谢菲尔德大学博士学位，并得到英国经济社会研究理事会——排除政策研究中心的资助。他与人合著《厨房革命》（伊布里出版社，2008年），目前担任大英图书馆社会科学部门的内容运营专员，负责广泛的食品相关资源。

Ngai-Ling Sum 英国兰卡斯特大学政治和国际关系专业高级讲师、文化政治经济研究中心联合主任（另一位是鲍伯·杰索普）。其研究和教学方向为国际政治经济、葛兰西和福柯、全球化和竞争力知识以及波斯湾地区。她与鲍伯·杰索普一起合著了《超越调控方法》（2006 年）一书，并因此获得欧洲进化政治经济学学会授予的贡纳尔·默达尔奖。她在《新政治经济学》、《资本和等级》、《城市研究和经济社会》等期刊上发表过文章，并编著合集。2008~2010 年，她开展了"竞争力文化变革：中国和印度"项目，由此获得英国社会科学院 BARDA 奖。

安蒂·泰科尔森 丹麦奥尔堡大学文化和全球研究系旅游研究专业副教授。其研究方向为地方品牌化、旅游消费者行为、形象塑造过程、旅游营销传播，已在国际期刊上发表过相关主题文章。目前从事一项故事营销和目的地品牌化相关项目，并展开城市品牌化对比研究。

尼尔·沃德 英国东安格利亚大学社会科学学院院长，曾担任英国纽卡斯尔大学农村经济中心主任。他是一位人文地理学家，以及农业、环境管理和农村发展领域专家。他与人合著《乡村差异化》（劳特利奇出版社，2003 年），而且最近发表了有关食品和品牌化的文章，包括发表在英国地理学家协会会刊上的《食品道德经济和责任地理学》（2009 年，与彼得·杰克逊和波利·罗素合著）。

盖里·瓦纳比 英国利物浦大学管理学院营销学高级讲师，同时担任学院消费者营销硕士专业的教研主任。其研究方向包括地区营销（尤其是城镇零售目的地营销）、市中心管理和更广义的零售。此项研究成果已经被发表在学术期刊上，包括《环境和规划 A》、《营销管理期刊》、《欧洲营销学期刊》和《地区经济》，以及众多专业和贸易期刊上。目前从事的研究项目包括城市购物目的地差异化形成中的建筑作用、地区营销中的地图作用、消费者角度的价值共创等。

鸣　谢

　　此合集的编著是共同努力的成果。在此感谢马修·皮特曼鼓励并支持本书编著和制作。感谢所有的编著者尽心尽力完成见解深刻、发人深省的各章节内容。感谢2008年波士顿美国地理学家协会年会中参与最初"品牌与品牌地理化"研讨会的所有编著者和与会人员。感谢来自英国纽卡斯尔大学城市和地区发展研究中心的同行，正是由于他们的持续工作才提供了与众不同、引人思考的研究文化和观点，促成这本合集的完成。城市和地区发展研究中心地方和区域发展项目的博士生和研究生，以及纽卡斯尔大学地理学专业的本科生也都提供了各自的见解和问题，进一步深化了对品牌与品牌地理化的理解和传播。感谢城市和区域发展研究中心的艾玛·威尔逊帮助整理原稿，感谢米歇尔·伍德制作封面。另外，感谢东北大学城市和区域研究中心的琼·菲茨杰拉德，以及波士顿公共图书馆提供空间供我们作总结。一般免责声明适用于本书。

　　同时，出版社也感谢以下人员允许使用他们的著作权资料：

● 照片：乌利奇·埃尔曼；巴提拔里诺·里拉·斯泰尔公司，第7章中广告牌图像。

● 照片：乌利奇·埃尔曼；广告照片：彼得·林德伯格，第7章中BOSS广告牌图像。

● 奥尔堡和奥尔胡斯当地机构，第12章中城市品牌形象。

● 利兹营销；"利兹·爱它·分享它"，第13章中城市品牌形象。

● 新西兰旅游，第16章中新西兰品牌形象。

　　我们已尽力找到每一位著作权所有人，但如有任何无意的忽视，出版社很愿意在第一时间做出必要协调。

献给我的父母、米歇尔、埃拉和科内尔

目　录

第 3 部分　品牌与品牌地理化
——空间与地方

第 4 部分　结　论

图目录

表目录

引　言

——概念化和理论化品牌与品牌地理化

1 引言：品牌与品牌地理化

1.1 引 言

布朗德斯通（Blundstone）靴子是澳大利亚特产，从 1870 年开始一直都由塔斯马尼亚岛霍巴特家族企业生产。品牌的差异化和价值体现在制造过程的艰辛以及牢固坚韧的性能上，尤其是考虑到产自澳大利亚（布朗德斯通，2010）。"布朗靴"的广告词是"澳大利亚人，生而穿靴"，它采用澳大利亚摇滚传奇人物安德森作为"布朗德斯通形象代言人"，因此其销售定位为牢固、动感、舒适，同时为"'辛苦工作的人'提供辛苦制造的靴子"（布朗德斯通，2010）。20 世纪初，布朗德斯通在霍巴特雇用了 500 名职工，人们认为这家公司是"澳大利亚最后一家大型专业鞋类生产商"，"其 80% 的产品几乎全部在澳大利亚制造，15% 带鞋帮的鞋子在海外制造，剩余 5% 全进口"（科尔贝克，2003）。

2007 年，品牌商在澳大利亚的制造运营面临高昂的成本和生存压力。原因是贸易自由化和竞争加剧，消费者要求更具差异化的、能符合其他劳动需求的产品，并且"绝大部分都不愿意付更多的钱购买质量和性能相关无几，仅因为是澳大利亚制造就更贵的产品"（布朗德斯通，2010）。这家公司在尽力挖掘潜力提高澳大利亚工厂的生产力和创新能力之后，得出结论："我们能看到的一切就是成本上升，市场迫使我们降价或者保持价格不变"（布朗德斯通，2010）。布朗德斯通决定将大部分生产都转移到印度和泰国，那里的成本仅是澳大利亚当地成本的1/20~1/15，而这导致霍巴特损失了 360 个岗位（达尔比，2007）。公众强烈抗议如此具有澳大利亚代表性的商品不再是"澳大利亚制造"并且呼吁抵制该产品，布朗德斯通辩解说：

即便不是全部的公司外迁，但我们也是在这个行业中其他公司大部分外迁之后才这样做的，在所有外迁制鞋企业中，我们也在做出最大努力保持本地制造——代价是牺牲利润。布朗德斯通是一家私营公司，每位公司所有人都立志于服务澳大利亚社会。如果我们是一家上市公司，就不得不背负每年为股东创造利润的压力，那么我们在多年前就会做出现在这个决定。我们和许多人一样都感到沮丧。我们拥有137年的历史，拥有标志性的品牌，拥有自己的劳动力和产品，这都让我们引以为傲。对于我们来说，部分生产外迁是个非常困难的决定（布朗德斯通，2010）。

随着客户需求以及布朗德斯通在全球化背景下材料制造的地理转移，曾为品牌商创造过含义和价值的"澳大利亚制造"特质的特殊语义引发人们的质疑。在品牌的生命中以及品牌化过程中这个小插曲很重要，因为它显示出对人类生活和地方繁荣的象征性和实质性影响。布朗德斯通仍旧在澳大利亚原产地销售，也仍将是"属于澳大利亚人并且对澳大利亚充满激情"（布朗德斯通，2010），但是生产的转移导致其"在澳大利亚仅留下少量销售、客服和总部人员"，2007年底仅雇用了大约100人（达尔比，2007）。尽管"品牌继续存在，公司也继续存在"（达尔比引用首席执行官的话，2007），布朗德斯通仍面临激烈的竞争，因为除非对产地漠不关心，否则客户在购买靴子时会弄不清这是哪里的靴子。

布朗德斯通靴子的经历表明商品和服务品牌及品牌化过程中蕴含着不可避免的地理关系和联系，其产生的价值和含义具有重要意义。品牌与品牌化有时看上去很普遍，尤其品牌被宣称为"当代经济生活的核心特征"（吕里，2004），而品牌化被解读为"资本主义的核心活动"（霍尔特，2006）。同时一些人认为这是一个"几乎无所不包的品牌空间"（阿维德松，2005），在这个空间里"好像几乎没有任何市场，甚至没有一个细分市场，不被品牌化过程所征服"（高曼和派普森，2006）。这个背景下品牌与品牌地理化重要性凸显，因为品牌的空间和多面特征交叉穿过经济、社会、文化和政治生活；作为市场中的商品和服务它们具有"经济"特征，作为集中生产、流通和消费的物品它们具有"社会"特征，作为提供含义和身份的实体它们具有"文化"特征，作为知识产权监管、金融资产销售和富有争议的象征物它们具有"政治"特征（派克，2009）。

但是，我们并没有平等地认识到空间和地方地理学如何同品牌与品牌化不可避免地交织在一起，相关研究也甚少。理由主要如下：首先，品牌与品牌化是一个在学术和途流文献中长期热门、周期性流行的领域。尽管用词和含义有所不同，根据对 1969~2009 年以"品牌"或"品牌化"为名的文章进行的粗略统计，表明对这一领域跨学科的学术关注度逐步上升，并且从 20 世纪 90 年代晚期开始迅速增长（见图 1.1）。研究工作横跨众多学科（包括建筑学、商业研究、经济学、经济史学、地理学、国际关系、营销学、媒体研究、规划、政治科学、旅游研究、社会学和城市研究），反映出一个新兴行业的蓬勃发展，产生大量专家和从业者（比如安霍尔特，2006；哈特和墨菲，1998；奥林斯，2003；罗伯茨，2004）、学术人员（比如德·彻纳东尼，2001；卡普费雷，2008）以及国际咨询机构（比如国际品牌集团、莎佛朗）提出的规范指导和分析框架。此文献著作产生的政治社会学意义显示出如何更好实施品牌与品牌化同其他质疑品牌目的、价值和作用的相关研究之间的一些尖锐但通常模糊的区别。品牌与品牌化措施、目的和思考方式的多元化和多样性致使其空间方面的研究并不全面，较为零碎。其次，品牌与品牌化过程已经大大超越其经济和文化概念中的商品和服务概念，更深入社会和政治概念中，涵盖知识、人文、地方、慈善、宣传活动、大学、政治党派、国家和跨国机构（摩尔，2007；凡·汉姆，2008）。由于品牌与品牌地理化

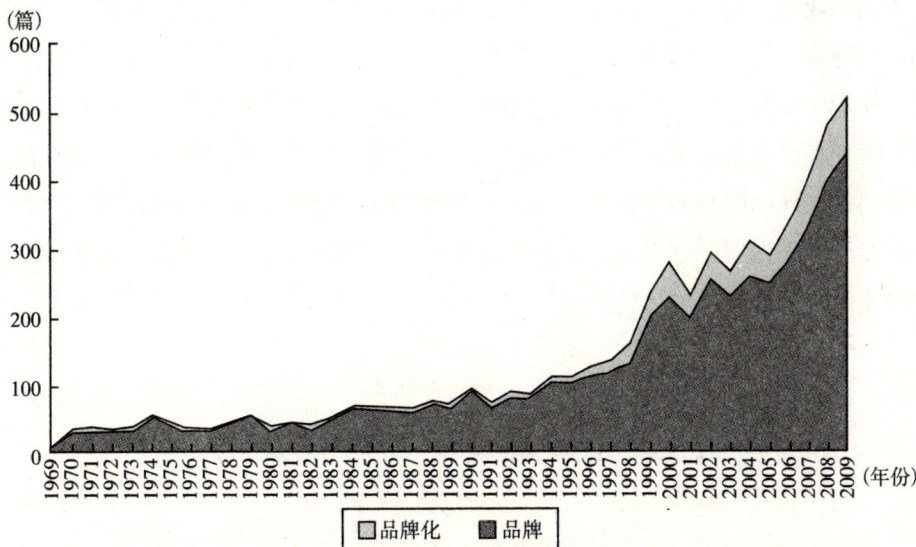

图 1.1　1969~2009 年标题中带有"品牌"或"品牌化"的文章数量
资料来源：笔者根据美国科技信息研究所网络数据库计算。

迅猛的增长和普及，概念化、理论化和实证研究品牌与品牌地理化的任务难以跟上实践发展步伐。即便是在空间学科中，尽管地理调查呈现范围广、关联性强，经济地理学还是"一贯低估品牌内容，没有将其视作一个研究领域"（保尔和豪格，2008）。

尽管出现越来越多的文献著述（如库克和哈里森，2003；伊登索尔和克萨里，2006；杰克逊等，2007；刘易斯等，2008；派克，2009；保尔和豪格，2008），我们却几乎没有检验过或者形成概念性和理论性框架，帮助理解品牌与品牌地理化并显示实证工作。为了解决这项缺陷，本合集旨在尽力关注并进一步推动我们对品牌与品牌地理化的了解。总体目标是在多学科和国际化背景下提供品牌与品牌地理化新课题的一个参考点。具体而言，本合集的目的如下：

（1）批判性展开并建立品牌与品牌地理化相关新的概念性、理论性文献和实证分析；

（2）连接并联系品牌与品牌化空间维度方面最前沿的跨学科和国际化研究，尤其是探索迄今为止商品和服务各项研究与空间和地方品牌、品牌化之间的联系；

（3）参与并思考地理含义对品牌与品牌化政治性和局限性考量的影响；

（4）提供品牌与品牌地理化的未来潜在研究方向。

为了达到以上目标，最初我们公开征用2008年波士顿美国地理学家协会年会中四个主题讨论会的著作文献，然后委托国际上地理学之外的其他学科领军人物提供更多的著作。尽管我们无法声称此本合集详尽而全面地包含了应当涵盖的所有作者、学科、实证研究以及地理研究——但是这本合集旨在识别并包含品牌与品牌地理化中最重要、最具共鸣的关注点。为了表明下列内容框架，引言部分将会通过阐述品牌与品牌化不可避免的空间联系和内涵、空间差异化的呈现和流通以及不均衡发展，寻求建立品牌与品牌化的地理学本质。在下面的内容中将会进一步介绍本合集组成结构。

1.2　创建品牌与品牌地理化

品牌与品牌化的普及突出了建立其地理属性以及发展概念性、理论性方式以阐述解读其空间内涵的必要性。本书寻求建立并进一步发展以下观点：①品牌与品牌化具有地理特征，因为它们位于、涉及某个空间和地方；②品牌与品牌化随着时间和空间的转变发生移动并经历不同变化；③在与品牌与品牌化生产、流通、消费和监管呈现的价值及含义的相关空间领域方面，发达地方的富有人群比不发达地方的相对不富有人群展现出更多不同的影响。

1.2.1　不可避免的地理联系和内涵

品牌是指某类可识别的产品或服务，包括价值或"权益"（艾克，1996），比如关联度、意识、忠诚度、品质认知度，以及最重要的起源——通过空间联系和内涵它们以不同的程度和不同的方式渗透。品牌化的过程就是以有意义的方式阐述、联系、加强和展现在品牌中的各个方面和隐含内容（摩尔，2007），它同样也涉及地理联系和背景，无法将其排除在外。例如，人们赋予特定品牌什么样的价值和含义，以及人们如何应对品牌化，牵涉他们自身的社会空间关系、身份以及他们对品牌与品牌化空间联系和内涵的理解。市场营销中一直存在"原产地"效应（比尔基和内斯，1982），鉴于此，人们对品牌来源地或者"品牌产地"的理解一直显著影响着购买决策。如伯恩斯坦（1984）所言，"品牌诞生于某个地方。公司诞生于某个地方……国际品牌是在原产地创立的"。品牌化物体和品牌化过程随着时间逐步积累其自身的历史，形成社会性和空间性，对其发展至关重要。空间和地方以不同的方式和不同的程度深入品牌化物体和品牌化社会实践中。我们甚至可以说品牌与品牌化体现着"固有的空间性"（保尔和豪格，2008）。

对必然存在的品牌与品牌化地理进一步概念化的方式之一就是利用涉及经济人类学和经济社会学的跨学科讨论。这项研究关注市场中的商业规则以什么样的方式促使消费者生活中——一般是品牌化——商品和服务更为深入地牵涉其中。所谓"可交易物体"是由销售机构制造的涉及"众多价值和价值体系——通常采用品牌化过程——涵盖众多特征（比如理性、美学、文化、道德）"（巴里和斯莱特，2002）。竞争推动了商品和服务"资格评定"和"单一化"过程中的创新和差异区分，促使它们更贴近消费者（加隆，2005）。例如，某些品牌通过特定地方的"品牌空间"门店，提供更好的产品定制化服务、个性化的定制服务配置以及创建零售体验（克林曼，2007）。市场交易使加隆（2005）发现有必要进行框架制定和摆脱牵涉，释放交易对象，避免其受到妨碍财产权全面转让的更多束缚。相反，米勒（2002）则阐述了一个加强牵涉的过程，因为：

大多数行业都必须对可能为他们带来利润——如果他们有恰当的"流行"敏感度——的产品或服务的外观、风格、形象和"感受"做出高度定性、互相牵涉的判断。盈利的方式不是摆脱牵涉，而是加强牵涉。

在众多空间、地方和政治牵涉的广义理解中（梅西，2005），Lee（2006）发现：

牵涉其中的经济地理学……仍旧无框架结构——或者框架过多——让人觉得所有与之相关的媒介、物体、物品和商品都或多或少无法完全区别且互相关联，同时它们之间存在着多种社会关系。

对于 Lee（2006）来说，加隆的经济主义和"经济关系纯粹化"期望具有风险，有可能忽略"普通经济体的内在复杂性，并且形成对经济想象地理的限制"。地理牵涉的概念反映了米勒对加强商业领域牵涉的解读以及 Lee 对牵涉其中的经济地理学复杂性的解读。我们可以区分这个概念，意指商品、服务、知识、空间和地方相关各品牌必然交错的空间联系和内涵，以及品牌化含义的形成。

这种空间敏感度方式提供了品牌与品牌化如何不可避免地牵涉"地方和空间文化含义中的地理知识基础……以便能'再次赋予'……商品魅力并且将其同标准化产品和地方的低功能性和同质性区分开来"（库克和克朗，1996）的理解方式。其他学科中的叙述也明确了此类地理牵涉，包括经济人类学中的"空间识别"（米勒，1998），"市场营销"中的"国家和文化标记"（法乌和普伦德加斯特，2000），社会学中"地方如何试图采用综合元素的方式融入商品中"（莫罗奇，2002）。实际上，社会学家阿维德森（2005）称"建立品牌权益就是在品牌周围培育大量可能的附属物……体验、情感、态度、生活方式或者可能是最重要的忠诚度"。许多此类附属物具有不可避免的地理联系，诱导品牌与品牌化过程，其中一些属性和联系可能较为重要，比如特殊地方隐含的传承、质量和名誉，而其他标记，比如特定地方展现的廉价、俗气、低价值特征，也可能隐藏起来。埃尔曼在本书第 7 章区分了不同类型商品和服务，并且展现了空间和地方同品牌与品牌化的联系，同时提出"增值地方"和"减值地方"，以恰当表现涉及品牌与品牌地理化联系相关价值和含义中体现出的这种空间差异化（莫罗奇，2005）。

地理牵涉不仅是品牌与品牌化同特定空间和地方之间固有关系的物质联系，地理牵涉还能随着时间改变，具有不同类型（比如物质、象征、推论、视觉、听觉）、不同范围（比如强弱）和本质（比如真实、虚构）（派克，2009）。阐述品牌的地理牵涉可能透露出宣传、包装、零售和商标保护品牌化过程中展现的与特定来源之间强大、真实的物质联系——正如豪格阐述的极限运动设备与北欧生产商之间的联系，保尔和杰森阐述的北欧设计分析，以及刘易斯在 NZ 品牌分析中透露的一样。其他品牌可能体现了与完全虚构或者期望形成、品牌化的地方之间薄弱、全构造地理联系，旨在吸引特定细分市场——正如杰克逊等在列举奥克汉鸡肉和朗缪尔三文鱼中构建的"含义生成"所展示的，以及阿维德松和哈里斯详细研究城市品牌化中"创意阶层"叙述使用中阐述的一样。

1.2.2　地理差异化的表现和流通

整个世界的需求和欲望已经不可逆转地同质化。从商业角度而言，麦当劳从香榭丽舍大道到银座的成功、可口可乐在巴林的成功、百事可乐在莫斯科的成功，以及无处不在的摇滚乐、希腊沙拉、好莱坞电影、露华浓化妆品、索尼电视和李维斯牛仔裤，都是最好的证明。"高触感"产品同高科技一样无所不在（莱维特，1983）。

正如吕里所言，莱维特（1983）关于"市场全球化"的创意言论在品牌与品牌化领域内引起深刻的共鸣，也就是"全球竞争预示着国家地域界限的终结"，并且"跨国公司将以坚定的毅力长期运营——采用相对低成本——如同整个世界（或者世界上主要地方）就是一个单一的实体；以同样的方式在世界各地销售同样的产品"。对一些人而言，"全球"品牌与品牌化尤其被视作此类全球化先锋中的载体，像是"全球液体"一样跨越国界并且"超越界限、超越机体，自由流动"（厄里，2003）。作为对"扁平地球"（莱维特，1983）和"地理界限终结"（奥布莱恩，1992）言论的回应，本书中品牌与品牌地理化的图片具有同质性和相同性的特征，因为它们的普遍性和流动性是为了减少在扁平化、流畅化世界中的空间差异（弗莱德曼，2005）。莱维特（1983）预见到了这一点，"没有人可以改变，也没有什么可以阻挡这个过程。每个地方每样东西都和其他东西越来越相似，因为世界的倾向趋势就是毫不动摇地同质化"。这里，品牌与品牌化的极端普及性将公共领域转化为同一个全球品牌及其形象、商标和标记品牌化过程主导的统一商业"品牌景观"（克林曼，2007）。此类空间和地方的相对观点强调品牌化和品牌没有地域界限的空间性，因为通过媒体多元化，"品牌的联系不再局限于单一地方、单一事件，而是分散在众多层面上（如产品和包装）、屏幕中（电视、计算机、电影院）或者地点（零售门店、广告牌）"（吕里，2004）。

与这个观点相反的是空间敏感度更高的品牌与品牌地理化阐述，突出品牌与品牌化在尖锐、黏性世界中加强地理差异化时采用的不一致的、多元化的和多样性的方式（派克，2009；克里斯托芬等，2008；马库森，1996）。这项分析认为品牌化物体和品牌化过程在空间、地方以及世俗的经济、社会、文化和整体过程中具有表现、展现、视觉、固定性和流动性方面的地理差异和空间不均衡。从地域角度而言，这个方法在建立、展现、监管品牌与品牌化的空间起源方面强调刻画的，甚至实际管辖的实体。随着将空间和地方概念从以国家为重点进行市场营销的方式转到"原产国"，利用、解除特定空间层面上的地域界限，它们能够通过生产商、流通商、消费者和监管人形成的空间联系和内涵构造品牌与品牌化的地理牵涉。这些量化指标包括超国家（如欧洲、拉丁美洲）、次国家行政（如巴伐利亚、加利福尼亚）、"民族"（如加泰罗尼亚人、苏格兰人）、泛区域（如北部、南部）、区域（如东北、西南）、次区域或本地（如湾区、市中心）、城市（如米兰、巴黎），甚至社区（如上东区、骑士桥）（派克，2009）。

当品牌化物体的表现和流通概念化过程具有更大的地理差异时，这些物体找到了不同的类型以及不同的商业、社会、文化和政治共鸣程度，并且随着时间呈现出特定空间和特定地方黏性。某些品牌的生产、流通、消费和监管等空间领域可能在地理上高度不均衡。在寻求形成并应对不同地理市场背景的特性中，品牌化实践可能同样地在空间上有所削弱并呈现非一致性——即使是不同地方的同一品牌。比如说，地理敏感度更高的营销分析师已经表明调整品牌适应特定市场的品牌全球属性管理的重要性（霍特等，2004）。不同的地方、不同的人以不同的方式观看、解读，并应对品牌化物体和品牌化过程，而地理差异化就是这些不同方式的完整部分。近期关于空间和地方的争论涉及领域或关联视角之间二元定位，在此之外，考虑品牌与品牌地理化牵涉将更有利于以关联和领域、界限和无界限、流动和固定、领土化和非领土化等方式解决空间问题（派克，2009）。有观点认为公开涉及的矛盾，以及此类矛盾和重叠趋势的偶然发生能够推动实证检验特殊品牌与品牌化展现的复杂地理牵涉和社会空间历史。

考虑因果关系以及如何解释品牌与品牌地理化中蕴含的地理差异时，重要的是区分牵涉的地理概念如何促使品牌物体和品牌化过程不可避免地具有空间性，而不是以线性或者过分简单的方式实现。地理牵涉很少是固有的，除了特定情况之外，比如与特定地方具有固有联系的农产品（摩根等，2006），以及一些形式的空间和地方品牌及品牌化。基本上，品牌与品牌化中的地理牵涉是由媒介的社会构建形成的。生产商（如制造商、"地方制造商"、居民）、流通商（如广告商、营销人员、媒体）、消费者（如购物者、居民、游客）和监管人（如商标机构、本地委员会、出口机构）在价值和含义的空间领域中互相关联、促进，试图在市场背景下建立品牌与品牌化空间联系，并受此条件约束（派克，2011a）。

品牌与品牌化历史积累了地理牵涉特征、个性、含义和价值，由此进行区别或再加工就变得困难。此类"地理知识"可能呈现黏性的、缓慢的变化，符合特定商品（杰克逊，2004）以及空间和地方需求。这种社会空间历史会对品牌后续发展、轨迹和品牌化产生一定程度的路径依赖。对于一些品牌而言，这些联系可以是负面的、难以摆脱的，比如麦当劳背负着劣质快餐的名声，并且其同美国经济和文化帝国主义的联系显示出弹性，尽管最近它在英国和其他地方进行品牌改造并努力尝试提高产品膳食质量（利兹，1998）；对另一些品牌而言，产品和地方之间的紧密联系会产生共鸣，比如2006年宗教卡通争议之后伊斯兰国家持续抵制丹麦产品；而对另外一些品牌，地理联系可以积极地展示品牌重塑的商业利益效果。比如韩国三星电子集团花巨资投入新产品、质量和品牌促销，包括高调的明星代言和赞助活动，从而摆脱了20世纪70年代和80年代人们对来自东亚的制造商惯有的低质量、不可靠和低价格的印象。

在思里夫特（2005）形成"资本文化领域"过程中以及在推动超越线性"商品链"研究（哈德逊，2005；杰克逊，2002）过程中，商品地理学尤其意识到了品牌与品牌化媒介的巨大网络。商品价值和含义形成过程中的重点生产商—消费者关系得以进一步全面扩大，涵盖流通和监管（布里奇和史密斯，2003；卡斯特里，2001；史密斯等，2002；沃茨，2005）。例如，商品"后续"工作已经涉及各种各样的概念、行动者和过程，包含"众多人员、工厂、漏洞、疾病、诀窍、政治、贸易协议和历史，其多重、复杂的牵涉和分裂推动着这个'事务'及其轨迹"（库克和哈里森，2007）。其他研究也阐述了参与价值生成、增强、提取、交换和分配的媒介空间领域（卡斯特里，2004；亨德尔森等，2002；杰克逊，2002；Lee，2006；史密斯等，2002；瓦茨，2005）。尽管空间和地方品牌、品牌化相关的"品牌架构"探索或者媒介网络正在启动中（帕克，2011a），此类媒介形成的社会构建强调了实证研究的重要性，因为它将偶然性带入品牌与品牌地理化中，使得它们呈现出时间和空间的多样性和变动性。

1.2.3 不均衡发展

由于经济和社会不平等形成、增强以及社会空间关系和劳动分工不平等竞争出现，导致形成品牌与品牌化不均衡关系，因此品牌与品牌化的空间联系很重要。这不仅牵涉具有地理差异的品牌与品牌化，还融合了空间不均衡发展，因为潜在的差异化动态预测是根据时间和空间上的经济、社会不平等寻找、探索和（再）生产。具有不同商业兴趣的生产商、流通商、消费者和监管者选择性地透露、模糊了品牌与品牌化中的空间联系含义和价值（派克，2011a）。品牌化的累积和差异化需求推动品牌所有人细分市场，从而开拓、守护、挖掘商品和服务市场中有利可得的部分。在空间和地方中，本地推动力试图让本地方有别于其他地方，形成投资、就业、居住和旅游的地域竞争力（图洛克，2009）。正如理查德·森尼特（2006）对商品和服务的描述，"品牌化寻求让全球上市的基本产品都看上去与众不同，寻求模糊同质性"。因此品牌所有者花费了很多时间、努力和资源实施差异化战略。这些包括整合品牌相关基础设施的平台系统，能够生成看不到的规模经济并获得成本节约，同时又能保持高价位、引入时尚和潮流循环以加快资本流通，并且打造有利可图的高端市场以刺激消费者购买价位更高、利润更高的商品和服务（弗兰克，2000）。

对于商品和服务，品牌化寻求打破当前市场的稳定，重新构建市场，围绕新的战略定义品牌，比如品牌和副品牌的美学及文化含义，并使其成为细分市场的方式，以便品牌所有者"有能力支付高昂的成本获得预期的品牌"（哈德逊，2005）。经济和社会不平等的空间表现会促进此类市场细分，因为"贫富之间的巨大差异会形成比现在更为丰富的产品类型"（莫罗奇，2002）。品牌与品牌化的差异化需求（再次）造成了此类不平等，并形成社会两极化，因为"新的贫困阶级没有被赋予恰当的标签和品牌，不仅被排除在外，而且被完全无视"（劳森，2006）。品牌所有者的核心策略是识别、反映并形成社会空间差距。例如，火星糖果的全球品牌总监声称"平均化的年代已经过去了"（穆雷，1998），现在要寻求次国家"财富口袋"作为品牌化优先重点。具有地理牵涉的品牌与品牌化使得不均衡发展永远存在，加强了空间化以及：

等级化的劳动分工。设计密集型的生产者站在顶端，而许多实际参与产品生产或服务供应的人则位于底端。一杯星巴克的卡布奇诺出售后只有几分钱会支付给采收烘焙咖啡豆的人，而那些提供饮料服务的人得到的报酬也高不了多少。剩余的那些都给了有能力宣称自己为品牌的创意、产品创新或设计活动做出贡献的人（吕里，2004）。

品牌所有者活动的地理组织（再次）形成不平等的社会空间劳动分工，寻求那些高成本收益的劳动力资源，从而支持品牌与品牌化中与价值和含义空间领域相关的生产商、流通商、消费者和监管者网络。

品牌与品牌地理化牵涉进一步推动不均衡发展，这通过创造、体现、增强，甚至放大空间和地方之间的社会空间竞争性关系，以及通过时而交叉品牌化的商品和服务市场，正如本书第3部分"品牌与品牌地理化——空间与地方"中的文章所言，近期商品和服务市场中的竞争与投资、就业、居住和旅游地域竞争力中的新兴"地方品牌化"产业相联系和重叠（格林伯格，2008；汉尼根，2004；霍兰茨和查特顿，2003；朱利耶，2005；莫罗奇，2005）。这个现象已经发生，如通过挑起投资和合同相关的边际劳动力资源国际竞争、特定地方品牌竞争对手的生产商和流通商竞争，以及在特定管辖领域内寻求定义市场标准的监管机构，以实现品牌所有者的外包和挖掘，从而能够驱逐特定商品或服务品牌。实际上，现在有观点认为品牌化已经超越商品和服务领域的概念，成为"当代经济中推动企业、集群、区域和国家的核心战略和商业能力之一"（保尔和豪格，2008）。

"地方品牌化"探索商品和服务品牌化向空间和地方展开地理延伸，依据"传统的、多维的地方含义的商业化"（戈德和沃德，1994）研究，揭示其经济和社会逻辑以试图建立企业组织来改变"地方市场"（哈维，1989；卡恩斯和费罗，1993）的地方竞争力。部分研究工作倾向于约定俗成、不加批判地取消"国家"和"品牌"，从而概念化各国的"品牌权益"概念。比如，凡·汉姆（2001）声称：

在全球消费者的心目中，国家常常是一家强大的品牌，在吸引外商直接投资、雇用最佳与最优秀人才、行使政治影响力时很重要。在拥挤的市场中，缺少相关品牌权益的国家无法生存下去（另见安霍尔特，2002）。

越来越多的反思研究探索在一体化国家品牌内地方同商品和服务市场的重叠，比如新西兰品牌、加拿大品牌、比利时的"就是"和超酷的大不列颠（帕帕多普洛斯，2004；杰夫和尼本扎，2001），同时探讨公众市民，而不是地方精英

"所有权"，是否促使产生恰当的产品/服务品牌化原则（帕帕多普洛斯和赫斯罗普，2002）。通过（再次）形成不均衡空间和地方之间的社会空间竞争性关系和地理差异化后果，从而了解品牌与品牌化中的地理牵涉，阐述它们如何影响不均衡发展。

品牌与品牌地理化和不均衡发展之间的这种关系对政治学来说至关重要。这涉及哈维（1990）呼吁"走到市场和商品的面纱——拜物教背后"，以便通过追溯商品和"不均衡地理发展"之间的关系"了解社会再生产的完整情况"。"商品的内在生活"可以"透露对商品生产系统整个结构的深刻洞察——社会、文化、政治经济"（瓦茨，2005）。而且，它可以开始形成与商品和服务以及空间和地方相对的品牌与品牌地理化不均衡发展之间的联系（刘易斯，本书第16章）。"去拜物化"项目遵循批判性，问题涉及双重拜物教，这类似于构建在商业利益基础之上的商品和想象地理中体现的社会关系质量（库克和克朗，1996）；商品社会生活中的虚构地理的复杂性（卡斯特里，2001）；学术知识高于越来越复杂的流行消费者知识的特权（杰克逊，1999）；"研究拜物教"形成的地理选择想象（布里奇和史密斯，2003）；以及商品拜物教相关性质疑和"再连接"是否"能重新看到先前隐藏的认同和责任链"（巴奈特等，2005）。

尽管商品、服务、空间和地方的品牌与品牌化都很显著，但是关于其地理性如何涉及与商品拜物教的任何再连接（哈特维克，2000）或者如何"实现"（卡斯特里，2001）商品拜物教的相关解释和策略尚未被研究过。如果"品牌化的作用是通过赋予商品层层叠叠的神秘性和象征性从而将商品脱离与其生产相关的社会关系和条件"（伊顿索和科萨里，2006），那么构想品牌与品牌化的地理牵涉则提供了"非抽象起点"（克莱因，2000），以分析它们的不均衡发展和策略。这是项重要而艰难的任务，因为：

当前的品牌化形式将此过程更推进一步，从某种意义上来说，促进了拜物教的拜物化过程，也就是商品本身物化形象的商品化。品牌化不仅有效地逐步揭开掩盖商品社会根源的"神秘面纱"，而且还有效地创造了"神秘面纱"生成和流通的实际产业，并且发明了综合这些"面纱"以实现总体假象的方法（格林伯格，2008）。

在品牌化商品、地方中的空间及其品牌化的不均衡地理发展过程中，卡斯特里（2001）对去拜物化的"重要关键研究"仍没有结束。就商品而言，探讨媒介制造的品牌与品牌化"神秘面纱""要求我们超越关于真实性的两极化辩论，'揭开'商品拜物教，并展现隐藏在商品形式下的榨取式社会关系"，以替代表现"更复杂的随意分配过程观点"，理解含义生成的文化过程以及异化和宣传产生的政治经济过程（杰克逊等，2007，强调增加）。品牌与品牌化中地理牵涉的概念以多种方式发挥作用。首先，它能获得物质以及文化经济方式展现的多元化和多样性中的随意、象征特征（库克和哈里森，2003）。其次，它能连接文化建设和文化敏感度更高的政治经济体强调的（但是无法缩小到任何单一结果）当代资本主义系统化原理和过程（比如累积、商品化）（卡斯特里，2001、2004；瓦茨，2005）。最后，它开始阐述商品、服务、空间和地方品牌与品牌地理化中不均衡发展同政治之间的联系。

1.3　本书结构

本书中的文章都是在国际跨学科框架下定位品牌与品牌地理化，我们将其分为四个相关部分。第 1 部分"引言——概念化和理论化品牌与品牌地理化"，介绍了反映品牌与品牌地理化相关概念和理论方法的当前状态，涵盖国际主要学科。尼古拉斯·帕帕多普洛斯综述了国际营销方面的长期研究，展现了地方的中心作用和日益增强的重要性。他区别了地方形象和地方品牌化，强调了与地方相关的情感因素在形成强烈的购买行为时变得越来越重要，如吸引力和厌恶。然后，他解释了地方品牌化过程中各种基本地方形象、产品、旅游或其他地方形象协调的关键作用，它们互相作用，影响从消费者和行业采购人到投资商、游客或学生的各类"买家"。从社会学角度而言，西莉亚·吕里使用品牌作用的表现性概念来解释品牌与品牌化的"空间制造"能力。她提出品牌作为边界对象占领并形成"多重空间"，运用空间界限，但没有超越或偏离空间界限。

第 2 部分"品牌与品牌地理化——商品、服务和知识"，通过综合商品和服务品牌、品牌化地理相关实证研究并且引入新的分析分类知识，阐述不同的概念方法。彼得·杰克逊、波利·罗素和尼尔·沃德为食品研究和品牌化注入了新的见解，他们通过品牌化检验"含义的生成"以及对企业而言是如何针对购买商品和服务的消费者形成外部目的、针对员工价值和志向的塑造和表述形成内部目的。利用口述生命史的方法，他们提出品牌开发的过程涉及个人和企业发展过程综合，并从多种空间尺度表明空间和地方在品牌地理和历史构建中的重要性。利兹·摩尔关注消费中"地方附属"品牌，并探讨消费者参与制造此类地方市场的程度。思考品牌的地方化时，她利用旅游、政治和再生产的例子，表明在大型机构的地方制造势力下，比如世贸组织等品牌所有者和监管机构，探讨人们在消费中体验的相对自主权很重要。阿特勒·豪格在研究高级运动装备开发和营销中消费者的作用时，提出了创新和品牌化之间独特的联系。他指出解释商业业绩时，用户刺激产生新想法和形成品牌化策略的作用非常关键，因为它将产品技术和功能价值同非物质和象征性价值联系起来。

乌利奇·埃尔曼探讨在"新品牌经济"下经济价值在多大程度上同实际使用价值分离，以及它朝着"品牌经济空间"中"非地方性"的趋势。通过对保加利亚国内新时尚品牌发布的研究，他指出品牌在建立并实施经济现代化进程中的核心作用，并且重点突出象征价值在经济转型中构建消费者和提升品牌文化的作用。博多·库巴茨提出了香水行业中香水创建和品牌化相关知识以及了解中相近和延伸作用之间的新联系。他指出如何围绕品牌产生了解，并且这种了解如何区分"品牌认知度"（针对细分市场形成并检验一项概念）和"香水品牌化"（香水同其所有含油材料以及抽象产品元素之间的互相关联）的初始过程。

多米尼克·保尔和约翰·杨森是在全球领域和循环集群背景下进行分析，根据北欧设计的实证研究探讨"基于地方的品牌"的呈现和持续。他们发展了连接地理尺度内或之间的与价值和含义相关的空间领域的"品牌渠道"概念，并阐述了产品起源如何会被认定为行业和地方之间象征关系产生的，并据此建立的强大"联合品牌"。随着通过商业战略和公共政策咨询展开营销和销售，知识的商品化和品牌化逐步增强，在此背景下，Ngai-Ling Sum 提出了"知识品牌"的概念，解释了如何建立"竞争力"以及如何在各个地点和尺度上将其置入研究背景中。她举例探讨了具有"竞争优势"的哈佛—波特式品牌，阐述这种知识品牌如何流通，以及如何通过地点起到转化和说服的中间作用，并由地方和本地行动者在特殊背景下进行重建和协商。

第 3 部分"品牌与品牌地理化——空间与地方"，探讨了空间和地方的品牌与品牌地理化，关注城市、产地、地方、居民区、国家和其他建立的想象地理。

安德鲁·哈里斯分析了霍思顿在伦敦的经历，并调查了形成后工业城市品牌化"品牌景观"复杂的、特定地理位置的社会文化世界。他提出一个独具创意的创业者和特殊的艺术家团队塑造了一个成功的品牌，但是在面对强有力的住宅高端化和房地产开发利益时，它显示出了不可持续性，并且最终削弱了其自身建设的基础。由此，他得出结论，城市品牌化的特殊形式促进了新形式的经济活动，但是也常常不知不觉地建造了新形式的空间争夺和控制。

安蒂·泰科尔森和亨里克·哈克尔对比丹麦国内奥尔胡斯和奥尔堡的经历，探讨省级城市品牌化的政治性。他们发展了包容、战略和认同的概念，用来分析地方品牌化项目中涉及的媒介动态，由此表明无论是否存在共享的战略制定，怎样做到具有包容性无须得到长期利益相关人的认同。盖伊·朱利耶将设计活动交叉同地方品牌化联系起来，检验它是如何争取、打乱假设的固有空间性。他批判性地分析了英格兰北部西约克郡利兹城市品牌化的颠覆性和争议，质疑与吸引力和竞争相关的城市和城市品牌化主导空间意识形态，作为新自由主义全球网络中后工业消费场所。与此相反，他提出金融危机和气候变化为本地治理替代选择以及本地治理节奏和重点变化涉及的政治参与和对话打开了新的空间。

根据瓦尔·迪·科尼亚在意大利托斯卡纳南部的经历，塞西莉亚·帕斯奎内利采用关联品牌化的概念，探讨是否地方空间非连续网络中的合作，而非竞争，形成了品牌，以及如何形成。她制作了一个动态地方品牌模型，能够识别相关的格式化行动者，并且得出结论：这个网络品牌为挣扎在去工业化影响中的一个地方提供了可行的品牌重塑战略。盖里·瓦纳比、戴维·本尼森和多米尼克·梅德韦检验了横跨英格兰北部古罗马边防哈德良长城的品牌重塑，由此探讨品牌化空间的构建。他们展现了品牌地域和更为"模糊的"关联空间性之间的流动发展关系，同时也展现了相关的行动者如何协商其含义和范围，以及这些含义和范围如何随着时间变化。

尼克·刘易斯将国家品牌化的兴起视作各国在国家跨地域竞争背景下部署的广泛的全球化战略的一部分。他研究了新西兰品牌化过程中涉及的各种媒介的互联构架，明确了侧重加强独立国家在经济实践和社会认同中全球化倾向的政治项目，并提出品牌中展现了什么、品牌代表谁以及会产生什么结果等问题。作为地方品牌化领域中实践领导者，西蒙·安霍尔特从自身开始反思，批判性地探讨"国家品牌"的概念，并将其定位于全球地理政治背景中。他对比了韩国和意大利的经历，强调形象、身份和名誉的作用，以及战略、物质和象征行动如何在其管理中变得至关重要。

第4部分"结论"是本合集的结尾。亚当·阿维德松关注城市品牌化当前成熟模式的特性，表明"创意城市"模式关注个人和社会实践中生物政治干预的直接联系，以及对应结果的财务稳定。利用国际经历，他探讨了"创意城市"品牌化如何大大有助于抬高内部城市房产和房屋价格的中产阶级化策略。他仔细思考了可能超越"创意城市"品牌化形式及其品牌化过程的各类自我组织和社会生产。最后一章总结并回顾了本书对理解品牌与品牌地理化的主要贡献，提供了一些方法和此项主题研究相关的见解，思考了地理阅读材料对品牌与品牌化政治学和限制性的作用，最终列出了未来潜在研究方向。总而言之，本合集旨在提供一个兴趣点，以便启动多学科和国际化背景下与品牌和品牌地理化相关的丰富而有益的研究。

（鸣谢：感谢向本合集提供著作、参与其中的所有作者。同时也感谢东北大学城市和区域研究中心的琼·菲茨杰拉德，以及波士顿公共图书馆提供空间供我们作总结。一般免责声明适用于本书。）

参考文献

Aaker, D.A. (1996) *Building Strong Brands*, New York: Free Press.

Anholt, S. (2002) "Foreword", *Brand Management*, 9, 4–5, 229–239.

Anholt, S. (2006) *Competitive Identity: The New Brand Management for Nations, Cities and Regions*, Basingstoke: Palgrave Macmillan.

Arvidsson, A. (2005) "Brands: A critical perspective", *Journal of Consumer Culture*, 5, 2, 235–258.

Barnett, C., Cloke, P., Clarke, N. and Malpass, A. (2005) "Consuming ethics: Articulating the subjects and spaces of ethical consumption", *Antipode*, 37, 23–45.

Barry, A. and Slater, D. (2002) "Introduction: The technological economy", *Economy and Society*, 31, 2, 175 193.

Bernstein, D. (1984) *Company Image and Reality: A Critique of Corporate Communications*, Eastbourne: Holt, Rinehart and Winston.

Bilkey, W.J. and Nes, E. (1982) "Country-of-origin effects on product evaluations", *Journal of International Business Studies*, 8, 1, 89-99.

Blundstone (2010) *Blundstone: An Australian Tradition*, http: //www.blundstone.com/index.cgi, accessed 26 July 2010.

Bridge, G. and Smith, A. (2003) "Intimate encounters: Culture-economy-commodity", *Environment and Planning D: Society and Space*, 21, 257-268.

Callon, M. (2005) "Why virtualism paves the way to political impotence: A reply to Daniel Miller's critique of The Laws of the Markets", *Economic Sociology - European Electronic Newsletter*, 6, 2, February, 3-20.

Castree, N. (2001) "Commodity fetishism, geographical imaginations and imaginative geographies", *Environment and Planning A*, 33, 1519-1525.

Castree, N. (2004) "The geographical lives of commodities: Problems of analysis and critique", *Social and Cultural Geography*, 5, 1, 21-35.

Christopherson, S., Garretsen, H. and Martin, R. (2008) "The world is not flat: Putting globalization in its place", *Cambridge Journal of Regions, Economy and Society*, 1, 3, 343-349.

Colbeck, R. (2003) *Submission to the Productivity Commission Inquiry into Post-2005 Textile, Clothing and Footwear Assistance Arrangements*, Liberal Senator for Tasmania, Tasmania, 7 March, http: //www.pc.gov.au/_data/assets/file/0003/27966/sub061.rtf, accessed 26 July 2010.

Cook, I. and Crang, P. (1996) "The world on a plate: Culinary culture, displacement and geographical knowledges", *Journal of Material Culture*, 1, 131-153.

Cook, I. and Harrison, M. (2003) "Cross over food: Re-materializing postcolonial geographies", *Transactions of the Institute of British Geographers*, NS, 28, 296-317.

Cook, I. and Harrison, M. (2007) "Follow the thing: 'West Indian hot pepper sauce'", *Space and Culture*, 10, 1, 40-63.

Darby, A. (2007) "These boots were made for walking: Blundstone strides off to Asia", *The Age*, 17 January, Melbourne, http: //www.theage.com. au/news/national/these-boots-were-made-for-walking-blundstone-strides-off-to-asia/2007/01/

16/1168709752862.html, accessed 26 July 2010.

de Chernatony, L. (2001) *From Brand Vision to Brand Evaluation*, Amsterdam: Elsevier.

Edensor, T. and Kothari, U. (2006) "Extending networks and mediating brands: Stallholder strategies in a Mauritian market", *Transactions of the Institute of British Geographers*, 31, 323–336.

Frank, R. H. (2000) *Luxury Fever: Why Money Fails to Satisfy in an Era of Excess*, Princeton, NJ: Princeton University Press.

Friedman, T. (2005) *The World Is Flat: A Brief History of the Twenty-first Century*, New York: Farrar, Straus and Giroux.

Gold, J.R. and Ward, S.V. (eds) (1994) *Place Promotion*, Chichester: John Wiley & Sons.

Goldman, R. and Papson, S. (2006) "Capital's brandscapes", *Journal of Consumer Culture*, 6, 3, 327–353.

Greenberg, M. (2008) *Branding New York: How a City in Crisis Was Sold to the World*, New York: Routledge.

Hannigan, J. (2004) "Boom towns and cool cities: The perils and prospects of devel-oping a distinctive urban brand in a global economy", Unpublished Paper from Leverhulme International Symposium: The Resurgent City, 19–21 April, LSE, London.

Hart, S. and Murphy, J. (eds) (1998) *Brands*, Basingstoke: Macmillan.

Hartwick, E. (2000) "Towards a geographical politics of consumption", *Environment and Planning A*, 32, 1177–1192.

Harvey, D. (1989) *The Condition of Postmodernity*, Oxford: Blackwell.

Harvey, D. (1990) "Between space and time: Reflections on the geographical imagination", *Annals of the Association of American Geographers*, 80, 3, 418–434.

Henderson, J., Dicken, P., Hess, M., Coe, N. and Yeung, H.W.C. (2002) "Global production networks and the analysis of economic development", *Review of International Political Economy*, 9, 436–464.

Hollands, R. and Chatterton, P. (2003) "Producing nightlife in the new urban entertainment economy", *International Journal of Urban and Regional Research*, 27, 2, 361–385.

Holt, D. (2006) "Toward a sociology of branding", *Journal of Consumer Culture*, 6, 3, 299–302.

Holt, D. B., Quelch, J. A. and Taylor, E. L. (2004) "How global brands compete", *Harvard Business Review*, September, 68–75.

Hudson, R. (2005) *Economic Geographies*, London: Sage.

Hudson, R. (2007) "Regions and regional uneven development forever? Some reflective comments upon theory and practice", *Regional Studies*, 41, 1149–1160.

Jackson, P. (1999) "Commodity cultures: the traffic in things", *Transactions of the Institute of British Geographers*, 24, 95–108.

Jackson, P. (2002) "Commercial cultures: Transcending the cultural and the economic", *Progress in Human Geography*, 26, 3–18.

Jackson, P. (2004) "Local consumption cultures in a globalizing world", *Transactions of the Institute of British Geographers*, 29, 165–178.

Jackson, P., Russell, P. and Ward, N. (2007) "The appropriation of 'alternative' discourses by 'mainstream' food retailers", in D. Maye, L. Holloway and M. Kneafsey (eds), *Alternative Food Geographies: Representation and Practice*, Amsterdam: Elsevier, 309–330.

Jaffe, I. D. and Nebenzahl, E.D. (2001) *National Image and Competitive Advantage*, Copenhagen: Copenhagen Business School Press.

Julier, G. (2005) "Urban designscapes and the production of aesthetic consent", *Urban Studies*, 42, 5/6, 869–887.

Kapferer, J.N. (2008) *The New Strategic Brand Management: Creating and Sustaining Brand Equity Long Term*, 4th edition, London: Kogan Page.

Kearns, G. and Philo, C. (eds) (1993) *Selling Places*, Oxford: Pergamon Press.

Klein, N. (2000) *No Logo*, London: Flamingo.

Klingman, A. (2007) *Brandscapes: Architecture in the Experience Economy*, Cambridge, MA: MIT Press.

Lawson, N. (2006) "Turbo-consumerism is the driving force behind crime", *Guardian*, 29 June, 31.

Lee, R. (2006) "The ordinary economy: Tangled up in values and geography", *Transactions of the Institute of British Geographers*, NS, 31, 413-432.

Levitt, T. (1983) "The globalization of markets", *Harvard Business Review*, May-June, 92-102.

Lewis, N., Larner, W. and Le Heron, R. (2008) "The New Zealand designer fashion industry: Making industries and co-constituting political projects", *Transactions of the Institute of British Geographers*, NS, 33, 42-59.

Lury, C. (2004) *Brands: The Logos of the Global Economy*, London: Routledge.

Markusen, A. (1996) "Sticky places in slippery space: A typology of industrial districts", *Economic Geography*, 72, 3, 293-313.

Massey, D. (2005) *For Space*, London: Sage.

Miller, D. (1998) "Coca-Cola: A black sweet drink from Trinidad", in D. Miller (ed.), *Material Culture*, London: Routledge, 169-187.

Miller, D. (2002) "Turning Callon the right way up", *Economy and Society*, 31, 2, 218-233.

Molotch, H. (2002) "Place in product", *International Journal of Urban and Regional Research*, 26, 4, 665-688.

Molotch, H. (2005) *Where Stuff Comes From: How Toasters, Toilets, Cars, Computers and Many Other Things Come to Be as They Are*, New York: Routledge.

Moor, L. (2007) *The Rise of Brands*, London: Berg.

Morgan, K., Marsden, T. and Murdoch, J. (2006) *Worlds of Food*, Oxford: Oxford University Press.

Murray, J. (1998) "Branding in the European Union", in S. Hart and J. Murphy (eds), *Brands: The New Wealth Creators*, Basingstoke: Macmillan, 135-151.

O'Brien, R. (1992) *Global Financial Integration: The End of Geography*, London: Pinter.

Olins, W. (2003) *On Brand*, New York: Thames and Hudson.

Papadopoulos, N. (2004) "The rise of country branding: Implications for business in developed and developing countries", Paper for New Frontiers in Marketing Strategy: Brand Value and Business Success, 6 May, Budapest, Hungary.

Papadopoulos, N. and Heslop, L. A. (2002) "Country equity and country branding: Problems and prospects", *Brand Management*, 9, 4–5, 294–314.

Phau, I. and Prendergast, G. (2000) "Conceptualizing the country of origin of brand", *Journal of Marketing Communications*, 6, 159–170.

Pike, A. (2009) "Geographies of brands and branding", *Progress in Human Geography*, 33, 619–645.

Pike, A. (2011a) "Economic geographies of brands and branding: 'Britishness' and Burberry in the luxury fashion business", Unpublished Paper, CURDS, Newcastle University, Newcastle upon Tyne.

Pike, A. (2011b) "Placing brands and branding: A socio-spatial biography of 'Newcastle Brown Ale'", *Transactions of the Institute of British Geographers*, 36, 2, 206–222.

Power, D. and Hauge, A. (2008) "No man's brand –brands, institutions, fashion and the economy", *Growth and Change*, 39, 1, 123–143.

Ritzer, G. (1998) *The McDonaldization Thesis: Explorations and Extensions*, London: Sage.

Roberts, K. (2004) *Lovemarks: The Future beyond Brands*, Brooklyn, NY: powerHouse Books.

Sennett, R. (2006) *The Culture of the New Capitalism*, New Haven, CT: Yale University Press.

Smith, A., Rainnie, A., Dunford, M., Hardy, J., Hudson, R. and Sadler, D. (2002) "Networks of value, commodities and regions: Reworking divisions of labour in macro-regional economies", *Progress in Human Geography*, 26, 1, 41–63.

Thrift, N. (2005) *Knowing Capitalism*, London: Sage.

Turok, I. (2009) "The distinctive city: Pitfalls in the pursuit of differential advantage", *Environment and Planning A*, 41, 1, 13–30.

Urry, J. (2003) *Global Complexity*, Cambridge: Polity.

van Ham, P. (2001) "The rise of the brand state", *Foreign Affairs*, 80, 5, 2–6.

van Ham, P. (2008) "Place branding: The state of the art", *Annals of the American Academy of Political and Social Science*, March, 1–24.

Watts, M. (2005) "Commodities", in P. Cloke, P. Crang and M. Goodwin (eds), *Introducing Human Geographies*, 2nd edition, Abingdon: Hodder Arnold, 527–546.

Wilmott, H. (2007) "Political cultural economy and the financialisation of brand equity", Paper for the Centre for Research on Socio–Cultural Change Annual Conference "Re–thinking Cultural Economy", 5–7 September, University of Manchester, Manchester.

2 地方和品牌

◎ 尼古拉斯·帕帕多普洛斯

2.1 引 言

地方对人类生活而言至关重要。从"亚利马太的约瑟"和"墨西哥僵局"到"法式生活乐趣"和"英式不苟言笑",无论强调的是地方本身或是其中的人们或是其他特征,都已经被普遍用作传达人类沟通中大量简单、复杂信息的速写形式之一。由于"地方"可以是指一个房间、一栋建筑、一个家、一个居民区、一个社会、一座城市、一个次国家区域、一个国家、一个超国家区域,甚至整个世界,因此当我们搬入新居、在一座城市里成长或工作、旅行到某个目的地、在此购买服务或产品等时都经历了一个地方。这丝毫没有夸张,我们可以改用一部有名的电影片名借以描述"(非常非常)不一样的地方"。

考虑到其核心作用,我们并不惊讶地方在众多学科中都得以被研究,包括地理学、人类学、社会学和环境心理学(如布朗,2007;雷蒙德,2007;洛和劳伦斯—祖尼加,2003;吉瑞,2000;莱维卡,2010)。在所有这些领域中,最初的兴趣从研究并描述传统狭义概念中的"区域"或"地点"转移(克雷斯维尔,2004)到将其视作社会构建体验(洛和劳伦斯—祖尼加,2003)——先锋科尔尼布拉德利(2009)由此得出结论"地方无法与人类分离开来"。由此,最近人们越来越意识到地方的重要性远远高于以前的认定(程特曼,2009)。尽管每个领域都从各自角度考虑地方,它们享有共同点,即将其大部分视作"家庭"概念,并以此检验其在促进情感和根源感受时的作用(布朗和雷蒙德,2007),或者是传达个人和社会认同时的象征性（古巴和胡蒙，1993）。

本章从国际营销角度（罗斯和迪曼托波罗斯，2009），更具体而言，从国际买家行为角度考虑地方概念。这个学科将其独特的视角带入到核心架构的研究中，采用横跨几乎 50 年的广泛研究，并关注地方形象（另外也称作制造形象、原产国形象或出产国形象）的性质和作用。随着国家、国度或更普遍的地方品牌化（正确的术语实际上是地方营销，因为它通常更多涉及营销方面而不是品牌化，但是鉴于此处讨论，我们采用更普遍使用的地方品牌化）的兴起，重新点燃了对这个领域的研究兴趣。地方品牌化概念源于 20 世纪 90 年代早期的各项因素聚集，包括众多行业中的全球化和不断增加的国际竞争、共产主义的衰落、导致竞争加剧的特定事件、人口压力和不断变化的迁移模式（帕帕多普洛斯，2004）。为了应对这个新的环境，各国政府和贸易组织展开系统性活动，旨在保护或促进各部分利益，比如保护国内行业应对进口（美国国货研究），吸引旅游、投资、技术工人以及/或者国外学生（我爱纽约、投资奥地利），促进国内产品出口（100%哥伦比亚咖啡），或者在疯牛病、禽流感等大型卫生事件之后安抚消费者（比如澳大利亚层层把关农产品认证计划）。外加 1990 年之后国际政治面貌发生翻天覆地的变化，凸显出国际事务中系统性"公共外交"的必要性，这些发展导致产生了凡·汉姆（2001）所谓的"品牌国家兴起"，并且使得地方品牌化成为时代的核心问题（安霍尔特，2007）。

地方形象和地方品牌化被视作一枚硬币的正反面，原因是：①地方形象主要涉及地方形象公式中的需求面，也就是地方形象对买家的影响；②地方品牌化涉及同一个公式中的供应面，也就是对这些形象的管理；③两者的关注点都是地方形象如何影响买家、如何在营销地区建设性地采用这两者、产品同这两者具有怎样的联系。就此而言，本章节内容论述地方形象如何在产品领域中发挥作用，以及买家大脑中普遍呈现的形象类型和它们对地方品牌化的意义。

此项讨论利用笔者领导的众多研究发现，以及部分笔者参与的研究发现，作为其地方形象和地方品牌化长期国际研究项目的一部分。迄今为止，这个项目涵盖 80 多项实地研究，涉及 25 个以上国家，总样本包括大约 25000 名消费者、投资商、游客和其他人，已经发表 100 多篇与此项主题相关的概念研究和实地研究报告。本章节选择性采用此项研究和早期报告，突出此领域内尚未被广泛研究的部分地方形象相关课题，而不是试图将所有潜在相关课题和研究内容"编成目录"。为了避免造成混乱，此处使用的方法和统计流程仅简要叙述，并且仅讨论重要的统计结果，如有必要可在引用的原始文件中查看各项研究详细内容（我们很遗憾但不得不如此，此处将会引用很多本章节作者及其同事的研究）。

2.2 简要背景叙述：什么是地方形象？地方形象如何发挥作用？

此处的利益构建是指基于地方的形象，买家、卖家将此形象联系到产品上。根据基本营销规则，在这个定义中：① "产品" 是指由某个人提供给另一个人的任何东西（从牙膏到选举期间的政治平台）；② "联系" 具有广泛含义，可以是产品实际生产地点、组装或设计地点、主要成分或零件产地、生产商总部地点，或者仅仅是无关地方但是其形象被用来加强产品吸引力（比如澳大利亚生产的酒采用法国名称）；③ "买家" 可以是考虑采购的消费者或机构、考虑其他人提出的政治主张的政府，也可以是寻求某个地方进行投资、访问、工作或学习的任何企业、游客、工人或学生；④ "卖家" 可以是使用 "地方" 帮助营销产品服务的任何机构——比如手表行业的 "瑞士制造" 或者旅游宣传中的 "墨西哥万岁"。

在首次参考产品标签上 "小词汇产地" 的潜在重要性（迪奇特，1962）、首次研究实证确认这项假设（斯库勒，1965），以及首个文献评论之后（比尔基和内斯，1982），这项领域的研究真正启动。此作者具有的完整数据库表明目前为止地方形象和地方品牌化领域中的学术输出累计超过 1400 篇出版文献，包括 800 多篇期刊文章，以及书籍、章节和会议文献中的论文，一些学者将此称作国际买家行为和营销学中 "研究最多" 的课题（谭和帕里，1987；彼得森和乔里波特，1995；杰夫和内本扎尔，2006）。

此项课题吸引如此众多关注的一个主要原因可能是它结合了对国际营销学研究人员而言至关重要的三大元素，并且实际上对学术人员、实践者以及普通人来说也非常重要，即文化，主要定义了我们是谁；地方，说明我们来自哪里；理解，我们如何理解身边的世界。营销建立的主要前提就是理解的重要性。买家的态度和行为是根据他们如何理解产品内在和外在特征相关的信息线索，比如内在的技术性能和外在的价格或品牌名称。内在线索难以评估，因此买家通常转向外在线索寻求帮助，比如地方形象，因为这些作为简要信息载体包含并反映了产品特色。

认知心理学告诉我们此类信息是以心理图式的形式储存在大脑中。它集合了层次结构的观念、一般规律、物体、事件或感受，形成复杂的节点和链接"联系网络"，有助于我们构建对自身环境的理解（霍金斯等，2001）。主导的联想网络导致产生固有成见，这个过程帮助我们应对认知过载和信息处理（亚豪斯，2000）。

地方形象化是复杂的心理图式，可以被我们在市场中经历的外在地方线索激活，通常表现出强烈的固有成见。我们经历一天天的生活，从学校、媒体、同产品的接触以及其他来源了解很多关于地方的信息。我们学会说某些东西或者某些人像是"意大利时尚"、"俄罗斯草原"，或者"友好的澳大利亚人"。我们随着时间固化对地方形象的成见，并在做出购买决策时将它们视作速记提醒："如果这是德国的，那么制造工艺肯定很好"（因此大众将其在巴西制造的汽车宣传为"德国工程"），以及"日本的电子产品是最好的"（这解释了我们中大多数人可能拥有的电视机、CD 机或照相机品牌来源地）。这也是国际营销背景下，如同在其他背景下一样，"地方很重要"的原因。

2.3 地方形象及其作用的选择性研究成果

2.3.1 地方形象及其在全球的产品

人类行为中，尤其是买家行为中文化的作用十分普遍。依据此背景，文化影响着人们对地方及其产品的理解。文化很重要，与此对应，我们的研究也重点关注跨国或跨文化对比研究。

我们在 15 个国家或地区实施的一项跨国研究提供了人们对各个国家理解的良好综述（帕帕多普洛斯、赫斯罗普和 IKON 研究集团，2000）。表 2.1 显示了根据四个形象变量组成的综合指数排列 18 个国家，前两个变量涉及各国产品，后两个变量涉及国家本身。变量以 7 分进行测量（7=好），其中两个为认知评估（"产品总体"、"理想国家或地区"），另两个为意动测量值（"购买意愿"、"想要更多接触"）。18 个受评估国家或地区基本上遵循预期的从最发达到最不发达的排列方式——但是在一些情况下"产品"和"国家"形象之间存在描述差异。此项研究结果呈现的可能最显著的"一边倒"现象中，德国、日本和美国在"产品"一项中得分很高，但是在"理想"国家一项中得分偏低，而加拿大和澳大利亚虽然在"产品"一项中几乎位列较发达国家的末尾，但是在"理想国家或地区"指标方面并列首位。

表 2.1　根据 15 个样本的 18 个国家或地区的总体评估 *（样本数量=4627）

发达程度	受评估国家或地区	综合指数		各项变量排名 **			
		平均分（7 分标准）	排名	产品总体	购买意愿	理想国家或地区	想要更多接触
高度发达	德国	5.3	1	1	1	9	3
	日本	5.2	2	2	2	12	3
	美国	5.1	3	3	3	9	8
	荷兰	5.1	4	5	4	3	3
	澳大利亚	5.1	5	9	4	1	1
	加拿大	5.1	6	9	8	1	1
	法国	5	7	3	7	5	8
	英国	5	8	5	4	7	7
	瑞典	5	9	7	9	4	3
	挪威	4.9	10	8	9	5	10
	西班牙	4.8	11	11	9	7	11
较低发达	中国香港	4.3	12	12	12	13	12
	希腊	4.3	13	14	13	11	13
	匈牙利	3.9	14	15	14	14	14
	以色列	3.8	15	13	14	17	18
	墨西哥	3.8	16	16	14	15	15
	印度尼西亚	3.7	17	16	17	16	17
	印度	3.5	18	18	18	18	15

注：* 采样国家与受评估国家相同，除了日本、瑞典和印度。** 排名没有采用四舍五入平均值。测量差异在 0.2 或以上通常统计学显著性为 0.01。排名相同表示平均值没有呈现显著差异。
资料来源：笔者研究。

在众多其他研究中我们发现了几乎一样的结果，表明一些国家从非常正面的"国家"形象中获益匪浅，即使它们的产品并没有众所周知或者深受青睐，而另一些国家尽管呈现出强大的产品形象，但是长期而言，则有可能会削弱，因为它们的国家形象不太正面。比如说，一项在韩国首尔展开的研究（艾略特和帕帕多普洛斯，2006）涵盖了更广泛的变量，同时也以 7 分计量。此项研究发现受访者在众多产品变量中，将加拿大和澳大利亚产品的评分打得较低，大约为 4.4，而美国为 5.0，日本为 5.4，但是加拿大和澳大利亚的国家评分则要高得多，为 5.1，而两个工业强国则相对较低（美国 4.3，日本 4.1）。

2.3.2 地方形象中的次国家差异

大多数地方形象研究论述的都是国家层面的形象，但是次国家差异也很重要。地方形象背景下的民族性尤其热门：一方面，它大大影响了行为（拉洛什等，1997）；另一方面，地方形象基本上反映了产品的民族性。因此，根据品牌的国籍理解以及消费者喜爱程度——也称为"亲和力"（帕帕多普洛斯等，2008；奥博瑞克等，2008）或者"敌视"（克莱恩等，1998）效应，民族认同可能导致不同的消费者反应。

我们可以在两项研究中检验、确认这项假设。这两项研究评估了讲英语的加拿大人和讲法语的加拿大人对民族起源和各自产品（另采用"中立"国家作为控制）的理解（赫斯罗普等，1998；帕帕多普洛斯等，2008）。研究结果表明种族性实际上没有影响英裔加拿大人对安大略、英国、美国和加拿大的正面评价，也没有影响法裔加拿大人对魁北克的正面评价，但有趣的是他们对法国的评价并不如此。实际上，讲法语的人对大多数国家的产品评价都大大低于标准。数据基本上表明法裔加拿大人呈现被剥夺权利的感受，证明了普遍注意到的观点，即他们觉得"就像是北美大洋上的一座孤岛"，把情感依附都寄托在家乡省份，而不是法国，这和他们的英裔同伴并不一样——同时也强烈支持了次文化重要性的假设。

在西班牙两个声称彼此不和的地区展开的次国家研究也呈现出类似有趣的结果，分别是"主张独立"的巴斯克地区和更为"主流"的纳瓦拉地区，以及法国的一个接壤地区——波尔多（奥拜斯和帕帕多普洛斯，2003）。使用"产品"、"国家"和"敌视"等综合测量指标，我们惊讶地发现，两个西班牙地区之间的喜爱比任何一个西班牙地区同法国之间的喜爱要来得多，而敌视则相对要少，甚至没有。而西班牙地区对法国的喜爱则较低，敌意较高。比如说，以 7 分为标准的"喜爱"项目平均值中，纳瓦拉对巴斯克地区的评分为 5.4，对阿根廷的评分为

4.6 分——包含这个千里之外的国家是为了检验"亲和力"项目，而对法国的评分为 4.0 分（差异呈现的统计学实质显著性为 0.001）。这符合另一项检验马德里人对法国形象的评价研究（帕帕多普洛斯等，2000），结果也十分负面。由此可见，尽管都是欧盟成员国，也是邻邦国家，并且共享拉丁文化，西班牙消费者对法国持厌恶态度，可能是出于历史原因，也可能是欧盟内部贸易争端或者其他因素。

这些研究结果引导我们提出，地方形象的结构和内容可能比我们或其他观察家先前所想的更为错综复杂。我们近期在印度（德里）和巴基斯坦（拉合尔）完成了另一项敌视态度研究，初步结果支持了这个观点。尽管最终结果仍在分析中，数据表明消费者世界大同的思想和世界开放的理念等此类因素可能有助于解释地区形象中的差异，以及各国之间和各国国内产生的反应，而这些因素虽然在早期研究中很少作为主题包含在内，现在却吸引着越来越多的国际营销研究兴趣。

2.3.3　地方形象内容

尽管已经有数百项研究曾经调查过消费者如何评估各个产地的产品，但是研究人员尚未系统性研究过一个基本问题：在进行评估时受访人大脑中出现了哪些产品和品牌？问题似乎很简单，但是答案很难，因为它需要付出巨大的、难以掌控的努力进行编码、处理和分析。这件事很重要，因为形成国家形象的各项元素同这个形象呈现的内容密切相关——并且人们大脑中对事物的意识以及回想这些事物的能力主要取决于大脑如何有效编码这些事物以及记忆痕迹是否能够启动检索（格鲁塞克等，1990）。此类研究可以使用辅助回忆法（类似多项选择测试），虽然容易掌握但是结果不太明显，因为呈现的回答选项可能是受访者本人没有考虑过的。也可以采用非辅助回想，提到某个暗示时要求受访者注意大脑中出现了什么。我们强烈推荐效果更佳的后一项技术，因为有助于透露记忆中更强的节点和联系（索尔索，1995）。

我们已经在众多研究中使用非辅助回忆法。在提到一个知名或不怎么知名的国家名称之后，我们要求受访者说出产品、企业、品牌或其他特色。表 2.2 显示了其中两项研究结果的简要情况：跨国研究项目仅关注产品，而韩国研究项目试图唤起旅游相关和国家基本特征。在每次调查中，受访者都可以对各个目标国家留一些"空白"，专业的编码器记录了提到的每样东西，并注意到它是否涉及一个特定品牌名称或者某个普通产品类别（比如，"福特"和"汽车"，"傲虎"和"宽敞开阔的空间"）。在跨国研究项目和韩国研究项目中，我们分别收到了58000份和4300份答卷进行编码和处理。

表 2.2　知名的产地对比非知名的产地

完成率 *	研　究			
样本：	(a) 跨国研究（15 个国家，样本数量 = 4627）			
目标国家：	日本	美国	瑞典	加拿大
	22%	23%	53%	65%
提到的品牌	50%	56%	46%	17%
样本：	(b) 韩国研究（样本数量 = 349）			
目标国家：	日本	美国	澳大利亚	加拿大
	52%	45%	77%	80%
提到的品牌	59%	67%	34%	33%

注：* 跨国研究中可能提到的最高次数为 92540 次（样本数量 = 4627×5 个受评估国家×每项 4 个空白），韩国可能提到的最高次数为 12564 次（样本数量 = 349×4 个受评估国家×每项 9 个空白）。
资料来源：笔者研究。

　　正如表 2.2 所示，加拿大、澳大利亚和瑞典的完成率要大大低于日本和美国（韩国研究项目中的完成率普遍更低，因为采用"消费者拦截"采样技术导致受访时间有限，但是模式同跨国研究中模式一致）。同样，日本和美国的特定品牌名称提及次数要大大高于加拿大和澳大利亚。有趣的是，尽管瑞典的整体完成率很低（53%），品牌提及次数比例却和日本、美国差不多，表明瑞典拥有少部分知名的品牌（沃尔沃、萨博、宜家、伊莱克斯），而澳大利亚和加拿大则普遍缺乏著名的品牌，这对国家的整体形象产生了重要影响。

　　表 2.3 显示了跨国研究项目（帕帕多普洛斯，2007）中美国和日本这两个主要国家第一提及知名度相关数据摘要。根据图式理论，吸引总回答数 10% 或以上的行业为"节点"，也就是和各个国家相关联的最重要行业。受访者根据这些国家联想到的"众多商品"形象呈现有趣的结果。美国有五个节点行业，但没有一个超过总回答数的 20%，而日本有两个行业占据了所有回答提及次数的 77%，其中娱乐休闲业占 41%，交通业占 36%。从产品类别和特定品牌角度做进一步分析就会发现类似有趣的结果，如日本有 16 个节点品牌，美国有 14 个，而加拿大只有 4 个（由于页面有限未显示具体数据；单个品牌设定限制为 1%）。丰田就是典型用来"定义"本国国籍的一个品牌案例：全球有 22% 的受访者提到了丰田（而

表 2.3 美国和日本形象中的节点行业

单位：%

原产国	行业	样本总平均	美国	加拿大	墨西哥	英国	法国	德国	挪威	荷兰	匈牙利	希腊	西班牙	以色列	澳大利亚	印度尼西亚	中国香港
美国	农渔业	3	5	5	2	4	1	1	2	4	1	4	6	0	3	1	4
	自然资源	1	2	1	1	1	0	1	3	1	1	4	3	0	1	1	0
	食品、酒水、烟草、医药	16	10	9	15	21	25	20	19	15	19	18	23	13	13	13	11
	服装	14	9	12	18	11	11	12	13	13	13	12	9	30	12	15	24
	其他家用	5	4	5	10	2	2	1	2	1	5	9	1	12	3	10	6
	其他工业	2	3	3	4	0	1	—	2	1	1	3	2	1	2	2	1
	服务业和其他	20	12	19	17	33	24	23	19	24	14	12	25	14	26	20	18
	娱乐休闲业	4	4	4	6	3	7	6	4	4	5	4	6	3	5	2	3
	交通业	19	33	26	14	15	15	22	23	20	23	22	14	16	20	19	6
	高科技	16	21	16	13	10	14	16	13	17	17	12	11	11	15	17	28
日本	农渔业	4	2	4	2	5	5	3	4	8	—	4	7	1	5	—	2
	自然资源	—	—	—	—	—	—	—	—	—	—	1	1	—	1	—	—
	食品、酒水、烟草、医药	2	2	2	2	3	3	2	1	6	1	1	2	1	3	3	4
	服装	3	2	2	4	1	3	1	3	2	5	3	6	4	3	4	5
	其他家用	3	2	2	3	2	2	1	—	2	—	8	3	1	3	4	17
	其他工业	2	1	1	3	1	1	—	1	2	1	3	3	1	1	2	—
	服务业和其他	2	1	1	2	1	1	—	1	2	1	1	2	1	2	2	6
	娱乐休闲业	41	42	45	52	47	44	44	37	37	40	31	35	42	39	41	45
	交通业	36	42	37	23	31	34	42	45	33	41	42	28	44	35	41	19
	高科技	7	6	5	9	9	6	7	8	8	11	6	13	5	8	3	2

资料来源：笔者研究。

且可以假定的是，在提到"汽车"类别却没有说出具体品牌的受访者中，更多人脑中浮现出过丰田）。此类研究结果超过了简单的知名度：当我们根据行业科技进步程度对行业提及次数进行排名，并且将其联系到与国家相关的产品评估时，研究结果显示日本具有巨大优势（"基于行业的进步评分"得分为 7.4，总分为 10，"产品评估评分"得分为 5.6，总分为 7，而加拿大这两项得分分别为 4.1 和 4.8）。

早期研究中（帕帕多普洛斯，1997），我们向美国和加拿大的科技投资者询问了类似的第一提及知名度问题（样本数量=164）。表 2.4 显示了部分结果。我们有趣地注意到目标地区提及次数和显著特征之间的对应关系（比如，美国三个地区的"高科技"提及次数普遍更高，渥太华的"政府"提及次数更高），但是更有意思的是凯基纳—滑铁卢的大学提及次数要高于波士顿：前者只有一所全球知名的高等院校滑铁卢大学，而后者具有全球最大数量的高等学府，包括麻省理工学院和哈佛大学。正如丰田对日本的意义一样，滑铁卢大学也定义了加拿大科技三角洲的特征。

表 2.4 北美五个主要科技集群地区第一提及知名度
（提到各个地方名称"首先跳入脑海的是什么"）　　　　单位：%

提 及	帕洛阿尔托	罗利	波士顿	凯基纳—滑铁卢	渥太华
	美国	美国	美国	加拿大	加拿大
高科技	33	16	25	8	18
别名 *	15	15	2	1	1
气候	11	5	2	7	18
生活方式	6	7	6	4	2
大学	6	3	15	21	0
政府	0	1	0	0	29

注：* 提到最普遍的别名是：帕洛阿尔托＝硅谷；罗利＝科研三角洲；波士顿＝128 号公路；凯基纳—滑铁卢＝加拿大科技三角洲；渥太华＝北方硅谷。

2.3.4 对比国家、产品和旅游形象

鉴于我们获得了众多不同研究的大量数据，因此可以采用多种方式检验地方形象如何发挥作用。例如，利用韩国采集的数据，我们近期开发了"形象图式映射"，由此可以描绘、对比并分析详细形象内容（艾略特等，2008）。尽管由于页面关系此处无法展示实际映射，表 2.5 显示了三个国家在"基本国家形象"和

"旅游目的地形象"方面的编码、分类回答，用以说明"形象图式映射"的作用。请注意每个国家的强项完全不同（粗体）。比如说，几乎没有人提到加拿大的"建筑环境"，但这一项却是澳大利亚的强项（尤其是悉尼市、悉尼港和悉尼歌剧院被无数次提到，再次表明象征物在理解中的重要性）。关于日本，人们提到"运动休闲"（19%）和"工业"（18%）两大类要大大多于其他两个国家——但是在提到日本的"民族和文化"（28%）以及"政治和军事"（12%）这两项时，负面提及印象占很大比例，反映了国与国之间动荡历史造成的长期敌视。

表 2.5　加拿大、澳大利亚和日本形象图式映射概要

单位：%

基本国家形象			回答分类	旅游目的地形象		
加拿大	澳大利亚	日本		加拿大	澳大利亚	日本
47	**60**	7	自然资源	**35**	**17**	11
0	**6**	**8**	建筑环境	1	**22**	9
8	4	13	运动休闲	7	3	**19**
16	14	14	国家特征	56	56	55
13	7 (+)	**28 (−)**	民族和文化	0	0	1
4	3	**12 (−)**	政治和军事	0	0	3
12	6	18	工业	0	1	1

资料来源：笔者研究。

　　探讨形象的另一个有趣方式是采用模型检验形成买家心理图式的各项构成因素中的因果关系。例如，利用从韩国和加拿大收集到的四个国家数据（总计八项应用），我们开发了一个复杂的模式，它一方面将一个地方形象的认知元素和情感元素结合起来，并且另一方面更重要的是，它检验了地方产品和旅游形象之间的潜在交叉关系（艾略特等，2010）。这个模型总共检验了21种关系，虽然一些没有发挥作用，但是对于提出的假设大多数都呈现出强烈支持或部分支持——具体而言，认知元素影响了对产品和旅游的看法；情感元素直接影响了接受力（愿意购买某个国家产品或者愿意去某个国家旅游）而非通过"看法"间接影响；并且一个地方的"产品"和"旅游"形象之间存在众多相互作用，包括一项对地区营销人员而言非常有意思的内容，即消费者对某个国家产品的看法影响了他们对这个国家作为旅游目的地的评估。

　　我们可以检验一下国与国之间"文化距离"概念，从而进一步阐述上述关系。尽管很多观察人员注意到国与国之间的文化障碍可能随着经济融合的发展越

来越模糊，这一点却几乎没有得到过实证检验。总的来说，当高度发达的国家之间存在重要的贸易往来时，文化距离就趋向于缩小。比如说，利用霍夫斯泰德（1980）的文化维度，美国同澳大利亚、英国和加拿大之间的距离仅为 11、22 和 24，而这几个国家国民总收入（GNI）都很高。与之对比的是，瑞典同墨西哥、希腊和印度尼西亚的文化距离分别为 208、200 和 164。以此为背景，在一项研究中（内斯和帕帕多普洛斯，2007），我们检验了文化距离、国民总收入同两个主要产品变量——产品评估和购买意愿之间的关系。结果表明：一方面，相对不发达国家的消费者对来自高国民收入国家的产品评价更为正面，反之亦然；另一方面，文化距离对产品评价虽然没有影响，但是对购买意愿却产生重要影响。换句话说，生产者的国民总收入越高，产品获得的评价越正面；但是买卖双方之间的文化距离越大，买家的购买意愿就越低。

考虑到认知、情感和规范化信息处理之间的差异（使用原产国提示分别作为产品质量的暗示，或者作为同象征联系和情感联系的连接，或者涉及买家的社交和个人标准），研究表明文化距离可能在认知处理中起到很小作用，但是在情感和标准化处理中却发挥关键作用。这符合上述的结构模型，表明情感因素直接影响"购买意愿"而非通过"产品看法"（认知测量值）间接影响，并且直接、间接影响"访问意愿"。这就是说企业以及支持并代表企业的政府和贸易协会在退出"好的"产品之外需要做得更多。消费者可能赞赏某个产品的质量，但是如果它来自不同文化的地区，实际上仍旧可能不愿意购买使用。

2.4　未包含哪类地方线索？

尽管众多研究都关注买家对地方形象和地方产品形象的理解，但是关于企业和其他组织在多大程度利用地方形象进行促销方面尚无研究。了解这一点非常重要，部分有助于我们理解消费者心目中形成产品和品牌图式的输入内容（上述"地方形象内容"询问的问题），部分也表明营销实践人员是否考虑将地方形象作为战略中一项有效元素。近期研究中，我们使用"内容分析"技术详细识别美国和加拿大 8 本新闻、商业、时尚和生活杂志中 3008 个广告呈现的地方线索，并编成目录。初步结果表明商业企业、政府机构和非政府组织实际上都广泛使用地方形象，而且使用的程度远远超出我们的想象。具体来说，在编撰分类的 27 个执行风格中，基于地方执行的使用率排名第七，远高于"消费者推荐"、"问题解决方案"以及通常认为普遍的其他此类技巧。如表 2.6 中的数据摘要所示，在调查的广告中总共有 19537 个地区相关线索。换句话说，每个广告平均有 6.5 个地方线索，从而使其成为首要或次要（版权等）元素。这些线索涵盖直接引入产品生产地到使用国家象征，比如旗帜或标志性动物（如澳大利亚产品使用袋鼠），以及地方命名品牌，比如芮谜（Rimmel London）或者德国电信。有趣的是，比起面向消费者的广告，在面向企业买家的广告中更普遍使用地方标识或形象，并且这些地方标识或形象最常植入到卖家品牌或者企业名称中，而不是仅仅作为广告文案或广告画面的一部分。此项研究明确了地方相关线索的普遍性，表明地方，不仅仅如我们在需求方研究中了解到的一样受到买家重视，而且也受到营销管理人员的重视，广泛将其形象用于执行促销战略中。

表 2.6　美国和加拿大杂志广告中"地方"的使用

广告中的地方线索	主　要		次　要		总　体	
	数量	%	数量	%	数量	%
广告文案/画面中的线索	5238	26.8	949	4.9	6187	31.7
品牌/企业名称中的线索	9549	48.9	3801	19.5	13350	68.3
总的地方线索	14787	75.7	4750	4750	19537	100.0
每个广告平均线索	4.9		1.6		6.5	

资料来源：笔者研究。

2.5　启示和结论

关于时间旅行的喜剧电影《回到未来Ⅲ》中有一段简短交流，可以解释错综复杂的产品—国家形象如何发挥作用以及为什么如此重要。故事发生的实际时间是 1955 年，一边是科学家博士，一边是已经从 1985 年穿越回来的年轻英雄马蒂，这个场景帮助我们描绘了此份报告中的许多重点内容：

博士　　　　难怪这个电路用不了……它写着"日本制造"。

马蒂　　　　什么意思，博士？所有最好的东西都是日本制造。

博士　　　　难以置信！

这个插曲中，博士将产品（不良）性能都归结于产地，当时是 20 世纪 50 年代中期，而马蒂则是站在 80 年代中期的角度，明确显示出对日本产品的赞赏。这两个时间点差不多对应日本制造形象的"最低点"和"最高点"，并且表明随着重点策略的变化，地方形象也会发生改变。考虑到这个事件之前各自的思维框架，博士十分不愿意选择日本制造电路，而马蒂很可能挑选日本制造电路——这说明理解和观念引导着消费者选择。有趣的是，马蒂的台词是"所有最好的东西都是日本制造"，而不仅仅是"电路"，意味着单个产品类别呈现的国家形象可能有所不同，但是所有产品呈现的国家形象很可能就是其作为制造大国的整体形象，这是由各种因素塑造形成，包括旗舰产品，比如上述讨论的"丰田"和"悉尼"呈现的。最后，博士最后一句话将有可能改变他对日本产品的看法，表明地方形象如何"穿越"。

简而言之，地方形象很重要，尤其是在当代社会中地方系统性品牌化（或者更进一步营销化）已经成为全世界各政府部门和贸易团体的必经之路，无论是在国家层面还是次国家层面。根据上述讨论我们可以得出两个基本结论。第一，"影响"的重要性，已经在先前的章节中提到过数次，需要着重强调。如果有人试图绘制一个包罗万象的地方形象影响假设模型，那么就需要展示、检验并确认"传统路径"：我们知道认知性国家形象影响对产品的看法，从而影响购买倾向；但是新研究的重要范围在于更深入检验情感因素的作用，比如喜爱或敌视，这似乎对最终结果具有强烈并且通常是直接的影响。第二个结论仍旧涉及以上内容，尤其是概述韩国研究项目中产品—旅游互相作用时：地方形象作用的行业间协调很关键，并且地方基本形象、产品形象、旅游形象或者其他形象之间的相互作用也至关重要，因为这些影响了从消费者、行业采购人到投资商、游客或学生等各类型"买家"，必须展开仔细研究，以便地方营销人员能够通过协同效应优化这些作用的结果。

众所周知，一个正面的地方形象可以赋予其竞争优势，因此对相关的地方和商业企业而言地方形象是个很好的宣传优势。地方形象近期发展迅速，将政府部门转变成积极参与国际竞争的角逐者，有助于推动系统性地方营销，是形成全球竞争力的必要条件。对所有地方和企业来说，这是一项巨大的挑战，但是面对汹涌澎湃的"摇旗"式攻势，除非他们利用细分市场优势参与其中赢得胜利，否则必然一败涂地。希望本章节能够有助于描绘地方形象及其作用的范围和复杂性，并且使读者能在未来工作中考虑此处讨论的一些事项。

（鸣谢：本人十分感谢三十多位同事和三百多位全球各地大学生参与这些研究，也感谢二十多家赞助机构、政府部门以及加拿大、美国和欧洲各地资助此项研究的高等院校。）

参考文献

Anholt, S. (2007) *Competitive Identity: The New Brand Management for Nations, Cities and Regions*, Basingstoke: Palgrave Macmillan.

Bilkey, W. J. and Nes, E. (1982) "Country-of-origin effects on product evaluations", *Journal of International Business Studies*, 8, Spring/Summer, 89–99.

Brown, G. and Raymond, C. (2007) "The relationship between place attachment and landscape values: Toward mapping place attachment", *Applied Geography*, 27, 2, 89–111.

Cresswell, T. (2004) *Place: A Short Introduction*, Oxford: Blackwell Publishing.

Cuba, L. and Hummon, D.M. (1993) "A place to call home: Identification with dwelling, community, and region", *Sociological Quarterly*, 34, 1, 111–131.

Dichter, E. (1962) "The world customer", Harvard Business Review, 40, 4, 113–122.

Elliot, S. and Papadopoulos, N. (2006) "Toward a comprehensive place brand: Expanding the measurement of tourism destination image", in *Proceedings, Annual Conference of the Travel and Tourism Research Association* (Canada Chapter, Montebello, QC, 15–17 October).

Elliot, S., Papadopoulos, N. and Chen, C. (2008) "An integrated schema of place image for the U.S.", *Proceedings, Travel and Tourism Research Association International Conference*, Philadelphia, PA, 15–17 June.

Elliot, S., Papadopoulos, N. and Kim, S.S. (2010) "An integrative model of place image: Exploring relationships between destination, product, and country images", *Journal of Travel Research*, 22 September.

Gieryn, T.F. (2000) "A space for place in sociology", *Annual Review of Sociology*, 26, 1, 463–496.

Grusec, J. E., Lockhart, R. S. and Walters, G.C. (1990) *Foundations of Psychology*, Toronto, ON: Copp Clark Pitman.

Hawkins, D. I., Best, R. J. and Coney, K.A. (2001) *Consumer Behavior: Building Marketing Strategy*, 8th edition, Columbus, OH: McGraw–Hill Higher Education.

Heslop, L. A., Papadopoulos, N. and Bourk, M. (1998) "An inter: regional and inter, cultural perspective on subcultural differences in product evaluations", *Canadian Journal of Administrative Sciences*, 15, 2, 113–127.

Hofstede, G. (1980) *Cultures Consequences: International Differences in Work-Related Values*, Beverly Hills, CA: Sage Publications.

Jaffe, E. and Nebenzahl, I. (2006) *National Image & Competitive Advantage: The Theory and Practice of Place Branding*, 2nd edition, Copenhagen: Copenhagen Business School Press.

Kearney, A. and Bradley, J. J. (2009) "'Too strong to ever not be there': Place names and emotional geographies", *Social & Cultural Geography*, 10, 1, 77–94.

Klein, J.G., Ettenson, R. and Morris, M. D. (1998) "The animosity model of foreign product purchase: An empirical test in the People's Republic of China", *Journal of Miarketing*, 62, 1, 89–101.

Laroche, M., Kim, C. and Clarke, T. E. (1997) "The effects of ethnicity factors on consumer deal interests: An empirical study of French and English Canadians", *Journal of Marketing Theory and Practice*, 5, 1, 100–111.

Lewicka, M. (2010) "What makes neighborhood different from home and city? Effects of place scale on place attachment", *Journal of Environmental Psychology*, 30, 1, 35–51.

Low, S. M. and Lawrence–Zúñfiiga, D. (2003) *The Anthropology of Space and Place: Locating Culture*, Malden, MA: Blackwell Publishers.

Nes, Erik B. and Papadopoulos, N. (2007), "The role of national cultural disance on country image -based product evaluations", in K. A1 -Sulaiti (ed.), *Country of Origin Effects*, Qatar: Institute for Administrative Development, 281-299.

Oberecker, E. M., Riefler, P. and Diamantopoulos, A. (2008) "The consumer affinity construct: Conceptualization, qualitative investigation, and research agenda", *Journal of International Marketing*, 16, 3, 23-56.

Orbaiz, L. V. and Papadopoulos, N. (2003) "Toward a model of consumer receptivity of foreign and domestic products", *Journal of International Consumer Marketing*, 15, 3, 101-126.

Papadopoulos, N. (1997) *Competitive Profile of a World City: Ottawa-Carleton Compared to Leading Technology Centres in North America*, Ottawa, ON: IKON Research Group and Ottawa-Carleton Board of Trade.

Papadopoulos, N. (2004) "Place branding: Evolution, meaning, and implications", *Place Branding*, 1, 1, 36-49.

Papadopoulos, N. (2007) "What 'made-in' images are made of: An in-depth examination of the content behind product-country evaluations", in *Developments in Marketing Science*, Vol, XXX, Coral Gables, FL: Academy of Marketing Science, 23-26 May.

Papadopoulos, N., Heslop, L.A. and Graby, F. (2000) "Une étude comparative et longitudinale sur l'image des produits francais en France et à l'étranger", 16ᵉ *Congrès International*, *Association Francaise du Marketing*, Montréal, Québec, 18-20 May, 681-695.

Papadopoulos, N., Heslop, L.A. and IKON Research Group (2000) *A Cross-National and Longitudinal Study of Product-Country Images with a Focus on the U.S. and Japan*, Report 00-106, Cambridge, MA: Marketing Science Institute.

Papadopoulos, N., Laroche, M., Elliot, S. and Rojas-Mendez, José I. (2008) "Subcultural effects of product origins: Consumer ethnicity and product nationality", in *Proceedings*, 37th Annual Conference, *European Marketing Academy*, Brighton, UK, 27-30 May.

Peterson, R.A. and Jolibert, A. J. P. (1995) "A meta-analysis of country-of-origin effects", *Journal of International Business Studies*, 26, 4, 883–900.

Roth, K.P. and Diamantopoulos, A. (2009) "Advancing the country image construct", *Journal of Business Research*, 62, 7, 726–740.

Schooler, R.D. (1965) "Product bias in the Central American Common Market", *Journal of Marketing Research*, II, 394–397.

Solso, R.L. (1995) *Cognitive Psychology*, 4th edition, Boston, MA: Allyn and Bacon.

Tan, C.T. and Farley, J. U. (1987) "The impact of cultural patterns on cognition and intention in Singapore", *Journal of Consumer Research*, 13, March, 540–544.

Trentelman, C.K. (2009) "Place attachment and community attachment: A primer grounded in the lived experience of a community sociologist", *Society and Natural Resources*, 22, 3, 191–210.

van Ham, P. (2001) "The rise of the brand state: The postmodern politics of image and reputation", *Foreign Affairs*, 80, 5, 2–6.

Yarhouse, M.A. (2000) "Review of social cognition research on stereotyping: Application to psychologists working with older adults", *Journal of Clinical Psychology*, 6, 2, 121–131.

3 品牌：边界法对象和媒体空间

◎ 西莉亚·吕里

3.1 引 言

当我在 1996 年提出新的专业术语"国家品牌"时，我意识到地方名誉在地方发展过程中的重要性已经同品牌形象对产品和企业的重要性一样。我并不是说从阿塞拜疆到津巴布韦的任何一个国家只要能获得耐克型号的营销预算，就可以打造耐克型号的品牌，我是说品牌形象是理解国家和城市面临的挑战的一种方式，而不是建议将品牌营销作为定义国家或城市的方式（安霍尔特，2007）。

怎样才可以通过考虑品牌形象理解国家和城市面临的挑战呢？当然品牌管理人员已经关注全球化挑战一段时间。在一篇经典的文章中，西欧多尔·莱维特在 1983 年就明确提出了一个"新商业现实——全球市场出现"的到来。莱维特表示"全球竞争预示着国家地域界限的终结，无论国家领土有多小"，并且提出国家和地区客户偏向性差异正在消失："跨国公司将以坚定的毅力运营——采用相对低成本——如同整个世界（或者世界上主要地方）就是一个单一的实体；以同样的方式在世界各地销售同样的产品"（1983）。他继续说道，"地球是圆的，但是考虑到多数目的，我们感觉它是扁平的。空间是弯曲的，但是对今天地球上的日常生活而言并不总是如此"（1983）。从那以后，品牌管理人员开发了众多全球—地区品牌开发战略，但是几乎很少如莱维特预言的那样将地球视作扁平。大多数情况下，尽管品牌名称呈现全球化，品牌活动和产品仍旧局限于特定的、有时候"微小"的国内地域范围。实际上，无数各式各样的策略都得以开发（见本书中的文献著作），大多数都寻求以某种方式或其他方式认同不可能在所有地方以同样的方式卖同样的东西。事实正如派克所言，品牌与品牌化不可避免地和地理交织在一起，因为"预测差异化的潜在动态是依据随空间和时间搜索挖掘和（再次）形成经济和社会不平等"（2009）。他继续说道，"通过塑造甚至放大生产、流通、消费和监管空间巡回中涉及的空间和地方之间竞争性社会空间关系，地理品牌与品牌化必然将会进一步推动不均衡发展"（2009）。简言之，全球化并不意味着整个世界——甚至或者世界的绝大部分——都是一个单一的市场实体，原因之一就在于品牌化对差异化过程的依赖。

接下来，鉴于品牌对更为复杂的全球化过程的认同有许多方式，我将描述其中一些。将这些答案放入到同一个空间中并不容易；它们并没有总体形成或者占据一个单一的三维空间，因此我只是将它们一个个列出，没有试图将它们综合或者绘制交叉坐标。实际上，这表明正是因为品牌同时存在于多个空间中——或者更进一步，组织形成多样性的空间——品牌才暗示指出国家和城市当前面临的挑战。但是在各个答案中，我们将从品牌表述性的角度来理解品牌与品牌化的空间制造能力，同时也将不仅仅了解其通过延伸或跨越边界制造空间，甚至通过运营边界制造空间的能力。

3.2　地球上的日常生活

想象一下洛杉矶海滩上的一个场景。临近傍晚：阳光拉长了影子。两个小男孩在海浪中嬉戏。他们都穿着耐克（NIKE）短裤，字母 NI 和 KE 分别印在他们的裤腿上。一个男孩更大些，另一个更小些：这两条短裤将他们连接在了一起；两个男孩就是彼此的大小版。男孩们在水中时隐时现，短裤上的文字信息也时隐时现。这是视觉信息，但是也具有韵律伴奏：有点像是众人齐唱的足球队歌。耐——克，耐——克。目光或聚焦或直视或转移或紧盯实际空间中的物体和看客，透过远景镜头形成深度，但是耳朵接收着来自四面八方的声音。兄弟俩穿着耐克短裤浮现在背景中，在海滩的如画空间内，他们又被重新定位在动态听觉空间中，"总是在起起伏伏中，创建每一刻属于自己的维度"（麦克卢汉，1997）。

想象一下另外一个场景。当你坐在路边，没有注意到太阳正在西下，你突然觉得很冷，才发现人们匆匆而过，或是骑车，或是轮滑，或是溜冰；他们衣服上的商标通常比较小，因此只有经过的时候才看得到。你可能一边走一边看是阿迪达斯还是耐克。如果你溜着直排轮，你可能跟在人后，或是超越他们，或是四周徘徊，或是转身再看一眼。然后你就会发现商标就是移动着的传播信息：没有轮流转换，只是依次而来，像是人们在彼此周围一前一后走过。行走中，衣服背后附着的商标产生了意义：即使你转身，你也有一张脸。现在看看，当你离开海滩，走进购物中心，乘坐扶梯上下，在橱窗外徘徊时，仔细定位的耐克商标如何将穿戴者的身体定位于空间中。标记或商标划分出了三维空间运动，就像是我们清楚观察到一个女人坐下，将一条腿跷到另一条腿上成直角，脚踝放在另一条腿的膝盖上。鞋子的鞋底有一个色彩鲜明的耐克商标图像，仔细看它好像它在看着你。当你看着人们经过，穿着短裤和袜子，耐克商标图像恰好就在脚踝上方，这种恰如其分的垂直空间显而易见。尽管双腿在连续的时间中行进，当溜直排轮的人处于明显的三维空间时，同一时间商标或标记将它们重新定位。品牌的标记将前景瓦解成为背景，从现在陷入到那时，将未来引入到现在。它提供了进入到流动、多重、间接领域的窗口，一个动态、弯曲的空间，而橱窗购物者和溜直排轮的人就在这多重空间和多重时间中进进出出。

这些案例中，商标不仅是以镜头聚焦、加强光线的方式同周边环境融合，而且还同周围环境中作为一种推动力，或者待挖掘潜力的特别事件融合（昆特，1998）。在编辑组织了解商标创建品牌形象的过程中，商标可能不仅仅是积极灵活的，而且也会同日常环境保持持续的沟通。一方面，商标可能在自身内部形成一个非常密集的自我指向、互相联系和交换体系，甚至于抛却了秩序的界限、彼此之间的框架或不连续性以及围绕它们的世界。另一方面，商标框架效应引入的不连续性能够让其放开面向一系列非当前空间，一系列其他地方的产品、布置、促销和活动，从橱窗展示到电影院屏幕再到棒球场。商标以这样的方式操作界限，使得环境不仅是焦点范围之外引入前景和背景的空间，而且也是无论远近我们都可以身处其中的空间。

换言之，这些案例显示了商标如何展开连接，如何建立连续性，如何组织一个框架以便接替另一个，由此连接各项产品、包装、宣传和屏幕，并且将过多的日常活动插入品牌形象深度中。品牌联系就是以这种或那种方式，将日常活动和含义引入到品牌空间中。这一目的的实现，不仅是通过让地球变得扁平、均匀，包含更多内容以延伸市场边界并使之更加均匀，也通过从内部获得更多成果，使内部成果外溢。

3.3　原产地

　　品牌实践中建立的第二种空间关系就是同原产地的连接（或者非连接）关系。想一下斯沃琪（Swatch）手表。这个品牌商标的主要元素之一就是坚持同瑞士之间的自我认同。斯沃琪手表不仅显示名称斯沃琪（Swatch）（本身就是瑞士和手表的缩写）和瑞士国旗，同时也在表面上展现了"瑞士"。另外，斯沃琪手表附带的众多宣传文献都借鉴了斯沃琪精神的瑞士特征。随着此类借鉴被广泛应用，加强了消费者对斯沃琪手表质量的信任感，从而影响了可以认为是岌岌可危的全球商业环境。因此，斯沃琪前任首席执行官尼古拉斯·海耶克甚至于声称购买斯沃琪手表的客户是出于对瑞士的"欣赏"："我们是来自一个小国的友好人民。我们有着青山秀水。"实际上，他将斯沃琪公司的成功归结于以下原因：

　　我们不仅仅向人们提供一款手表。我们向他们传达一个信息……充满感情的产品就是传达信息——强烈的、令人兴奋的、独特的、真实的信息，告诉人们你是谁、你为什么要这么做。斯沃琪手表传达的信息包括很多元素：高质量、低成本、刺激、生活乐趣。但是斯沃琪手表传达的信息中最重要元素就是其他人难以复制。最终，我们不仅仅提供手表，我们传达出我们的个体文化（泰勒，1993）。

　　此处，海耶克描述了原产地被特意设计成为同某个品牌之间联系的一种方式。这种设计活动巩固了（一些）消费者的信任度、提供了质量保证，并且将品牌和原产地连在一起（一种"个体文化"），从而让斯沃琪产品在许多地区市场上获得良好的销售业绩。此类保证间接联系到斯沃琪手表在制作时使用瑞士工人。因此可以将斯沃琪手表的连接行为看作是维护其作为地区品牌的重要性，但是或许可以更准确地说斯沃琪手表是在全球经济竞争背景下全球流动（重新）地域化的一部分。

　　因此，我们可以看到非常多的受保护地理标志，比如 2003 年 7 月欧盟官方认定威尔士羊肉为优质受保护品牌。宣布此项官方认可时，威尔士环境、规划和农村部长卡文·琼斯说："我们想要将威尔士羊肉作为知名优质品牌进行宣传，这对威尔士羊肉生产商来说是个好消息。"据说威尔士羊肉的特征来源于传统强壮的威尔士山地品种的影响，它提供了优质的良种家畜，成为低洼地羊群的基础。威尔士肉品促进委员会主席里斯·罗伯茨补充说："威尔士羊肉已经受到很多追捧，而且也形成了一些固定市场；在获得受保护地理标志之后，它将肯定会在整个英国和其他地区的肉摊、超市货架上脱颖而出。"同斯沃琪手表的维护行动形成对比的是，受保护地理标志赋予了产品特权地位，而不是生产商，因此生产符合注册规范产品的任何人都可以使用这个名称。典型例子就是当地和地区机构创立的"集体竞争商品"（克劳奇，2007）。在这个特殊案例中，这意味着所有威尔士羊肉生产商可能都有资格使用注册名称，如果他们能够证明他们的羊就是在威尔士育种、出生、养殖，并且在批准的屠宰场屠杀（http：//wales.gov.uk/news/archivepress/environmentpress/enviropress2003/714299/？lang=en）。但是，斯沃琪商标和受保护地理标志授权的是一个边界或范围的运营，从而形成一个领地——这是劳工地点、种族血统、实际地理位置相关的定义（帕里）——作为用于价值创造的受保护的原始空间。

　　然而更重要的是，在一些其他品牌原产地的故事中，原产地并没有和某个单一、固定的地点形成必然联系。例如，星巴克分品牌"公平贸易"咖啡的宣传语——"咖啡关注：原产地承诺"。正如宣传单上所言，"'原产地承诺'意味着我们承诺公平支付并对待供应商，尊重并维护全球环境，服务于当地社会，并且最重要的，成为伙伴而不仅是咖啡采购人"。实际上，其他品牌——包括比如耐克——都可能很少清晰地联系到特定地域化的原产地，或者，实际上根本就不会联系到原产地。某些程度而言，耐克公司本身的实际地点、零售专卖店，如耐克城以及耐克公司赞助的体育活动都可以作为此类原产地。显然，将零售旗舰店，比如耐克城等，视作原产地不仅仅是因为受到用心良苦的店铺设计的刺激，还受到现有存货范围的推动，通常包括所有最新款的鞋子、衣服和配件。但是，除了这些专卖店之外，通过提升品牌（以及拥有品牌）体现的竞争、决心和个性精神，耐克将自身的原始特征与数不胜数的耐克产品使用的多样性相联系。想做就做（Just Do It）是品牌的命令，就是在这种"做"的过程中，形成了品牌的多重来源。当然，我们也可以说竞争、决心和个性的文化是美国的国家文化，就这种意义上而言，耐克和瑞士品牌之间呈现出平行的关系。但是让耐克品牌具有与众不同的联系的是它呈现出似乎无须将其品牌精神定位于地域界限内以保证其所有权或者证明其作用。耐克没有通过品牌联系作用同任何特定组织或者生产过程分配相联系；它实现了去地域化。

对比斯沃琪手表、威尔士羊肉、星巴克"公平贸易"和耐克，我们清晰地发现所有这些都依赖相同的过程。在每个案例中，品牌联系的运营能够以某种方式差异化包含（或者排除）价值源，从而在流动动态、不确定且持续的产品系列、布置、服务和体验等方面构架市场空间（或时间）。正因如此，在一个越来越全球化的世界中，它连接了或者隔离了生产地和消费空间。

3.4 灰色区域

空间的第三个联系是在企业实施商标法过程中产生的，涉及所谓的灰色市场，即市场是通过间接购买商标持有人的产品展开商标产品的平行进口从而形成的。例如，20 世纪 90 年代后期，连锁超市乐购从欧洲经济区之外的供应商那里购买了李维斯 501 牛仔裤并进行出售，实际上没有获得商标许可人李维·施特劳斯公司的明确许可，而英国乐购店出售的牛仔裤价格几乎是李维斯授权专卖店的一半。李维·施特劳斯公司一直拒绝将牛仔裤卖给乐购，部分是因为在杂货店销售李维斯牛仔裤被认为不利于品牌形象。因此李维·施特劳斯公司开始向英国高等法院提起诉讼，声称乐购在欧洲经济区内进口并后续销售李维斯牛仔裤构成了对商标权的侵犯。2001 年法院做出判决，认定商标持有人李维·施特劳斯公司放弃权利之前，必须明确授予进口许可。不能仅仅因为商标所有人保持沉默就推论出默示许可。此项判决拒绝了威胁削弱受保护地区完整性的平行进口；它试图维护地球扁平化的首要地位，杜绝平行进口事件的发生。

在美国，商标产品平行进口的法律回应则完全不同。在一项早期判决中，法庭允许在无授权情况下从欧洲进口并出售品牌矿泉水，法庭认为，一旦商标产品在市场上出售，商标权可能无法用来控制产品未来的目的地。因此，美国法律一直认为商标权的本质，至少在涉及平行进口时，可以描述为通用的，也就说在获得商标所有人的同意之后，一旦某个商标品牌在世界上任何一个地方的国际市场上出售，根据商标侵权理论商标所有人可能无法控制此项产品的进一步分配。此项通用的、国际性的、全面的论述理论，初看之下似乎允许无限制的平行进口，但是其成立的条件是维护否决平行进口高可能性的线性后果论的重要性，并且坚持有可能建立一个单一的原产时间。在这个"扁平化"法律环境中，商标所有人已经制定了众多策略，允许曲线空间之外的平行活动，以此确保不会遭遇这些平行活动。因此，比如说，由于商标所有人可以停止进口"实质上不同于"美国市场上出售、具有商标所有人许可商标产品的灰色市场商品，一些公司使用了各种方法差异化美国市场和美国以外市场出售的产品。他们辩解说，灰色市场商品实质上和授权的美国产品不同，因为它们具有不同的保质期、不同的包装或者不同的包装内插页（用其他语言书写）等（www.ip-watch.org/weblog/2009/12/23/us-weighs-copyright-as-barrier-to-grey-market-imports/）。

3.5 地方品牌和测量空间

空间的第四个联系建立在地方品牌化，以及将产品和服务应用的类似技术用于城市和国家中。实际上，许多机构提供服务并不仅仅是为了将地方品牌化，更是为了测量地方品牌的价值。专业从事地方品牌化的英国品牌咨询公司塞福隆提出了"欧洲城市品牌晴雨表"。塞福隆开发了一套品牌价值评估实践"对比并比较地方品牌实力"，采用了对比"城市"、"自然"资产实力和城市当前"品牌实力"的量化指标——前者是指相对固定的实用设施和文化设施，后者是指外来人员认可的以及城市本身挖掘的"资产"范围。这个典型例子表明新的系统化和测量方式如何产生宣传作用以及描述作用（朱利耶和摩尔，2009；吕里和摩尔，2010），并且品牌价值评估和测量如何直接联系到品牌与品牌化在价值创建中的使用。针对此处探讨的观点，此案例的有趣之处在于此项实践明确关注城市"处于"哪个位置和城市"可以处于"哪个位置之间的差异，从而确定其价值创建的新机遇并进行品牌化定位，如同企业一样"关注识别、测量并挖掘价值源"（保尔，2007）。

在塞福隆的品牌价值评估实践中，城市资产实力是指"城市基准潜力"，这是根据一项英国市民调查对主要地区城市展开以 100 分为基准的评分确定的，反映了人们在选择城市度假时最看重的是实用设施和文化素质。这些包括旅游景点和历史景点、美食和餐厅、友好乐于助人的当地人、良好的购物设施，以及实用因素，比如低成本、天气良好、出行方便。与之对照，城市的"品牌实力"是使用塞福隆本身选择的因素进行计算得出：地区"形象化认可"、"城市魅力特色品质和优势"、"对话价值"以及"媒体认可"。城市的最高得分为 100 分。调查结果或许并不令人惊讶，虽然通常而言"资产实力"评分高的城市"品牌实力"评分也较高，还是有一些例子表明有些城市的"资产"要强于其认可的价值或品牌价值，或者有些城市的"品牌实力"要优于其明显更为固定客观的"资产"。实际上，塞福隆甚至制定了一个"品牌利用"评分，将品牌实力计算为资产实力的百分比。保加利亚索菲亚、葡萄牙里斯本、波兰弗罗茨瓦夫和立陶宛维尔纽斯等城市都浮现为"隐藏的宝石"，"就像是被低估的股票，看上去其实际价值（城市资产优势）比起目前其品牌（城市品牌优势）中隐含的更有吸引力、更有品质"。在这些案例中，塞福隆指出，实施"积极品牌化"有助于城市提高"品牌利用"分数接近甚至于超过百分之百。

此处的案例很有意思，因为它不仅阐述了地区品牌化，还显示了如何将以这种方式塑造的地区同时定位于抽象的再现空间（莱茵贝格尔，1997）——品牌价值测量的有限无穷空间。这种地方品牌和品牌再现空间的共存以众多方式实现，颇富成效。如上所述，识别地方品牌涉及价值多维度，大部分都缺乏任何形式的外在标准或测量指标。比如"品牌实力评分"包括一个主要变量"对话价值"，使用假设问题"鸡尾酒会上说'嘿，我刚从_____回来'才能逗人笑？"进行确定。这个变量反过来综合了调查获得的其他测量指标、内容分析以及自发或非自发的消费者"联系"。此类不均匀性，以及缺乏外部测量指标，不仅仅表明当代价值评估体系的创造性，而且也显示出没有一个单一、固定的测量空间可以容纳一个品牌同另一个品牌之间差异的这一事实。实际上，正是由于使用了此类再现空间的结果，塞福隆的"品牌晴雨表"才能够为咨询公司提供宣传功能；通过强调品牌当前和潜在价值之间的差异，它为塞福隆公司创造了商业机会，能够为客户缩小或者甚至跨越此类差异。由此，地方品牌化不仅仅是在已经规定的领域内描述地方，而是将品牌的自身维度插入到地方（品牌）处于哪个位置以及应当处于哪个位置之间的再现空间内，从而引入潜在力量。

3.6　边界对象

在这四个案例以及更多案例中，可以从品牌组织结构方面理解品牌的表述性，将其视作人工科学的一件物体，某种意义上也就是经济学家赫伯特·西蒙（1981）概述的一件人工制品。西蒙提出一件人工制品可以被认定为是一个交汇点——是指"人工制品本身'内部'环境、物质和组织结构，同'外部'环境以及人工制品运营周边环境之间"的连接。对西蒙来说，设计从预期目的而言就是一个（人工）实体的组织结构，也就是内部和外部环境之间某种联系的组织结构。如他所言，"从人工制品的组织结构和功能角度——也就是内部环境和外部环境的联系来描述它，是发明和设计活动的主要目的"（1981）。在以上案例中，品牌的联系是"生产商"和"消费者"之间、经济和社会之间信息交换和沟通的交汇点。但是将这些案例互相比较，可以清晰地发现这种联系不是（只）产生一个单一、均匀的空间，一个扁平化的地球：它不是（仅仅）作为地域边界的制造者。相反，正是通过其运行，似乎表明经济和社会之间的边界不仅仅存在于经济地域概念的边缘之上，也可能存在于这中间，也就是中介曲线内（见巴里巴尔2004年关于迁移相关分析内容，以及梅扎德拉和尼尔森2008年将边界运营视作方法的概念发展内容）。

为了试图理解此处讨论的内容，我将引入利·斯塔尔和格瑞斯莫（1989）以及鲍克和利·斯塔尔（1999）提出的边界对象概念，进一步说明西蒙描述的将品牌作为人工制品的阐述：

边界对象是指位于一些实践社群内、满足每个社区信息需求的那些物体。因此边界对象具有足够的可塑性，能满足使用各方的本地需求和限制，同时也具有足够的稳健性，能在所有地区都保持统一的身份。在共同使用中，它们呈现薄弱结构，在各地单独使用中，它们又呈现为牢固的结构。这些物体可能是抽象的或者具体的（1999）。

在许多方面，品牌都可以被视作如下定义的边界对象：一旦它们位于一些社群内，则既具备可塑性又具备稳健性，并且呈现为抽象的或具体的。但是，令人有些惊讶的是，此处规定的边界对象定义，根据其在使用空间中的内部结构，将其呈现为无活力、具依赖性的物体。与之对应，品牌就是边界对象，因为从某种意义上而言它们以各种各样不一定统一的方式将关系和一系列环境叠加起来，同时仍旧保留着品牌的内部组织结构，以便可以识别并拥有。也就是说，借用混合术语，它们是边界方法对象，此类对象生成的空间不仅仅是莱维特描述的广泛的、扁平化的地球，同时也是动态弯曲的多维空间。

另外，品牌打破了鲍克和利·斯塔尔归属于边界对象的特征，在他们的定义中，他们将此类对象想象为"在实践社群中随着时间从持久的合作中浮现。它们试图做出安排解决异常现象"（1999）。鲍克和利·斯塔尔的术语中，边界对象在分析合作和相对平等的情境时"最为有用"。实际上，他们表示"以霸权主义的方式施加标准、力量或幻觉具有一个稍微不同的结构"。但是作为边界方法对象，品牌不仅仅或者必然以合作方式运营；事实上，它们有时候也可能依赖一个或多个标准、力量或幻觉。但是，同样重要的是，品牌通常需要满足其所处的每个实践社群的信息要求。此类要求可能不同于象征交换（和扭曲）关系以及实践社群中陈述、思考和合作的密集无序框架结构。品牌联系构造的品牌化信息要求源自其对不断融合的空间与时间标识系统的影响，在这个系统中提升价值的标志性力量以及引入运动的指示性力量都因为新数据管理和交易技术得以大大增强。我认为，正是这个增强的标识系统，才使得品牌可以成为各种状态下空间多样性的模型，在这当中一个实体系统可以是有些真实、有些虚构、有些具体、有些抽象、有些弯曲或者有些扁平。

具体而言，本书认为，作为边界方法对象的品牌联系运营不仅仅引入了通向展示空间的通道，同时也促使不断转移归属之外的过剩包含内容的战略分配的形成（巴迪乌，2008）。为了达到这一目的，可以启用市场开拓的多重空间战略，有时也可以加强市场同地域边界的统一性，确定均匀的、标准化的地区、国家和聚居地，同时另一方面又提供可能的选择性开放和差异化包容。由此产生的市场空间共存融合可以彼此重叠，或补充，或综合，或混合，或并列，或叠加，或互相渗透，或彼此合并。这或许也是品牌为何能够向期望应对全球化挑战的国家和城市提供战略的原因：无论疆域大小，无论市场营销预算多少，它们都需要管理包含内容之外的多余归属，而实施这一方法要求空间多样性。世界不再（仅仅）是扁平的。

参考文献

Anholt, S. (2007) "Africa needs brand aid", *Monocle*, 1, 6, September, 56–57.

Appadurai, A. (1993) "Disjuncture and difference inthe global cultural economy", in B. Robbins (ed.), *The Phantom Public Sphere*, Minneapolis: University of Minnesota Press, 269–297.

Arvidsson, A. (2006) Brands: *Meaning and Value in Media Culture*, London and New York: Routledge.

Badiou, A. (2008) *Number and Numbers*, trans. A. Mackay, Cambridge: Polity.

Balibar, E. (2004) *We, the People of Europe? Reflections on Transnational Citizenship*, Princeton, NJ: Princeton University Press.

Bowker, C. and Leigh Star, S. (1999) *Sorting Things Out: Classification and Its Consequences*, Cambridge, MA and London: MTT Press.

Crouch, C. (2007) "Trade unions and local development networks", *Transfer*, 13, 2, 211–224.

Hildreth, J. (2009) *The Saffron European City Brand Barometer*, http://www.saffron consultants.com/news−views/publications, accessed 14 July.

Julier, G. and Moor, L. (eds) (2009) *Design and Creativity: Policy, Management and Practice*, Oxford and New York: Berg.

Kwinter, S. (1998) "The hammer and the song", *Tijdschrift voor archtecteur OASE Architectural Journal*, 48, 31–43.

Leigh Star, S. and Griesemer, J. (1989) "Institutional ecology, 'translations' and boundary objects: Amateurs and professionals in Berkeley's Museum of Vertebrate Zoology, 1907–1939", *Social Studies of Science*, 19, 387–420.

Levitt, T. (1983) "The globalisation of markets", *Harvard Business Review*, May–June, 39–49.

Lury, C. (2004) *Brands: The Logos of the Global Economy*, London: Routledge.

Lury, C. and Moor, L. (2010) "Brand valuation and topological culture", in M. Aronczyk and D. Powers (eds), *Blowing Up the Brand: Critical Perspectives on Promotional Culture*, New York: Peter Lang Publishing.

McLuhan, M. (1997) *Understanding Media: The Extensions of Man*, London: Routledge.

Mezzadra, S. and Neilson, B. (2008) "Border as Method, or, the Multiplication of Labor", *Transversal*, 2006–2008, http: //eipcp.net/transversal/0608/mezzad-raneilson/en.

Moor, L. (2007) *The Rise of Brands*, London and New York: Berg.

Parry, B.C. (2008) "Geographical indications: Not all 'champagne and roses'", in L. Bently, J. Davis and J. Ginsberg (eds), *Trademarks and Brands*, Cambridge: Cambridge University Press.

Pike, A. (2009) "Brand and branding geographies", *Geography Compass*, 2, 1, 1–24.

Power, M. (2007) *The Audit Society: Rituals of Verification*, Oxford: Oxford University Press.

Rheinberger, H. J. (1997) *Toward a History of Epistemic Things: Synthesizing Proteins in the Test Tube*, Stanford, CA: Stanford University Press.

Shields, R. (1997) "Flow", *Space and Culture*, 1, 1–5.

Simon, H. A. (1981) *The Sciences of the Artificial*, Cambridge, MA: MIT Press.

Taylor, W. (1993) "Message and muscle: An interview with Swatch titan Nicolas Hayek", Harvard Business Review, March–April, 98–110.

品牌与品牌地理化
——商品、服务和知识

4 制造中的品牌：生活史方法

◎ 彼得·杰克逊　波利·罗素　尼尔·沃德

4.1　引言：品牌与品牌化

本章以英国零售商玛莎百货的食品业务为研究案例，回顾了奥克汉品牌鸡肉的发展和营销，认为可以将品牌化理解为一个叙述过程，在这个过程中品牌的开发和"叙述"方式同企业的商业定位和品牌开发人的个人投入相一致。我们重点关注一个当代食品品牌在品牌化过程中的企业叙述与个人叙述相交织，以此强调突出苏珊娜·弗雷德伯格的观点："尤其是在北半球广告宣传饱和的国家中，大多数食品在销售时都附带一个故事"（2003）。我们的研究考察了零售商如何参与制作并管理食品含义的过程。我们将其借鉴作为制造含义的一项过程，提出这些文化建设有助于打造玛莎百货等食品零售商的经济财富。

我们侧重将品牌视作叙述结构，讲述设计好的故事以刺激消费者忠诚度，这本身并不新颖。品牌在文化含义建设过程中的象征作用是一个普遍的课题，从利维（1959）对"象征物销售"的开拓性研究到吕里（2004）提出关于品牌如何为生产商和消费者制造可管理的商品含义的观点都有所涉及。根据穆尼斯和奥吉恩（2001）的论述，成功的品牌可以促使在消费者中建立同类意识相关的"品牌社区"，以及共享的仪式、传统和道德责任感。大部分此类研究都关注安霍尔特（2004）提到的"标志性品牌"的品牌，这些品牌充满麦克亚历山大等（2002）所谓的"表述性、经验性或享乐性特征"，比如可口可乐和耐克。相反，我们关注更大众化产品（鸡肉）及其在主流零售商（玛莎百货）商业财富振兴过程中的作用。

　　根据彻纳东尼所言，成功的品牌包含品牌相关功能价值和情感价值之间的合理平衡："品牌有助于人们长久保持他们的特殊想法"，并且"消费者根据这些价值是否与他们的生活方式相契合以及能否满足他们的需求来选择品牌"（2006）。随着企业在向消费者传播品牌价值过程中的外部功能受到关注，研究人员越来越注重品牌对企业内部员工的内部作用。德·彻纳东尼几乎是从循环逻辑的角度描述这个双重过程，这当中高级管理人员、员工和客户都影响了品牌定义：

　　每一个品牌都是通过一个持续的过程存在，借此高管们规定了由企业员工实施、客户解读并重新定义的核心价值，而客户不断变化的行为则影响了管理人员对于哪种方式更适合生活在品牌价值中的员工的想法。

　　当奥克汉品牌出现在品牌发展过程中时，让我们来看一看这个品牌的内部和外部功能，借此阐述以上这些观点。在我们的研究进程中，我们接触到了品牌发展过程中许多相关的主要行动者，包括负责产品开发、分类管理和市场营销的人员。我们在描述的事件发生之后很短时间内访谈了他们，因此差不多是实时接触到品牌发展过程。我们的研究提出奥克汉品牌的发展具有双重功能，一方面能够满足希望买到非速成鸡，同时又十分关心动物福利并怀念"过去传统养的鸡"（杰克逊等，2010）的玛莎百货客户外部需求；另一方面解决了企业内品牌管理人员就提升动物福利需求、产品创新和质量等相关的许多当前关注事宜，重新连接了生产者和消费者，并将玛莎百货同其主流竞争对手区分开来。奥克汉品牌符合公司寻求传递的信息，尤其是当公司陷入商业困境并试图在竞争激烈的市场中重新定位之时（梅拉等，2002）。我们特别提出，奥克汉品牌的成功扎根于一系列互相联系的个人叙述和企业叙述，这当中品牌的"叙述"符合品牌开发人的个人投入，同时符合公司的企业形象（罗素，2008）。我们由此展现了个人叙述和企业叙述积极协商的过程，这主要是通过利用奥克汉品牌发展过程中一些主要参与人，采取生命史访谈分析方式。

　　生命史方式意在记录留在记忆中的变化，并在更广泛的社会变革和经济变革叙述中构建一个个的个人生活故事（伯克斯和汤姆森，2006）。这种方法记录了个人见证和客观经历，尤其适合揭露回忆在近期叙述中的作用。尽管"普通"人的生活可能被历史淹没，个人生活访谈作为记录"普通"人经历的一种方式得以发展，并且越来越多的人有兴趣采用类似方式用于商业企业和大型企业中。比如说，大英图书馆的《国家生活史》档案目前包括在伦敦工作的普通人生活史以及酒类贸易和食品行业从业人员生活史。本章节采用了同玛莎百货品牌开发人之间的一系列生活史访谈。访谈历时 4~12 小时，通常以会议形式进行记录，并且全部录音。磁带、磁带摘要和文稿保存在大英图书馆音频档案中，属于《国家生活史——食品：起源到销售点》合集的一部分（根据受访人提出的限制要求，可以在 http：//www.bl.uk.collections/sound-archive/cat.html 通过大英图书馆在线目录进行查询）。我们将品牌化视作"叙述过程"，采用了部分关注生命史叙述构建的口述历史研究（张伯伦和汤普森，1998），同时注意叙述过程和个人身份之间的联系（萨默斯，1994）。

4.2 玛莎百货奥克汉鸡发展

第二次世界大战后数十年间，玛莎百货发展成为英国最成功的零售商之一，但是其命运在 20 世纪 90 年代晚期发生了巨大变化。公司股价从 1997 年 10 月的 6.60 英镑高位下跌到 2000 年 10 月的 1.70 英镑（伯特等，2002）。利润从 1997~1998 年的 10 亿多英镑下降到 2001 年 3 月 31 日财务年度末的 1.45 亿英镑。人们认为玛莎百货过于依赖其自有品牌（圣迈克尔）。与其他零售商相比，玛莎百货接受信用卡和借记卡付款较晚，而且也不怎么出现在快速发展的市郊购物中心。公司并不倾向于广告宣传，并且面临越来越激烈的其他超市优质品牌竞争（比如乐购的"完美"和森宝利的"尝试不同"之类）。到 2004 年，玛莎百货陷入了苦苦挣扎，差点被阿卡迪亚集团和英国家用品商店所有人菲利普·格林收购。玛莎百货食品业务新一轮的创新成为公司商业振兴的主要战略之一。因此在这种特定历史和地理背景下，奥克汉品牌的发展必须被视作一个备受崇敬的英国零售商面对财务状况艰难挑战的回应。

20 世纪 60 年代末和 70 年代初，玛莎百货创新发展冷冻的"冷链"系统，由此促使消费新鲜禽类而不是冷冻禽类的广泛兴起。这不仅涉及经销、运输、冷冻和卫生方面的全面变革，也推动了鸡肉产品从相对稀少的奢侈品转变为英国国内最流行的肉类消费品。借鉴这项持续创新的传统，在发展奥克汉品牌之前（2003 年启动），玛莎百货对所有禽类业务展开了重大评估。据玛莎百货农业技

术专家马克·兰森（2004 年 1 月接受波利·罗素访谈）所说，奥克汉品牌的发展
花费了 18 个月的时间，并且是"团队共同努力"的成果，涵盖公司鸡肉买家、
产品技术专家和他自己，并同育种公司、加工厂巴克斯塔德的一名营养师及其供
应商合作。

奥克汉鸡是一个相对标准的品种（罗斯 508），归国际家禽育种公司安伟捷
所有，玛莎百货从安伟捷公司获得了这个品种的独家所有权。罗斯 508 的生产速
度要比别的品种慢，鸡胸肉和鸡腿肉的比例也要比别的品种高。但是奥克汉鸡不
同于其他标准鸡肉的重要一点是相对少关注品种，而更多关注鸡的养殖方式。正
如玛莎百货一篇奥克汉品牌宣传新闻稿所言，这些鸡是以"营养丰富的饲料喂
养，所用饲料为非转基因、以谷物为基础、没有抗生素生长促进剂，并且此种饲
料配给鼓励健康养殖和动物福利"。除了饲料范围规定之外，奥克汉鸡的鸡舍保
持较低饲养密度（每平方米 34 千克，对比行业标准每平方米 38 千克），以及较
低生长周期（比传统肉鸡一般 39~40 天养殖期平均长 4~5 天）。奥克汉鸡还可以
与自然环境接触（比如小鸡们可以啄、抓稻草捆）。因此奥克汉鸡是以更慢的速
度养殖出售，也是在更为自然良好的环境中成长（尽管仍旧不是自由放养或者有
机标准）。实际上，正如我们先前所言，奥克汉品牌的发展可以看作是"主流"
食品零售商尝试分配"选择性"（自由放养和有机养殖）的话语（杰克逊等，
2007）。

奥克汉鸡成为新的一系列电视广告宣传中最先出现的三大产品之一，旨在区
别玛莎百货食品及其主流竞争对手质量。广告展现了玛莎百货食品的特写慢镜
头，伴随爱尔兰女演员德尔瓦·柯"万迷人"的画外音以及佛利伍麦克合唱团的
《信天翁》配乐。广告最开始的文字为："这不仅仅只是一只鸡，这是自然喂养、
附带农场保证，并且肉质特别鲜美的奥克汉鸡"，然后再进入到其他玛莎百货食
品质量的类似宣传中。这个广告具有标志性，被其他食品零售商不断模仿抄袭。

鸡肉生产的加速和集约化已经成为一个全世界的商业成功故事，但是最近几
年也引起了消费者越来越多的关注（博伊德和瓦茨，1997；迪克逊，2002；埃利
斯，2007）。玛莎百货发展奥克汉鸡，减少了消费者对鸡肉生产变革速度和方向
的担忧，并且解决了不断变化的消费者口味和观念问题。零售竞争对手，如乐购
和森宝利，全年都以更低的价格出售鸡肉，而玛莎百货试图强调质量重于价格。
因此奥克汉品牌的设计就是为了满足这个市场，提供如玛莎百货家禽消费者凯瑟

琳·李（2004年5月接受波利·罗素访谈）描述的"商圈中独特的（价值）主张"。凯瑟琳解释说，玛莎百货同商业竞争对手不一样，它不提供低价的鱼片或者买一送一促销活动，因此这些战略"不符合我们的价值主张内容"。它们不是"玛莎百货客户期望的东西"。同其竞争对手强调每日低价和成本削减促销相反，玛莎百货价值主张强调质量和价值。

在描述奥克汉品牌的特色时，玛莎百货负责动物福利的农业技术专家马克·兰森解释了产品发展过程是如何基于客户需求启动开始的：

集约化生产的鸡是一种商品，或者曾经是一种商品，我们需要做的就是对比商业圈中的其他鸡肉产品从而提供差异化的鸡肉产品。因此我们要了解客户（想要）什么……通常我们都是从农场这一端开始，向上运营一直到出售给客户，这次我们从相反的一端出发，直接同客户交流问他们想要什么。我们了解到客户想要鸡肉吃起来像是以前的味道。于是我们考虑了各种不同因素：我们得到了一个有名字的定制鸡品种，专归玛莎百货所有；我们同营养专家一起制定配方，得到了定制食谱……这是一个慢速养成的鸡品种……我们制定了针对性养殖标准……而另一件事可能就是把养殖场的名称印在包装上……因此不需要宣传产品有哪些特点和主要卖点，就其本身而言，"我们已经具有100%可追溯性"，只需说我们非常自豪将我们的养殖场名称印在包装上。

标签实际上比这个要复杂。每个标签都有养殖场名称印在上面。但是也会引述"玛莎百货代表养殖场"这样的语句，给出进一步的背书。标签上还印有"代表"养殖场的照片，而不是实际养殖这类特殊鸡品种的养殖场。

玛莎百货于2003年引入了这个品牌，作为公司承诺带给客户"最美味、最新鲜产品"的实践（新闻稿，2003年11月4日）。在新闻稿中，引用了下面这段马克·兰森的话：

引入奥克汉鸡的基础在于倾听客户，了解他们对动物服务、动物喂养饲料等方面的关注……客户告诉我们他们希望鸡肉"尝起来和以前一样"。因此，为了实现他们的愿望，我们引入了这个在强化的环境中培育起来的鸡品种，奥克汉白羽鸡是在铺满稻草捆的鸡舍内养殖，鸡可以在草堆中走动休息，因此奥克汉鸡是一种慢速生长的鸡。

奥克汉鸡原名叫作奥克汉白羽鸡，另外还有一个散养鸡专用的名称叫作奥克汉金鸡。据凯瑟琳·李所说，奥克汉鸡和竞争对手品牌之间的差异在于它传达了玛莎百货农业方面规定以及加工和包装方面规定的"本质上营销信息"。

奥克汉品牌名字的诞生并不是水到渠成。对玛莎百货客户展开的市场研究强调客户希望听到"从玛莎百货角度来说一切都是好的，然后就能安心，他们不想知道细节内容。因此说'这是来自玛莎百货'就很好，让人安心。说'玛莎百货独家销售'就更好"。公司最初计划把品牌命名为"萨福克白羽鸡"，因为加工厂就位于萨福克郡内。但是，随后的市场研究表明这个品牌名称可能在英格兰南部有效，但是在英国其他地方可能不是那么有吸引力。公司需要的是一个更为通用的名称，呈现"部分类似原产地的意象"。实际上，奥克汉是英格兰东米德兰拉特兰郡的一座小集镇。奥克汉鸡同这座小镇没有直接联系，但是选择这个名称是因为它让人联想到"乡村形象和美好地方"。玛莎百货采用类似的方法命名洛克缪尔三文鱼品牌，选择这个名称是因为它具有"苏格兰共鸣"，但是由于缺乏特定起源所以产生了负面的媒体评价（"玛莎百货伪造洛克来发布上市三文鱼"，《星期日泰晤士报》，2006 年 8 月 20 日）。正如凯瑟琳·李解释道：

这更多是形象，而不是一个地方或者归属地。我觉得它听起来很英式，有种英式特色在里面……还有种起源地的感觉，有点像是安格斯牛。因为那就是我们追寻的东西……家禽业中的安格斯牛。

正如这些评论指出的一样，品牌化过程涉及空间和地方的主要特征，甚至暗示了象征地点，而不是实际地点或精确归属地。

从 2003 年开始，玛莎百货食品业务的增长就成为公司商业振兴的关键，而奥克汉鸡的成功主要归功于这个过程的实施。马克·兰森和安德鲁·麦肯齐在玛莎百货总部接受访谈（2006 年 11 月 29 日）时说，奥克汉品牌占公司销售增长的30%，远远领先于市场中的其他同类产品。从 2005 年 6 月开始，公司的股价就从 3.19 英镑上升到 2007 年 5 月 7.66 英镑的高位。鉴于其奥克汉品牌的发展，公司在 2005 年获得了动物福利组织世界农场动物福利协会颁发的奖励，并且获得了皇家防止虐待动物协会的奖励，表扬它致力于提高农场动物福利。玛莎百货的竞争对手试图复制奥克汉品牌的成功经验，比如，乐购的威洛鸡和森宝利的德文郡红鸡都采用类似品牌化行为。这些竞争对手仅为优质品牌保留标签，但是与之不同，玛莎百货在新鲜鸡肉销售的整个过程中都采用奥克汉标签，包括整鸡、切块鸡肉和特定加工的鸡肉产品，如三明治。目前玛莎百货正在将其他蛋白质种类"奥克汉化"（包括鸭肉、火鸡、三文鱼、猪肉和羊肉），这也产生了有趣的疑惑：

这个流程是否足够成熟、足够灵活以支持各行业中的市场分化，同时又能在不同产品类型之间推广。

4.3 个性和企业叙述

在我们同玛莎百货员工就奥克汉战略开发和实施进行访谈的过程中，很明显发现在个体对品牌的投入和个体从商业角度理解和叙述品牌的方式之间存在强烈的一致性。本节我们将检验这些个人叙述和企业叙述之间的交织。在我们展开的所有访谈中，个人生活史的叙述和品牌的"故事叙述"具有重要的一致性。我们同三位主要知情人进行访谈：一位是农业技术专家，一位是品类经理，一位是蛋白质品类技术经理，由此展现各案例中，奥克汉品牌的发展是如何对应他们各自的个人投入和主观性。

4.3.1 农业技术专家马克·兰森

奥克汉品牌的显著特征是与普通肉鸡相比，奥克汉鸡的福利得以改善。此项改善侧重采用比行业标准更高的低饲养密度，并为奥克汉鸡提供"与自然相接触的环境"，比如稻草捆，以及更长的生产周期，同时减少对鸡的腿部压力，降低动物健康问题事件的发生，如跟腱灼伤。玛莎百货农业技术专家马克·兰森是实施这些政策并且确定福利改善程度的核心，这些具有实施可能性的福利改善措施不会削弱奥克汉品牌的商业可行性。

马克负责确保提供给玛莎百货的所有动物的安全性和福利，从源头到屠宰点。马克出生于 1967 年，在大学期间逐步累积了动物福利相关的专业知识和兴趣。回想起最初对动物福利的兴趣，马克说尽管当时在利兹大学学习生物学和农业科学，但他并没有学到动物福利，而且当时的学生也没有这个意识。后来他攻读实用动物行为和动物福利理学硕士学位，才逐步涉足动物福利相关理论和实践。攻读硕士学位时，迈克参观了一家屠宰场，期间发生的一件事给他留下了深刻的印象。

尽管马克发现了肉类生产过程中冷漠和暴力的特征，但因为某种道德实用主义，马克继续从事着这项工作。他解释说，"我觉得无论动物用作什么目的……我们都负有道德责任，人道地、恰当地使用它们"。比如说，他强烈批评食品制作和品尝过程中造成的行业巨大浪费。在设想奥克汉品牌时，马克花了很多时间描述、解释、思考动物福利的道德性和实用性。他从一开始就参与同玛莎百货供应商合作实施奥克汉项目。这个品牌提供了一种方式，能够将福利改善应用于原先亏本出售的产品中。

马克个人信念和玛莎百货商业战略最为契合之处在于马克能够影响相当数量的动物享有的福利。马克最初担任皇家防止虐待动物协会的学术主任。在职期间，他实施了协会的农场福利计划，这个项目旨在影响政策制定人和行业以改善福利标准和规则。对于皇家防止虐待动物协会有限的影响范围，马克评论说：

对我来说，它（皇家防止虐待动物协会）就是为了改善动物福利，因此在协会工作非常棒。但是（在那里）我能做出多少直接积极的改变？你知道，可能性非常非常小。再看看我在玛莎百货做的规则制定这方面的事。如果明天我加入制定了新的标准，就能实施下去。因此回到这个问题，你是影响了1%的动物还是90%？在玛莎百货，如果政策得到实施，那么就是在整个公司内实施。因此，我可以说，比起在协会里，我在玛莎百货所做的这些事让我得到更多的成就感。

当马克担任皇家防止虐待动物协会代表时，养殖场和加工厂几乎不怎么理他，但在他加入玛莎百货担任农业技术专家之后，他发现养殖场和加工厂的大门为他打开，所有的人都在聆听。对马克而言，奥克汉"起到了作用"，因为这是改善动物福利的个人商业责任同尽可能加强对更多家禽影响的个人承诺之间的良好契合。

4.3.2　品类经理安德鲁·麦肯齐

我们的第二个样本是安德鲁·麦肯齐，他担任玛莎百货的品类经理，负责肉类、禽类、奶类和果汁。安德鲁出生于1957年，1977年加入玛莎百货成为一名初级管理实习生，并在玛莎百货一直工作到现在。对他来说，从他个人致力于公司价值以及创新和优质商品名声角度而言，奥克汉品牌就像是一个商业计划——是一长串产品创新中的最新一个。回忆起在玛莎百货的工作经历，安德鲁想起了公司在产品开发领域发挥的长期作用，利用从预包装三明治到配方菜的一系列创新，实现"市场首创"。奥克汉品牌的发展显示了另一项创新，有助于将玛莎百货同其竞争对手区别开来。

安德鲁很自豪为玛莎百货工作，销售优质产品并分享公司恪守的诚信可靠承诺："我喜欢玛莎的文化。我喜欢它主张的东西。我喜欢正直。我喜欢公司的诚信和信任。"在此背景下，奥克汉品牌提供了一个商业机会，能重新建立玛莎百货和其竞争对手之间的区别，并立足于公司的质量和创新声誉之上。在安德鲁的陈述中，奥克汉品牌是公司传统的逻辑发展，将其坚守的原则延伸到普通"日常"商品中，比如鸡肉：

我觉得我们的鸡肉业务可以更加……我不觉得我们有什么差别，我不觉得我们足够特别，虽然我们的鸡肉产品有一群善良、忠诚的客户，但我并不认为我们站在应该站的位子上……因此我们写了一份大致三页的计划文件，内容包括：我们想要什么样的品牌价值，我们想要什么样的视觉外观，以及我们想要实现的主要目标是什么。答案就是客户感受到的视觉外观，是鸡养殖的领先标准，是宰杀方面的重大标准。因此，从本质上来说，所有的事情，自始至终都是我们怎样才能够真正实现差异化？我们使用"鸿沟"进行表述：我们怎样才能拥有不一样的鸡肉业务？

奥克汉提供了一次商业机会，让玛莎百货能够脱离竞争对手偏爱的"每日低价"，同时再次突出玛莎在质量和价值方面的良好声誉。建立差异化涉及一个完全不同的"蓝图"，包括育种、动物福利和养殖改善、新加工设施以及商业激励措施等变革。安德鲁意识到，在家禽业，差异之处可能非常小，但是最终他们以不那么密集的方式养鸡实现了与其他品牌的差异。他考虑了可能的未来发展，包括自由放养和有机生产等举措：

因为我想，在建立了差异化之后，虽然养鸡业的差异相对较小，你知道，这个品种的养殖时间要长10%，因此是慢速养成的鸡，这没错，但这也只是说这种鸡多活了三四天。它有一个不同的饲料配给，就是它吃的东西。它也有一个适度改善的环境。但这些只是增量改变，而不是跨越式变化，当然，如果你想要跨越式变化，那么就展开自由放养，如果你再想要跨越式变化，那么就展开有机生产，因此这才是你在这个领域中真正实现差异化的方式。

那么，就这个案例而言，奥克汉品牌的发展给安德鲁·麦肯齐提供了一次机会，能够再次投身于玛莎百货立志产品创新和优质商品的核心价值，关注相对难以将玛莎百货产品同其主要竞争对手产品区别开来的商品。当然，在某种程度上，安德鲁说的话也仅是一位品类经理的官方语言（品牌价值、计划、差异化）。但是这也证明了个人致力于产品质量和品牌价值的努力，表明他努力投身于市场营销中，也就是辣鸡块营销中。

4.3.3　技术经理保罗·魏格思

最后一个例子涉及玛莎百货的蛋白质品类技术经理，包括禽类。就其而言，奥克汉鸡的发展提供了一次重新连接食品生产商和消费者，以及再次确保公司质量和诚信核心价值的机会。保罗·魏格思出生于 1964 年，曾在里丁大学学习园艺学。加入玛莎百货之前，他曾任职于英国农渔食品部农业咨询服务处。同许多其他当代农业情况观察家一样，对于农场需要进一步同食品工业链中的其他元素融合一体，他评论说：

我觉得许多农场主仍旧认为他们只是，只是在种地，因为这就是他们在做的，也是他们的父辈们在做的，而我认为……你们是在生产食品，因此对农场主来说，将自身融入到食品链中、成为其一部分并承担责任很重要，就像是现在的客户尝试并理解食品制作过程中发生了什么也很重要。

保罗回忆起他如何开始致力于低密集度的农业方式：

我仍旧想象着一天结束后，就像是小时候那样，在散养着鸡的农场或者朋友家到处走，只是为了趴下来找鸡蛋，你知道，都是不卖的……那些鸡四处闲逛，要不休息，要不走来走去，你知道，这就是它们的生活。现在或许是我疯了，但我仍旧这么想，你知道。我不明白，我觉得动物应该这样，更有趣的是，我觉得鸡肉最终有了更多特色。

对于保罗·魏格思而言，奥克汉鸡的发展提供了一次商业机会，能以不那么密集的方式养鸡，和他往日记忆中童年时的养鸡方式一样。

保罗谈到奥克汉原则沿用到整个业务的可能性：

我希望我们都将奥克汉白羽鸡作为整个业务的最低标准吗？是的，我想，因为我真的觉得这表现了我们是谁，表现了我们应该做的事，以此为原则，我个人认为这是我们应该站的位置。我希望全都变成自由散养吗？是的，但是完全站在个人角度，我并不觉得，未来某个时间我们可能实现新鲜散养鸡鸡肉出售，但是我也不会惊讶这会花费我们 5 年的时间。我也不会惊讶可能要花费 20 年才能看到它覆盖所有鸡肉业务。

同先前的访谈内容摘选一样，这次访谈展现了一个生命史方式的价值，这当中个人思考同个人工作中更为直接"记录在案"的叙述交织在一起。"或许是我疯了"或者"完全站在个人角度"（保罗·魏格思）这种语句表明此时受访人偏离了标准的访谈脚本，并且可以看到个人叙述和公司叙述混合在一起。在同安德鲁·麦肯齐的访谈中，也发生了这样的转变例子。当问到他是否担忧集约化养鸡，他回答说：

不，不完全是，因为他们有些奇怪，我是说，不是吗？我的意思是当我看到很多鸡，不……我不觉得很困扰。（访谈人：因为有这么多？）是的，非常多。不，我并不觉得它特别困扰，包括周围的有些事，如果你开始停下来想一下，你知道，你可能会问，我也很可能会问，你就会多花点时间去想……这是一条生产线，比起其他鸡肉生产更是如此，因为是按照数量生产，每小时9000只或者更多，那么这就只是生产，但是这个生产中有东西死了。波利，我没有仔细想过这个。我根本没有仔细想过，因为我不觉得你可以。我是说，如果你仔细想了，那么你可能很难做这个工作。

此处，如同先前保罗·魏格思的例子一样，浓重的个人叙述打破了公共叙述的界限，表明针对"官方"公共叙述融合更多个人自我反省之处，探索超越企业叙述的生活史方法价值。

当然生活史方法也有一些局限。尽管我们访谈了玛莎百货十多位员工以及数位供应商，这种方法具有集中性，关注相对一小群人的生活细节。我们最初没有开始追溯奥克汉的故事，如果它从最开始就成为我们的特定主题，那么我们可能访谈不同领域的人。虽然我们认为已经明确了奥克汉品牌故事发展中的主要动力，并且已经通过一些主要从业人员证实了这一点，如果奥克汉品牌能在最初就成为我们的关注重点，那么这个项目应该会有所不同。比如说，我们可能会更加直接地追溯奥克汉"计划"如何形成、如何包容反对声，以及如何将不同的利益都归结到一般品牌化战略中。生活史方法可能更适合反思个人叙述和企业叙述的交织，正如我们所做的一样，而不是追溯企业内部谁领导了品牌化过程、谁做出主要决策等清晰的权利区分。因此，我们不认为个人生活史故事中透露的个人投入和品牌"故事叙述"中涉及的特定商业决策之间存在直接或者因果关系。我们的证据表明个人叙述和企业投入之间存在强烈的对应，但是我们也愿意承认选择的这种方法具有局限性。未来的研究或许可以关注当能够获得足够的主要从业人员相关叙述时，如何清晰阐述并解决竞争性的叙述这类问题。

如果在品牌发展过程中商业规则同个人信念发生冲突，那么我们提出的企业叙述和个人叙述一致性的观点就存在问题。我们已经同受访人讨论过这种可能性，并且也出现了两个此类例子。第一个例子关注用鹅脂肪烤土豆获得的零售商业机遇（味道上可行，但是涉及动物福利问题，因为强制喂养鹅存在争议）。在这个例子中，玛莎百货放弃了这项机会，而一些竞争对手利用了这个机会。第二个例子也涉及动物福利和商业机会之间的潜在冲突，玛莎百货本来可以通过实现鸡笼养殖大规模饲养珍珠鸡，但是这引起了对动物虐待的关注。因为道德原因没有利用这些商业机会的例子表明存在企业价值争议以及个人价值和商业价值之间的潜在争议。这些都意味着未来研究中我们的观点可以进一步拓展的方向。

4.4　结　论

在本章中，我们以奥克汉鸡品牌为例子，展现了其发展过程，并提出品牌发展过程涉及个人叙述和企业叙述的融合。陈述这个过程时，奥克汉的出现部分扭转了鸡肉生产中长期不断加强的集约化。正是受到客户想要"过去传统养的鸡"的需求驱动，玛莎百货投身到慢速生长鸡肉产品中，加强并改善了动物福利和养殖标准。我们已经提过，生活史方法为观察产品发展和品牌化过程提供了有用的方式，阐述了品牌的内外部功能以及企业叙述和个人叙述之间的高度一致性。

我们访谈了一系列食品零售商关于他们的生活史，这些人都密切参与奥克汉品牌的发展过程。在对这些访谈进行分析之后，我们展现了品牌化过程如何对外运作——也就是向玛莎百货客户传达主要商业信息，以及如何对内运作——也就是如何服务企业内品牌管理人员的个人利益。对需要重振商业财富、重新定位食品业务以及再次突出质量和价值的玛莎百货而言，品牌发展过程至关重要。但是对密切参与品牌发展和推广的人而言，这也涉及个人志向和传记式投入。奥克汉品牌故事是盖尔·洪伦德（2003）称为"超市叙述"的典型例子——关于地方和生产的故事，出现在食品包装上，设计目的是激发顾客的社会正义感、环境意识和美德。但是除了这些外在信息，我们还展示了品牌化过程如何在企业内部运作。在这个案例中，我们提出奥克汉品牌的成功发展是因为质量和创新、动物福利和产品差异化等商业叙述与参与品牌化过程的主要从业人员的个人投入密切契合。

我们对奥克汉品牌故事的分析也表明空间和地方在品牌发展过程阐述中的重要性。这在不同的地理尺度上都适用，包括国家层面，其中奥克汉鸡的"英式化"是认定其优质的关键因素。另外它还适合在企业层面上采用，这当中英国公众的一些特定部门始终坚信玛莎百货在质量和可靠性方面的声誉，并且玛莎百货的经济复苏正是需要奥克汉品牌发展过程中体现出的那种产品创新精神。另外，这对奥克汉品牌标签中隐含的地区和农村形象也十分恰当，同时从个人层面上亦是如此，因为品牌发展过程中的主要行动者能够投入个人精力和情感精力确保品牌成功。由此我们提出，从各个方面而言，品牌都是基于地理和历史形成的，它们的发展离不开品牌概念中的特定地方和时间。

（鸣谢：本章节以名为"产品商品链中的制造含义"项目为基础。这个项目获得了艺术与人文研究委员会以及经济与社会研究委员会共同实施的消费文化研究计划的资助（许可号 RES-143-25-0026）。本章原版本曾在伦敦大学玛丽学院、纽卡斯尔大学、旧金山美国地理家协会年度会议上发表。衷心感谢安迪·派克对本章原稿做出的评论。）

参考文献

Boyd, W. and Watts, M. (1997) "Agro-industrial just-in-time: The chicken industry and postwar American capitalism", in D. Goodman and M. Watts (eds), *Globalising Food: Agrarian Questions and Global Restructuring*, London: Routledge, 139-164.

Burt, S.L., Mellahi, K., Jackson, T. P. and Sparks, L. (2002) "Retail internationalization and retail failure: Issues from the case of Marks and Spencer", *International Review of Retail, Distribution and Consumer Research*, 12, 191-219.

Chamberlain, M. and Thompson, P. (eds) (1998) *Narrative and Genre*, London: Routledge.

de Chernatony, L. (2006) *From Brand Vision to Brand Evaluation*, 2nd edition, Oxford: Butterworth-Heinemann.

Dixon, J. (2002) *The Changing Chicken: Chooks, Cooks and Culinary Culture*, Sydney: University of New South Wales Press.

Ellis, H. (2007) *Planet Chicken: The Shameful Story of the Bird on Your Plate*, London: Hodder & Stoughton.

Freidberg, S. (2003) "Editorial: Not all sweetness and light: New cultural geographies of food", *Social and Cultural Geography*, 4, 3–6.

Hollander, G. (2003) "Re–naturalizing sugar: Narratives of place, production and consumption", *Social and Cultural Geography*, 4, 59–74.

Holt, D.S. (2004) *How Brands Become Icons: The Principles of Cultural Branding*, Cambridge, MA: Harvard Business School Press.

Jackson, P., Russell, P. and Ward, N. (2007) "The appropriation of 'alternative' discourses by 'mainstream' food retailers", in D. Maye, L. Holloway and M. Kneafsey (eds), *Alternative Food Geographies: Representation and Practice*, Amsterdam: Elsevier, 309–330.

Jackson, P., Ward, N. and Russell, R. (2010) "Manufacturing meaning along the chicken supply chain: Consumer anxiety and the spaces of production", in M. Goodman, D. Goodman and M. Redclift (eds), *Consuming Space: Placing Consumption in Perspective*, Aldershot: Ashgate, 163–188.

Levy, S. J. (1959) "Symbols for sale", *Harvard Business Review*, 37, 117–124.

Lury, C. (2004) Brands: *The Logos of the Global Economy*, London: Routledge.

McAlexander, J., Schouten, J. and Koenig, H. (2002) "Building brand community", *Journal of Marketing*, 66, 38–54.

Mellahi, K., Jackson, P. and Sparks, L. (2002) "An exploratory study into failure in successful organizations: The case of Marks & Spencer", *British Journal of Management*, 13, 15–29.

Muniz, A.M. and O'Guinn, T. (2001) "Brand community", *Journal of Consumer Research*, 27, March, 412–432.

Perks, R. and Thomson, A. (eds) (2006) *The Oral History Reader*, 2nd edi-

tion, London: Routledge.

Russell, P. (2008) "Manufacturing memories: Commercial, team and individual narratives in poultry production", *Oral History*, 36, 1.

Somers, M. (1994) "The narrative constitution of identity: A relational and network approach", *Theory and Society*, 23, 605–649.

5 地方制造：消费者和地方附属品牌

◎ 利兹·摩尔

5.1 引言：作为空间问题的消费

如果社会科学家的任务之一是整理并陈述问题（米尔斯，2000），那么消费领域应当是学术研究中一个特别丰富多彩的领域。从公共范围和学术范围而言，消费文化通常被视作问题丛生的领域——无论是其自身的权利还是其同价值、道德、劳动力等其他事物之间的关系。丹尼尔·米尔斯（1998a）曾指出，从马克思时代以来对消费的评论经常带有"物体统治"的恐惧特征以及物体或同物体之间的关系将取代人类的此类担忧。他说，这种恐惧经常被夸大，通常也缺乏历史证据或者人类学证据（传特曼，2009）；但是，对于现在的社会比以前更具有"消费主义"特征，以及夸大的物体倾向——特别是通过市场销售获得的物体——会造成疏离、排挤、不满足感甚至屈辱，从而反过来威胁政治体制和地球这些问题，人们始终保持关切（鲍曼，1990、2007；吕里，1996）。

但是，人们对消费有各种各样的看法。例如，人类学家倾向于从物质文化使用中更为普遍的利益角度以及权力机构（无论是私营或者公共）的活动在多大程度上能够限制人们自主将物质文化应用于自身目的的角度来研究消费（米勒，1987；吕里，1996）。另外，许多作者已经探讨过消费在多大范围内属于或者应该属于道德行为的一部分，以及是以何种方式实现（巴奈特等，2004；利特勒，2008），尽管消费文化已经成为一系列重要的当代治理讨论中的核心问题，正如许多政府都试图对市场、市场逻辑以及正式而言或者历史而言不属于商业交易范围的其他领域内的消费者选择话语施加影响。

接下来的内容涉及两个特殊方面的问题，它们构成了消费实践以及品牌活动如何同地方制造互相联系的讨论。首先，我将审慎探讨任何一个特定社会或文化中消费实践会在多大范围内推动加深实际排斥或情感疏远。应当指出，在多样化的政治和经济结构中存在这种可能性，并且任何一个人都没有必要认为现在的社会比以前的社会更具有消费主义特征，也没有必要探讨怎么可能会这样或者为什么会这样等问题，以此来表达对消费产生或呈现的此类关系可能加强当前分化或者导致新的分化等可能性的担忧。如果上述分化，以及分化产生的情感，可以认定为民主或公众福利方面的更大分歧，那么这个问题就显得尤为紧迫。其次，我将适度关注权力机构的活动在多大程度上能够塑造普通人对物质文化的使用。再次强调，任何一个人都没有必要接受物质文化已经被标准化或者同质化的观点——有许多证据表明它们尚未被标准化或同质化——以此显示对制度权力等问题的重视。实际上，在本章的以下内容中，我将表明大型机构权力和小型（个人或集体）行动者目的之间的关系可能是当代消费研究的核心问题，尽管它超出了标准化和同质化等问题范围之外。

地方和地理相关的明确问题仅表现了如何将消费设定为问题化的一小部分方式，而地方和消费之间的关系本身就十分复杂，可能需要从众多不同角度进行探讨。考虑到文章简洁性，本章节只关注两方面，依据以上列出的众多问题产生：第一个问题，品牌"地方化"是以什么样的方式推动社会分歧越来越小或者越来越大；第二个问题，权力机构在多大范围内可以塑造普通消费者对地方品牌的使用。在关注品牌与品牌化的同时，本章主要重点还放在地方相关概念的象征利用，而不是放在特定地理位置以及这些地理位置如何通过消费被赋予含义或意义（米勒等，1998），或者放在消费是如何根据不同地方进行构架并且这种构架如何"发生"。我个人对"地方"这个概念的理解相对比较宽泛，在不同的时候可能是指一个相对固定、有边界的、地理性的地方意识，也可能是一个更为开放的地方意识，像是"一个不断变化的权利和重要性社会几何体"（梅西，1994）。实际上，与地方相关的两个概念——地域概念及其相关性概念两者之间的紧张关系，就我而言，属于消费者和地方附属品牌讨论中紧要问题的一部分（派克，2009）：尽管消费者可能在各自消费活动中利用相对固定的，甚至排他性的地方概念，他们同样也利用了流动的、关联的、想象的"地方意识"。尽管一些机构也希望吸引这种流动的、可塑性的地方意识，但与之相反，它们在实践中经常吸引，并且寻求一种形式化的地方意识——一个更为有限的、有边界的、地域性的地方意识。

5.2 消费和社会机构

将原产地相关的信息整合到产品构造中已经有一段很长的历史。早期类似品牌的标记，比如花押字（姓名或公司等起首字母相互交织成的图案）、烙印和（金银）纯度印记经常都包括原产地相关信息（莫勒阿普，1997），而近代早期欧洲贸易人们公认的特色之一就是消费者越来越了解基于某个地方的产品名声，并且生产商努力引导这种了解（穆克吉，1983）。尽管随着贸易系统的发展越来越全面国际化，仿佛已经产生了在商品设计和生产中以更为模糊的方式利用地方。一方面，随着新市场大门的打开，似乎有必要去除在新的背景下看上去有些格格不入的地方针对性特征。另一方面，有许多案例表明地方的文化价值看上去对经济价值的形成方式似乎至关重要（穆克吉，1983），并且对如何制造有意义的物体似乎也很重要。去除地方标记可能风险很大，正如品牌咨询师沃利·奥林斯在1978年指出的一样："当为了实现统一性，而追寻一些核心同质化的力量……而毁灭它的根源，那么人们不会喜欢它"（1978）。

商品设计和营销过程中与地方价值相关的这种矛盾一直延续至今。它以各种方式反映了消费者自身在地方价值方面的理解分歧：地方可能是促使物体获得理解并产生意义的一部分因素，但并不是唯一的因素，一些情况下它可能阻碍商品在新市场中"被接受"。正是由于地方的这种复杂性，才部分促成了生产商持续使用"原产地"调查（吕里，1997），在全球或者跨国推广和营销活动中使用跨国团队（摩尔，2007），以及使用外部咨询师发展并管理地方身份和声誉（朱利耶，2000；列奥纳多，1997；摩尔，2007）。一些当代地方品牌化措施甚至尝试量化地方的经济价值，将地方便利设施或基础设施的测量指标同消费者调查一起综合归纳为感性认知（吕里和摩尔，2010）。但是品牌所有人不再仅仅对消费者发出的信号进行回应；因为在地方及地方含义的制造和再制造过程中广泛的社会机构力量发挥着作用。特别是世界贸易组织，通过地理标志和原产地名称保护标志的讨论协商，影响着地方在产品推广中可能使用的方式（兰格奈克，2004）。国家政府经常采用爱国主义消费措施以及在受保护市场内展开贸易推广从而寻求引导消费者对地方的兴趣。工会经常加入到这些"爱国主义"消费活动中，尽管他们也领导抵制某些国家或地区的产品以表示同那些国家工人的团结（利特勒，2008）。最后，对消费者而言，国际贸易和投资规则传递了地方的含义，其对消费的影响将在本章以下段落中概述。

因此社会机构活动大大传递了地方和地方附属品牌的含义，但是这并不意味着这些活动全面探讨或者确定了品牌如何针对消费者产生含义的方式。如果将消费称为目的性活动，那么这些目的必然没有和生产商目的或者和控制流通的社会机构利益完全重叠。理解这种局部或潜在消费自主的方式之一就是采用丹尼尔·米勒（1987）的大众消费分析，作为反情感疏远的实际努力。在米勒的研究中，消费过程和惯用程序——也就是在新背景下展现和重新展现商品，以及将商品融入到更广泛的社会和风格框架中——至少可以说是潜在的物化过程，其中"大众"商品在个人，通常是极为个性化的服务中得以转变。此处，物品的生产和原产地表现了"市场和国家的高度抽象化"，"由于我们希望能够逃离这些大型社会机构带来的疏远感"，因此这些物品在创建"力求恰当具体化和多样化"的世界中发挥作用（米勒，1998b）。在这个过程中，商品和服务在原产地方面可能产生"疏远"，但它们将转变成为"不可分割的文化物质"，可以在人类主体发展进程中发挥作用（1987，个人强调）。

米勒的研究引发更多深入的问题，涉及大众消费过程在多大程度上实际产生了紧密的社会联系和群体归属，以及与之对比，这些过程在多大程度上抑制了这种联系的形成或者人类主体的发展（1987）。米勒承认消费研究必须考虑社会群体归属形成过程中的商品使用如何受到设计、营销和其他社会机构（比如国家）活动的影响，从而可能寻求以各种方式影响"社会差异"和"商品差异"之间的关系（1987）。这些干预可能有助于具有分裂性、排他性、社交性或生产性的差异化形式得以巩固甚至扩展。但是米勒研究的价值在于这些问题都是开放性的，以待实证研究，并且消费呈现为紧密的社会群体归属、不可分割的文化物质的发展以及人类主体的发展都具备内在可能性的一套过程。

5.3 旅行、旅游和迁移

米勒的研究侧重一系列物质文化和消费的人类学分析，将物质商品视作产生社会关系形式、内容和含义的各种方式（道格拉斯和依舍伍德，1979；萨林斯，1976）。此类分析通常探索"传统"社会中的物质商品来源地同当代消费文化中物质商品来源地作用之间的重要延续性（吕里，1996）。但是商品日常使用背后的因素明显各有不同。品牌、出行、旅游和迁移中与地方含义相关的、可能最贴切的因素对研究消费文化和地理位置之间的关系有重要的意义。例如，阿琼·阿帕杜莱（1996）提出不断变化的迁移模式对消费本身应当产生的作用具有重大影响；他指出人口迁移带来的"去地域化"创造了众多产品和服务的新市场，这些产品和服务"在去地域化人口为了保持同家乡联系的需要的基础上得以繁荣"（1996）。尽管通过此类物品消费的"地方"没有以直接的方式反映出特定地理领域；想象、回忆和怀念，以及媒介本身都构成了调和的力量（阿帕杜莱，1996）。这些力量必然发挥作用并且通过物品构建了伴随移动人口迁移的"虚构家乡"。正是以这种方式，消费过程（如米勒所指，这个过程中可分割的商品将被想象转化为不可分割的文化物质）成为字面意义和象征意义上形成、回忆并制造地方本身的部分方式。在米勒叙述的特立尼达岛软饮料行业中，可以看到更具想象的"原产地"阐述范例（米勒，1998a）。因此，例如，尽管可口可乐是"真正的"美国产品，通过强调其生产过程（特立尼达岛拥有本地灌装工厂和员工配备），以及区别不同类型的"甜饮料"和区别各类人群之间相对普及性的地区种族分类叠加，可以将可口可乐解读为"来自特立尼达岛的黑色甜饮料"。利用这种方式，米勒提出，可口可乐和其他软饮料远非"美国化"力量的代表，反而卷入到特立尼达岛消费文化的再制造过程中。

吕里（1997）采用了稍微不同的方式，考虑了出行和居住存在的潜在关系会如何融入到物品中，以便至少能够部分将这些关系视作"一系列物品—人类实践的结果"（1997）。她指出，一方面，物品体现了不同程度的倾向模式或使用背景（1997）。因此，"旅游物品"（或者物品图像）如工艺品、手工品以及带有"国家文化或民族文化相关历史、政治或宗教意义"的物品都可以顺利流动，因此它们的含义和意义都是通过同原产地之间的明确或指示关系而确立。另一方面，旅游物品也指那些因为缺乏同原产地之间的明确联系而恰当确立了其旅游能力的物品；此类旅游物品可能包括"发现品"，比如票根或者海滩上的小石子，也包括许多当代消费品。此类物品（基于原产地的）含义和意义并不是固有的或者合法确立的，而是随意的、"不是由外部背景或者最终居住地产生的物品施加的"（并且，我们可以加上，是通过消费者实践确立的）。最后，吕里指出了含义既不完全固定也不完全自由的一种"旅游物品"的存在；这些物品的意义来源于地区之间的流动。这些物品具有"流动中的自觉位置"（1997），即使"流动"是虚构的或者想象的（如市场营销活动），而不是真实的。因此，对吕里来说，这类可能包括带有地方标记的服装产品，或者带有不同地方之间距离特征的其他消费品（吕里描述了卫浴用品的"全球集合"，包括"沙漠雨季"洗发水和"西海岸冲浪"泡沫浴液）。

在区别旅游和居住之间不同关系的上述差异时，吕里提出了当代消费及其同地方、地理，特别是世界大同主义讨论相关的两项主要观察。第一项观察，她提出如果世界大同主义是开放包容其他的"能力"，那么它有可能属于某种物品也可能属于人类。这里，她再次关注大型社会机构——也就是本案例中的设计、市场营销和品牌化机构——如何干预消费过程，从而不同程度地限制物品可能使用的方式，并在一些情况下确定利用产品制造地方品牌的可能性。第二项观察，她提出，鉴于世界大同主义仍旧是人类发展倾向，它也将导致不平等分配。这和新的中产阶级的生活方式密切相关，并且通常是个性化事件，而在其过程中中产阶级不仅仅能够在地方之间流动，也可以"利用获得的特定文化素质在浸淫物质和远离物质之间来回游走"（1997）。

如果我们回到阿帕杜莱关于物质文化和商品在构建移民地方意识过程中发挥的作用相关论点，就可以更加清晰地发现这些物品—人类实践中存在的"矛盾的世界大同主义"（克利福德，吕里引用，1997）。尽管可以体验到来自原产地的商品的消费，并且将其作为去地域化群体的必然存在（因为很熟悉或者因为它保持了同其他地方人类和地区的期望的联系），他提出这种消费也可能激发更深层次的需求——有时候是作为一种需求进行消费体验——以"迎合"个人的新居住地、展现个人作为公民的生存能力（避免过于"迥异"或者异类），并显示个人对新国家的承诺。这是一个非常不同的课题，尤其涉及"向新地区的邻居和同事……展现一个正常的家庭的策略"（阿帕杜莱，1996）。在这种背景下地方附属商品和品牌的消费就成为谨慎的平衡行动，可能和更为自由的选择行动截然相反，而这种选择或符合或背离中产阶级消费实践中呈现的特定商品。此处，潜在消费实践是否加深排斥感或者产生密切的社会联系这个问题紧密关系到权力机构的活动在多大程度上有助于预先限制消费能够产生（意指）或者不能够产生（意指）的东西。但是很明显，不仅仅是设计和推广活动塑造了这个背景下消费可以指向的内容（并且吕里指出这一点可能变化非常大），而且还存在更广泛的社会力量迫使去地域化群体能够第一时间将其合理性以客体展现。虽然表达归属的特殊媒介——主要通过市场上可购买的商品——可能联系到更广义的占有性个人主义或者"消费公民权"的概念，需求本身可能不会如此（勃兰特，1999）。

5.4 地方、认同和关系

牢记这一点，我们可以更进一步讨论特定社会或文化中的消费实践在加深或扩大社会分化的形式中以什么样的方式发挥作用，我们不仅通过关注直接影响消费的那些力量或社会机构，也通过关注更加直接影响消费发生背景的那些力量或社会机构来进行探讨。反之，这意味着理解消费中的地方含义不包括将其分隔开以独立的角度来看待。正如多琳·梅西指出的一样，尽管社会关系总是具有空间形态和内容，通过社会关系多样化形成的空间本身也是如此（梅西，1994）。因此，我们可以发现抽象的社会关系明显具有重要的空间维度，而且如果更接近一点看，表面上"关于"地方的那些活动都变成反应迥然不同的各种担忧。

例如，在二手消费领域内，格雷格森和克鲁（2003）已经表明，尽管"零售地理"是价值形成方式的重要一部分（跳蚤市场中一条牛仔裤可能卖5~7英镑，但是在一个明显"非主流"或者"波西米亚"地区比如旧服装店内其价格就要高得多），品牌名称的空间含义经常和地理位置关系不大，反而和原产地的象征联系之间存在更多关系。他们指出在购买衣服过程中这一点尤为重要，因为购买衣服是和身体语境以及同先前可能拥有一样物品的"其他"身体未知性密切相关。

在这种背景下，品牌名称可能用来"替代"原产地知识，其中特殊品牌的已知联系有助于抵消未知联系产生的相关风险。在格雷格森和克鲁的研究中，玛莎百货、保罗·史密斯和普林斯普斯等品牌并没有因为源自英国而必然获得相关含义，反而是因为指明了品牌前所有人的阶级、品位或者甚至年龄从中获得含义（格雷格森和克鲁，2003）。但是，格雷格森和克鲁指出只有部分人才更为敏锐地感受到了二手消费相关的风险，以及由此产生辨别商品来源地的需求。如在更多的中产阶级中，来自遥远地区或不知名地区的品牌实际上可能受到高度青睐，而"熟悉"的品牌由于可能被看作针对"懒惰购物者的""指定品位的无风险形式"，其安全性反而会遭到取笑（格雷格森和克鲁，2003）。因此，即便品牌名称没有明显指明原产地，品牌也可以是象征性的空间次序的一部分，这种象征性的空间次序与标记社会同一性和社会距离的一系列广泛课题密切相关。

社会亲密性和社会距离之间这种紧张关系的另一个范例体现在 20 世纪 80 年代英国球迷的亚文化消费实践（阿姆斯特朗，1998；摩尔，2006）。这种"随意的"亚文化——一个以白人男性劳动阶级为主的人群——从美学角度上而言呈现出对"设计师"商品和品牌名称的偏爱特征，而消费者将许多此类商品和品牌名称联想到中产阶级体育活动（普林格、雅格狮丹）或者"大陆式"（欧洲）品位（塔基尼、艾力士、法国鳄鱼）。类似吕里的"旅游物品"，这些商品通常具有"流动中的自觉位置"——无论是地理位置的移动，如去欧洲观看足球比赛，还是将"异域风情"的国外服装带回家，或者社交流动，如让自己参与到中产阶级和上流社会的活动中。然而，采用此类商品通常涉及球迷群体之间产生的密切的社会联系——按米勒的话来说，"表示他们'共同'利益"的方式——并且一些人将其解读成对尝试"定义"工人阶级男性含义的那些力量的拒绝（阿姆斯特朗，1998），这些群体关系也呈现出敌对和暴力的特征。这种敌对展露在球迷群体内部或之间，但是也对准通常是弱势的社会群体。以服装品牌展示为基础的阶级和区分可以弥补，或者甚至替代身体暴力和竞争；正如一位球迷指出，"着装带来的兴奋和球迷骚乱引起的兴奋一样棒"（摩尔，2006）。

正如这些范例所述，区分建立社会联系的课题和加强分化、排斥的课题并不很容易。而且也并非必然有助于表明特定类型的消费所"涉及"的关系，而其他类型的消费不涉及。当然可以争辩说所有消费实践都涉及某种程度的关系建立或者维护；关键点或许在于一些关系是基于十分严格的包容和排斥特征，而另一些更为流动、更具有潜在开放性（梅西，1994）。但是吕里的观点表明"世界大同主义"消费特征表现得越为流动开放，那么就可能与特殊阶级形成和分布相联系。这表明无论消费实践是加强分化，还是产生紧密社会联系（任何情况下都不是互相排斥的选择），消费实践的能力实际上不能同权力机构制定或引导物质文化使用的能力相关问题分割开。为了了解消费者对具有任何广义的包容和排斥的微观层面的判断和主张——如作为消费策略——换句话说，有必要将它们与更广泛的机构形成相联系，这些机构能够让消费在第一时间成为物质或象征斗争的貌似合理的地点。

5.5 地方和政治

对于此项研究，让我们来看一个范例。这个例子强调政治关切，将其视作明确的消费元素，同时将地方视作政治诉求中的一项重要元素。在德纳·弗兰克（1999）展开的"购买美国货"运动中，她指出20世纪70年代和80年代美国国内由工会组织的购买国货爱国运动——最初目的是减少贸易自由化带来的影响——经常从共同努力维护社会（也就是努力建立密切的社会关系）转变为着重强调战前民族主义意象和情感的普遍反亚洲情绪（也就是加深分化和排斥的诸多实践）。例如，对日本车进口的敌视"迅速蔓延引发对日本更为普遍的愤怒"（1999），而随着对日本的愤怒蔓延，反过来又导致对所有亚洲国家和亚裔美国人的敌视。此类活动的政治性质很复杂，但是尽管它们明确涉及诸多民族主义情绪和由此调动起的对地方的"排外主义"诉求（梅西，1994），它们也同样明确涉及更为强大的社会机构（比如国家）活动以及这些机构无法改善贸易自由化对工人产生的负面后果的行为，并受此影响。

我们也可以采用其他方式观察空间和关系在国家层面上的前后次序对更为"本地化"的消费政治活动产生什么样的影响。首当其冲的就是那些可以决定家庭收入的社会机构——它们反过来影响基本家庭供应所需的收入水平，以及留存用于"可支配"开支的比例——同时还包括调节工作时间的那些社会机构，通过市场而不是一些其他方式影响获得商品的需求（罗德扎克，2002）。财政政策可以确定收入不平等的程度以及国家供应商品和服务的范围，从而也可以间接影响消费在多大程度上能够以实践的方式引导"制造"社会距离（所谓的"竞争性"消费），同时财政政策也可以确定哪些商品必须直接支付而哪些商品可以作为公共物品由国家提供，从而影响一个人首次将自身视作消费者的那些领域。

从国际层面上看，世界贸易组织不仅监管商品从一个国家流向另一个国家需遵循的条款，也监管那些商品可能承受不同类型地方标记的程度。地理标志以及欧盟的"原产地名称保护标章"都是合法人造制品，确保仅有源自某个特殊区域和领域的特定类型商品标记有以地区为基础的记号，比如"香槟"、"帕尔玛火腿"或者"帕玛森"（兰格奈克，2004）。尽管这对生产商造成的影响要甚于对消费者——它决定了各个制造商，并且通常整个国家经济体参与某类商品全球市场竞争的能力——但是它同样影响了消费，以至于它实际上坚持所有人类都必须只能以特殊商品的消费者存在，而不是生产者。此类规则试图以特殊方式定义地方关系，因此显得颇为引人注目，因为它抑制了地方、人类和商品之间的新关系的形成，同时坚持以狭隘的地理角度定义地方（帕里，2008）。当然，世界贸易组织规则也确定了其他具有高度"客观"标志潜力的物品——如基于文化或知识的商品——的流动范围以及流动所应遵循的条款（于迪思，2003）。无论哪种情况，权力机构都能够决定物品作为商品流动应遵循的条款，以及物品范围。在这种范围内，可以通过市场获得对商品赋予含义的目的，即便它们不能确定此类商品最终投入使用的全部范围。

5.6　品牌和联合生产

另外还存在许多"普通"社会机构，试图塑造生产、消费和地方之间的关系。一种方式就是公平贸易，这当中地方之间的关系以及与这些关系相关的条款在消费领域内都发挥重要作用。同样地，"绿色"消费活动试图通过将原产地（或者"起源"）演变成为家庭采购决策中的显著因素直接影响消费，而目前众多品牌正试图恢复消费的道德维度，将其视作品牌元素之一（摩尔和里特尔，2008）。实际上，在地区制造过程中品牌占据了很有趣的位置，因为它们必须遵循规定商品流动方式以及品牌可能内含的地方标志类型的各项国内和国际法规，同时还需获得相当的自由度以便能为消费者构架基于空间或地方的商品特质。在品牌价值生成过程中，他们越来越寻求借助消费者力量。正如吕里指出的，品牌化的主要运行方式之一就是努力连接主体和客体，而其采用的方式有可能形成消费体验的各个方面，当然它们也是属于品牌的各个方面（吕里，2000）。当亚当·阿维德森（2006）提出品牌管理的重点是确保"客体的生成和价值的生成互相统一"时，他了解到了这一点。此项努力部分解释了某些品牌尝试的基于地方的积极联系的努力，以及消除负面联系的积极尝试。因此，苹果敏锐地向消费者展示其 iPods 系列产品不仅是"中国制造"，也是"加州设计"，以此形成同加州之间的积极联系，作为品牌价值的一项维度。同样地，服装零售商"美国服饰"目标对准国外受过良好教育的中产阶级消费者群体并邀请他们运用自身知识对比"美国制造"产品（道德）价值和"国外"制造商相关的"血汗工厂"，以此发展其部分业务（摩尔和里特尔，2008）。将这些道德推动力和知识形式转化为品牌价值的源头之一，也涉及努力将透明化和"公平"概念注入到商店、产品和促销材料的重要含义中。

很明显，确保消费当中对消费者而言重要且富有含义的那些方面能够展现从品牌角度而言期望获得的特质，并不总是很容易。但是，品牌采用了很多方式试图避免这个问题。最新一项方式就是努力吸收消费者为品牌"联合生产人"。营销学者科瓦和达利（2009）指出，消费者已经进行"工作"，因为他们在价值创建过程中表现活跃，无论是向品牌灌输情感、含义和意义，实现创新的使用模式和情景，或者作为合伙伙伴参与付费体验的制造中。但是新技术的发展允许这个媒介能以更为系统化的方式进行使用。越来越多的消费者被吸收进入到创新和测试过程中，并且（如通过网络）进入到营销活动的开发和流通中。对生产商而言，优势在于这种参与形式可以增加人们感知的商品或服务价值，并且逐步灌输更高的忠诚度和满意度。但是对批评家来说，他们是从剥削和劳动力的角度理解这种努力，甚至更具体来说是从消费的"非物质"劳动（拉扎拉托，1996）及其对消费者"双重剥削"角度理解——消费者不仅仅免费为品牌工作，还为由此生产的商品和服务支付高价（茨维克等，2008）。

但是，另一种有用的方式就是返回到本章节开头提出的问题，即关于权力机构在塑造物质文化投入使用的过程中发挥的作用，以及关于通过消费活动制定或再现亲近和距离之间的关系。当代营销努力迫使我们考虑机构权力的另一个维度，也就是机构采用的方式可能无法制定商品的特殊使用，但是根据阿维德森（2006）的叙述，可能反过来利用以更加自由的形式生成的消费实践，作为巩固机构经济权力的方式之一。因此可以说，包容和排斥的关系，以及亲近和距离的关系，不仅仅是消费和物质文化特殊安排产生的可能结果，也是商业（以及其他）机构可能挖掘的、作为品牌价值潜在维度的资源。换句话说，品牌化和营销不仅仅涉及商品使用和情景的规定，也涉及它们周边可能出现的关系和情感的持续管理。地方和地理对这些联合生产措施的重要性可能大不相同。消费者参与的形式，如测试、合作、定制、创新或分享，都可能有助于生产商理解特殊地理位置中的针对性使用模式或情景（并且实际上可能借此设计），但是他们也可能放弃过于个性化或特殊的品牌理解或者创建新的、与原产地地理位置几乎没有丝毫联系的品牌化空间。此类活动的相关性主要并不在于其同原产地的关系，或者同消费情景的必然关系，而是在于其增加品牌价值的能力。

5.7 结 论

在简要回顾地方和消费相关的一些当代观点之后，本章提出对于消费者在多大程度上参与了地方制造这个问题的探讨，有必要考虑普通人在日常消费活动中体验到的自由度，并且将其同大型机构的地方制造权力进行衡量比较。接受消费者在物质文化使用过程中可能具有的创造、创新虽然很重要，但是接受这种创造性会在十分易变的情景下产生同样很重要。权力机构以许多不同的方式促使形成消费，以及消费文化可以投入的使用。这些包括"宏观"层面的国家财政政策及其对相对收入水平的影响，以及人们初次以"消费者"身份思考和行动的领域。它们还包括那些国际机构（比如世界贸易组织），用以确定谁可以在其营销活动中使用特殊地方联系。我认为，"地理标志"合法性的持续争议是最为重要的剥夺个人、团体以及小规模生产商的"地方制造"权力的方式之一，并将此权力交到更具权威的机构手中——其对地方的理解往往更加狭隘、更具排斥性，也更为机械。

　　从更为普遍的层面上来说，设计、营销和品牌等机构可能试图编制并确定商品中的地方含义（或者商品中缺乏地方含义），并取得不同的成功效果。根据吕里之言，如果在此层面上可以认为地方制造是"物品—人类实践"的结果，并且那些物品可以使人类颠倒过来。但是同样在此层面上，我们可以看到商品的"客观"属性如何同更广泛的社会力量和结构互相作用，比如阶级、种族或国籍，从而产生不平等的限制模型，对商品潜在标志属性可能投入的使用产生影响。品牌经常寻求影响这些社会力量和结构，提供希望缩小或纠正不平等的商品和服务，或者反过来指出差异形式（应当注意，这和差异化并不必然一致）。但是，正如前面所言，品牌活动不仅仅包括事先"构建"或者确定此类含义，也可能包括坚持不懈地努力容纳以更为自由的方式生成的联系来作为品牌价值来源。此处，或许可以实现对地方更为通畅的理解，但是仅限于它们"再现……品牌形象和加强品牌资产"的范围（阿维德森，2006）。

　　我们可以从中重新考虑消费实践在多大程度上可以产生亲密的社会关系，或者与之相反，加强当前的社会分化。正如我在前面提到的，或许我们可以认为所有消费实践都在某种程度上涉及关系的形成。当然重点是那些关系是不是开放的、流动的——由此潜在趋向于发展形成更强的社会团结——或者更为边界化、排斥性的社会关系。消费者使用地方附属品牌展现了两种可能性：尽管他们可能卷入到维护狭隘的地理地方定义或者排外主义地方定义课题中，他们也可能瓦解这些观点并以意想不到的新方式重新构建地方之间的关系。虽然更为广泛的结构或者力量——阶级、收入不平等、公民身份等——通常形成了这些用途本身，并且如我们所见，作为价值来源的品牌也可能选择性挖掘这些用途。如果消费者使用地方附属品牌对地方制造而言具有更宽的含义，那么必须通过其同那些权威机构利益之间的关系展现。分析这种关系意味着关注物质文化更为普遍的潜力，即本章开头米勒研究讨论中所述内容，从而作为抽象化和情感疏远机制过程的对抗力量发挥作用。这还包括警惕围绕消费的更为普遍的恐惧——对物品主导、同质化、将消费主义特别理解为"贪婪"或自私等消费恐惧——以及关注大型机构以特殊方式引导消费的力量。

参考文献

Appadurai, A. (1996) *Modernity at Large: Cultural Dimensions of Globaliza-*

tion, Minneapolis and London: University of Minnesota Press.

Armstrong, G. (1998) *Football Hooligans: Knowing the Score*, Oxford: Berg.

Arvidsson, A. (2006) *Brands: Meaning and Value in Media Culture*, London: Routledge.

Barnett, C., Cloke, P., Clarke, N. and Malpass, A. (2004) "Articulating ethics and consumption", Cultures of Consumption Working Paper Series, No. 17, avail-able at http: //www.bbk.ac.uk/publications.html.

Bauman, Z. (1990) *Thinking Sociologically*, Oxford: Blackwell.

Bauman, Z. (2007) *Consuming Life*, Cambridge: Polity.

Berlant, L. (1999) "The compulsion to repeat femininity", in J. Copjec and M. Sorkin (eds), *Giving Ground: The Politics of Propinquity*, London and New York: Verso.

Cova, B. and Dalli, D. (2009) "Working consumers: The next step in market-ing theory?", *Marketing Theory*, 9, 3, 315–339.

Douglas, M. and Isherwood, B. (1979) *The World of Goods*, London: Allen Lane.

Frank, D. (1999) *Buy American: The Untold Story of Economic Nationalism*, Boston, MA: Beacon Press.

Gregson, N. and Crewe, L. (2003) *Second-Hand Cultures*, Oxford and New York: Berg.

Julier, G. (2000) *The Culture of Design*, London: Sage.

Lazzarato, M. (1996) "Immaterial labour", in P. Virno and M. Hardt (eds), *Radical Thought in Italy: A Potential Politics*, Minneapolis: University of Minnesota Press.

Leonard, M. (1997) *Britain™: Renewing Our Identity*, London: Demos.

Littler, J. (2008) *Radical Consumption: Shopping for Change in Contemporary Culture*, Maidenhead: Open University Press.

Lodziak, C. (2002) *The Myth of Consumerism*, London: Pluto.

Lury, C. (1996) *Consumer Culture*, New Brunswick, NJ: Rutgers University Press.

Lury, C. (1997) "The objects of travel", in C. Rojek and J. Urry (eds), *Touring Cultures: Transformations of Travel and Theory*, London: Routledge.

Lury, C. (2000) "The united colors of diversity: Essential and inessential culture", in S. Franklin, C. Lury and J. Stacey (eds), *Global Nature, Global Culture*, London: Sage.

Lury, C. and Moor, L. (2010) "Brand valuation and topological culture", in M. Aronczyk and D. Powers (eds), *Blowing Up the Brand*, New York: Peter Lang.

Massey, D. (1994) *Space, Place and Gender*, Cambridge: Polity Press.

Miller, D. (1987) *Material Culture and Mass Consumption*, Oxford: Blackwell.

Miller, D. (1998a) "Coca-Cola: A black sweet drink from Trinidad", in D. Miller (ed.), *Material Cultures: Why Some Things Matter*, London: UCL Press.

Miller, D. (1998b) "Conclusion: A theory of virtualism", in J. Carrier and D. Miller (eds), *Virtualism: A New Political Economy*, Oxford and New York: Berg.

Miller, D., Jackson, P., Thrift, N., Holbrook, B. and Rowlands, M. (1998) *Shopping, Place and Identity*, London and New York: Routledge.

Mills, C. Wright (2000 [1959]) *The Sociological Imagination*, New York: Oxford University Press.

Mollerup, P. (1997) *Marks of Excellence: The History and Taxonomy of Trademarks*, London: Phaidon.

Moor, L. (2006) "'The buzz of dressing': Commodity culture, fraternity and football fandom", *South Atlantic Quarterly*, 105, 2, 327–347.

Moor, L. (2007) *The Rise of Brands*, Oxford: Berg.

Moor, L. and Littler, J. (2008) "Fourth worlds and neo-Fordism: American apparel and the cultural economy of consumer anxiety", *Cultural Studies*, 22, 5, 700–723.

Mukerji, C. (1983) *From Graven Images. Patterns of Modern Materialism*, New York: Columbia University Press.

Olins, W. (1978) *The Corporate Personality. An Inquiry into the Nature of Corporate Identity*, London: Design Council.

Parry, B. (2008) "Geographical indications: Not all 'champagne and roses'", in L. Bently, J. Davis and J.C. Ginsburg (eds), *Trade Marks and Brands: An Interdisciplinary Critique*, Cambridge: Cambridge University Press.

Pike, A. (2009) "Geographies of brands and branding", *Progress in Human Geography*, 33, 5, 619–645.

Rangnekar, D. (2004) "The socio–economics of geographical indications: A review of empirical evidence from Europe", UNCTAD–ICTSD Project on IPRs and Sustainable Development, Issue Paper No. 8, Geneva: UNCTAD.

Sahlins, M. (1976) *Culture and Practical Reason*, Chicago: Chicago University Press.

Trentmann, F. (2009) "Crossing divides: Consumption and globalization in history", *Journal of Consumer Culture*, 9, 2, 187–220.

Yfidice, G. (2003) *The Expediency of Culture: Uses of Culture in the Global Era*, Durham, NC and London: Duke University Press.

Zwick, D., Bonsu, S.K. and Darmody, A. (2008) "Putting consumers to work: 'Co–creation' and new marketing governmentality", *Journal of Consumer Culture*, 8, 2, 163–196.

6　运动装备：性能和品牌综合
——消费者作用

6.1　引　言

　　我们提供保护作用的优质技术传动装置以用于救生工作和体育运动。我们在地球上最恶劣的环境下工作运动，了解制造最佳性能的传动装置需要什么。我们同户外工作、运动时间多于户内的人们密切合作，持续优化产品的技术和设计（挪威运动和户外装备制造商海丽·汉森主页，http：// www.hellyhansen.com/about-us，刊登日期为 2009 年 11 月 25 日）。

　　今天，大多数探讨如何在竞争激烈的全球经济环境中生存下来的理论学家、文献和研究似乎都同意一件事——创新是成功的关键（波特，1990；斯考特，1995；斯托波，1997；马斯克尔和马尔伯格，1999；佛罗里达，2002）。这反映了普遍的观点，即持续改进是维持动态竞争优势的基本元素。尽管与创新相关的文献内容广泛、卷帙浩繁（马尔伯格和保尔，2006），其共同的特征在于都认为真空环境下几乎不可能形成良好的见解；创新是一个集体合作的过程，包括各种各样的社交互动（阿谢姆，1999）。大多数情况下创新不是单个企业的产物，而是将资源、知识、其他信息和能力集中汇聚在某些特定地方的产物。但是，大多数创新文献都偏向企业或者企业群。很少有文献涉及这些优质的产品如何通向消费者。关于消费者偏好，存在着一个经常采用的隐含假定，即个人对不同产品体现的创新程度具有完全的信息理解（保尔和豪格，2008）。实际上，我们的消费选择通常具有倾向性，而且在我们做出的决定背后很少具有完全信息。

相对地，创新文献关注价值链的第一阶段。在价值链的另一端，则是市场传播、营销和品牌化相关理论。这些文献明确关注如何说服消费者，即便这个产品或企业有问题，它仍旧是最佳选择。此处，文献相对较少关注这个产品的功能和质量。我们常常视之为理所当然，并且仅侧重产品相关叙述以及如何赋予完成品（或者其背后的企业）以象征价值（奥林斯，2003；罗伯茨，2004）。

在本章中，我认为有必要采用更为全面的方法探讨新产品开发和创新过程。如果我们想要了解一些产品和企业在市场中获胜的原因，我们需要考虑产品的技术价值、功能价值以及非物质价值。这就要求更充分地考虑并分析用户的作用：他们如何影响创新和生产过程，以及如何在营销和品牌化过程中利用用户的影响力。到目前为止，关于消费者如何参与这项持续的创新资产和性能资产升级过程的研究相对很少。显著的例外包括冯·西佩尔（1978、2005）及其关于领先用户在创新过程中的作用这一突破性研究工作。但是，总的来说，用户参与仅仅局限在企业对企业的环境中，保持传统亲密的用户和生产者互动关系，比如波特（1990）的"高要求消费者"。尽管如此，创新政策和支持体系倾向于聚焦研究或者技术推动的创新，几乎没有留下空间给用户或消费者。这有些讽刺意味，因为多年以来创新理论都赞成"互动的创新模式"，它将用户、生产者和其他行动者之间的互动关系视作基础。尽管如此，如果将消费者全面考虑在内，消费者或多或少都被认为是个谜。格瑞博等（2008）提出，虽然普遍提倡"消费者是上帝"，但目前看来消费者的作用仅限于被动接受价值链终端的产品。创新主要是在企业内部或企业之间得到特别重视，而最重要的关切点还是放在生产者一侧。顾客，所谓的上帝，基本上从创新和生产的写照中缺席。但是最近，这个传统的观点遭到挑战，并且已经有研究表明即便是非常传统的企业，其对消费者产品也都较之以往更加开放地接受需求侧的直接创新反馈（卢瑟，2004；弗兰克和沙阿，2003）。消费者展现的新的、积极的作用表明企业面临某些挑战。例如，微软的米奇·马修斯声称企业战略从"告知性、说服性和提醒式"转变为"展示性、参与性和赋权式"（杰夫，2007）。体育运动和户外装备行业是个有趣的案例，因为它形成了一个展示技术创新和象征创新的舞台，并且用户可以深入参与到这些过程中。这些产品通常都意味着在恶劣、高要求的条件下使用，因此需要具备高性能。同时，运动装备和相关产品通常都表现了生活方式；它们传达了我们是谁，或者更准确地说，我们希望成为谁。

6.2 如何将创新和品牌化理论结合？

挑战之一就是为具有技术和功能偏见的创新理论提供同一个概念框架内更加非物质化和象征性的品牌化研究方法。解决方法之一是从产品功能和象征价值的最终评判人开始——消费者。我们的消费者选择一部分是根据产品实用性确定，另一部分是根据产品或其背后企业的象征价值确定。

同时，我们将会在本章后面内容看到，越来越多的企业正在利用用户、顾客和业余人员。它们将这些人视作创新和市场传播中宝贵的知识来源。部分被松散地标签为领先用户的消费者群体显得尤为重要。就这点而言，我想要强调不是所有用户都是消费者，儿童和青少年的体育用品就是很好的例子。通常都是父母为孩子购买安全装备，因此供应商必须应对的不仅是用户的利益和关切。

营销和创新文献中都已经采用领先用户这个概念。这些理论偏见背后证实的观点表明，某些个体在传播观念或产品过程中发挥了关键作用。领先用户面临着市场上普遍的需求，但是由于他们通常将这些产品测试使用到极限，他们比大部分消费者都更早面临这些需求。除此之外，领先用户的定位是当他们获得了这些需求的解决方案时，就能从中获益匪浅（冯·西佩尔，1986）。同时，领先用户在产品传播中的作用就像是守门人。较之普通用户，他们更快、更轻松地采用新产品。他们也引领着新产品的传播，因为他们倾向于最早熟悉最新产品。从这个意义上而言，他们的作用就像是意见领袖（施雷尔等，2007）。

体育用品公司利用领先用户测试并开发新装备，并且出于营销或品牌化目的聘用领先用户作为代言。这是因为他们在艰苦的情况下使用并测试装备。另外，很多领先用户都具有很高的媒体曝光率，通常很享受在普通用户中建立的公信力（巴拉塔等，2009）。最近，这个行业已经将关注点转向以无形资产为基础的制造和销售，比如风格、时尚、潮流和象征价值。这并不意味着消费者不再重视功能良好、安全保障的优质产品，也不意味着传统产品创新不再是根本。更确切地说，在高性能安全装备目前几乎标准化的市场中，无形资产有助于企业形成差异化并创建客户忠诚度。

6.3　什么是品牌化？品牌化和营销有什么差别？

产品营销和品牌化之间的关系很密切，但并不完全相同。"品牌"或"品牌化"不存在通用的定义。但是，大多数评论家赞同任何相关定义都应当包括产品的有形和无形属性，比如功能和情感特征（奥林斯，2003；吕里，2004）。这些特征主要用作营销参数，但是品牌化不仅仅只是营销过程中的一个附属品。品牌化试图涵盖不同经济价值之间的平衡：质量、实用性、象征和文化价值。吕里（2004）提出品牌化"是重新构建生产的抽象装备"。因此应当将品牌化理解为总体战略，如果得以良好执行，那么就应当渗透生产过程的所有层面，从创新、设计、零售到营销。成功的品牌战略在于实施根植于社会基础的活动，而不是为单一产品创建一个品牌。品牌化的目标是在物品特征及其品牌化形象或形式之间产生一个可互换的联系（保尔和豪格，2008）。

本质上而言，可以将品牌化文献分成两个极端。一方面，有研究群体十分质疑并批评品牌和营销的权利（克莱恩，2000；夸特，2003）。品牌化通常表现为一个过程，而品牌形象由专家创造形成，并塞给大众群体，被大众群体全盘吸收。另一方面，有观点认为消费者根据对话和协商建立了和品牌之间的相互关系（福尼尔，1998；阿特金，2004；罗伯茨，2004）。这个观点是建立在将消费者视作具备自我意识、反思性群体的强大信念之上的。消费者"参与建立同众多品牌之间的联系，并依据其赋予生命的意义而从中受益"（福尼尔，1998）。消费者及其品牌选择之间的这些反思性关系获得概念定义的方式并不一致。福尼尔（1998）甚至将这些关系同人与人之间的关系进行对比。说她提出其中一位受访人"同潜在品牌合作伙伴之间的体验类似于一系列求爱考验"（福尼尔，1998）。消费者和品牌之间的互动不需要获得企业许可。建立品牌含义不再是一件自上而下控制的事（沃克，2008）。但是，宣传和品牌化的概念定义最好形容为一种诱惑形式：利用我们已经存在的需求和欲望（希斯和波特，2005）。虽然消费者没有接受洗脑，但显然我们对营销和品牌化过程也不是无动于衷。最终，由消费者自身来决定面对企业使出的各种诱惑手段他是否乐意接招。

6.4 体育运动和户外品牌

我们看到商标无处不在。我们面对无数的品牌，以至于雪莉（1998）认为品牌化信息的普遍性已经将经济景观转变为"品牌景观"。运动员通过他们的着装方式体现了这项发展并展示品牌。彪马的全球宣传活动邀请世界上跑得最快的人尤赛恩·博尔特作为代言、高山滑雪运动员在冲过重点线之后立刻脱下滑雪板以便能出现在电视屏幕上、运动员的衣服上贴有企业商标都是显著的例子，表明品牌化和当今体育行业之间的密切关系。实际上，就我们今天知道的体育产业，如果没有大量赞助不可能发展到现在的程度。这种象征性关系的原因在于运动员被视作文化含义的强势载体（肯尼迪和希尔斯，2009）。运动员体现的生活方式和价值被认为是许多企业非常渴望与之对应的，运动员的气质由此传递给了消费品。但是，这个人呈现的气质必须是品牌希望对应联系的。这个运动员并不总是所在领域最佳，但是他具有的媒体吸引力和其他更为无形的气质则甚为重要。

耐克已经成为体育用品营销领域的先驱，它很早就开始起用高知名度运动员展开品牌化活动。它和网球运动员约翰·麦肯罗签订了一份个人赞助合同，这在当时还很少见。麦肯罗除了出色的战绩之外还因为球场上的坏脾气而闻名。耐克的联合创始人菲尔·奈特认为，麦肯罗的"坏男孩"形象很符合 1978 年"反叛有因"广告宣传（亚当，2005）。这项宣传获得巨大成功，并为无数类似宣传活动铺平道路。然而这种强大的品牌化工具也具有反效果。当运动员不符合模范市民的形象时，就会反作用到赞助商身上。

6.5 谁是领先用户？为什么他们在运动和户外行业中如此重要？

领先用户是指在某个特定领域中引导重要的市场潮流并从创新中获得高收益的人（冯·西佩尔，1986）。当市场上现有产品无法满足需求时，这些用户有时自己会发明不错的东西，满足自身引领潮流的需要。正如"领先用户"这个概念意指的一样，这些创新对于未来更广泛的市场可能具有商业价值（冯·西佩尔，1986）。运动装备领域是研究用户参与的一个有趣领域（巴拉塔等，2009）。首先，这个行业必须关注用户驱动的创新，因为它向高要求、高能力的客户提供产品。企业供应设施、服务、装备等给用户，同样地，他们十分依赖用户对企业创新的接受度：毕竟最终是用户冒险运用这些"创新"产品滑冰、滑雪或滑动，因此他们十分积极地确认自己能够了解并信赖这些装备。

另外，用户还参与产品非物质方面的生产过程中。如上所述，消费者购买产品不仅仅只是为了实用价值，也是为了形象、品牌或象征价值。但是，这不可能依靠企业自身力量独立创造，因为象征价值无法强制规定，往往是社会建设形成的（布尔迪厄，1984）。在这个过程中，其他用户、消费者发挥了核心作用。尤其是消费者社群对社会认同的建设做出重要贡献。他们赋予品牌和产品部分象征和传播元素，加强产品价值（迪玛利亚和菲诺托，2008）。由此我们发现企业越来越寻求以人与人传播的方式展开营销，而特定的授权用户群体则推动了营销。杰夫（2007）提出随着当今世界信息超载，最值得信赖的信息源就是我们的同行。研究人员针对运动装备行业中的用户参与度展开了大量的研究。比如，沙哈（2000）在其滑雪板、滑板和帆板研究中发现创新常常不是发生在大企业中，相反，它们是由一些早期尝试者发展而成。黏性信息解释了这一点——从用户转移到制造商是有问题的。大公司在实现产品的功能潜力和商业潜力方面也存在问题。根据对极限运动的一项研究，施雷尔等（2007）得出结论：领先用户挑战性能的极限，并且是第一个遭遇尖端需求的人。他们期望从新的解决方案中获得高效益，并展现出对这个领域新发展的强烈兴趣。他们在初期阶段就意识到新产品和新技术，将新技术视作更为简单，并且由此更充分地准备好接受它们。除此之外，领先用户显示出强烈的意见领袖特征。如果这个用户群体选择并采用特定产品或品牌，相对低要求的消费者就会倾向于跟随它们。这些研究以及其他运动和户外行业用户参与度研究（冯·西佩尔，2005；卢瑟，2004；卢瑟等，2005）指出了相同的方向：当竞争战略开发涉及技术创新和品牌开发时，那么用户就很重要。但是，产品开发过程中用户参与机会会发生变化。图 6.1 显示了创新和生产过程中不同阶段和用户参与度的概述。模型要求考虑并分析用户如何影响创新和生产过程以及用户如何影响营销和品牌化过程并如何被其利用。下一段内容中我们将采用一些实证研究结果阐述这个问题。

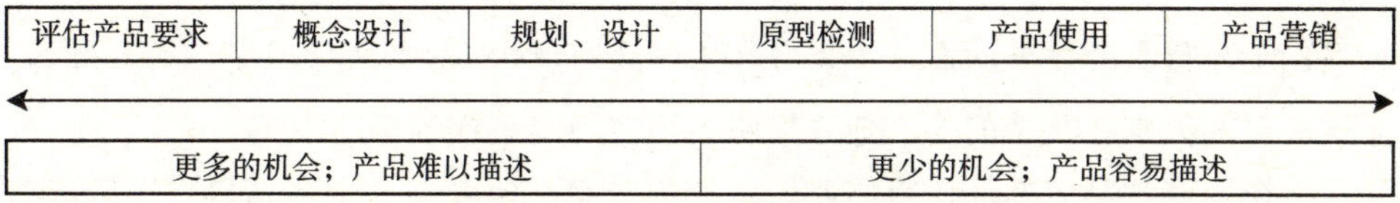

评估产品要求	概念设计	规划、设计	原型检测	产品使用	产品营销

更多的机会；产品难以描述	更少的机会；产品容易描述

图 6.1　用户影响创新过程的机会

资料来源：摘自 Brätä 等（2009）。

6.6　用户参与价值链——运动和户外行业案例

许多运动和户外装备生产商都试图在整个生产过程中实现品牌价值。我们从许多公司都听到这样一个信息：它们迎合特殊需求的用户。不止一个公司声称产品是由用户为用户制造。确保实现这一点的方式之一就是让用户参与所有阶段。主要原因在于领先用户提供了他们参与可靠性验证的产品。产品的象征价值就是基于实证证明的现实情况：如果你挖掘象征背后含义，就会发现这是产品呈现的含义（沃克，2008）。对运动和户外行业而言这是非常关键的传播，也是领先用户参与整个价值链的主要原因之一。

即便存在变化，大多数运动和户外制造商的商业战略实际上都非常类似。产品的实际制造通常都外包给低劳动力成本的国家，而高成本和高附加值的活动通常都在公司本土基地展开。利用同供应商之间的紧密联系，企业或多或少将优质产品视作理所当然。于是商业战略主要侧重连接消费者和零售商，而设计良好的创新优质产品则推动了这项连接。在以下段落中，我将探讨一些案例，研究用户如何参与创新过程中不同阶段的产品开发以及这将如何反作用于产品的品牌价值。

6.7 无法找到需要的东西
——那就自己做！用户就是创业者

我们在运动和户外行业中碰到过几个案例：高要求的用户无法在商业市场上找到自己需要的东西，于是决定自己开发。最著名的案例可能就是加里·费舍尔，他在山地自行车开发方面发挥了领导作用，还有汤姆·希姆斯和杰克·伯顿，他们于同一时间分别在北美的不同地方发明了称之为滑雪板的东西。

这些案例就是所谓的用户创业者。他们寻求开发和设计装备满足个人使用需要。他们通常会提出极富吸引力的创意，以满足个人的尖端需求，而市场上的当前产品无法提供这些。尽管他们的主要目的在于解决个人问题和挑战，他们采取的解决方案可能对更广泛的市场具有潜在商业价值。卢瑟（2004）和沙哈（2000）研究了新近发展的体育运动（滑雪、滑冰），发现用户总是最新产品的第一个开发人。

创新爱好者创立公司并蓬勃发展的一个案例就是攀山鼠，一家位于冬季运动目的地阿尔的瑞典企业。创始人热衷于户外运动，尤其是爬山。由于不满意当时的冬季使用产品，他开始自己制造外套和背包，并将其转化成一家成功的企业。依赖其直接的运动体验，他和设计师们开发出了他们认为肯定实用而且满足消费者要求的产品。攀山鼠将技术功能放在优先位置："攀山鼠总是受到功能的驱动进行创新"（公司首席执行官和创始人，个人访谈，2008 年 1 月）。满足功能要求之后，团队才开始进行视觉设计。

但是，对于现有企业系统化挖掘用户的想法以实现全新产品或重大创新，我们几乎找不到例证。相反，这些企业利用用户获得对原型的反馈意见或者是现有产品的改进。大部分新产品的概念来自于企业自身员工和他们的户外活动。这些员工可以归类为"热衷业内人士"，他们内部消化专家知识。他们特别参与或热衷于本企业生产的产品或与商品相关的体育活动（巴拉塔等，2009）。通常他们想要在这类企业工作，因为他们是企业生产的装备相关体育运动实践者。目前人们越来越强调热衷业内人士的重要性，并且企业也越来越将这些类型的员工放在优先位置。一位首席执行官说："如果你不够活跃，对运动和户外运动不感兴趣，那么你就没法在这里工作。"（公司首席执行官和创始人，个人访谈，2008 年 1 月）正如一位"内层"（内裤）设计师所言，"我自己本身就是一位领先用户，每年有 200 天的时间我穿着公司的产品"（海丽·汉森设计师，个人访谈，2007 年 10 月）。

6.8 换位思考——用户作为装备测试人

运动和户外装备制造商利用用户测试新产品并改进现有产品。考虑到这个目的，企业在不同层面上发挥用户的作用。专业用户主要是顶级运动员或者依靠赞助从事探险、攀岩、航海等行业的人。尽管媒体上曾报告数百万美元的赞助合同，但是我们发现赞助覆盖大部分层面——从全球超级明星到本地天才运动员。运动员赞助包括免费装备和酬劳。薪资可能是固定的，或者根据其体育成就确定。一些情况下，运动员认为获得最佳装备要比获得固定薪资更为重要，因为如果他们借此赢得比赛或者获得好成绩，这就是最好的奖励（除了可能的奖金之外）。作为回报，他们中的一些人参与了装备开发，而其他人主要参与市场传播中的公共关系方面。尽管运动员对装备开发而言很重要，了解他们的极限也很重要。有一些案例表明虽然产品经过训练有素的专业人员的测试，并在良好监督和协助下在市场上上市，但是当普通用户使用产品时就会出现问题，因为产品用于更加多变的环境中，比如积雪过多的地方或者不同性质的道路上。由此获得的教训就是必须在不同环境下，由普通用户测试装备，以便了解各种使用环境。

北极狐（隶属于菲尼克斯公司）是一家户外装备生产商，其产品线包括背包、帐篷、睡袋和服装。它声称自己"不是一家科技公司，而是一家创新公司"（公司代表，个人访谈，2008 年 1 月）。北极狐更加关注设计和功能方面的创新。客户要求户外服装和装备具备高技术和高功能材料，并认为理当如此。但是他们却寻求购买设计有趣的产品或智能解决方案。北极狐公司同领先用户保持联系的创新方式之一就是组织"北极狐经典"活动——徒步活动兼比赛。这是一个团队比赛，尽管竞争性不是那么重要。赛道是瑞典北部国王小径 10 公里。所有的北极狐办事处和产品开发团队都参加这个活动。它们或正式或随意地和参与者聊天。公司受访者认为这是一个和"普通用户"接触，并获得消费者直接反馈的非常好的渠道，也是在恰当的环境中了解终端用户的很好方式。另外，这创建了与消费者之间的良好关系——有助于建立品牌忠诚度。

6.9　用户作为品牌大使

在文化含义传递过程中运动员是强有力的载体（肯尼迪和希尔斯，2009），用户参与品牌、企业和产品最明显的方式就是通过赞助。运动员和用户在不同形式的营销过程和活动中使用企业产品，企业由此向他们支付报酬。这些过程和活动有无数种开展方式，涵盖众多层面，从利用全球超级明星进行全球宣传到赞助本地活动。贝内特等（2009）表明体育运动赞助和赞助商营销产品的实际销售之间存在联系。大多数企业对此访谈过其赞助的一位或多位运动员或用户，这些人都以宣传册、传单、网页等不同营销形式发挥作用。实际上，新产品开发从头开始都很少用到这些用户。他们更可能针对产品原型、剪裁、饰物和颜色等功能和时尚特征给予反馈。但是，将企业和运动员之间的关系定义为赞助看上去似乎很牵强。相反，运动员被认为是企业的合作伙伴、大使、朋友等。这些关系的呈现是建立在彼此尊敬、信赖和互惠互利的基础上，而不是商业交换。

如何在品牌化战略中利用运动员的一个案例就是瑞典林德伯格公司，它聘请了滑雪运动员乔恩·奥尔森作为代言人。林德伯格公司最初是一家高尔夫服装生产商，但是很快将业务线扩展到时装业。奥尔森是所谓的新滑雪派或轮滑派的超级明星之一。这项运动的特征是利用出色的技巧在空中做出大的飞跃。最近几年此项滑雪领域无论是在参与者人数还是媒体曝光方面都增长迅猛。它更多受到滑板滑雪的影响而不是传统自由式滑雪的影响。林德伯格公司在其高尔夫系列产品中有过和高尔夫运动员密切合作的经验，它想要看看在滑雪服装领域是否可以通用，整个设计过程中新系列的各种概念互相影响。产品概念来自于奥尔森和公司设计师，他使用了这些产品并提出功能方面的反馈意见，他将个人风格融入到产品的设计和颜色中。当大部分系列都采用大地色时，他在某一季中推出了粉色裤子，这非常符合奥尔森有些花哨的形象，而这一系列也备受欢迎，不可否认这个系列呈现出"迷人"的特征。另外，公司还利用奥尔森展开交叉品牌化。他也穿林德伯格公司的西装、休闲装和高尔夫服。由于高媒体曝光率、良好的成果以及同企业之间的密切互动，林德伯格公司代表认为这项合作很成功（销售经理，个人访谈，2007 年 10 月）。

6.10　讨　论

毫无疑问，将用户参与度和概念转变成巨大的商业成功的案例很少，但是仍旧可以在企业范围内发现创新的核心能力。用户的位置表明他们面临的需求只有采用创新才能够解决，并且需要体验现有产品存在的任何缺陷。但是，他们很少有能力将这些良好的概念转变成功能产品。事实证明将产品原型转变成商业产品有多难。为了达到这个目的，需要：专业知识，如了解如何生产；人际知识，如谁去生产；以及地方知识，如可以在哪里销售以及可以使用哪些渠道分销。这可能就是为什么我们会在产品寿命周期的最初阶段最常看到用户创业者。一旦他们证明产品存在市场，具有大批量生产能力以及广泛市场的大企业就会采用这些创意。抄袭这些想法或者并购小公司都可以达成这个目的。这并不意味着用户不具有对生产商而言至关重要的宝贵知识和信息，但是几乎没有创新过程可以定义为用户领导的过程，更为准确的描述可能是用户影响的过程。

当采用专业人员或者其他专家测试新产品时，我们需要牢记测试必须反映普通用户如何实际使用产品以及什么时候使用。如果品牌开发过程中涉及用户，通常需要由企业仔细管理并发展战略，而不是用户。许多案例表明专业运动员比赛中使用的产品不同于商业销售的产品，即便设计都是一样的。加拿大前奥运滑雪运动员告诉我们："'普通'用户会觉得我在比赛中使用的滑板很糟糕——对他们来说它太硬了也难以控制"（匿名，个人访谈，2008 年 3 月）。这呈现了一个事实：运动员是激发并培育预期目标市场内欲望风暴的强大介质。他们帮助创造对很多客户而言十分重要的某种程度真实性和可靠性。这并不是说运动员仅仅是产品的广告牌，没有对创新做出任何贡献。许多运动员都深入参与到相关宣传产品的技术和美学开发中。但是参与程度不同，而且似乎某些运动员在产品开发中的参与度也倾向于被夸大。

业余爱好者既是"企业的朋友"（如赞助用户），也是其他忠实用户，由于他们会提出针对产品和装备的正负面反馈意见，因此甚为重要。但是，他们的评论必须经过过滤，并且对比企业内的其他评语和活动进行考虑。这个群体重要的另一个原因是它参与定义产品的象征价值。我们看到普通忠实用户正趋向于成为企业重要的宣传渠道。主要原因是当装备具有一定的成熟度时，品牌价值等无形资产的重要性增加。技术差异可能十分小；对销售而言重要的是无形价值。研究文献中几乎未曾提到员工通常就是领先用户这一事实。他们受吸引进入这一行，同时也要求具有活力。而这些热衷业内人士正是企业产品开发/制造一侧同企业客户、粉丝之间实用而可靠的联系。

6.11 结 论

许多技术和功能偏向的创新文献同关注无形资产和叙述的品牌化研究文献之间呈现出不同形式的概念或实证分歧。本章试图弥合这项分歧，采用运动和户外市场中的用户作为出发点。同大多数产品一样，运动和户外产品通过融合象征价值和承诺技术性能进行出售。用户参与创新和生产过程反映了这一点。一方面，用户的一手资料用作新产品的信息源和灵感或者用作改进现有产品；另一方面，用户是可靠性和真实性的重要资源。通过其在这一领域的成果和定位，以及他们宣扬并使用产品的事实情况，用户发挥了性能保证的作用。

但是，本章中我们发现几乎没有创新过程案例可以被定义为用户领导。更为准确的描述可能是用户影响；用户更有可能针对企业控制的过程给予反馈和信息。运动和户外企业的从业人员通常本身就是热衷、娴熟的用户，可以在创新和设计过程中照此使用其自身经验。本章中，他们被定义为"热衷业内人士"；他们融合了爱好者的激情和专业人士的技术与能力。

除了这些热衷业内人士之外，很少有用户从新产品开发开始发挥作用。他们更有可能给出产品原型和开发产品相关的反馈意见。另外，所有受访企业都有所谓的"团队骑手"。这些运动员或用户都获得了商品和资金赞助。他们中一些人还提供了装备反馈意见，但是由于这些都很少系统化展开，他们似乎更重要地表现为品牌化"工具"。对不同体育活动文化以及普通用户的体验和深入理解可以作为专业人士技术的有用补充。用户为企业和其他消费者提供了重要的知识源。

但是，建议保留一定程度的质疑。企业需要整理信息，并决定采用哪类信息。是关于产品功能性吗？产品目标对准哪个消费群体？这些信息是否有助于企业迎合特定市场？消费者必须牢记运动员是由企业赞助，他们收钱销售产品。正因如此，他们并不是通常呈现出来的公正信息源。

（鸣谢：本章依据"用户在运动装备行业创新过程中的作用"这一课题研究，这项研究由北欧创新中心资助。作者非常感谢其他课题参与人：汉斯·奥拉夫·巴拉塔、斯维恩·埃里克·哈根、坦贾·科特瑞、多米尼克·保尔、米克·欧仁马、比特里·雷波（巴拉塔等，2009）。）

参考文献

Adams, T. (2005) *On Being John McEnroe*, New York: Crown.

Asheim, B. (1999) "Interactive learning and localised knowledge in globalising learning economies", *GeoJournal*, 49, 345–352.

Atkin, D. (2004) *The Culting of Brands: When Customers Become True Believers*, New York: Portfolio.

Bennett, G., Ferreira, M., Lee, J. and Polite, F. (2009) "The role of involvement in sports and sport spectatorship in sponsor's brand use: The case of Mountain Dew and action sports sponsorship," *Sport Marketing Quarterly* [serial online], 18, 1, March, 14–24.

Bourdieu, P. (1984) *Distinction: A Social Critique of the Judgement of Taste*, London: Routledge & Kegan Paul.

Brätä, H. O., Hagen, S. E., Hauge, A., Kotro, T., Orrenmaa, M., Power, D. and Repo, P. (2009) "Users' role in innovation processes in the sports equipment industry–experiences and lessons", NICe report, http://www.nordicinnovation.

net/_img/07028_users_role_in_innovation_processes_in_the_sports_equipment_indus –
try_final_report_web.pdf.

Di Maria, E. and Finotto, V. (2008) "Communities of consumption and made in Italy", *Industry and Innovation*, 15, 2, April, 179–197.

Florida, R. (2002) "The economic geography of talent", *Annals of the Association of American Geographers*, 92, 4, 743–755.

Fournier, S. (1998) "Consumers and their brands: Developing relationship theory in consumer research", *Journal of Consumer Research*, 24, 4, 343–373.

Franke, N. and Shah, S. (2003) "How communities support innovative activities: An exploration of assistance and sharing among end–users", *Research Policy*, 32, 157–178.

Grabher, G., Ibert, O. and Flohr, S. (2008) "The neglected king: The customer in the new knowledge ecology of innovation", *Economic Geography*, 84, 3, 253–280.

Heath, J. and Potter, A. (2005) *The Rebel Sell: How the Counterculture Became Consumer Culture*, London: Capstone Publishing.

Jaffe, J. (2007) *Join the Conversation: How to Engage Marketing–Weary Consumers with the Power of Community, Dialogue, and Partnership*, Hoboken, NJ: John Wiley & Sons.

Kennedy, E. and Hills, L. (2009) *Sport, Media and Society*, New York: Berg Publishers.

Klein, N. (2000) *No Logo: Taking Aim at the Brand Bullies*, Toronto: Knopf Canada.

Lury, C. (2004) *Brands: The Logos of the Global Economy*, New York: Routledge.

Lüthje, C. (2004) "Characteristics of innovating users in a consumer goods field: An empirical study of sport –related product consumers", *Technovation*, 24, 9, 683–695.

Lüthje, C., Herstatt, C. and von Hippel, E. (2005) "User–innovators and 'local' information: The case of mountain biking", *Research Policy*, 34, 6,

August，951–965.

Malmberg，A. and Power，D. (2006) "True clusters: A severe case of concep-tual headache"，in B. Asheim，P. Cooke and R. Martin (eds)，*Clusters in Regional Development*，Regional Development and Public Policy Series，London: Routledge.

Maskell，P. and Malmberg，A. (1999) "Localised learning and industrial com-petitiveness"，*Cambridge Journal of Economics*，23，167–185.

Olins，W. (2003) *On Brand*，London: Thames and Hudson.

Porter，M. (1990) *The Competitive Advantage of Nations*，New York: Free Press.

Power，D. and Hauge，A. (2008) "No man's brand: Brands，institutions，fashion and the economy"，*Growth and Change*，39，1，123–143.

Quart，A. (2003) *Branded: The Buying and Selling of Teenagers*，Cambridge，MA: Perseus.

Roberts，K. (2004) *Lovemarks: The Future beyond Brands*，New York: power-House Books.

Schreier，M.，Oberhauser，S. and Prfigl，R. (2007): "Lead users and the adoption and diffusion of new products: Insights from two extreme sports communi-ties"，*Marketing Letters*，18，15–30.

Scott，A. (1995) "The geographic foundations of industrial performance"，*Competition and Change: The Journal of Global Business and Political Economy*，1，51–66.

Shah，S. K. (2000) "Sources and patterns of innovation in a consumer products field: Innovations in sporting equipment"，Working Paper 4105，MIT Sloan School of Management，Cambridge，MA.

Sherry，J.F.J. (1998) "The soul of the company store: Nike Town Chicago and the emplaced brandscape"，in J. F. J. Sherry (ed.)，*Sercice Scapes: The Concept of Place in Contemporary Markets*，Lincolnwood，IL: NTC Business Books.

Storper，M. (1997) *The Regional World*，New York: Guilford.

von Hippel，E. (1978) "Successful industrial products from customer ideas"，*Journal of Marketing*，42，1，39–49.

von Hippel, Eric (1986) "Lead users: A source of novel product concepts", *Management Science*, 32, 7, July, 791–805.

von Hippel, Eric (2005) *Democratizing Innovation*, Cambridge, MA: MIT Press.

Walker, R. (2008) *Buying In: The Secret Dialogue between What We Buy and Who We Are*, New York: Random House.

7　消费资本主义和品牌拜物教：保加利亚时装品牌案例

◎ 乌利奇·埃尔曼

7.1　引　言

内奥米·克莱恩（2000）在她最畅销的书《拒绝名牌》中描述了一种新型资本主义经济，特征是消费发挥了基础性作用。品牌被视作"消费资本主义"的核心元素。自 20 世纪 90 年代以来，这个术语普遍用来批判全球化和资本主义，也出现在各种学术出版物中，如拉西和厄里的《符号和空间经济体》（1994）。但是这种新的资本主义有什么新颖之处？克莱恩说"是品牌，不是产品"的经营理念促使经济发生翻天覆地的变化。她引用耐克前首席执行官菲尔·奈特的话：

多年以来我们一直认为自己是一家生产导向型企业，也就是说我们将所有重点都放在产品设计和制造上。现在我们已转变过来说耐克是一家营销导向型企业，产品是我们最重要的营销工具（克莱恩，2000）。

品牌的主要功能不再是通过标记原产地保护避免抄袭，而是创造并提供个性和生活方式。品牌反映了符号经济，这当中"大部分消费都是符号消费"（斯莱特，1987）并且消费"不能被理解为使用价值消费，比如实物利用，而主要为符号消费"（费瑟斯通，2007）。

但是，克莱恩认为新的消费资本主义模式起源于 20 世纪 90 年代初期，更多反映在消费者—生产者关系中，比如奈杰尔·思里夫特（1997）强调"软资本主义"和"知识资本主义"的概念，丹尼尔·米勒强调"虚拟主义"的概念（米勒，

2000；思里夫特，1998）。思里夫特（2006）提出生产和消费的关系发生了变化，消费者发挥了非常积极的作用。他认为，这种现象反映伴随着新的价值概念的出现："目前的商业趋势是旨在利用普遍重新定义什么是价值的重要内容获利。"

这种主张的新颖之处不是在于当前将经济价值视作商品交换象征性传递并创造的内容（阿帕杜莱，1986）。关键点是企业在实践中以反射性的方式目的明确地利用这种观察。符号价值不再是生产的副作用，而是商业活动本身的主要对象。根据乔安娜·恩特威斯尔（2002）所言，此类"美学经济"不仅仅是"经济学和日常生活的通俗'美学化'，它更是美学价值生成作为经济市场流通一部分的一种经济"。因此"是品牌，不是产品"的理念可以理解为西莉亚·吕里（2004）所强调的品牌建设的表现行为。品牌化也可以分析为"供需重建的一种机制或媒介"（吕里，2004；加隆等，2002；摩尔，2003、2007；阿维德森，2005；霍尔特，2006；埃尔曼，2007；派克，2009）。

在中东欧后社会主义经济体中，品牌是现代化的表现媒介。品牌成为新市场经济和消费社会最有形的符号之一。它们将（潜在）消费者身份和梦想同生产商和零售商的商业目标联系在一起。消费模式和营销策略反映了对于个人应当如何在当前运行的市场经济和消费社会中发挥作用的想象和期望（汉弗莱，1995；维尼斯，1999；费和瓦力，2002；帕提克和考德威尔，2002；斯蒂茨尔，2005）。

下文中首先将分析品牌导向的经商方式引发的一些矛盾。新品牌经济的主要观点是经济价值越来越脱离"物质"使用价值。其次，将关注拜物教概念，表明批评现代资本主义经济拜物教并不是对抗物质价值和非物质价值之间的矛盾，而是加强了这种矛盾。再次，将依据实证研究，展示保加利亚时装业如何利用"是品牌，不是产品"这句宣传语。将提出问题：在后社会主义社会的日常经济生活中，如何再现、保持并重新解读不同的价值概念。随后，将提出品牌经济体和消费资本主义如何同地理意义上的地方和空间发生联系等一些观点。最后，将概述这些思考产生的研究视角。

7.2　物质世界的撤退

当标记和符号代替实际产品出售时，有许多含义：它确认了一项十分不起眼的声明，即产品的经济价值是象征性传递，并且经济价值同物质交换价值（更确切地说投入到物质生产中的劳动价值）和物质使用价值（更确切地说满足物质需求的价值）之间仅存在微弱的关系。但是，关键在于遵循"是品牌，不是产品"宣传语的经济体将这个不起眼的声明转化成了一项经济活动原则。实践这个宣传语的企业将其活动集中在创造象征意义而不是商品生产。它们这样做是因为它们认为品牌制造和创造的价值高于商品制造创造的价值。如果这项原则发挥作用，品牌必须不仅是看上去对消费者而言比起物质本身更为重要（森尼特，2006），而且必须对其销售人员也甚为重要。

克莱恩（2000）把通过营销和品牌化方式将物质生产转化为符号、形象和生活方式生产的经济策略命名为"物质世界的撤退"。在确定品牌功能特征时，她使用了宗教术语："品牌销售获得了仅能描述成精神上的额外成分……品牌化，在其最真实、最先进的神化过程中，就是关于企业的超自然存在"（2000）（讽刺的是，内奥米·克莱恩经常被叫作"反资本主义偶像"以及"反全球化运动偶像"）。就这方面而言，反全球化活动家把品牌描述为超自然象征的方式非常类似营销专家使用的词汇。营销专家会谈到品牌的"神话"和"光环"特征，他们也看到了品牌中的"潜意识"和"超自然"作用。

因此这表明参与反全球化运动的营销人员和普通大众都一致认为品牌在当今经济中发挥了核心作用。他们完全同意品牌化的价值创造不再必然是商品制造及其物质特征（霍尔特，2002）。他们仅仅反对如何在道德上评估这件事。尽管品牌爱好者支持经济价值的创造已经最终将其自身从物质世界的限制中解放出来这一观点，品牌竞争对手担心在一个以掩盖商品"真实"（物质）价值并寻求将客户培育成崇拜形象、符号和叙述为目的，而不是以购买商品的物质特征做出消费选择为目的的经济体中会丧失道德。

双方观点都认为曾存在商品价值就是其物质性的"旧资本主义"。根据各自立场，这可以是指以前商品的"真实价值"才具有价值，而现在商品的经济价值则是产生在虚幻世界和幻觉效应基础之上，或者也可以是指以前商品的经济价值是包括物质负担和实际生产的繁琐的物质世界，而现在经济价值首先就是人类社交化和个性化的结果和核心。

但是，不能错误地认为经济价值的非物质、准宗教方面是在最近才变得重要。卡尔·马克思在大约一个半世纪之前就关注过消费品的超自然特征。"商品第一眼就是一个非常琐碎的东西，很容易了解。对商品进行分析表明这实际上是一个非常奇怪的东西，具备丰富的超自然微妙关系和神学上的微妙特征"（卡尔，1906）。他批评商品拜物教，并将其定性为错将物质当作非物质。

品牌功能从原产地标记发展到质量标记，使得统一的工业产品更为独特（森尼特，2006）；随后，品牌被用来作为象征价值和生活方式的反射性生产，这在品牌转化为管理概念时达到顶峰。根据这个概念形成的经济体目的不仅在于满足和产生消费需求，其任务是创造消费者并创造其生活方式。因此，制造品牌以及市场调研也就是意味着制造"虚拟消费者"。正如米勒（2000）所言："模型被认为是对经济关系的描述，它们具有如此强大的力量以至于它们本身就成为决定经济关系的力量"（思里夫特，2000；斯莱特，2002）。

同"虚拟主义"角度不同，米歇尔·加隆的表述性项目（加隆，2007）强调的不是理论对现实经济的影响——"世界的模型如何成为模型的世界"（思里夫特，2000）——而是经济如何"表述"：生产商、营销人员和消费者如何作为经济各方参与构建商品、价值、企业和自身，同时不会产生理论和实践之间的明确界限。采用这种方式，"是品牌，不是商品"的宣传语可以被看作表述性言语行为（奥斯丁，1973），这当中品牌化产品的生产者和销售者重新定义自身，并且营销被认为是"表述准则"（吕里，2004；柯尚，1998）。一些学者将此称作"营销学理论和实践的想什么给什么学派"（尚卡等，2006），意指营销的表述作用。

7.3 拜物教和现代经济的自我欺骗

品牌涉及物质化和去物质化现象。当产品通过品牌化向购买人提供生活方式和个性时，非物质价值就变得物质化。但是同时商品的实际生产过程具有更多的非物质特征，因为产品的品牌代替了产品的起源。卡尔·马克思根据人种学和宗教研究理念，利用拜物教这个概念描述商品物质化和去物质化之间的这种辩证关系。在马克思的阐述中，"人与人之间存在明确的社会关系，在他们的眼中，这种关系表现为物与物之间关系的奇特形式"，类似于"宗教世界中云雾笼罩的地区"（马克思，1906）。哈特穆特·波美（2006）表示马克思在谴责拜物教的同时，总是采取启示的态度，类似于西格蒙德·弗洛伊德谈到性恋物癖。马克思说："当我们展开另一种形式生产时，商品的所有神秘性，以及只要劳动产品表现为商品形式就会在其周围出现的所有神奇和魔力都会消失"（马克思，1906）。

同马克思类似，大卫·哈维要求"透过掩盖的面纱、市场的拜物教特征和商品，以便能够叙述社会再生产的完整故事"（哈维，1990）。显而易见，商品拜物教的这种马克思主义理解是对资本主义主体和客体颠倒的批判，或者换句话说，是对物质客体人格化（或者精神化）以及（非物质性）概念客观化颠倒的批判。因此，这种批判指向纯粹物质的崇拜和工业化工作流程中人类主体的物化。

布鲁诺·拉图尔和波美一样，提供了与马克思非常不同的拜物教解读。他提出辨别事实和恋物并不可能，因为"很明显这两者有共同的制造成分"（拉图尔，1999）。对拉图尔来说，在批判拜物教时，"现代人"都会欺骗自己。现代社会被认定是一个物化的、幻想破灭的世界，净化了物质的所有神奇特性。正是因为秉持这个观念，现代人没有准确意识到这产生了新的污染和魔力。根据波美（2006）所言，拜物教是社会生活的"黏合剂"，呈现个体和物体之间的着迷关系特征。

因此，现代驱魔人在试图驱逐拜物教的过程中自己变成了拜物教徒（波美，2006）。妖魔化拜物和谴责拜物教徒都意味着证明拜物是危险的，但是也是强大的，并且能够展开自身行动。这同现代反拜物教自相矛盾。现代反拜物教斥责拜物教徒持有的对物体有权利行动的前现代观点。现代社会本身——通过试图净化这个世界并在意义世界和物质世界之间划出一条分界线——利用抵制将它们定位于任何一个世界中的怪兽和"杂交物"占据这个世界（拉图尔，1993）。根据波美所言，对马克思及其追随者而言，这就是说破坏其他人的拜物等于加强了自身的拜物。"其他人的拜物最有可能是自身的无意识行为"（波美，2006）。

从政治经济学角度而言，揭露生产的真实状况意味着通过明确表明产品"真实"和具体来源从而撕下商品资本主义——分别为新自由主义——世界去地方化假设的面纱。我认为揭露生产的物质状况实际上是地理研究的一项重要工作。但是，我们应当更仔细地审视面纱本身及其生产。在什么地方形成拜物以及什么地方利用拜物等背景方面拜物本身都需要被严肃讨论（卡斯特里，2001；库克和克朗，1996；格斯曼，2009）。

将品牌分析为经济实践的真实物体而不是不真实的投射表明实用价值和象征价值之间，实际制造产品背景和营销世界之间，以及商品物质交换真实性和象征含义、期望、叙述交换的"虚幻"假设之间存在多种互相依赖的关系以及模糊的分界线。相反，应当考虑所有这些"虚幻"都是隐含实际本地劳动力和实质信息的产品。

从这个角度而言，自相矛盾地"揭秘经济生活的需求侧"（阿帕杜莱，1986）第一步就是接受商品世界的"神奇"性。因此将拜物教理解为"非环境，而是经济内陆"（波美，2006）有助于概念化生产和消费地理的消费资本主义。重要的不是抨击欲望、情感以及虚幻和幻觉等所有方面，也不是将它们剥离"经济现实"中纯粹的、严谨的世界，重要的是关注这些被认为在其经济生产背景下以及经济作用中表现为非经济性的现象。当然，这应当不会导致产生相反的错误：摒弃商品生产的物质条件。但是，我个人认为，对品牌与品牌化展开地理研究的一个重要目的是重新连接生产和消费世界（哈特维克，2000）。这并不意味着否定经济和非经济之间、理性和激情之间的界限。它更多是关于面向制造实践以及处理日常生活中和知识（的学术和实践）生产中的此类界限划分，从而不会重现幼稚的断言或批判。

7.4　后社会主义保加利亚的时装品牌发布

7.4.1　保加利亚服装和时装业

实证研究保加利亚时装品牌的目的在于分析作为欧洲后社会主义国家呈现的市场经济中生产商和消费者之间联系的品牌。由于保加利亚经济增长并在 2007

年加入欧盟，其服装和时装业呈现劳动力成本上升的特征，并且诞生了许多新的规定。这导致境外组装生产下降（贝格特等，2003；皮克尔斯等，2006），同时生产转向其他低收入国家。许多制造商试图利用自身设计和品牌升级其在价值链中的作用，造成原创品牌生产商数量增加（格里芬，1999；哈斯勒，2003）。另一种趋势是采用（西）欧的产品质量和品牌宣传标准。因此，品牌"欧洲化"、"西方化"和"全球化"效应主导了品牌建设战略。但是如托卡特里（2007）指出的一样，由于"表述资源"（比如西方名人赞助）有限，其中一个问题就是进入全球品牌建设市场障碍很大。"西方"企业咨询公司特别建议的升级战略看上去并不适合所有服装和时装企业。许多企业无法提供巨资展开设计、品牌化和营销。而且，国内市场和出口市场都只能消化十分有限的保加利亚新品牌。

保加利亚一家时装店经理在一次访谈中告诉我们：

在社会主义阶段我们只生产时髦衣服。过去 15 年，我们学到了很多……欧洲的专家帮助我们学习……现在我们会自己想你可以怎么打扮、怎么显得与众不同……没有好的质量你无法创造价值……对今天的客户来说重要的只有象征价值（2008 年 4 月）。

他重现了咨询师和营销专家告诉他的关于"现代经济"必须如何运作的方式。不同于原先集中计划经济下的服装生产理念，现在的生产理念不再关注特定商品特定数量的输出，而是关注概念、形象和生活方式的制造。

7.4.2 案例：巴提拔里诺·里拉·斯泰尔公司

在索菲亚城市街头，时装品牌到处都是。1972 年成立的里拉斯泰尔公司创建了巴提拔里诺品牌（见图 7.1）。在社会主义时期这家国有企业是保加利亚最大的时装生产商。20 世纪 90 年代初期私有化之后，它主要为"西方"品牌生产服装。十年后，管理层决定发布自己的品牌，以获得更高的增值。

根据销售经理所言，鉴于客户对意大利品牌的偏爱，他们选择了意大利品牌名称。她解释说："营销专家发现在保加利亚时装市场除了模仿西方品牌之外没有其他成功之路可以走。保加利亚人喜欢意大利时装和意大利生活方式"（2008 年 4 月）。在我访谈的知道这个品牌的年轻消费者中，大部分甚至绝大多数都认为它是一个意大利品牌。因此，这家公司试图将品牌形象和其位于索菲亚市中心以及其他地区的工厂制造脱离开来。考虑到其"西方"形象，它最终在英国注册

图 7.1　索菲亚市中心巴提拔里诺广告牌

资料来源：由乌利奇·埃尔曼摄影。

了这个品牌。一位品牌管理人员告诉我说："如果你想要增加品牌的价值，你必须投资到恰当的地方。只有当消费者发现一个品牌出现在新的购物中心或者维多莎卡（维多莎卡大道，这座城市最贵的购物街），他们才会认可这个品牌具有价值"（2008 年 4 月）。

7.4.3　案例：雨果·波士

多年以来，雨果·波士品牌的众多巨幅广告牌一直都矗立在索菲亚城市中心（见图 7.2）。这个德国品牌波士隶属于一个意大利集团，今天它在品牌建设活动方面的支出要远远高于服装的实际生产。在品牌建设中，波士合作开展音乐、艺术和体育活动以及邀请名人代言。品牌时装的重要一部分是在保加利亚西南部制造。在戈采代尔切夫这座小镇，德国—保加利亚合资公司匹林莱克斯负责为波士以及乔普、汤米·希尔费格等其他品牌生产男装。但是，企业所有人也试图减少对"全球"品牌的依赖。实现这个目的的策略之一就是发布自己的"本地"品牌，从保加利亚市场起步。

尽管服装离开工厂之后其生产成本只占零售价的 6%，对一个原创品牌来说，增值的主要部分可以在企业内实现。对"全球品牌"而言——这位企业家告诉我

图 7.2 在索菲亚居民区的波士广告牌

资料来源：照片由乌利奇·埃尔曼拍摄；BOSS 广告照片由彼得·林德伯格拍摄。

们——普遍的实践方式就是不让消费者知道商品是在哪里制造的。但是对本地品牌而言，他希望人们知道这是原产"保加利亚制造"：

销售的价值最多可以占高价值品牌的 50%……质量是一样的……如果没有为高价值品牌生产产品，我们不可能发布自己的品牌，因为没有人会相信我们的产品实际具有高质量。

这位企业家解释说，这仅仅是因为顾客知道他有能力为全球知名品牌生产产品并且他能够采用自己的品牌销售产品。这意味着一种"搭便车"效应情况，其中波士等全球品牌的生产对原创品牌的价值很重要。

7.4.4 "价值"冲突和谈判

两个案例显示了品牌化产生的价值创造的一些对立面。分析这些对立面时，不同"价值"理解之间的一些差异很有帮助（Lee，2006）。首先，可以区分学术经济学理论以及实用经济和"普通经济"理论之间的差异。其次，在这些理论中不同的价值概念（尤其是主观主义和客观主义概念）之间存在差异。最后，经济价值（新古典主义主流经济学中价值表现为边际效应）和道德价值（好与坏的选择和确定）之间也存在差异。

在后社会主义国家中，这些考虑因素表明价值概念随时间和空间发生变化：

（1）从过去的价值变化到现在的价值（和未来的价值）；

（2）从此处的价值变化为他处的价值（地区—全球；东方—西方；周边—核心）。

如案例所示，保加利亚的企业从西欧的合作伙伴和咨询公司那里学到并务实地采用了价值理论，同时将其转化为商业实践。从我的案例研究中还可以发现地方和空间价值具有其表述元素。普遍而言，如果"保加利亚"意味着低质量和低价值，"意大利"代表高质量和高价值，那么就难以打破这些规律。这种情况下，"价值"不仅仅是经济价值，也同价值的众多社会和道德概念具有紧密联系。

关于保加利亚时装品牌与品牌化策略的言论反映了与经济中不同价值概念的区别相关的众多普遍问题。一些人抱怨时尚品牌拜物教；另一些人从积极的角度理解品牌拜物教。生产商、营销人员和顾客通常不具有共同的价值概念，但是几乎每个人都具有宿命论态度，认同当前（"现代"）增值和价值理解的规律。

时装品牌通常都脱离产品的制造地点。同许多其他市场的情况不同，品牌化通常涉及去地域化。即便是"意大利时装"，原产地标记大多数都被认为是某种风格或质量的标志；消费者并不期望是在意大利生产。除了少数例外，时装品牌一旦被大众认同为"全球品牌"，那么就可以视作成功的。由于所有保加利亚服装和时装企业都是中小规模，保加利亚时装品牌无法达到全球品牌的程度。作为"本地品牌"，高经济效益的唯一机会就是找到或创建特殊细分市场。

消费者通常将品牌表现同产品质量联系在一起。如一位受访的消费者说："当一个品牌在市场上表现突出时，你知道这个品牌提供优质产品"（2008 年 6 月，翻译 T. Köster/U.E.）。但是，许多消费者也反映了对品牌表述行为评估的可疑性。这个受访者补充说："我反对品牌奴隶：就是你说我穿某个牌子仅仅是因为它是最贵的。这太糟糕了。这是品牌的负面效应。"这个例子表明品牌文化在消费者的产品评估中发挥重要作用，即使品牌文化本身受到批判。消费者不仅仅反映了品牌信息，同时也反映了企业在购物、时尚和风格等日常情境方面的品牌化策略。

7.5 品牌经济空间

经济地理通常关注物质（工业）生产的地方和空间、实体产品贸易，以及更小程度上的服务业企业场所。营销、宣传和品牌化大多数都不会完全呈现，或者充其量作为可忽略的交易成本，没有"实际"生产价值。然而，它们不仅仅是增值的重要因素，而且它们也在全球层面上影响了生产商和消费者之间的关系。

最明确的品牌化观点来自全球商品链、全球价值链分析和全球生产网络方法（贝尔，2009）。全球商品链和全球价值链方法（格里芬和考次尼维克，1994；格里芬等，2005）不仅仅提供了一个时间维度，也提供了商品变迁和交换的空间维度。服装和时装商品链用来代表买方主导的商品链。如格里芬所述，品牌形成的消费习惯表现了这个商品链的特征："零售商、营销人员和制造商具备利用强大的品牌名称和其对全球采购策略的依赖促成大众消费的能力，从而发挥买方主导商品链中的主要影响力，以满足这项需求"（格里芬，1999）。全球服装和时装业——根据这种方式以及沃勒斯坦世界体系理论基础——包括了西欧和北美核心地区设计、营销、品牌化和零售过程同拉美和亚洲（"外围"）或者部分中东欧地区（"半外围"）低收入国家服装制造之间的劳动分工。尤其是在半外围地区，许多企业试图抓住产业升级的机会。这种升级的理念反映了工厂实际制造商品——劳动密集型和资源密集型——同设计、符号、品牌和生活方式形态等智力开发之间的差异。这种映射的问题之一在于核心地区和（半）外围地区的空间定义和经济霸权定义具有潜在一致性。另一个问题在于品牌的一维角度和生产角度。

全球生产网络方法强调通过实现"品牌租金"的方式创造、增强和捕捉价值（柯埃等，2004），并且较之经济地理的其他概念，大大突出了利用营销和品牌化达到增值的可能性。但是，它也存在着全球商品/价值链方式中一些同样的品牌经济分析缺陷。首先，全球生产网络支持者承认，全球生产网络方法几乎是全面性的生产主义，忽略了消费，需要"找到更全面综合消费作用的方式"（柯埃等，2008）。其次，这些增值概念是基于直接的客观主义的价值观念，尤其是"具有更传统的经济租金概念的马克思主义剩余价值理念综合"（亨德森等，2002）。我认为主观主义价值观念有助于更好地理解生产商和营销人员价值创造同消费者价值理解（和创造）之间的相互关系。只有主观主义观点允许将消费品的"时尚"、"潮流"和"崇拜"等现象概念化。在商品和消费关系层面与经济文化地理视角相关的重要研究贡献的延续上，可以说是硕果累累（杰克逊，2002；巴恩斯，2005），无论是在商品链、价值链或生产网络方面都是如此（莱斯利和莱摩尔，1999；修斯和莱摩尔，2004）。

关于品牌如何根植于时间和空间的分析关注符号可以在这里生产、转化和用于传播终端的地方和空间，因此将会揭示权利不对称性和符号资源获得不对称性（针对时装品牌案例分析，克鲁，2004）。但是，后殖民主义情境尽管已被用来描述东欧和西欧之间的关系（库斯，2004；迪马尔，2004；皮克尔斯，2005；斯坦宁，2005），却不能用来描述针对具有明确（国家）边界的核心—外围模型。经济相关符号的权利并没有掌握在展开殖民的国家手中。它掌握在全球活跃的企业手中。曾经的核心现在变得越来越灵活、流动、网络化。

目前有两种观点：第一种是辨别使用价值（通常视作"真实"价值）和象征价值（通常视作仅为"虚拟"价值）；第二种是辨别空间—核心地区和（半）周边地区。综合这两个观点可以得出一幅图像，在其中我们看到使用价值添加到了非常低价的半周边地区，而象征价值则添加到高价的核心地区。

但是，保加利亚时装业研究则让这幅图像更加复杂。生产商试图通过发布原创品牌并以各种形式积极参与到符号生产中，从而升级其在价值链中的位置。在欧盟或者德国开发组织 GTZ 资助的研究项目中发现咨询师经常鼓励生产商这么做（伊维格尼威，2008；伊维格尼威和格里芬，2008；托卡特里，2007；托卡特里和济兹坤，2009）。品牌化增值发生在本地，但是常常需要同媒体形成的传播网络之间建立强大联系。从外部角度而言，进入象征价值圈非常难，尤其是因为强大的守护人的排斥。但是，核心—周边二分法不是很适合分析生产、营销和消费之间符号和价值的流动和网络，即便经济实践和学术情境常常会重现并保持此类二分法和空间固定支配结构。因此，正如我建议的，品牌地理分析应当主要关注生产商、营销人员和消费者以及政府机构如何参与此类空间形态的构建和瓦解。

7.6 结 论

在流行学术管理文献作品以及流行资本主义学术批判文章中，当代经济特征表现为消费者导向和符号经济重要性不断加强。品牌被视作这种消费资本主义的一项核心宣言。对品牌化经济和经济地理的共识是基于一些文化二元性（伯恩特和柏克勒，2009）：使用价值和象征价值之间、物质价值（质量、实用性）和非物质价值（符号、情感、观念和想象）之间、现代化和落后性之间的分裂，通常都涉及核心地区和周边地区之间或者东西方之间、现在和过去之间、社会主义和资本主义之间、同样重要的好与坏之间的分裂。"业余经济学家"的知识（加隆，2007）（生产商和消费者）以及从商者的实用知识以及学术知识最终重现了这些二分法。

保加利亚时装业的实证研究发现表明经济现代化的情境如何具有表述性。由于认为现代经济必须以这种方式运行，因此符号价值的生产脱离了使用价值的生产。消费者也是通过估算品牌的象征价值及其表现的质量高低，重现了这个价值观。在后社会主义环境中，强烈的现代化情境推动了此项表现。保加利亚的生产商、营销人员和消费者都努力调整增值概念和价值理解的经济成功性和个人福利。来自国外的投资人、咨询师和政客们都试图在"新欧洲"的新市场实施其理念。

暗示物质价值和非物质价值之间或者核心地区和周边地区之间等二分法的反拜物教批评没有减少反而加强了这些二元法的自我永存。将非物质价值视作非实际的虚幻价值削弱了生产保护这些价值的物质实体，并确认了这种二分法的合法性。同时，核心地区和周边地区的关系也存在着暗示类似容器空间的危险，呈现内含经济主体的约束地位。

作为消费资本主义的主要特征之一，品牌化对经济价值和空间产生了强烈的影响。为了分析这类消费导向和符号导向经济的扩散，必须认真展开与营销和品牌化相关的看似非地方化和非物质化的商业活动。解构经济实践中的拜物教和反拜物教情境并不意味着去除经济拜物教，而是审视"实际"经济和"虚拟"经济之间以及"实际"空间和"虚拟"空间之间的差异会如何展开经济地理作用。

参考文献

Appadurai, A. (1986) "Introduction: Commodities and the politics of value", in A. Appadurai (ed.), *The Social Life of Things: Commodities in Cultural Perspective*, Cambridge: Cambridge University Press, 3–63.

Arvidsson, A. (2005) "Brands: A critical perspective", *Journal of Consumer Culture*, 5, 2, 235–258.

Austin, J. (1973 [1955]) *How to Do Things with Words*, New York: Oxford

University Press.

Bair, J. (2009) "Global commodity chains: Genealogy and review", in J. Bair, *Frontiers of Commodity Chain Research*, Stanford, CA: Stanford University Press, 1-34.

Barnes, T. (2005) "Culture: Economy", in P. Cloke and R. Johnston (eds), *Spaces of Geographical Thought*, London: Sage, 61-80.

Begg, R., Pickles, J. and Smith, A. (2003) "Cutting it: European integration, trade regimes, and the reconfiguration of East-Central European apparel production", *Environment and Planning A*, 35, 2191-2207.

Berndt, C. and Boeckler, M. (2009) "Geographies of circulation and exchange: Constructions of markets", *Progress in Human Geography*, 33, 4, 535-551.

Böhme, H. (2006) *Fetischismus und Kultur. Eine andere Theorie der Moderne*, Hamburg: Rohwolt.

Callon, M. (2007) "What does it mean to say that economics is performative?", in D. MacKenzie, F. Muniesa and L. Siu (eds), *Do Economists Make Markets? On the Performativity of Economics*, Princeton, NJ: Princeton University Press, 311-357.

Callon, M., Méadel, C. and Rabeharisoa, V. (2002) "The economy of qualities", *Economy and Society*, 31, 2, 194-217.

Castree, N. (2001) "Commodity fetishism, geographical imaginations and imaginative geographies", *Environment and Planning A*, 33, 1519-1525.

Cochoy, F. (1998) "Another discipline for the market economy: Marketing as a performative knowledge and know-how for capitalism", in M. Callon (ed.), *The Laws of the Markets*, Oxford and Malden, MA: Blackwell, 194-221.

Coe, N. M., Dicken, P. and Hess, M. (2008) "Global production networks: Realizing the potential", *Journal of Economic Geography*, 8, 271-295.

Coe, N. M., Hess, M., Yeung, H. Wai-chung, Dicken, P. and Henderson, J. (2004) "'Globalizing' regional development: A global production networks perspective", *Transactions of the Institute of British Geographers*, 29, 468-484.

Cook, I. and Crang, P. (1996) "The world on a plate: Culinary culture, displacement and geographical knowledges", *Journal of Material Culture*, 1, 2, 131–153.

Crewe, L. (2004) "Unravelling fashion's commodity chains", in A, Hughes and S.Reimer (eds), *Geographies of Commodity Chains*, Routledge Studies in Human Geography 10, London: Routledge, 195–214.

Entwistle, J. (2002) "The aesthetic economy: The production of value in the field of fashion modelling", *Journal of Consumer Culture*, 2, 3, 317, 339.

Ermann, U. (2007) "Magische Marken: Eine Fusion von Ökonomie und Kultur im globalen Konsumkapltallsmus?", in C. Berndt and R. Pütz (eds), *Kulturelle Geographien: Zur Beschäftigung mit Ort und Raum nach dem Cultural Turn*, Bielefeld: Transcript, 317–347.

Evgeniev, E. (2008) *Industrial and Firm Upgrading in the European Periphery: The Textile and Clothing Industry in Turkey and Bulgaria*, Sofia: Professor Matin Drinov Academic Publishing House.

Evgeniev, E. and Gereffi, G. (2008) "Textile and apparel firms in Turkey and Bulgaria: Exports, local upgrading and dependency", *Икономически Изследвания* [Economic Studies], 17, 3, 148–179.

Featherstone, M. (2007 [1991]) *Consumer Culture and Postmodernism*, Los Angeles: Sage.

Fehérvátry, K. (2002) "American kitchens, luxury bathrooms, and the search for a 'normal' life in postsocialist Hungary", *Ethnos*, 67, 3, 369–400.

Gereffi, G. (1999) "International trade and industrial upgrading in the apparel commodity chain", *Journal of International Economics*, 48, 37–70.

Gereffi, G. and Korzeniewicz, M. (eds) (1994) *Commodity Chains and Global Capitalism*, Contributions in Economics and Economic History 149, Westport, CT: Greenwood.

Geretffi, G., Humphrey, J. and Sturgeon, T. (2005) "The governance of global value chains", *Review of International Political Economy*, 12, 78–104.

Guthman, J. (2009) "Unveiling the unveiling: Commodity chains, commodity fetishism, and the 'value' of voluntary, ethical food labels", in J. Bait, *Frontiers of Commodity Chain Research*, Stanford, CA: Stanford University Press, 190–206.

Hartwick, E. (2000) "Towards a geographical politics of consumption", *Environment and Planning A*, 32, 1177–1192.

Harvey, D. (1990) "Between space and time: Reflections on the geographical imagination", *Annals of the Association of American Geographers*, 80, 418–434.

Hassler, M. (2003) "Crisis, coincidences and strategic market behaviour: The inter nationalization of Indonesian clothing brand–owners", *Area*, 35, 3, 241–250.

Henderson, J., Dicken, P., Hess, M., Coe, N. and Yeung, H. Wai–chung (2002) "Global production networks and the analysis of economic development", *International Political Economy*, 9, 436–464.

Holt, D.B. (2002) "Why do brands cause trouble?", *Journal of Consumer Research*, 29, June, 70–90.

Holt, D. (2006) "Toward a sociology of branding", *Journal of Consumer Culture*, 6, 299–302.

Hughes, A. and Reimer, S. (eds) (2004) *Geographies of Commodity Chains*, London: Routledge.

Humphrey, C. (1995) "Creating a culture of disillusionment: Consumption in Moscow, a chronicle of changing times", in D. Miller (ed.), *Worlds Apart: Modernity through the Prism of the Local*, London and New York: Routledge, 43–68.

Jackson, P. (2002) "Commercial cultures: Transcending the cultural and the economic", *Progress in Human Geography*, 26, 1, 3–18.

Klein, N. (2000) *No Logo: Taking Aim at the Brand Bullies*, London: Flamingo.

Kuus, M. (2004) "Europe's eastern expansion and the reinscription of otherness in East–Central Europe", *Progress in Human Geography*, 28, 4, 472–489.

Lash, S. and Urry, J. (1994) *Economies of Signs and Space*, London: Sage.

Latour, B. (1993) *We Have Never Been Modern*, New York and London: Harvester Wheatsheaf.

Latour, B. (1999) *Pandora's Hope: Essays on the Reality of Science Studies*, Cambridge, MA and London: Harvard University Press.

Lee, R. (2006) "The ordinary economy: Tangled up in values and geography", *Transactions of the Institute of British Geographers*, NS, 31, 413–432.

Leslie, D. and Reimer, S. (1999) "Spatializing commodity chains", *Progress in Human Geography*, 23, 3, 401–420.

Lury, C. (2004) *Brands: The Logos of the Global Economy*, London and New York: Routledge.

Marx, K. (1906 [German orig. 1867]) *Capital: A Critique of Political Economy*, Vol. I, New York: Modern Library.

Miller, D. (2000) "Virtualism—the culture of political economy", in I. Cook, D. Crouch, S. Naylor and J.R. Ryan (eds), *Cultural Turns/Geographical Turns: Perspectives on Cultural Geography*, Harlow: Prentice Hall, 196–213.

Moor, L. (2003) "Branded spaces: The scope of 'new marketing'", *Journal of Consumer Culture*, 3, 1, 39–60.

Moor, L. (2007) *The Rise of Brands*, Oxford and New York: Berg.

Patico, J. and Caldwell, M. (2002) "Consumers exiting socialism: Ethnographic perspectives on daily life in post–communist Europe", *Ethnos*, 67, 3, 285–294.

Pickles, J. (2005) "'New cartographies' and the decolonisation of European geographies", *Area*, 37, 4, 355–364.

Pickles, J., Smith, A., Buček, M., Roukova, P. and Begg, R. (2006) "Upgrading, changing competitive pressures, and diverse practices in the East and Central European apparel industry", *Environment and Planning A*, 38, 2305–2324.

Pike, A. (2009) "Geographies of brands and branding", *Progress in Human Geography*, 33, 5, 619–645.

Sennett, R. (2006) *The Culture of the New Capitalism*, New Haven, CT: Yale University Press.

Shankar, A., Whittaker, J. and Fitchett, J.A. (2006) "Heaven knows I'm miserable now", *Marketing Theory*, 6, 4, 485–505.

Slater, D. (1987) "On the wings of the sign: Commodity culture and social practice", *Media, Culture and Society*, 9, 457–480.

Slater, D. (2002) "Capturing markets from the economists", in Paul du Gay and Michael Pryke (eds), *Cultural Economy: Cultural Analysis and Commercial Life*, London: Sage, 59–77.

Stenning, A. (2005) "Out there and in here: Studying Eastern Europe in the West", *Area*, 37, 4, 378–383.

Stitziel, J. (2005) *Fashioning Socialism: Clothing, Politics, and Consumer Culture in East Germany*, Oxford and New York: Berg.

Thrift, N. (1997) "The rise of soft capitalism", *Cultural Values*, 1, 29–57.

Thrift, N. (1998) "Virtual capitalism: The globalisation of reflexive business knowledge", in J.G. Carrier and D. Miller (eds), *Virtualism: A New Political Economy*, Oxford and New York: Berg.

Thrift, N. (2000) "Pandora's box? Cultural geographies of economies", in G. Clark, M. P. Feldman and M.S. Gertler (eds), *The Oxford Handbook of Economic Geography*, Oxford: Oxford University Press, 689–704.

Thrift, N. (2006) "Re-inventing invention: New tendencies in capitalist commodification", *Economy and Society*, 35, 2, 279–306.

Timár, J. (2004) "More than 'Anglo-American', it is 'Western': Hegemony in geography from a Hungarian perspective", *Geoforum*, 35, 5, 533–538.

Tokatli, N. (2007) "Asymmetrical power relations and upgrading among suppliers of global clothing brands: Hugo Boss in Turkey", *Journal of Economic Geography*, 7, 1, 67–92.

Tokatli, N. and Klzllgün, Ö. (2009) "From manufacturing garments for ready-to-wear to designing collections for fast fashion: Evidence from Turkey", *Environment and Planning A*, 41, 146–162.

Veenis, M. (1999) "Consumption in East Germany: The seduction and betrayal of things", *Journal of Material Culture*, 4, 1, 79–112.

8 感知品牌、品牌香水：关于香水业的香水创新

◎ 博多·库巴茨

8.1 引 言

将有形的资本主义商品与抽象的品牌进行对比。品牌也在不对等的区域上经营。一个品牌的产品线可以是有形的，但品牌本身是无形的。它是抽象的。然而每个品牌都与其他品牌不同。一种商品的交换价值是由若干身份组成，若品牌与其他品牌无异，则其无品牌价值。商品的交换价值由若干特性组成。品牌是不可分割的，无须变更成其他东西（拉什，2008）。

在过去的 20 年里，知识经济型和社会型开发已被理论化（卡斯特，1996；利德比特，1999）。工业经济时代的结束和后福特主义的生产和消费方式的出现已被检验。经济地理学家一直从事于和侧重于如何分析和理解知识（阿明和科汉德，2004；阿明和罗伯特，2008b；法孔布里奇，2007；格拉伯赫和伊贝特，2006；伊贝特，2007、2010；琼斯，2008）。然而，经济的驱动机也是必须研究的问题。为此，迄今为止，品牌日益增加的经济意义尚未被详细考察。

这里存在两个差距。第一，作为重要的社会经济活动，品牌与品牌化的深入探讨最近在经济地理学领域刚刚开始（派克，2009；保尔和豪格，2008）。差距是巨大的，因为在众多经济活动中，品牌日益驱动了竞争成功（奥林斯，2003；帕维特，2000）。第二，经济地理中差距也存在于对品牌和品牌化的研究与检验相联系而本章重点介绍这些差距。

第一，我现在就经济地理的知识和认知实践方面做出两个陈述（阿明和科汉德，2004；阿明和罗伯特，2008a、2008b；伊贝特，2007、2010）以及对品牌与品牌化的综述文献（派克，2009；保尔和豪格，2008）。第二，以香水业为例，诠释研究这一文化产品的产业优点，并讨论主要行动者以及主要过程的相互作用。第三，品牌化的意义与属性都集中于机构方面的、地理方面的认知挑战。下面对行业的关键地理和分布特征的分析和重点进行空间化，介绍两种陈述之间的联系，得出如下结论。

8.2 语境中的两个理论论述

8.2.1 知识和认知

知识对于当前西方知识经济中成功的经济活动的探讨起着关键作用。传统观点把概念化的知识视为输入、生产和输出（瓦兰斯，2007）。有人认为，隐性知识是难以交流的，除了通过直接的相互作用（摩根，2004；斯托珀和维纳布尔斯，2004；瓦兰斯，2007）。因此，它要求空间接近，便于其生产与传播。相反，在经济地理学上，最近对知识进行的基于实践的方法已对隐性知识和当地尺度之间的关联性提出了质疑（阿明和罗伯特，2008a、2008b；伊贝特，2007；琼斯，2008）。它寻求更广阔的理解，即认知到知识的不同空间性（伊贝特，2007、2010）。为了理解知识，研究侧重于"知识是如何发生的"的具体工作过程。这些过程被视为认知（被理解为一种社会实践）（阿明和科汉德，2004；阿明和罗伯特，2008a、2008b；伊贝特，2007）。理论"通过人类和非人类的不同实体之间的分配活动和实践"去理解认知。实践被视为"围绕着共享的实践认知，集中组织的人类活动被体现的、物质介导的阵列"（Schatzki，2001），包括人体以及作为药剂的材料。杰拉迪（2006）定义了实践作为一种模式，在时间上相对稳定，被社会认可，指令异构项目成为一套连贯的项目。因此，通过研究行动上采取了什么以及实践成就，认知是唯一可识别的。"认知实践"、"行动中的认知"和"实践中的认知"三个术语是相当的，因为知识只能通过对行为的关注和理解

（阿明和罗伯特，2008a；杰拉迪，2006）才能被研究。一般而言，"认知"只是局部心理的认知，但是，Cognitive 更多的是基于社会实践。行动中的认知取决于行业背景。

因此，经济地理学家一直热衷于研究认知是如何实践的，以及认知实践是如何进行地理配置的（阿明和 Cohendel，2004；阿明和罗伯特，2008b；伊贝特，2007、2010）。"认知是被实践的"这些分析已经随着上述转变而转变：不是个人或被明确定义的组织，而是"社会分配活动系统"（阿明和科汉德，2004；阿明和罗伯特，2008a；格特勒，2008）是社会科学家调研日益用到的资料库。例如，认知实践的特征是公司、项目和职业之外新兴组织间的网络（阿明和罗伯特，2006；伊贝特，2006；琼斯，2008）。

为了更好地深入理解知识经济实践，经济地理学家开始研究不同的行业，从制造业到专业服务业（法孔布里奇，2007；霍尔，2008；琼斯，2008）。基于这些研究，人们的理解是：认知实践的领域之间的具体差异发生于社区实践，涵盖了情境学习的社会相互作用的尺度（阿明和罗伯特，2006、2008a；温格，1998）。最近，对社区实践悲观的文字批判暗示，在社区实践内部有一系列不同形式的社区和认知实践（阿明和科汉德，2004；阿明和罗伯特，2006、2008a；Grabber 和伊贝特，2006；伊贝特，2010）。与地域视角相反，知识被视为跨越空间的实践，创造了多元化的网络，在此网络中，知识的空间性是多方面的，不断地展开（阿明和科汉德，2004）。阿明和罗伯特（2008b）以及格特勒（2008）将情境的认知实践，视为在"许多空间形态和强度中开发和提及的那样，涉及不能被简单为只是当地/全球选择的复杂知识"（阿明和罗伯特，2008b）。"认知的空间"（阿明和科汉德，2004）是基于在认知中涉及的行动者的相互作用的组合。因此，经济地理学考察了在社会行动的基础上形成和变化的空间性（阿明和科汉德，2004；Bathelt 和 Gluckler，2003；伊贝特，2007）。

8.2.2 品牌与品牌化

朝着更纯粹的和已被证实的资本主义方向，社会学家通过侧重于建立物理实体来向资本主义过渡，把知识经济型的转变进行了概念化（拉什，2008；拉什和吕里，2007；吕里，2004）。品牌是这种转变的主要代表（吕里，2007；拉什，2008），其特征是先进的资本主义，构成无形经济（博尔兹，2005；利德比特，

1999)，其中，知识似乎起着枢纽作用。品牌不是新的，然而，它们在经济中的意义和渗透获得了全球认可，尤其通过信息通信技术。

美国市场营销协会（AMA）（本特松和奥斯特贝里，2006）定义了品牌作为"一个名称、术语、设计、符号或任何其他特征，能识别某个卖家（区别于其他卖家的）商品或服务"。成品通常被它们的科技和"硬件"歧视。然而，依靠传统的认知和上述定义，比起基于个人和集体意识创造的开放式和论述式的意义创新，品牌是一种不明确的识别（吕里，2004）。品牌代表着由手工型或工艺型和机械劳动力型向设计密集型和知识驱动型功能的转变。

因此，何谓品牌化？它与谁有关？首先，品牌化的目的是对产品无形的资产收费，并在物体特征和品牌形象之间构建一种联系（吕里，2004；帕维特，2000；保尔和豪格，2008）。对符号的强调、与某品牌产品的关联性，以及产品和品牌完全混合的典型性都是我们购买和销售的许多货物的核心……（帕维特，2000；吕里，2004）。这取代了以前对对象进行的务实的、功能性的描述。然而，经常为特定消费者和个性化人物大量生产独特产品是一项具有挑战性的工作，它试图掩盖产品同质化（塞尼特，2006），即使它通常是对另一项目的有形复制。通常，人们不仅对"产品或服务是什么"的了解是模糊的，而且对"已消费的商品或服务对消费者（即人物身份）和社会（即意义）意味着什么"的了解也是模糊的。为了开发其象征价值，品牌作为某个东西的符号的暗示功能需要被组织和被认可（本特松和奥斯伯格，2006；吕里，2004）。在"正在变成"的过程中，"正在成为"和"意义"是牵涉在一起进行构建的。

其次，特别是在市场营销和商业文献中，对品牌管理人员的传统理解是：品牌管理人员犹如"最高领导者"和无创新性的经理，根本无力解决品牌化问题。然而，更现实的理解是：品牌管理人员是一个模糊应对的共创者（Kärreman 和 Ryler，2008）。例如，本特松和奥斯伯格（2006）讨论了有大量品牌创造者的存在。一个品牌的其他共同创造者包括流行文化（电视节目、杂志、电影、书籍，等等）、利益相关方（竞争对手、工会、零售商）和消费者（本特松和奥斯伯格，2006）。在文化研究和消费者研究中对这些创造者的数量进行了调查。然而，由于品牌总是协商成的，具有诸多关联。在文化产业中，尤其贬低了对正统"生产者"和"消费者"的描写（Alien，2002；库巴茨，2009；保尔和豪格，2008；保尔和史葛，2004；普拉特，2004）。由于消费者共同创造了某品牌的价值，故他被（重新）确认为是经济地理学的一个重要构造者和行动者（Aoyama，2007；Grabber 等，2008）。在生产和消费之间的创新性领域和空间内，品牌的价值创造是如何发生的？此问题挑战了经济地理学的生产主义逻辑（派克，2009；普拉特，2004）。同时，一个品牌的潜在创造者身份的多重性要追溯到"品牌管理人员们如何掌舵品牌之船，以及他们如何能做力所能及之事"的问题。

8.2.3 置于语境下理解论述

在经济地理学和关于品牌与品牌化的文献中，知识和认知实践的两类文献没有任何交互作用（帕维特，2000）。不仅文化产业中品牌与品牌化过程几乎一直未被经济地理学家讨论过（保尔和斯科特，2004），而且它们被研讨时所处水平是在更深入了解了"在品牌化经济活动中组织的和地理的背景如何被配置"之后的水平（吕里，2004）。学科中的知识讨论和作为"增长发动机"的具体品牌的作用之间的关联性值得进一步调查研究。本节不打算提出组织品牌与品牌化以使产品成功的"最佳实践"。品牌化不应被理解为一种规范的时尚或管理工具。品牌与品牌化意味着社会的相互作用和关系。品牌化的目的是对产品的无形资产收费，并且在物体的"无品牌特征"和"具体形象"之间建立联系，便于通过产品传达开发具体品牌形象（帕维特，2000；吕里，2004；保尔和斯科特，2008）。短期内，目标是使每个品牌的销售最大化，以及保证高额、快速的投资回报。从长远看，和其他品牌（即品牌定位）相比，最终目标是增加品牌可信度和真实性，以便与消费者建立长期联系。品牌化的特征是一种拥有文化产品的后现代经济，其中，以符号和经验进行的贸易很关键。

品牌化被理解为一组不同的认知实践，其地理空间性方面是公认的（阿明和科汉德，2004）。在此语境中，例如，派克（2009）谈到"品牌与品牌化"与"空间和地方"的牵涉，"空间与地方是通过被品牌化的目标和品牌化的社会实践"书写的，他补充说，这是地理上的分化和不均。本章强调品牌与品牌化在空间环境方面的这种相互影响以及对"品牌与品牌化的牵涉的地理"持赞成态度（派克，2009）。因此，品牌化是一种社会成就。品牌化意味着社会的相互作用，品牌化的特征是在它们的空间性方面的社会关系。它属于更广泛的营销领域，对文化产品的产生至关重要。

然而，本章把"品牌与品牌化"和经济地理学中"知识和认知"的论述相联系。品牌化的调查作为一套认知实践（阿明和科汉德，2004；阿明和罗伯特，2008a；伊贝特，2007）可以使：第一，更好地了解竞争经济是如何在实践中得以保持成功；第二，哪个组织的特征在品牌化过程中发挥了重要作用；第三，地理的关联性和背景的出现不在这些考察范围内（伊贝特，2007；派克，2009）。

以香水业为例阐述这些要点。以香水为例，调查品牌与品牌化，是一个有趣的文化产业，原因如下：香水业走的是有形的和抽象的路线，香水成为有形产品，靠香气来呈现，在使用中生效并在使用中消失，依靠一些无形的阐述来附加价值。在此特例下，抽象的、具有表现力的、情感的、审美符号记录器跨越了有形的和抽象的界限（Alien，2002）。和其他文化产业的实例相比，对香水品牌的创造、执行和维护是特例，因为香水是渐逝的，要求通过所有的感官（特别是嗅觉能力）来识别，不像许多其他品牌的产品。在此情况下，品牌化依靠非常密集的交流；它要求在该领域有长期经验，对理性论证和感性论证进行适中的混合。如帕维特（2000）所述"品牌是特性的前缀和修饰语"。对于香水而言，这可能吗？在香水实例中，若要想"作为标识符的品牌特征具有挑战性"，这也要与进入此特定行业的具体方式有关。一个品牌典型的气味是什么？人群（如名人或时尚设计师）和抽象特质（如有女人味，感官享受，或真实）都会外化为形状、颜色和香味。此意义很难把握，直到品牌价值和其与香味的联系成为焦点：上等的味道像什么？在那些自认为是上等的品牌之间如何区分这种味道？问题是物质的和非物质的特征是如何通过品牌化而被附属和融合在香水中的。

我注重品牌管理人员扮演的角色，看他在品牌化过程中的参与度，并研讨品牌化作为认知实践成为开发一种新香水的一部分。"品牌管理人员"术语不是一个企业或功能，而是此人的责任的一个表征。品牌管理人员是典型的市场营销者。此观点与知识库的检验相关联，众多认知发生在知识库中。本章认为：品牌是用于认知实践的另一种社会逻辑和组织框架，还包括前面所讨论的公司、项目和职业方面（阿明和罗伯特，2008a、2008b；Grabber 和伊贝特，2006）。

本章包括与业内人士的半结构化的访谈的 66 次实证材料。2007 年 1 月到 2008 年 4 月，在纽约和巴黎这两个国际香水业的主要中心进行了这些访谈。访谈是关于制造商的多重功能（如品牌管理人员、香水开发者）、香水供应商（香水商、营销者、评估者、销售者）和其他行业专家。这是一种实力，因为品牌化日益超出了一种单一功能，品牌管理人员的工作由具有其他功能的角色体现和影响。通过贸易和工业出版社征集最初的受访者。在"每个人都认识业内每个人"的这层意义上，该行业可以说很小：虽然进入行业很困难，但通过滚雪球的技术还是可以参与进来的。

8.3 香水业的主要特征

"制造商"一词可能与"精制和生产香水这种颇具艺术的理解"对立。然而，现实的大玩家正沿着后福特主义时代的制造线前进。香水制造商参与了多种香味商品的创造。功能性的香水从优质香水中分离。功能性的香水（即它们履行某一功能）用于各种洗涤用品（如洗涤剂、织物柔软剂和清洗液）；优质香水用于很多产品，从梳妆用品（如肥皂、染发剂和身体乳液）到香水。后者可以被归类成所谓的"大众精品"（这是一个开发出来的新词，来自对于为混乱东西提供有威望的那些产品的概念性理解），或"大众市场"、"高端市场"或"威望市场"（包括时尚、设计师、名人、中等生活方式品牌）和一个可填补空缺的市场。然而，尚不清楚如何在这些理想化的部分之间划界限。根据市场价格，可对下列因素进行"分割"，如品牌所有权、地理市场、零售环境和消费者目标群体。此外，重大的国际制造商具有不同的香水品牌的内部管理理念。高级香水的市场份额更为集中，在 2006 年，有三家公司在整个市场份额占近 40% 的份额（德森，2008）。然而，行业超越了这个点，各自为政。制造商是保护伞公司，该公司根据品牌的组合进行组织。这种设置追求特定的市场逻辑："你上架更多品牌，便可挑选到更好机会"（奥林斯，2003）。消费者往往不知道这几个品牌都由同一家公司进行管理和营销。因此，与其他消费者产品领域相比，香水业的企业品牌化很弱（奥林斯，2003）。除了增加的品牌数量，在过去 10~15 年，市场重新组织后，香水成为密集型市场上的一个快速变化的消费产品（伯绍德等，2007）。这是一个循环的市场，其中，一般的经济繁荣正起着作用，积极地影响着行业成长（多德森，2008）。香水市场在 2006 年已增至 305 亿美元销售额，至 2011 年预计增至 350 亿美元；西欧和北美占 60% 的全球销售额，是最重要的市场（多德森，2008）。仅在 2007 年上半年，800 多种新香水就被推出（杰弗里斯，2007）。投放市场的强度牵连着"香水巨头"的内部运转，但它也导致了一些问题，这些问题是有关供应商的上游链接以及与分销商和零售商的下游关系。在本章讨论的后续部分，我将只集中于大型香水制造商与供应商之间的相互作用。

首先，每个品牌的创新独立性比较高。制造企业主要提供核心功能，所有品牌均可拥有。保护伞公司的职能是发挥协调作用，对品牌资产进行对比、协调品牌计划和产品活动、观察总市场开发，监测潜在伤害（如品牌蚕食和市场排斥）。制造商往往是设计师和时尚品牌许可证持有者，能生产 10~15 年的香水，直至更新或撤资（伯尔，2008）。这保证了长期财务的安全及规划的安全，使品牌熟悉度的发展和体验的主动权能在不同品牌化产品之间协调（服装首饰、配件等）。通常由许可方来组织对品牌统一性的构建（伯尔，2008）。

其次，制造商被"挖空"。有几家公司供货给制造商。香水供应商是至关重要的。它们为各种香水产品提供香味，并与制造商紧密合作（伯绍德等，2007；伯尔，2008）。香水供应商的数量在过去几年中有所下降，目前只存在五个大型香水供应商（伯尔，2008）。这是一个有趣的特征：最大的制造商相互竞争品牌，但它们都与同一供应商合作。香水供应商为一些品牌项目工作，而这些品牌项目正与相同的目标消费群进行竞争。香水供应商在一个日益自我规范和专属的市场环境互相竞争。规范工具是核心清单现象：香水供应商拥有在小型合伙经营中进行竞争的专权，以便为特定品牌提供香味。此市场的解决方案是基于有保证的材料价格、数量、质量稳定性和时间灵活性。这个寡头垄断的供应对创新造成了危害；然而，为了保持竞争性和创新性，供应商们在内部对竞争重新定位，并事先向世界各地的众多室内香水商（新气味的创新鼻子和艺术研制商）做出简要指点。对香水气味进行创新是一种竞争性的、相互作用的任务，事实上也是全球化的任务（伯尔，2008；都灵，2006）。与香水供应商的相互作用是至关重要的，但在品牌化背景下很难做到，因为它跨越了企业和感官的界限。

在品牌拥有者、上游供应商、下游分销商和零售商之间，制造商实际上起了中间调节作用。品牌管理人员密切联系品牌拥有者，协调新的香水生产。公司拥有一些有形材料（瓶、包装、香水）的供应商和无形特征（设计、市场、广告、通信，甚至品牌）。品牌管理人员以世俗的、创新的意识，协调不同的生产过程：所有交付的有形和无形的部分必须与品牌一致。上游部分的这种链接是通过"简介"来体现其特色的，该"简介"能启动和构建每个产品的关系。然而，生产商也参与商业的下游部分，通过广告、分销、零售进行传播，不同程度地受制造商的协调和安排。因此，价值创造链也必须在空间得到协调（派克，2009）。

品牌管理是香水制造商的关键（拉什和厄里，1994；du Gay 和普赖克，2002）。一般的区别有助于理解产品品牌和服务品牌（奥林斯，2003），香水既是产品又是服务品牌。香水是有形的芳香产品，它服务消费者，因为它使消费者达到豪华消费和体验的程度。纯粹的有形性必然会被扩展到包括不可触摸的符号记录（Alien，2002）。品牌管理人员面临的挑战是：

在某个领域为香水定位，其中，文字、声音和形象功能，作为符号的表达系统，以使对文化的理解成为可能，不管这种特征能否由某种具体艺术形式，如电影或音乐鉴赏时所涉及的那些东西表达清楚（Alien，2002）。

香水是一种具有表现力的和经验性的商品。在给消费者的信函和文件中，象征价值（不是功能或交换价值）是很重要的（鲍德里亚，1998）。品牌价值创新被认为是一个重要主题（阿维德松，2005；拉什，2008；吕里，2004；帕维特，2000）。象征价值的出现未超出品牌产品的重要性，但超出了品牌作为一个整体的普遍经验（拉什和吕里，2007）。语义上的精心维护、管理和操控是对制造商的关键挑战（博尔兹，2005；Kärreman 和 Ryler，2008）。这方面与创新意义的空间领域相连接，以便实现这些目标，有形的和无形的材料必须在不同的行动者之间传送。在分销和零售的下游，传播环节显得特别重要，在香水制造期间也很重要。但是，意义建构机制日益被挑战："品牌已不再是个整体。对许多不同的人，它意味着许多不同的东西"（迈克尔爱德华兹和杰弗里斯，2007）。"如果香水不被议论或无口碑，那它就只是个生意；不是设计品牌……为了激励当今的消费者，我们必须让消费者觉得香水太令人兴奋而不得不用"（爱德华兹，2007）。这种不寻常的营销方法迫使品牌管理人员重新考虑其日程，制造受人议论的香水并且创新方式。这是关于需求的很酷的创新（吕里，2004）。因此，在香水的情形中，有个问题："各种符号熟练度和知识的独特组合"（阿里安，2002）如何被发明、制造和传达给潜在消费者？香水业的品牌管理人员是符号分析师和符号创新者（赖希，1993）。产生符号是为了表达特定含义：香水是拟像；其建立是从无到有，最初与现实没有关系（鲍德里亚，1998；伯尔，2007）。品牌管理人员通过属性之间的关系管理使产品合格，例如，地方、包装、促销及产品品质（吕里，2004；派克，2009）。品牌管理人员不是完全免费发明。品牌需要创新性的延续和与消费者有效的交流。因此，关键的利益和品牌化挑战方面（作为香水业的一些认知实践）是发明、标记和传达有形的和无形的产品特性的含义的过程（森尼特，2006）。在此情形下，重点是品牌管理人员正在协作完成这些任务。问题是：什么能指导与其他专家们合作，在品牌化之外可开发哪些空间性？

8.4　香水业中的品牌化

阿明和罗伯特（2006、2008a）在行动中对不同形式的认知进行区分。品牌管理人员的工作表明了与认知的或创新性的认知的密切相似性（阿明和罗伯特，2006、2008a）。它被嵌入具有高程度模糊性和开放性的行业，直至结果关系到下列特征：①具有高度行业技能、经验和声誉的个人；②对分享的问题有很强的忠诚度；③组织松弛（其他特点是"有意识地培养的非正式性"；汤普森，2008a）；④其他形式的定位（阿明和罗伯特，2008a）。笔者将每个认知实践与社区具体形式相联系（温格，1998）。品牌管理人员在某个专家社区练习创新性认知（阿明和罗伯特，2006、2008a、2008b；布朗和杜古德，1991）。此类创意社区类似于香水商的工艺型或任务型社区。阿明和罗伯特所述前三个特征为检验品牌管理人员的绩效提供了一个清单，下面三个分支机构（关于品牌化了的经理、品牌和忠诚度、感知品牌以及香味品牌化）都反映了这一清单。此讨论阐述了品牌为品牌化过程中具体的创新性认知实践提供了一个重要的社会经济逻辑和组织机制。

8.4.1　品牌管理人员

关于技能和经验问题要回到品牌管理人员的专业开发和文化适应上。通常情况下，品牌管理人员有营销或商业学校教育背景。这种表征表明他们如何处理工作任务并使之可视化（Cochoy，1998；吕里，2004）。品牌化（正如营销）是一种行为学科（吕里，2004）或行为科学（Cochoy，1998）。这意味着：主体同时被描述、被构造，以及因此在做的过程中被改变。营销进行的经济"行为"直接涉及营销行为的双面：在同一时间构思和制定经济（Cochoy，1998）。因此，品牌管理人员都是通过自己的活动进行品牌化和重塑品牌（Cochoy，1998），以规范市场经济。

品牌管理人员的个人技能、经验和声誉被集中协调和维护。协调和维护时，要求在香水业把营销人员的工作稳定性或不动性和流动性相结合（Grabber 和伊贝特，2006），这有以下两个原因。

首先，公司倾向于使品牌员工保持忠诚，因为他们能确保全体员工"知道该品牌"。这被本能地融入到属于俱乐部或精英的员工的自我理解中去（Kärreman 和 Ryler，2008）。劳动力稳定性是雇主的一个预期目标，以提高集团的构建能力；从创造和管理的角度，它强化精神意识属于某一具体的品牌，并知道决策过程的来龙去脉。

其次，工作的变化使个体面临新的品牌与品牌化环境。时间性提高了就业能力，使品牌和品牌管理人员保持新鲜和创新（亚瑟，2008；Kärreman 和 Ryler，2008）。专业的时间性有助于了解品牌化的不同层面。品牌管理人员经常在一定时间段工作（介于六个月和一年）、销售、沟通，或在制造商或供应商之间公关。对快速变化的消费品进行理解（即宽度）比仅仅参与一两个品牌化环境更重要（即深度）。为了在竞争激烈的劳动力市场保持流动性，就必须了解在业内按不同利润如何进行品牌化的不同方面和方式。总而言之，劳动力的流动性强化了个人职业生涯与品牌的创造性和创新性。

因此，品牌管理人员在职业生涯中的个人技能、经验和声誉是基于固定的与移动的阶段。使决策变成可移动的关键也是创造和再创造一个品牌的潜力。在此阶段，随着时间的推移，体验不同的品牌环境，保持创新是一个重要的认知实践。

这种交易明确地具有地理内涵：品牌管理人员正体验着其对地理术语 "品牌如何嵌入主要市场"的理解。因此，反之亦然，品牌管理人员正通过其职业被品牌化：①职业本身和功能；②品牌和社会经济品牌环境；③特定的地理市场中的工作。这些特性都有助于深化就业能力和构建职业生涯。品牌刻在品牌管理人员的职业生涯中，反之亦然。就业能力具有重要的地理内涵。

8.4.2 品牌忠诚度

对"共享问题"的强烈的忠诚度和"旨在解决问题"的创新要求与品牌管理人员们有关，而非与保护伞公司的供应商有关。下面将提到两个实例，是关于保护伞公司如何支持具有一定功能的各品牌，以及忠诚度如何跨企业界限被共享。

"把一些成功的创造力相结合"以及"在不同的利益相关方中共享忠诚度"是两套认知实践，这两套认知实践描述了在产品开发周期中解决问题的程序的特性。

第一，公司主要统筹安排品牌管理人员的工作。保护伞公司提供所有品牌的核心功能。两个实例是市场研究和香味开发。市场研究有助于品牌管理人员了解香味的优点和弱点。它由几套研究程序组成，如组合分析，其中，检验了类似品牌及其一些产品每个部分的综合市场和区域市场分析。市场研究是以嗅觉和概念方式使市场可视化的解决方案，见证一个品牌的未来开发前景。简报通常书面报道香水的开发。简报以书面形式描述了预期的香水，描述了目标产品的一般特性、目标群体、价格利润和潜在成分（伯尔，2008）。不同的香味供应商会收到此简报。简报会被内部转发给几个香水商，然后与制造商一起，大量重复开始配置、变更、调整香型、创新，直到确定最终香型（伯尔，2008；都灵，2006）。然而，制造商的香型开发程序正循环测试和评估供应商提交的香型。此外，市场研究和香型开发给品牌管理人员提供了市场调研和嗅觉建议，使品牌管理人员在必要时能改变或调整香型或香水的其他成分（贝尔德等，2007）。

第二，各公司的市场建制、公司规模和市场地理组织允许再次进行相互作用。在再次进行相互作用的基础上，香味供货商在品牌以及品牌管理人员之间，以及在品牌之间开展工作。这意味着品牌管理人员形成了独立于当前品牌环境"做生意"的一些个人特点，并以此闻名。例如，品牌管理人员和香水商开发特定项目和品牌的忠诚度。这些忠诚度表现在实际问题之外，通过信任和解决问题的能力得到发展。在过去的几年里，责任已经发生转移。香水供应商起着更积极的作用。例如，香水供应商重复一些制造商的技术努力，了解和认识最终消费者。大型供应商投资大笔资金到定量的和定性的市场研究（卡特罗和Maclaran，2006）。市场研究的特点是开发主动权之外的长期价值，以通过情感工具，把香水和品牌相连。戈贝（2007）解释说，一个关键的供应商图（关于香气情绪剖面图）是根据一个全球数据库绘制的，该数据库内容是人们对几乎5000种香味成分和香气的情绪反应。目标是"创造对消费者不可磨灭标记的香水以及创造将在市场上有可持续性的品牌"（戈贝，2007）。因此，一个大的供应商整合了"一些情绪驱动的探索技术"，这些技术被用作其客户开发香水的方式，现在已成为主要香水品牌的灵感来源（戈贝，2007）。因此，品牌化不仅由供应商日益预先经营，而且由"对消费者的情绪研究的科学证据"支持，并与之交织（福尔克，

2008)。在一次访谈中，福尔克（2008）的访谈合伙人解释说，IFF［国际香水香精公司（www.iff.com），五大香水供应商之一］不只是一个简单制造香水的公司，它还是一个创新香水的公司，了解香味对消费者产生的情绪影响。香水供应商在情绪品牌化中变得积极主动，具有前瞻性。因此，他们在时间和质量上积极工作，旨在确保与制造商短期和长期的合作与联系，他们也开发预测的技能，以便能预测每个市场哪种香水为哪种品牌工作，以便保持竞争力，更加灵活且不依赖客户。最后，制造商和供应商有共同领域：消费者。它们也共享忠诚度。在本质上，忠诚度有益于每个问题和项目/品牌。但是，从广义上讲，他们被共享，以便确认和再次保证"赢得消费者"。

8.4.3 感知品牌和香味品牌化

但是，上述特性不包括作为社会经济逻辑和组织机制的品牌的寿命。文化产业中的知识经济地理学日益需要对品牌作用进行了解和检测，以便采取措施，以及进行相互作用和创新性的认知。迄今为止，公司、项目和个人职业生涯作为社会经济组织的三种类型已被作为体系进行研究，该体系由动机驱动，以实现一定的经济目标。这些组织都具有不同程度的凝聚力和群体思维（格拉伯赫，2002；Grabber 和伊贝特，2006）。而阿明和罗伯特（2006、2008a、2008b）讨论了当一个专家社区中的凝聚力和互动性资源不足时，品牌则是此社区实现互动性的潜在驱动因素。品牌作为社会经济思想和指导方针无处不在，能在企业和项目界限之外进行传播。它们充当潜在的组织机制和平台，使品牌商品生产涉及的不同社区能相互作用（保尔和霍格，2008）。下面研讨了"进行"品牌化的两个重要程序：感知一个品牌和使香味品牌化。下一节，将把这些程序置于上下文的时间和空间术语中进行理解。

8.4.4 感知一个品牌

在产品开发过程初始，新香水的发明、开发以及概念的提出均至关重要。在此，一个重要的能力是理解什么是品牌信号（即解读品牌 DNA），以及一个品牌能如何被重新诠释、重新混合，并整合到新产品（即建模和突出品牌的 DNA 方面）。与生物学术语相反，品牌 DNA 是某个东西的动态隐喻，存在于以品牌生产者为导向的论述之外，并且有益于以生产者为导向的关于品牌的论述（伯尔，

2007)。这种 DNA 包含独特的核心价值观、特定的历史和遗产及一般的精神、灵魂和世界观。"品牌 DNA"一词意味着在一个想象的预先给定的文化库存（而不是生物 DNA）中的信息之外去创造某个东西的可能性。因此，品牌管理人员必须在"企业对企业"的背景下呼吸、生活，呈现一个品牌，犹如合法品牌业主在潜在消费者面前展示香水。品牌 DNA 这种概念性略读法是由伯尔（2008）通过欧莱雅的阿玛尼香水许可证举例证明的。

欧莱雅确保了香水师在品牌中用了同样的香水细微成分，以确保品牌统一。你闻到链接微妙而独特的香味，不是因为材料，而是风格。对液体的嗅觉通过采用可快速辨认的磨砂的、有光泽的、银灰色的阿玛尼光泽得以实现。采用铝壳（一部分光亮，两部分昏暗），香水商设法在运输中保持香味。

因此，品牌充当了潜在的创新轨迹。为了提出新概念，品牌管理人员感知一个品牌。"感知一个品牌"的表征有不同的维度。

对品牌进行感知既是品牌管理人员和几个分支机构的单个任务，又是一个相互作用的任务，例如，趋势预测机构和市场研究提前提供建议。在产品开发的早期阶段，那些行动者提出反馈，直到香水和时尚市场的总趋势有了关联。趋势预测机构在广义上通过出版趋势预测图书来提供信息。一个主要的国际创新者和不同趋势预测图书产品的出版社在线解释了"根据视觉和触觉，结合照片、织物、材料样品、覆盖的颜色图案、印制品、轮廓、草图和打印描述，我们的出版物是多感官的"（娜丽罗荻，2008）。这些多重的物质和感官趋势作为创新性思维的出发点。因此，第一步任务是认知：

市场去向哪里？我们也和时尚联系……让我们说：生态的、自然的、有机的，等等；我们在哪里，我们不在哪里？我们的竞争在哪里，那里设有销售点吗？如果我们查明那里设有销售点，那么，我们也将基于此来定义我们的概念（副总裁，全球市场营销，2007 年 6 月）。

概念的真实性取决于一个地理市场和制造型企业内的香水品牌的地位，概念的真实性在称为"分层的品牌"的时尚情形和适应大众市场的那些情形之间变化（保尔和霍格，2008）（在一个较小的高价值或专业市场制成蓝本、测试并推出新技术和趋势）。因此，产品概念在公司内部和公司之间点滴扩散。

此外，（内部执行和外部购买）市场研究做出了一份贡献。一个概念通常在不同点测试多次。常见结果是：此概念的变更是根据试验结果和有针对性的地理消费者市场。最初的概念往往是在重点组进行测试（卡特罗和 Maclaran，2006）：

我们进入（重点组研究），它（即概念）都是关于"在外面"，都是关于免费的，关于所有被公开的，所有关于阳光的，那是（产品）品牌所处的一个非常简单的水平。同时，我们用一些不同的名字进入市场，如果我们足够领先时，我们也会有一些我们可以放于桌面上的非常初步的包装理念，来对"消费者的角度是什么以及我们所处什么位置"进行分类。很明显，我们不是太黑或太白，但是我们想就一些关键的评论，设法在我们可能会移入的地方划分区域：市场有白色的市场空间，使我们可以最终探索和开发一个真正的品牌吗（全球市场营销副总裁，2007 年 9 月）？这句话提出了向聚集的最终消费者的故意接近，这是在以下产品开发阶段继续下去的一个点。市场研究是唯一能本能地创造市场和使市场可视化的一个工具（伯尔，2008；Cochoy，1998）。然而，经理是由品牌的过去、现在和预期的未来进行指导的。一个主要的区别存在于这些驱动型香水和那些仅仅反映品牌的香水之间。后者的特点是品牌本身强大，香水是基于此而研制的。

我们依靠品牌是什么维持生存；香水必须依赖品牌生存……如果你从事品牌设计师的工作，我认为，带动品牌前行的是更多的形象、定位和情绪，然后消费者将遵循这些（全球市场营销副总裁，2007 年 9 月）。

时间和成本密集型的感知过程通过下列行为得到支持，即通过与品牌业主和品牌团队成员的密集商谈，以及通过了解一个品牌在特定消费群体的经济绩效。此外，品牌管理人员将此置于一个地理意义的背景下进行了解，概念工作适应一个特定的市场吗？这引发了一个问题：品牌意识的开发是如何被启用并随着时间进行维护的。我带来的不仅仅是全面了解香水业以及品牌形象塑造，也是全面了解如何使品牌"更全球化和更区域化之间的对比"（全球市场营销副总裁，2007 年 9 月）。因此，品牌性能仍然被全国经济性能市场认可。通常，国际品牌管理人员本身位于纽约或者巴黎的总部办公室办公。他们阐述了在不同的市场对一个品牌和一个概念的潜在性能的总的理解。然而，除此之外，在开发过程中，品牌管理人员还要接收来自具体国家或地区的品牌会员反馈的信息。与这些区域的专家进行的会谈都集中于一个新概念和最终产品的上游创新和启动，还集中于产品实施（分销、零售）时的下游特征，这是市场中的品牌定位容易出现问题之处。确认某个概念之后不久，或同时，制造企业开始向所有供应商以简报形式发放通告。

在香水供应商内部，香水供应商们按其标志性的特征和组织环境来逐步了解一个品牌，并被鼓励根据他们对简介和品牌的了解提交香味。如果香水是关于一个具体的名人或设计师，或如果香水的抽象特质像女性、独立或爱，那么香水商将会把简短的口头描述与表现和象征这些特性的足够材料相结合。她通过估算使用香水中的特定嗅觉注释来表达这些特质（伯尔，2008；都灵，2006）。成功的香水要做到在每一滴香水中都嵌入阿玛尼的 DNA，这种香味的鲜明特征充当了硅探测器芯片，无形且强大（伯尔，2008）。香水商如何变得有见识，直到关注到品牌要求？主要制造商的市场结构（即香水供应商）和核心清单的开发（伯尔，2008）导致大型香味供应商之间实施精简而创意的比赛。一方面，核心清单是正式协议，能反映出制造商与供应商之间的纽带很强，香水供应商之间的创新工作表现出香水商与品牌之间的纽带很弱（Grabber 和伊贝特，2006）。香水供应商随着时间的推移了解了品牌是什么，然而，根据新简报，他们被不断敦促重新考虑自己已了解的东西，"一个品牌仍然含糊不清"（伯尔，2008；Grabber 和伊贝特，2006）。然而，香水商知道对简报做些什么：嗅到和破译该品牌与其他香水品牌在市场的位置，与制造商的关键人员合作，并了解新香水被推出的意图是什么。其他功能（如市场营销和评价）也支持着香水（伯绍德等，2007；福尔克，2008）。营销者的角色是"开发工具—营销工具，这些工具有助于在广告、语义和包装方面理解和分析趋势"（福尔克，2008）。评估者用钻研的眼光反思，哪些香味准备就绪，可用于竞争和提交；评估者充当了香水供应商的一面镜子。

8.4.5　香味品牌化

香水供应商的这种任务内容表明：反过来，一个品牌确保了品牌管理人员在一个不确定的环境中对香水供应商有一个基本的了解和流动的安全感。经理感知和评价香味，以便使香味品牌化。感知香味包括理解成分和香水供应商的动机，以提交一个特殊的香味。如果香味适合品牌，则评价香味意味着认可。赢得了竞争的香水被整合和装入其他产品组成的网络（瓶子、瓶子格式和颜色、包装、名称、零售环境等），因此它被品牌化。品牌管理人员通常只有一个有限的嗅觉背景，对室内香水开发和香水供应商的交互的认知能重新保证让他放心。在后续步骤中，获胜的香味继续被稍做修改和测试，以预测可能的性能。因此，一个品牌是一个跨组织的"归属符号"（Kärreman 和 Ryler，2008）和相互理解的潜在推动者。

8.5 置于时空术语语境下的理解

如前所述，按区域定义的知识空间被视为一个地理区域实例，在该区域以及通过该区域，会发生认知（伊贝特，2007、2010）。反过来，基于经济地理学工作中实践的描述：他们首先检验认知实践，以便使随后出现的空间被空间化和特征化（以不同的尺度）（Bathelt 和 Gluckler，2003；伊贝特，2007；派克，2009）。它被要求"在行动中从一个认知的异构的解释对空间进行解读"，以根据"在行动中认知的形状和维度"（阿明和罗伯特，2008a）界定地理学。本节将遵循"关于地方的争论"，检验本地化的实践以及空间分布的作用（伊贝特，2007）。我讲述香水业中品牌化的时间和空间特性，以表明距离带来创新性的认知和学习（阿明和罗伯特，2008a；法孔布里奇，2007；伊贝特，2007；温格，1998）。我宣称：感知一个品牌以及使香味品牌化都是通过一定距离的相互作用被维持和被启动的程序。品牌化由认知实践组成，这些认知实践在一个特定地点以及通过空间分布发生作用，从社区的参与中演变出来（阿明和罗伯特，2008a、2008b；伊贝特，2007）。

第一，品牌管理人员在特定的地方（如她的工作台）采取行动和共同开发新概念。在创新过程中，具体的认知实践以这一步为特征，在概念上开发一种香水和预估此概念的合法性和公信力。这通常是在桌子前完成的，并在公司办公室商谈（最经常在品牌的总部商谈）。这是关于构建某品牌的前景，并从为某品牌开展工作的最亲密的同事获得初始的反馈。因此，品牌管理人员的"概念桌"具体化为一个概念的空间里，在此空间里概念是有组织的。

然而，"香水概念最初的开发和对某个品牌的感知"也需要理念传送。例如，品牌管理人员在不同行动者之间操纵本土品牌公司、品牌业主、市场调研和香水供应商。创新性的认知和了解都来自香水工作中大家的不同观点。在发明一个概念的创新过程中，在不同的点，他们进行的创新性的认知实践是"用来塑造和测试某个概念的市场化的"那些认知实践。品牌协会位于最重要的消费者市场，代表市场的品牌。这是一个国家代表一个品牌的工具，是概括品牌授权制造商的国家的工具，反之亦然。比如，当地品牌协会根据问题看香水概念。在何种情况下，须具备何种属性才能使此产品品牌的概念在此特定市场起重要作用？这种思维不涉及分层决策，但要与国际品牌管理人员交流工作。在每个目标市场，根据香水组合，查看最初的一般概念化。品牌协会很熟悉地待在快速变化的品牌环境中。在当地的消费环境对协会进行的定位中，能了解相关的挑战、问题以及特定国家的概念实现的机会。

对品牌所有者和市场研究的协调发生于一个地理距离范围内。香水概念穿越空间，对发生于有关系的近距（阿明和科汉德，2004；阿明和罗伯特，2008a；Bathelt 和 Glckler，2003；伊贝特，2010）进行协调。在特定语境中，概念的独特性被保持，即使品牌的同质化的全球化力量反对这种保持。独特性是有助于品牌威望的一种价值，市场研究因为"弱智化"香水而常受批评（伯尔，2008）。然而，产品创新性和复杂性可能只有靠市场的成功才能交易。因此，在概念桌和通过概念流动性能感知到的东西是两个重要的方面：建立和协调的前可能性，来自对目标受众而言在概念上是可信的和可理解的某品牌产品、品牌的总体方向，优良微信标志和操作性，以便创新一种被特殊概念化的香水。

第二，在"香味品牌化"阶段（因此，在开发过程结束时），品牌管理人员的"概念桌"变成一个"协调桌"。并非所有的有形的和无形的品牌在同一时间点及时到达制造商；然而，必须保证：在品牌的整体市场出现时，要充分呈现和整合品牌 DNA 的突出的频谱。最后，最终的香水是为了讲一个有趣的关于自己的故事，以便有独一无二的市场定位。品牌管理人员应维持保持一致的对象。她正在"协调桌"如此行动着。在发展的过程结束时，产品不仅通过物质的和非物质的特征由其本身进行品牌化，而且在创新过程中和一旦品牌到达消费者环境后品牌收到市场成功时，品牌会支持行动者通过他们的具体参与行为被理解和记住。

与主要合作者（如香水供应商）在一个设定的组织松弛环境中发生相互作用，提升空间邻近性。一种香水与所有其他的有形产品和无形产品的特征联系日益紧密，促进创新过程结束。在香水和产品研制过程和结束过程中，香味品牌化是基于项目步伐和破损的转换（伯尔，2008）。通过"步伐和破损"，我想表达的意思是，通过内部决策，制造商和供应商之间工作速度的频繁变化会加速或延迟项目工作。到项目结束，香水供应商和客户之间的地理距离被认为很重要。"通过短信频繁互动"是香水供应商的客户首选，而消费者产品的创新过程发生在新泽西或"化妆品谷"（伯绍德等，2007），在接近制造商总部的地方完成优质香水工作。香水创新的具体化和有形性也强调了对香水的快速与容易获取和接近，让供应商们一起驻在接近客户之处。这种接近可以根据"邻居"术语和理念进行概括化。在附近的地理位置由相互作用的必要性进行支持，以便在临时特设的基础上解释和讨论香水提交事宜。香味由供应商展示，并且基于面对面的互动来变更。互动时，品牌管理人员、营销人员、销售人员和评估人员和香水都应在场。在附近进行的认知实践是临时特设的互动灵活性，灵活性通过松弛的组织使地理上更邻近。不同的专业人士从其特定角度对配方的改变进行评论和帮助。然而，在地理上的邻近区，通过电话、电子邮件或短时间拜访进行频繁交流，增加固有的、潜在的社会解决方案。交流是持续的，但是，基于临时的破损，很难预测何时客户将回来进一步提出要求和建议。

8.6 结 论

相关性和品牌作用的讨论从经济地理学的知识辩论中丧失了，香水业中对行动的认知日益围绕着品牌发生。本章针对品牌管理人员的具体情形，阐述了此点，赞同"品牌是基于多个经济主体之间的协商和相互作用的过程"（保尔和豪格，2008）的观点。品牌化是一套创新的认知实践，要求理解行动中的某个品牌和品牌管理人员之间的关系，以及网络化的关系。例如，在其对结构、创新和毁灭新兴的强或弱的网络化关系的逻辑中，一个品牌能弥补公司、个人职业生涯和项目方面的理念（阿明和科汉德，2004；阿明和罗伯特，2008a、2008b；Grabber和伊贝特，2006）。

品牌是一个社会的逻辑和组织的结构，能为"基于路径的轨迹"的行动和方向提供指导。品牌化意味着随着时间发生的多重认知实践，以便挑战和重新确保品牌界限。本章讨论了产品开发阶段合作的行动者的工作和几套程序、实践和地理学。在感知某个品牌的初始过程（即在目标消费者市场想出和测试概念），以及感知和评价品牌，然后使香味品牌化的过程之后，做了个示例性的区别（即用其他有形的和无形的成分相互影响的香味）。因此，这套使用的创新实践必然涉及创新性的认知和远程了解，其中，相互已了解的品牌提供了意义。它还涉及了解在地理邻近处的认知（例如，在附近，桌子的具体类型），对香味具体化、有形性以及对香味特征的解释需求是具体创新的地方。因此，认知和了解的地理学是动态的，即局部的，因为有必要交流香水的具体化的和模棱两可的对象（伊贝特，2010）。

本研究有以下含义：第一，本章侧重于行业的上游部分。而在分销和零售间，侧重于品牌化的下游部分将有利于提供进一步见解，该见解是关于其他行动者及他们不同的关系和对象特征价值共同创新的实践（如普拉特呼吁在经济地理领域侧重于零售，普拉特，2004；派克，2009）。第二，进一步的研究需要扩大对香水业内不同的相互作用的实践社区的探讨。第三，对其他品牌密集型产业的研究可以进一步了解品牌化，作为创新的认知实践，以及阐释文化产业之间的特性和相似性。

参考文献

Allen, J. (2002) "Symbolic economies: The 'culturization' of economic knowl-edge", in P. du Gay and M. Pryke (eds), *Cultural Economy: Cultural Analysis and Commercial Life*, London: Sage, 39–58.

Amin, A. and Cohendet, P. (2004) *Architectures of Knowledge: Firms, Capabilities, and Communities*, Oxford and New York: Oxford University Press.

Amin, A. and Roberts, J. (2006) "Communities of practice? Varieties of situated learning", Paper presentation for EU Network of Excellence: Dynamics of Institutions and Markets in Europe (DIME), October.

Amin, A. and Roberts, J. (2008a) "Knowing in action: Beyond communities of practice", Research Policy, 37, 353–369.

Amin, A. and Roberts, J. (2008b) *Community, Economic Creativity, and Organization*, Oxford and New York: Oxford University Press.

Aoyama, Y. (2007) "The role of consumption and globalization in a cultural industry: The case of flamenco", *Geoforum*, 38, 103–113.

Arthur, M.B. (2008) "Examining contemporary careers: A call for interdisciplinary inquiry", *Human Relations*, 61, 2, 163–186.

Arvidsson, A. (2005) "Brands: A critical perspective", *Journal of Consumer Culture*, 5, 2, 235-258.

Bathelt, H. and Ghiickler, J. (2003) "Toward a relational economic geography", *Journal of Economic Geography*, 3, 2, 117-144.

Baudrillard, J. (1998) *The Consumer Society: Myths and Structures*, London: Sage.

Bengtsson, A. and Ostberg, J. (2006) "Researching the cultures of brands", in R. W. Belk (ed.), *Handbook of Qualitative Research Methods in Marketing*, Cheltenham, UK and Northampton, MA, USA: Edward Elgar Publishing, 83-93.

Berthoud, F., Ghozland, F. and d'Auber, S. (2007) *Stakes and Professions in Perfumery*, Paris: Editions d'Assalit.

Bolz, N. (2005) "Sinn-Designer: On the management of cultural meaningfulness", in H. Voesgen (ed.), *What Makes Sense? Cultural Management and the Question of Values in a Shifting Landscape*, Brussels: ENCACT, 27-32.

Brown, J.S. and Duguid, P. (1991) "Organizational learning and communities-of-practice: Toward a unified view of working, learning, and innovation", *Organization Science*, 2, 1, 40-57.

Burr, C. (2007) "Ghost flowers", *New York Times*, 25 February.

Burr, C. (2008) *The Perfect Scent: A Year inside the Perfume Industry in New York and Paris*, New York: Henry Holt and Company.

Castells, M. (1996) *The Rise of the Network Society*, Malden, MA: Blackwell.

Catterall, M. and Maclaran, P. (2006) "Focus groups in marketing research", in R.W. Belk (ed.), *Handbook of Qualitative Research Methods in Marketing*, Cheltenham, UK and Northampton, MA, USA: Edward Elgar Publishing, 255-267.

Cochoy, F. (1998) "Another discipline for the market economy: Marketing as a performative nowledge and know-how for capitalism", in M. Callon (ed.), *The Laws of the Market*, Oxford and Malden, MA: Blackwell, 194-221.

Dodson, D. (2008) "Global fragrance market booms", *Global Cosmetic*

Industry, February, 44–46.

Du Gay, P. and Pryke, M. (2002) *Cultural Economy: Cultural Analysis and Commercial Life*, London: Sage.

Falk, J. (2008) "Collaboration and the golden rule", *Global Cosmetic Industry*, February, 48–51.

Faulconbridge, J. (2007) "Relational networks of knowledge production in transnational law firms", *Geoforum*, 38, 925–940.

Gertler, M. (2008) "Buzz without being there? Communities of practice in context", in A. Amin and J. Roberts (eds), *Community, Economic Creativity, and Organization*, Oxford and New York: Oxford University Press, 203–226.

Gherardi, S. (2006) *Organizational Knowledge: The Texture of Workplace Learning*, Oxford: Blackwell.

Gobe, M. (2007) *Brandjam: Humanizing Brands through Emotional Design*, New York: Allworth.

Grabher, G. (2002) "The project ecology of advertising: Task, talents and teams", *Regional Studies*, 36, 245–263.

Grabher, G. and Ibert, O. (2006) "Bad company? The ambiguity of personal knowledge etworks", *Journal of Economic Geography*, 6, 3, 251–271.

Grabher, G., Ibert, O. and Flohr, S. (2008) "The neglected king: The customer in the new knowledge ecology of innovation", *Economic Geography*, 84, 3, 253–280.

Hall, S. (2008) "Geographies of business education: MBA programmes, reflexive business schools and the cultural circuit of capital", *Transactions of the Institute of British Geographers*, 33, 1, 27–41.

Ibert, O. (2007) "Towards a geography of knowledge creation", *Regional Studies*, 41, 1, 103–114.

Ibert, O. (2010) "Dynamische Geographien der Wissensproduktion: Die Bedeutung physischer wie relationaler Distanzen in anteraktaven Lernprozessen", IRS Working Paper 41, Leibniz–Institut für Regionalentwicklung und Strukturplanung, Erkner.

Jeffries, N. (2007) "Selling the experience: New York focuses on fragrance and marketing, and re-experiencing the segment", *Global Cosmetic Industry*, September, 32–35.

Jones, A. (2008) "Beyond embeddedness: Economic practices and the invisible dimensions of transnational business activity", *Progress in Human Geography*, 32, 1, 71–88.

Kärreman, D. and Rylander, A. (2008) "Managing meaning through branding: The case of a consulting firm", *Organization Studies*, 29, 1, 103–125.

Kubartz, B. (2009) "Scent and the city: Perfume, consumption, and the urban economy", *Urban Geography*, 30, 4, 340–359.

Lash, S. (2008) "Capitalism and metaphysics", *Theory, Culture and Society*, 24, 5, 1–26.

Lash, S. and Lury, C. (2007) *Glabal Culture Industry: The Mediation of Things*, London: Polity Press.

Lash, S. and Urry, J. (1994) *Economies of Signs and Space*, Thousand Oaks, CA: Sage.

Leadbeater, C. (1999) *Living on Thin Air: The New Economy*, London: Penguin.

Lury, C. (2004) *Brands: The Logos of the Global Economy*, New York: Routledge.

Morgan, K. (2004) "The exaggerated death of geography: Learning, proximity and territorial innovation systems", *Journal of Economic Geography*, 4, 1, 3–21.

NellyRodi (2008) NellyRodi Trend Publications, http://www.nellyrodi.com, accessed 1 April 2008.

Olins, W. (2003) *On Brands*, New York: Thames and Hudson.

Pavitt, J. (2000) *Brand New*, London: V&A Publications.

Pike, A. (2009) "Geographies of brands and branding", *Progress in Human Geography*, 33, 5, 619–645.

Power, D. and Hauge, A. (2008) "No man's brand-brands, institutions, and fashion", *Growth and Change*, 39, 1, 123–143.

Power, D. and Scott, A. J. (2004) *Cultural Industries and the Production of Culture*, London and New York: Routledge.

Pratt, A. (2004) "The cultural economy: A call for spatialized 'production of culture' perspectives", *International Journal of Cultural Studies*, 7, 117–128.

Reich, R. (1993) *The Work of Nations*, London and New York: Simon & Schuster.

Schatzki, T. R. (2001) "Introduction: Practice theory", in T. R. Schatzki, K. Knorr Cetina and E. yon Savigny (eds), *The Practice Turn in Contemporary Theory*, London and New York: Routledge, 1–14.

Sennett, R. (2006) *The Culture of the New Capitalism*, New Haven, CT: Yale University Press.

Storper, M. and Venables, A. J. (2004) "Buzz: Face–to–face contact and the urban economy", *Journal of Economic Geography*, 4, 4, 351–370.

Turin, L. (2006) *The Secret of Scent: Adventures in Perfume and the Science of Smell*, New York: Ecco.

Vallance, P. (2007) "Rethinking economic geographies of knowledge", *Geography Compass*, 1, 4, 797–813.

Wenger, E. (1998) *Communities of Practice: Learning, Meaning, and Identity*. Cambridge: Cambridge University Press.

9 从外面构建品牌? 品牌渠道、循环的集群与全球领域

◎ 多米尼克·保尔 约翰·杨森

9.1 引 言

传统上,商业和研究已假定了产品和地方之间的直接联系:谢菲尔德钢铁、好莱坞电影、巴黎时尚、比利时巧克力、瑞士手表和斯堪的纳维亚设计。人们一直认为,当地嵌入的行业与品牌之间相互增强的作用至少可以部分地解释区域和产业的成功,反之亦然。我们认为:此观点过于简单,不能解释产品的"原产地"或解释原产地如何嵌入某个地方。在本章中,我们探讨的概念是:产品的"原产地"可以被视为具有强大权力的"集体品牌"。因此,在产品行业及地方之间的辩证关系中构建了它们。尤其我们建议至关重要的是:一定要认知"对于基于地方的品牌,在地方之外发生了什么"与"在地方之内发生了什么"是同等重要的。我们提出的建议是:对产品和地方之间的联系的了解可受益于对"品牌渠道"的作用和地理位置的考虑(偌夫多特和保尔,2010),在此渠道中,不断努力地对品牌开展工作。这些品牌渠道是品牌依靠的信息及各种反复循环的空间和渠道。然而,因为品牌仅仅是关于一个地方,并不意味着在本地构建以及传送此渠道。而笔者认为:至关重要的是要认识到品牌渠道都植根于不断修改和更新的全球领域。这使我们品牌在叙事中和渠道中都要强调"周期性事件"和"循环集群"的作用(保尔和偌夫多特,2008)。总之,我们认为发生在其他地方的整个过程,对于许多地方的品牌都很重要。

在我们接下去之前，值得一问的是：为何在基于地方的品牌中考虑交流线路的位置和权力中心会很重要。在最近几十年中，有个理念是：某些地方和区域作为特别培育的环境，用于产品变革和全球成功产品创新，人们对此理念很感兴趣，此理念靠巨大的研究和政策体机构支持，已表明对区域产业网络和系统进行投资，有助于促进地方经济和可持续性。该研究领域已仔细定向关注了生产中的产品创新的许多方面，但它往往忽视了围绕产品建立了哪些品牌。相反，它往往假定：品牌将以一种类似的方式最好地形成到产品开发的其他方面，在产品开发环境中，一个隐含的重点首先被置于人工制品的开发和发源，那里是原料（而非品牌）来源之处。本章采用了一个相当不同的出发点，表明在许多情况下，经济和产业中的价值是与品牌高度相关的，该品牌对特定地方和空间过程有明显的依附和依赖。但基于地方的这些品牌往往靠叙事，这些叙事通过"位于"原产地之外确定的过程进行构建并交流。

在本章的后面，我们以斯堪的纳维亚设计为例，凭着 50 年的历史，它已成为一个重要的标识和品牌，广泛用于全球设计者、建筑师和时尚消费者和行业，以传播具有各种无形价值的文化产品和公司。此例被用于说明：

（1）工业叙事能对文化产品的地理因素起着关键作用；

（2）地方叙事有复杂的地理性，比起他们根植于论述领域（该领域发挥作用时是通过植根于全球领域的循环集群的品牌渠道），人们对关于他们根植之处知之更少。

本章一开始就讨论了品牌与形象，它们作为设计和时尚产业的产品和价值链的中心。使用以设计为基础的产业和产品作为重点的理念是因为这些行业中的品牌往往在企业如何创造价值以及在如何让消费者了解产品出售物时是关键的元素。建议：有形象和品牌特定的经济地理和空间，我们试图用斯堪的纳维亚设计故事阐述此点，作为行动者形成的已构建的叙事以及斯堪的纳维亚界限以外的过程。本章的结论表明，我们必须超越对基于地方产品"原产地"的思考，而是考虑空间叙事在全球品牌领域中如何被构建。

9.2　基于地方的品牌和全球品牌领域

近年来，品牌显然已在经济上扮演着一个重要角色，在现代社会中，品牌具有广泛传播信息的重要性。从事销售（甚至最具功能性的）项目的公司不再一定完全由它们的技术和制造能力来界定。对于在设计和时尚密集型行业运营的公司，如本章大幅列举的家具和室内装饰行业尤其如此。在此例中，某个简单的东西（如一把椅子）成为一个商品，依据其构造和符合人体工程学的功能的质量来定义，同样也依据以时尚和设计为基础的品牌来定义，此品牌的创造者根据此定义用来包装、营销和销售它（麦克罗比，1998）。在基础水平，品牌无非是被良好标记的信息包，在商谈它们能获得的很多椅子时，此创新的信息包旨在提供给个人消费者（没有偏见的）的帮助。品牌是这样一种专利产品，它有企业宣传的具体特点、叙事和形象。然而，由于品牌以无形产品特性为基础：看、感觉、意义和关联，显然，它们可能与意义和联系的记录相连接，而非品牌业主想要的那些。这就提出了一个重要的问题：如果特定品牌的判断根据的不仅仅是业主赋予它们的意义和关联，那么，这些意义和关联是从哪里来的呢？

上述的一个答案是，品牌"原产地"很重要。当派克（2009）指出，地方会通过物质的或构造的概念、关联、附件、叙事、纽带等与品牌相联系。品牌陷入"不可避免的空间关联"。我们周围的许多（如果不是绝大多数）品牌往往与具体地方有着千丝万缕的联系，这种联系是品牌的商业财富的一个元素。很多品牌因此都是（至少部分是）基于地方的品牌，因为它们依据其原产地或来源的地方进行贸易。

然而，很难确定有些和品牌一样无形的东西的原产地，对"品牌与地方的关联"的了解需要认识到品牌的原产地可能是实际的、被构建的或被感知的。从"有可能追溯它们来自何方"的意义上而言，它们可能是实际的。例如，在哥伦比亚农场生长的哥伦比亚咖啡，同样可以在此意义上进行构建，此意义是：不同的商业行动者加工它们，并把它们纳入自己公司的品牌叙事，如哥伦比亚咖啡用的法式烘焙法，成为×品牌的速溶咖啡的一部分。最终的原产地一直根据消费者的认知、解释和误解而定。例如，"我不在乎咖啡是否来自哥伦比亚或法式烘焙，只要×品牌公平对待农民"。

因此，地方型的品牌（如所有的品牌）只是由利益相关方或业主进行局部控制，因为品牌的价值是"一个品牌是如何被相关的受众或市场和/或消费者接受"的结果。我们的意思是：一个品牌的价值基本上不是简单的积极地或消极地链接到一个地方的结果，而更多的是"它如何在开拓全球品牌领域的品牌渠道里工作"的结果（这是本章我们进一步提及的一个关于品牌渠道的话题）。此外，个别产品和企业的品牌很少从他们从哪里来的一般背景下分离。从某种意义上说，一群相似生产者聚集之处（如硅谷）周围出现某种"集体的品牌"或附近的声誉效应，或在一个特别成功的产品首次开发之处（如爱尔兰啤酒健力士和都柏林）。一旦一些个别品牌与地方发生了关联，则它们就可以共享其他人在某个地方开发的多个协会和多个品牌，以及共享消费者如何看待那个地方。

因此，集体品牌是一个标签，常用于较大范围的不同活动，并在其中得到共享。它可以作为一个统一的力量，虽然它也可以作为一个管制束缚，特别是如果通过自上而下的过程，品牌被强加于一个地方（杰森，2007）："无论你做什么，都很难不被限制或被你原产地的他人行为影响。"

经济地理学家一直关注"嵌入特定专业化的行业位置或环境"的重要性。在本章的后面，我们将要论及一个基于地方的集体品牌（斯堪的纳维亚设计），至关重要的是：要注意在以时尚和设计为导向的产业中，有相当多的工作机构侧重于集聚趋势。这项工作表明时尚和设计中的全球竞争力如何与受创新鼓励的本地化工业系统交织（麦克罗比，1998；布鲁沃德等，2004），产品创新（兰提斯，2002b；布鲁沃德和吉尔伯特，2006；韦勒，2007），知识和学习（朱肯，1991；兰提斯，2002a），企业之间或行动者之间的联系（赫希，1972；斯科特，1996；巴雷拉，2002；豪格，2007；韦勒，2007），劳动力的可用性和流动性（朱肯，1991；内夫等，2005；Vinodrai，2006），技术更新（塞格·雷莱纳赫，2006），专业化的服务和机构，以及与全球商业链的链接（莱斯利和赖默尔，2003；韦勒，2007）。这些主要集中于与生产相关的内部和外部，依据的理念是以企业之间或基于企业的知识生产、创新和学习要与区域专业化和卓越相联系（马姆伯格和保尔，2005）。这些记录通常缺乏一个更详细的将这些地方作为质量、专业化和产业集聚的有力标记工具的作用，与这些地方相联系，可以对那些公司的、产品的具体品牌化过程起着决定性作用。

关于在无形的质量中和在竞争对手的分化中，在产品、关系结构、好评识别和声誉方面，竞争的和商业的价值最终所在的细分市场（莱维特，1975、1981；保尔和斯科特，2004），"原产地"不仅仅都是核心的，也是复杂的和潜在的流动体，尤其是对于这些种类的产品，价值创造的关键时刻不可能发生于工厂大门背后，而是发生于收到、审核、消费和循环再生的其他地方，由审美的、文化的、符号的价值来设计商品，这些价值在对时间和空间高度敏感的知识领域中构建（斯托珀，2000；保尔和斯科特，2004；韦勒，2007）。这样知识流程被日益封装于品牌协商的和构建的领域，该领域充当了标记工具和运输工具，服务于审美的、符号的和文化的价值观与知识的范围（保尔和豪格，2008）。品牌是企业需要把它们自己与竞争对手相区分的意识的反映，是有助于消费者更容易地做出选择的认知密码或导航援助的需要的反映，是消费者能允许他们在社会文化的世界给自己定位的"身份识别工具"的需要的反映。品牌是对"拟人化"的产品的一项战略尝试，给它们一个历史、个性和地理，来"定位"他们。

原产地的构建不一定意味着产品的原产地将是真实的或真正的。事实上，现今我们周围很多产品很难确切说出生产商是谁，在哪里，例如，丹麦的家具制造商 Eilersen，该公司拥有其历史、设计功能和丹麦总部，尽管其很多生产活动发生在中国，但这最重要吗？或者当 iPhone 在背后称"手机是在加利福尼亚州设计的，在中国组装的"，但是装入的软件和内容又是来自世界各地，那么我们把 iPhone 的原产地置于何处？这些实例强调了在全球化的世界里原产地的复杂性，并指出了原产地的虚幻和可互换特征。公司经常试图同时强调地方关联性，试图掩盖或掩饰产品原产地的其他元素。事实上，许多公司试图掩盖地理关联性，想方设法创造无原产地的手机品牌，可以在此添加"不仅原产地对品牌很重要，目的地对品牌也很重要"。如果在某个市场，某品牌成为时尚产品，则能增加其在其他市场的价值，因此，"在纽约的成功"是个与"原产地斯德哥尔摩"并排的有争议的销售问题，全球价值链使得某个东西来自（或去向）何方很难说清，尽管如此，许多行动者似乎仍旧认为"试图给产品定位"至关重要。

尽管很难指明原产地，但是原产地对消费者而言仍然是很重要的。例如，与利默里克或符拉迪沃斯托克相比，哥本哈根和米兰有更多的肯定性设计证书。当企业试图通过品牌、保护品牌、使用品牌、操纵品牌去吸引关键的受众时，地方和现场就显得非常重要。基于地方的关联对知识和渴望使用的价值观品牌处于何种地位有着明显影响。莫勒奇（2003）表明基于地方的关联常常是与产品不可分割的，消费者附上了所有类别的产品，按不同的地方进行评估，这些基于地方的品牌在一定程度上依靠其说服消费者去相信产品的卓越、质量和创新。通过对城市或地区的感知，该品牌也可以把对城市和地方的"感觉"灌输给产品（和公司）。例如，冷的衣服来自冷的地方。原产地标签如"意大利制造"、"斯堪的纳维亚设计"或"塞纳河左岸"在其效果上一点也不中性，在时尚业常用作战略工具（豪格等，2009）。这些分化过程中本质上是他们可产生或重现经济和社会的不平等以及放大不平等的劳动分工（派克，2009）。产品形象和地方之间积极主动的联系可产生一种垄断租赁，并且在其中能为产品创建壁垒，阻止从有竞争的地方输入产品，并且对定位"正确"的公司给予激励。

如果品牌与品牌化过程对全球价值链至关重要，那么我们必须记住：经济地理早就关注了一个理念，即"通过网络进行连接"（这些网络指参与者的商品或生产链的网络）对于我们如何解释和理解那些构成经济活动的空间是非常必要的。迪肯等辩称（2001）：

在许多全球的和当地的文献中谈论"当地过程与全球过程的对垒"变得毫无意义；相反，我们应该考虑采用机构的网络（如个人、机构或对象）在不同距离和通过不同的中介机构开展行为。

因此，我们必须努力理解"制造形象"的实践中在本质上的复杂性，这些实践很少是当地的、全球的或当地额外的实践，但都被设置于全球品牌领域。在一个相关方法中，空间过程和品牌锚定不仅涉及当地行动者，也涉及那些从未拜访过一个地方的行动者。全球范围的品牌在构建中完全关联，不应被视为"有界限的"的本土创造，但应该被视为是不断被竞争的、被变更的和被协商的分立的人工制品的集合体，这些集合体须经历被交织以及被隔离的过程，这些过程可以是当地的、全球的或常常是多标量的。

9.3　品牌渠道化：品牌渠道、周期性事件与全球领域

　　品牌化理论和实践告诉我们：需要有效的品牌媒介物或渠道去维持和传播品牌。因此我们需要看到：在品牌被建构与传播的领域和渠道中，参与者和产品如何连接到全球领域。

　　我们通过"品牌渠道"术语旨在表达：一组相关的或类似的（和可识别的）空间和活动，通过这些活动，许多品牌和信息可以被同时交流和协商。这一术语是指某些类型的交流空间或媒体存在一起，作为一个相连的渠道（或是一系列相连的社区和渠道）或作为活动、空间和媒体的一个网络，在此网络中，不同的创造者和消费者可以发表他们"对某种品牌或叙事"的看法。这些品牌渠道的实例有：互联的促销活动，如时尚和设计周或季，都是关于同时促进许多企业和参与者销售，这些企业和参与者都参与了季节性藏品的出售和奢侈品大型企业的更广泛的品牌化；以及专业化的贸易新闻和博客圈（侧重于具体类型的产品和活动）；热烈的拥护主义城市叙事针对使用各种技术，对某个地方或专门的零售区进行积极的解读和推广；在该区中，提供所有的环境元素和产品元素，旨在构建促成某些类型的消费的意愿（偌夫多特和保尔，2010）。因此，品牌渠道可以是举办的一系列活动、一组特定的空间、一个专门的交流和媒体领域或一个协调的品牌化推广活动。

　　品牌渠道不像电视渠道，而是交流平台，可传递和消费各种信息和节目，以各自特殊身份和形式呈现，但是不像电视渠道那样有一个通用的遥控器。品牌渠道很难避免参与者使用渠道或给渠道编节目。这意味着品牌渠道是由不同的参与者、利益相关方、股东和受众形成的，因此，每个作品依据的是一大堆对立组织的、个人的和集体的动机。尽管出于混乱的、未管理的状态，但是这些过程集体地、累计地构成了交流系统。因此，品牌渠道可以由对商业品牌化的个体行动感兴趣的参与者（如设计师）以及朝着集体品牌化而行动的更广泛的协会（如审美运动或与城市有关的活动）组成。通过这些不同的参与者对"相似类型的空间根植的品牌化媒介物（如临时促销活动、创业叙事）"的使用和投资，他们累积形

成了有效的交流渠道。这些渠道源自地方级行动的结果、举措和力量，多数通常未把特定地方的推广作为他们的主要目标，而是把时尚和设计知识的推广和商品化作为主要目标。

以米兰一年一度举行的设计和家具贸易展销会作为这种品牌渠道的实例（保尔和偌夫多特，2008）。此贸易展销会吸引了世界各地对米兰城市的大量关注，无疑有助于促进此城市成为一个设计之都。在米兰设计周的效果虽非取决于单独的某个参与者，但是取决于成千上万的"创建了内容和投资于设计周的全球推广活动的"参展商和记者。设计周的成功也取决于"参观了展销会周围创新空间"的贸易顾客，以及众多的专业人士、评论家和普通消费者（他们仔细分析了由设计周散发到世界各地无数网站、电视新闻报道和杂志栏目的形象和信息）。这种渠道被用于传播关于设计意义的信息以及相关的各种参与者（正如我们所见，他们是斯堪的纳维亚或意大利人）。这种渠道带有竞争式参与、识别行动和拥有所有权特点；也许这场争论对于解释他们的动力机制是必要的。

为了让品牌渠道长寿，就必须实现表面的永久性。如果品牌渠道不是定期地被重新回访和再利用，那么它最终会从视线内消失。因此，需要注意的是，虽然很多品牌渠道似乎将由临时的和弹出的事件或现象填入，但潜在的循环或恒常性的参与是必要的。在此意义上，他们是参与者、行动和事件的"循环集群"，他们是重叠的空间的复合体，其被定时和被安排的方式是：信息、市场和创新可以随着时间被复制和持续更新。这类现象和行为描述了品牌渠道不应被视为反常的、额外的、当地发生的事情或是脆弱的全球延伸的一系列定期交流，这些是嵌入式的、已实施的本土化的、品牌的、实际业务的副业离群。相反，他们应被视为是相通的微观现象，被安排于全球领域，这些领域聚集一起，形成全球价值构建中至关重要的板块。因此，这些渠道的影响超越了他们可能关注的单一事件的影响，并且对品牌和行业有着长期持久的影响。

这一理论框架表明了产品、地方和"基于地方的品牌"的理念之间的较强相关性。产品、地方和"基于地方的品牌"之间的关系是嵌入全球领域的一个复杂的交织过程，其中，临时集群或活动有助于"基于地方的产品"的品牌构建。在这些过程中，重要的元素是"抛出品牌信息"的品牌渠道，即使从来不可能完全管理这些，因为信息不断地在临时集群或事件的小范围内被协商和重新协商。

9.4 构建产品的含义和原产地——斯堪的纳维亚设计

迄今为止，在本章我们经常提及设计和家具作为细分市场，其中，品牌的各种类型是很重要的，产品具体的品牌例如"这是 Billy 书柜"（自 1979 年，已售出超过 4000 万个宜家书柜），企业品牌例如"来自宜家"和传播广泛的区域品牌，如"这是斯堪的纳维亚设计实例"。在本节中，我们将更仔细关注后者：区域品牌斯堪的纳维亚设计。

几十年以来，斯堪的纳维亚一直与室内设计和家具设计密切相关。但是，设计评论家注意到：很难用多层含义固定住一个术语。最常见的是，术语"斯堪的纳维亚设计"表示"共享了一定类型的现代主义艺术的和设计的理念"的产品。在文化界，它给设计、工艺和结构提供了一定的文体的方法和思想意识的方法（费埃耳，2002；海伦和克曼，2003）：强调民主的设计原则，简洁和实用的哲学思想，或者，如 1919 年格雷戈尔提出的使日常生活更好之事的理念（克雷等，2008）。矛盾的是，在斯堪的纳维亚产生的大部分日常设计已经是（或已成为）高端、高价值设计，"斯堪的纳维亚设计"是一个"经常用来表示昂贵的现代主义极简抽象派艺术的设计作品"的术语。然而，概念的另一个含义是，它被用作指 20 世纪碰巧来自欧洲北部的大牌设计师和建筑师的包罗万象的术语，如阿恩杰克布森、阿尔瓦阿尔托、弗纳·潘顿和阿特森。在家具市场完全不同的终端，"斯堪的纳维亚设计"已被各种公司用于描述强有力畅销的"大批量生产的家具"。最突出的这些公司是在荷兰注册的宜家公司，该公司已围绕其"斯堪的纳维亚"的遗产（成立于瑞典）建成其很多品牌以及斯堪的纳维亚文化的元素（如在其店面使用瑞典魔女颜色，在其产品命名时使用北欧语言）。

"斯堪的纳维亚设计"是一个难以捉摸的术语，因它涵盖了一系列东西，从哲学的或文体的标记到与"高声望、适销对路的设计产品以及低成本大批量生产的家具相关"的术语。许多基于地方的品牌同样不可靠，因为它们的立场是（或用于）广泛的不同的东西。可以推测，正是这种多元使用和展出，标示了特别成功的和可持续的"基于地方"的品牌。

除了难以准确界定"斯堪的纳维亚设计所表示的是什么",还很难界定地理区域本身。这的确是"斯堪的纳维亚"术语涉及的关于思想意识、权力、困惑和论述的历史要比"斯堪的纳维亚设计"术语涉及的这些内容要长很多。在非常普遍的意义上,斯堪的纳维亚表示丹麦、挪威和瑞典以及(按某些解释,也包括芬兰)在地理上和文化上的接近性。然而,此术语掩盖了文化的、语言的、政府的和历史的背景和经验的多样性。因此,"北欧国家"更常用于"斯堪的纳维亚"被指的北欧地区:挪威、瑞典、丹麦、芬兰和冰岛,包括其相关领土(格陵兰岛、法罗群岛和奥兰岛)。

如果此术语有许多不同的内涵,则它也有许多不同的拥护者。看看在对品牌叙事进行界定时各界发出的声音,最有趣的是许多最大和最早的声音并非来自"试图为自己创造一个积极品牌"的本土行动者。"斯堪的纳维亚设计"术语首次出现于 1951 年伦敦举办的两个类似的家居装修和家具展览:由英国工业设计委员会组织的"就餐用的斯堪的纳维亚"以及伦敦的在 Heal 商店的"生活用的斯堪的纳维亚设计"(戴维斯,2003)。这是北欧设计、装修和家具的一系列陈列柜首次展览。1954~1957 年"斯堪的纳维亚设计"在加拿大和美国取得了巨大成功;20 世纪 50 年代米兰举办了类似的合作展览;1958 年在巴黎(形成了斯堪的纳维亚)有助于形成一个全球认可的已被用于各种产品的品牌标签(尽管最特别的是家具)。它的首次发行是大型营销和合作品牌化的尝试,以促进家具贸易。

此术语首次深入更深奥的设计论述和领域,当它被用于意大利关键的"关于意大利设计方向"的辩论上。事实上,以米兰为基础的设计活动已经在"斯堪的纳维亚设计"的历史和形成中起着重要作用。20 世纪 40 年代末和整个 20 世纪 50 年代,在米兰三年展,来自北欧国家的各种组合的产品形成个人的和团体的展品;以及作为意大利设计界此次辩论的关键点,意大利设计界使用此术语作为关于意大利设计方向讨论的重点。然后,此术语在更广泛的文化和政治项目中被用作一个符号以及以符号的身份用于商品营销:

显然,英国和美国不是斯堪的纳维亚设计的来源国,但是它们是世界关于此事的两大市场,并形成了重要的场地,这些场地是这种特别的跨国商品的理念形成之地。由于这一市场基础……斯堪的纳维亚设计可以被理解为一种营销手段,关于它而产生的一些理念实际上就是推销用语(戴维斯,2003)。

在该地区本身,此"推销用语"有时遇到了混合反应。对于许多人来说是受欢迎的，因为它非常积极承认斯堪的纳维亚的具有竞争性的设计商品的声誉并非完全未被发现。这意味着，该区域近年来的贸易组织和公共参与者一直乐于帮助在国外推广品牌。在最近的 2007 年，一个"斯堪的纳维亚设计"旅行衣箱正引发世界各地的博物馆理念：由北欧部长理事会主办的"斯堪的纳维亚设计超越神话"展览举办于柏林、米兰、根特、布拉格、布达佩斯、里加、格拉斯哥、哥本哈根、瑞典、奥斯陆、维戈、拉科鲁尼亚索菲亚、贝尔格莱德和萨格勒布。然而，如果品牌的历史是在"家"（北欧地区）之外大量书写的，则斯堪的纳维亚的设计师们就会频繁攻击这段历史，拒绝它，认为它过于笼统、危险地均质化、不相关、不准确。1980 年在奥斯陆有一群设计师甚至发起了一场术语模拟葬礼。虽然区域形象的创新往往充满了真实性和有效性的问题，在这些国家有一个根深蒂固的设计传统：作为一个"输入"进入到工业生产以及作为日常的出现（费埃耳，2002；保尔，2009）。在瑞典，设计早已在社会拥有一个突出地位，被具有设计意识的消费者和一些支持机构支持着。

瑞典工艺和设计协会（瑞典形式）成立于 1845 年，是世界上最资深的设计协会。此外，许多国家更成功的公司有意识地使用设计，以便建立自己的竞争优势。那么斯堪的纳维亚设计的品牌或一些神话就不仅是一个过于笼统的外部强加的要求，虽然也不是一个纯粹的用于市场营销目的的自我建构。正如戴维斯以下所述：

虽然有一个好实例表明这些含义可能已是"适合于南方的虚构的东西"，是为了非北欧世界的消费。他们也是虚构的东西，经常奉承说适合北方，尤其适合北欧制造商，在现实中，一定有很多源于此（戴维斯，2003）。

"斯堪的纳维亚设计"则是一个不可靠的术语，已被用来表示产品、设计和特点的多样性。同样，它已被"内部人"和"局外人"用来表示区域的、超国家的跨国空间，尽管在关系的流动、网络、品牌渠道、循环的集群与全球领域的背景下，我们描述这种标量的区别很难维持。品牌的力量比起其发挥作用时所通过的"东拉西扯的领域"的多样性和复杂性而言，很少在于其当地的根源或原产地。

9.5 结 论

斯堪的纳维亚设计实例在以下几方面会令本书读者感兴趣。首先，它是一个长期运营的以产品为导向的叙事范例，在对设计和家具进行界定和营销时起着很大作用。这意味着，它反映了品牌大多数的特性。然而，它不同于我们周围大多数的商业成功品牌。它是一个集体的品牌，在此意义上，许多参与者都会被涉及和受到影响，在其开发的背后无单独的控制的或拥有的机构。其次，此品牌具有非常强大的区域的、地理的关联和影响。在此意义上，至关重要的是要对叙事进行统一和界定，这种叙事连接了各种不同的地区、产品和行业：从丹麦家具生产到芬兰和挪威的建筑。同样，它也可以代表具有悠久根源的一个压抑的身份，这可能会潜在地扼杀和过滤掉候补的新兴意象。最后，它是一个想象中的地理和社会的范例，很大程度上由参与者构建于"品牌所谓的连接到的地方之外的"渠道。

本章中，我们用了几个概念，希望有助于理解一般品牌，尤其是基于地方的具体品牌。我们使用了术语"品牌渠道"来强调我们的观点，至关重要的是：理解品牌时不仅要看它们所象征的是什么（它们的情绪影响等），还要看它们所基于的"叙事领域"的基础设施条件。这些品牌渠道与当地生产环境或形象工厂不同。然而，它们确实共享了一些特点，即成为了成功的本地化集群的典型。例如，这些品牌渠道取决于循环的、可重复的交互过程，而这些交互过程或关系在许多方面是嵌入空间的、有界的、被监管的、由联系在一起的参与者围绕一个核心产品（即集体品牌）组成的。

对品牌渠道方面的品牌化商品的思考能有助于巩固"标志和符号经济"的复杂地理学。这些地理远远超出了简单的二元论，例如全球与地方的对比。我们谈论的是一种空间经济，但它涵盖了非常多的混合的全球化的关系和领域：空间经济，其中，某个地区的企业可能会依靠的品牌能力和机会是与多标量和循环地集体过程条件反射相关。事实上，斯堪的纳维亚设计的故事表明甚至明确了区域的品牌可能会受到一套构建空间制约，不得与那些涉及重大构建或分销的空间相同或交叉。关于与这样的品牌相连的企业和地区，在"家里"所发生了一切当然至关重要，但同样至关重要的是它们如何连接到全球品牌渠道和领域：产品媒体和信息有各自的寿命。

参考文献

Barrera, T.O. (2002) "Enterprise clusters and industrial districts in Colombia's fashion sector", *European Planning Studies*, 10, 5, 541–563.

Breward, C. and Gilbert, D. (eds) (2006) *Fashion's World Cities*, New York: Berg.

Breward, C., Ehrman, E. and Ewans, C. (2004) *The London Look: Fashion from Street to Catwalk*, London: Museum of London.

Creagh, L., Kätberg, H. and Lane, B. (eds) (2008) *Modern Swedish Design: Three Founding Texts*, New York: Museum of Modern Art.

Davies, K. (2003) "Marketing ploy or democratic ideal? On the mythology of Scandinavian design", in W. Halén and K. Wickman (eds), *Scandinavian Design beyond the Myth: Fifty Years of Design from the Nordic Countries*, Stockholm: Arvinius Förlag/Form Förlag, 101–110.

Dicken, P., Kelly, P. F., Olds, K. and Yeung, H. W. C. (2001) "Chains and net-works, territories and scales: Towards a relational framework for analyzing the global economy", *Global Networks: A Journal of Transnational Affairs*, 1, 2, 89–112.

Fiell, C. and Fiell, P. (2002) *Scandinavian Design*, Köln: Taschen.

Halén, W. and Wickman, K. (eds) (2003) *Scandinavian Design beyond the Myth: Fifty Years of Design from the Nordic Countries*, Stockholm: Arvinius Förlag/Form Förlag.

Hauge, A. (2007) *Dedicated Followers of Fashion: An Economic Geographic Analaysis of the Swedish Fashion Industry*, Uppsala: Uppsala University.

Hauge, A., Malmberg, A. and Power, D. (2009) "The spaces and places of Swedish fashion", *European Planning Studies*, 17, 4, 529–547.

Hirsch, P. (1972) "Processing fads and fashions: An organization-set analysis of cultural industry system", *American Journal of Sociology*, 77, 639–659.

Jansson, J. and Power, D. (2010) "Fashioning a global city: Global city brand channels in the fashion and design industries", *Regional Studies*, 44, 889–904.

Jensen, O. (2007) "Culture stories: Understanding cultural urban branding", *Planning Theory*, 6, 3, 211–236.

Leslie, D. and Reimer, S. (2003) "Fashioning furniture: Restructuring the furniture commodity chain", *Area*, 35, 4, 427–437.

Levitt, T. (1975 [1960]) "Marketing myopia", *Harvard Business Review*, 53, 5, 26–42.

Levitt, T. (1981) "Marketing intangible products and product intangibles", *Harvard Business Review*, 59, 3, 94–103.

Malmberg, A. and Power, D. (2005) "(How) do (firms in) clusters create knowledge?", *Industry and Innovation*, 12, 4, 409–431.

McRobbie, A. (1998) *British Fashion Design: Rag Trade or Image Industry?* London: Routledge.

Molotch, H. (2003) *Where Stuff Comes From: How Toasters, Toilets, Cars, Computers and Many Other Things Come to Be as They Are*, London: Routledge.

Neff, G., Wissinger, E. and Zukin, S. (2005) "Entrepreneurial labor among cultural producers: 'Cool' jobs in 'Hot' industries", *Social Semiotics*, 15, 3, 307–334.

Pike, A. (2009) "Geographies of brands and branding", *Progress in Human Geography*, 33, 619–645.

Power, D. (2009) "Creativity and innovation in the Scandinavian design industry", in P. Jeffcutt and A. Pratt (eds), *Creativity and Innovation in the Cultural Economy*, London: Routledge, 200–216.

Power, D. and Hauge, A. (2008) "No man's brand –brands, institutions, fashion and the economy", *Growth and Change*, 39, 1, 123–143.

Power, D. and Jansson, J. (2008) "Cyclical clusters in global circuits: Overlapping spaces and furniture industry trade fairs", *Economic Geography*, 84, 4, 423–448.

Power, D. and Scott, A. (2004) "A prelude to cultural industries and the production of culture", in D. Power and A. Scott (eds), *Cultural Industries and the Production of Culture*, London: Routledge, 3–15.

Rantisi, N. (2002a) "The competitive foundations of localized learning and innovation: The case of women's garment production in New York City", *Economic Geography*, 78, 4, 441–462.

Rantisi, N. (2002b) "The local innovation system as a source of variety: Openness and adaptability in New York City's garment district", *Regional Studies*, 36, 6, 587–602.

Scott, A. (1996) "The craft, fashion, and cultural-products industries of Los Angeles: Competitive dynamics and policy dilemmas in a multisectoral imageproducing complex", *Annals of the Association of American Geographers*, 86, 2, 306–323.

Segre Reinach, S. (2006) "Milan: The city of prêt-à-porter in a world of fast fashion", in C. Breward and D. Gilbert (eds), *Fashion's World Cities*, Oxford: Berg.

Storper, M. (2000) "Globalisation and knowledge flows: An industrial geographer's perspective", in J. Dunning (ed.), *Regions, Globalisation and the Knowledge-Based Economy*, Oxford: Oxford University Press, 42–62.

Vinodrai, T. (2006) "Reproducing Toronto's design ecology: Career paths, intermediaries, and local labor markets", *Economic Geography*, 82, 3, 237–263.

Weller, S. (2007) "Fashlo as viscous knowledge: Fashion s role in shaping trans-national garment production", *Journal of Economic Geography*, 7, 1, 39–66.

Zukin, S. (1991) *Landscapes of Power: From Detroit to Disney World*, Berkeley: University of California Press.

10 把"竞争力"打造成为跨地域和范围的知识品牌,并置于语境下理解

10.1 引 言

对品牌与品牌化的研究是跨学科研究中新兴的一个重要新领域。研究范围从作为品牌与品牌化对象的商业品牌到城市(和国家)。在随着"以时空压缩和加速为标志的"进行全球化的世界中,出现日益增长的对快捷战略和政策的需求,在许多知识型经济、知识密集型业务服务、知识产权的情况下,知识正日益被商品化。在此背景下,知识的某些形式为了获利而通过企业战略和公共政策领域中的咨询进行品牌化和营销化。但是,这些品牌并不局限于已被界定的、科学的或知识的"主流";它们也要在适当的过程中,采用有时被"主流化的"更多成功实例,按主流的利润和超出主流的利润,对知识和理念进行品牌化和营销化,以实现利润。在此方面,如果我们接受知识品牌的主要目的是从知识密集型服务的销售中追求最多的利润或收入,那么就会误导将此概念用于公共知识分子的活动(乔姆斯基,艾柯),寻求知识的影响或调动"下面的知识"(保罗·弗莱雷的,意大利的自治论者)去挑战政治权威、专业知识或商品化的知识。有趣的是,在这里我们注意到:在《没有徽记》(2010)的十周年纪念版的序言中内奥米·克莱因的自我反应,此自我反应是关于"她对品牌化的批判是否已成为其自有权利下的一个品牌",她主张的一个理念已经被明确地否认和封杀了10年。

这种区别使本章侧重于一些领先的(主流化的)知识品牌的范例,后者包括

在集群开发方面波特的"竞争优势",也包括在城市再生方面的佛罗里达州的"创意阶层",以及科学、技术和能力构建方面的伦德瓦尔的"国家/区域的创新系统"。这些品牌,由学术大师、研究中心、商业学校、智囊库、咨询公司、国际和区域组织、服务型非政府组织等促进,可在国家之间的学术咨询政策领域中选择性地杂交并重组,以获得一个特定的地理的和历史的拟合。它超出了本章的范围,在政策领域及其在不同范围和地点的重叠中研究多种不同的知识品牌。而本章将以具有"竞争优势"的哈佛波特式品牌来阐述一些实践和过程,涉及创造知识品牌,而无须声称它是一个典型的或理想的范例。

本章分三节。第一节辩证地证明竞争力的知识通过三个相互重叠的阶段被转化成一个品牌:理论模式、政策模式和知识品牌。第二节探讨此品牌在不同的范围内被重新定义和重新置于语境下理解(从全球到当地),针对每个范围内的不同种类的现场,旨在展示知识品牌的时空特性和实质特性。最后一节以金融危机时期的品牌协商(如"责任竞争力")的思考以及关于此过程的重大问题做出结论。

10.2 开发"竞争力"成为一种知识品牌

对"竞争力"的论述要追溯回几个世纪前,在不同的时间和不同的背景下,"竞争力"已与非常多样的经济假象相链接(赖纳特,2008)。这一节追溯了自20世纪60年代,"竞争力"通过三个重叠的阶段(见表10.1),发展成为一种知识品牌。第一阶段是理论模式的发展,巩固新自由主义的假想的竞争力。这种模式吸引了一部分熊彼特知识主体,强调改革的创新性和破坏性的特性和企业竞争的美德,并吸引了一部分新自由主义关注,其市场力量的作用是竞争中的关键驱动因素(熊彼特,1934)。随着"二战"后经济繁荣局面的结束以及主要新技术的出现(特别是信息和通信技术),他的理论被用于强调技术变革和改革作为长期经济动力的中心。在此阶段,竞争力的构建在很大程度上是依据技术改革和组织改革的学术报告、企业的研发,专利作用、竞争力和贸易政策(波斯纳,1961;弗农,1966;弗里曼,1982)。

表 10.1　自 20 世纪 60 年代，作为"占支配地位的政策论述"的"竞争力"发展的三个重叠阶段

"竞争力文化"开发中的重叠阶段	主要论述和实践	主要作者或机构
阶段 1 理论模式	技术、创新与国家竞争力的研究专著和论文	熊彼特，波斯纳，弗农，弗里曼等人
阶段 2 政策模式	竞争政策，竞争委员会，白皮书和技术政策	产业竞争力委员会、竞争力委员会，经合组织，欧盟等
阶段 3 管理/咨询知识和知识品牌	公司的钻石理论模型，集群，集群图，指数，试点项目，研讨会和培训课程	哈佛商学院，监控集团，世界经济论坛等（见表 10.2）

资料来源：笔者自己整理。

在第二阶段，围绕国家地理经济竞争力的问题，把这些理论的记录转化为政策的论述，从被创新和技术驱动的增长的角度来叙述政策，对应一个竞争力框架（Dosi 和 Soete，1988；法格伯格，1996；关于此开发的两个观点）。这发生在一个危机时期，当时美国和英国正在经历低增长，失业率上升，通货膨胀率高和技术经济衰退，在 20 世纪 80 年代与日本和东亚相比（丹德烈亚·泰森，1988；克鲁格曼，1995）。与"欧洲和中东的快速增长的经济"相比，竞争力框架从"竞争力损失"角度叙述了这些变化。1983 年通过建立"产业竞争力委员会"，里根政府做出回应，然后在 1988 年建立竞争力委员会，这两个机构包含了产业、劳动和学术带头人，把国家竞争力置于国家政策论述和公共意识的中心。重点强调的科学和技术方面，有一个平行的趋势，受伦德瓦尔的"国家创新系统"的影响，发生于经济合作与发展组织（OECD），这是一个面向其成员国的服务型的智囊团。这一主题早在 1962 年被提出（OECD，1962a），但在 20 世纪 80 年代和 90 年代，经合组织加深了参与度，产生了详细的政策数据和分析，涉及技术、生产率和经济增长（OECD，1962b）。用"技术政策"和"国家创新体系"的语言叙述了更多内容（Miettinen，2002），这种逐步地从理论到政策模式的移动被欧盟的重新定位进行了强化，与《欧洲委员会关于增长竞争力和就业的白皮书》（1993）、《创新绿皮书》（1995）、《里斯本竞争力战略》（2000）等出版物的方针一致。

熊彼特激励竞争力上升作为其主要的政策模式，这种上升是由在理论界和商业研究中平行开发得以加强和得到支持。本章介绍了第三阶段，即当新的政策模式被转化为关于"获得竞争力的权利"的管理或咨询知识。后者是由专家（商学院教授）（如哈佛商学院的迈克尔·波特）、咨询公司和智囊团清晰地表达。这些已经成为跨国知识政策领域的重要组成部分，构建了把"适销对路的"与"赋予意义的"模式或"解决问题的能力的主张"联系在一起的工具。

波特（作为哈佛商学院的教授和顾问）因其对企业和产业的竞争力分析（1980、1985）而闻名。他的工作在政策领域赢得了早期关注（他就职于里根的首个竞争力总统委员会），后来他把企业级的方法用于国家和地区的实例研究。他 1990 年的畅销书《国家竞争优势》研究了 10 个国家产业，解释了为何在某些行业（而非所有行业）中国家会成功，为什么有些行业在一些国家比其他国家更具竞争力。在此基础上，他建立了相互作用的"钻石理论模型"（见图 10.1），基于有利于竞争力开发的四个因素：需求条件，因素条件，企业战略、结构和竞争，相关及支持性产业。这些由"机会"和"政府"额外地支持，但不是决定性的因素。对于波特，这些因素的协同进化创造了"繁荣的微观基础"，使国内企业获得和保持竞争优势。他补充说，这些微观基础当它们形成了"集群"就会变得最强，集群这一概念描述了"竞争与合作公司、供应商、服务提供商和相关的机构"在地理上的集中（波特，1990）。这种集中增强了波特菱形图中四个因素的相互作用，以促进生产力、增长、就业和竞争力。

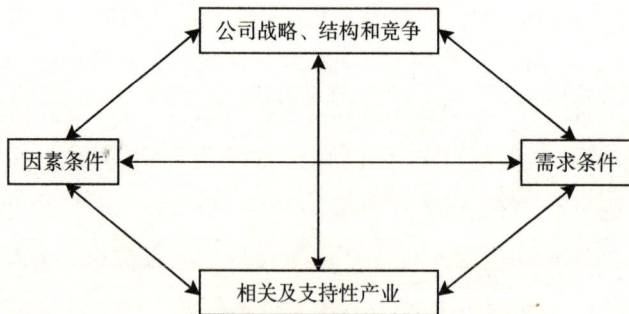

图 10.1　波特的国家优势"钻石理论模型"

资料来源：摘自波特（1900）。

波特模型引起了争论、批评和支持。一些商业和管理学者（格雷，1991；斯托普福德和斯特兰奇，1991）批评它缺乏正式建模，而其他人（瑟罗，1990；拉格曼，1991；邓宁，1992）质疑其独创性。波特的"集群"概念也在区域研究中被批评为混乱的、松散的和不准确的，因此很难对具体的公共干预进行部署（马丁和森利，2003）。尽管如此，集群方法经常被讨论成"空间集聚"和"工业区"

文献中的关键部分，在政策框架内经常被重复成一个"构建了区域开发"的领先理念以及"当地开发的"提议方案。例如，英国地方政府的改进和开发机构有个关于波特理念的专门网页，指出："尽管竞争的但相似的理念过多，但波特的理论有一段时间成为了已建的'行业标准'。"

作为"行业标准"的这种地位巩固了其"作为一个品牌"的作用。它获得了其品牌地位，部分地因为：

（1）哈佛大学和哈佛商学院有质量保证；

（2）"竞争力"的通用性、简单性和灵活性，允许不同的解释频繁更新，并在经济战略涉及的行动者之间构建可能的协会；

（3）该知识主体由不同的机构在全球的、区域的、全国的和地方的范围内进行推广和传播（见表10.2）；

表10.2 有关不同范围的竞争力的机构和论述实例

尺　度	涉及的机构实例	竞争力的论述或工具例子
全球/国际	世界经济论坛	全球竞争力报告和全球竞争力指数
	管理开发研究所	世界竞争力年鉴和世界竞争力积分榜
	竞争力研究所	产业群自发的数据库
		《集群策动绿皮书》（2003）
	联合国工业开发组织（U-NIDO）	2005年产业群和网络开发计划
区域级	亚洲开发银行	2003年亚洲开发展望：Ⅲ开发中国家竞争力
	非洲协会	2008年泛非竞争力论坛
	美洲开发银行	小企业竞争力：集群与本土发展（2007）
国家级	美国国际开发机构（USAID）	2006年非洲全球竞争力计划
	日本国际合作署（JICA）	2005年战略投资行动计划（竞争/中小企业）
地方/城市级	众多城市（城市间）竞争力的项目和计划	1997年香港行动
		2005年经合组织关于城市竞争力的国际会议
		2008年改造新加坡

资料来源：依据这些机构的网站信息，由笔者自己编写的内容，2009年7月29日访问。

（4）信誉的积累，当其在理念和政策网络中重复时，尤其是由名人专家学者（如波特）和高层会议、商业媒体和杂志支持时；

（5）在全球信息化的时代，面临快速政策和经济结构调整的日益增大的恐惧的压力时，能提供现成的政策建议（以集群为导向的战略）作为全国的或区域的重组方案；

（6）在咨询政策工作方面，可能是高收入的职业；

（7）由哈佛的相关机构对"集群方法"普及（胡克塞斯基，1996；柯林，2000；杰克逊，2001；克拉克和芬彻姆，2002）。

这种方法日益普及（和商品化）是由于 20 世纪 80 年代晚期人们对美国竞争力的担忧而刺激的，导致在不同的背景中出现了各种举措。在众多实例中有个重要实例是 2001 年哈佛商学院战略与竞争力研究所的成立。该研究所是由波特领导，侧重于对企业以及国家、地区和城市的竞争力的战略意义的研究。它的网站宣称该国际研究所"致力于扩展波特教授开创的研究，并将其传播给全球的学者和从业者"。对扩展和传播波特模式的这种关注是依靠哈佛商学院的相关机构的建立（巴塞罗那的竞争力研究所和新加坡的亚洲竞争力研究所）和相关的战略公司（监测组和其他前沿集团）来反映和促进。通过联合声明的专业知识和努力，以集群为基础的波特战略被灵活用于不同的国家（丹麦、新西兰、加拿大、葡萄牙、瑞典和瑞士）和地区或城市（亚特兰大、罗纳河北阿尔卑斯、波罗的海、新加坡、中国香港与中国珠江三角洲）。战略企业（前沿集团）也使自己适应了所谓的"新兴市场"（墨西哥、秘鲁、玻利维亚和卢旺达）。

除了与哈佛相关的组织，这种知识品牌并不总是纯粹的波特的内容了。

这个理论已经被不同范围内的国际机构（世界经济论坛和联合国工业开发组织）、地区性银行（亚洲开发银行）、国家机构（美国国际开发和亚洲竞争力研究机构）、市政府和开发机构（见表 10.2）采用。这些知识网络中的互补网站还包括其他商学院、咨询公司、商会、智囊团、研究机构、企业和媒体、市政厅会议、午餐聚会和公共表演（如会议和演讲）。名人、顾问、专家放大了这类媒体和活动的影响（胡克塞斯基，1996；杰克逊，2001）。反过来，该管理知识在发达国家和发展中国家的政策网络进行了广泛传播，产生了强烈共鸣，经过战略家和顾问、舆论记者、领先的政策制定者和高管对包装和市场相关的论述的重新理解，使这些被传播的内容赢得了信任。这里的关键工具包括展望、报告、指数、记分牌、数据库、集群计划、最佳实践、培训课程等（见表 10.2 和表 10.3）。这些机构行动者有各种各样的动机，可能会产生相反或矛盾的实质性影响。他们可能在竞争力传播中做出贡献，同时拥有凝聚力。一套新自由主义的论述和实践是临时汇聚、结构耦合和技巧背景的结果，而非归属于某个单一的、自上而下的、全球性的新自由主义项目，就更不用说新自由主义的"反叛"。因此，其复制和影响是脆弱的，在许多地点和范围方面需要连续缝合或"修理"（见下文）。

表 10.3 在"竞争力"构建中，两个知识工具和知识技术

知识工具	创建意义时采用的知识技术	主要机构的网站/行动者
基于以下进行基准管理报告和指数构建		
全球竞争力报告	执行和判断的技术	世界经济论坛
增长与企业竞争力指数和全球竞争力指数		
构建的产业群—链的隐喻		
2003 年亚洲开发展望：Ⅲ发展中国家的竞争力	机构技术（见表 10.6）	亚洲开发银行
其他报告（见表 10.5）		其他机构（见表 10.5）

资料来源：笔者整理。

假定在不同地点和范围，他们有一致性和普遍性，波特激励的竞争力的理念在政策咨询领域逐渐获得了品牌地位。如消费者品牌（吕里，2004），知识的品牌解决人性合理的与不合理的方面。从认知的角度，某个品牌（例如波特竞争力"钻石"或"产业群"模式）是通过其与哈佛商学院的协作、政策精英们之间的传播、独特的政策建议、重新设计的解决方案和个人职业生涯利益进行合理化与合法化。从感情的角度上，它解决了与增长或下降、开发有关的自豪感、焦虑、威胁和社会压力，也解决了全球化信息时代经济转型的紧张压力。这些合理和不合理的影响形态努力使品牌处于支配地位。在目前背景下（铭记推广这些品牌的目的），知识品牌可以被定义为共鸣的、支配的、赋予意义的东西，通过"宣称的经济和开发世界独一无二的知识"的"世界级"的学术顾问，各种方式都变得先进，能在商业上转成跨国政策符号、秘诀和工具来解决社会压力、矛盾和困境，也对社会经济结构调整和转变过程中出现的骄傲、威胁和焦虑的情绪有吸引力。

10.3 知识品牌地理学：在不同地点和范围内，创造"竞争力"且在语境下再次理解"竞争力"

在跨国传播中，哈佛相关品牌提供了一个稳定而灵活的模板，不仅传播而且在变化中的全球的、区域的、国家的和地方的背景中再次进行理解。伯恩斯坦的

概念的"语境化"（置于语境中理解）是指一些机构以"配合和再确定现有的社会关系"的方式，把教育学的论述运用到其他论述领域时，会适当选择重新安排、重新巩固、重新组合这些教育学论述（1996）。关于知识品牌的地理条件，本节探讨了在两个地点和范围将"竞争力"论述置于语境中理解，即：①由世界经济论坛（WEF）构建了基准报告和指数，以便在全球应用；②在"亚洲地区的经济前景展望"或"委托报告"中使用隐喻，如"集群"和"链"（见表10.3）。

10.3.1　在全球范围内：构建基准报告和指数

与全球管理主义的上升相一致，作为全球管理主义的上升的一部分（墨菲，2008），"竞争力"论述与认知工具的开发联系在一起，如基准管理报告和指数。2004~2005年版《世界经济论坛》报告是由其出版社展现的（麦克米伦），作为"识别经济增长的障碍物和协助较好的经济政策设计的独一无二的基准工具"。它是通过使用"指数"（即以竞争语言和执行的原则为主的艺术工具）局部地实现了此作用。2000~2009年，世界经济论坛的指数的成分已更新了四次（萨姆，2009b）。尽管指数构建日益成熟，但这种知识工具仍然依赖于向众多国家分配号码。它按照评价规则给众多国家评级和记分，针对某些竞争力因素的存在或缺乏情况进行评分（见表10.4）。尽管它们的历史相对较短，但这些指数都成为国际私营部门产生的全球统计工具的一部分。这并不意味着他们不被质疑（Knigman，1994；勒尔，2001；楷博，2003），但是他们对政策咨询世界进行的持续的"传

表10.4　世界经济论坛及美国和入选亚洲国家和地区的全球竞争力排名（2004~2008年）

	指数 2008~2009年	评级 2008~2009年	评级 2004~2005年
美国	5.74	1	2
新加坡	5.53	5	7
日本	5.38	9	9
中国香港	5.33	11	29
韩国	5.28	13	21
中国台湾	5.22	17	4
马来西亚	5.04	21	31
中国	4.47	30	46
印度	4.33	50	55
印度尼西亚	4.25	55	69

资料来源：2007~2009年世界经济论坛《全球竞争力报告》。

播"和"认可"强化了许多经济和政治空间内它们处于支配地位的潜力。作为经济论述的一个主要的管理主体，它由竞争性语言支配，指数能使国家的优势和弱点变得可视化。国家的位置依据数字排名，然后作为对它们有监测能力的训练工具（或文字监控工具）。它吸引了（越来越多的）国家进入数字排名，按彼此在经济方面的表现或时间，把这些国家进行对比（见表10.4）。它采用数字和表格来排名。每年的修订创建了国家监控训练艺术，使连续的外部的情形通过这些数字被制度化。通过变化着的排名和评分的顺序，这些数字可描述国家的表现。实施权力是要依据国家分层情况以及它们在竞争中被划分成高/上升和低/下降的经济情况。

这种执行和判断技术向政府提供了与国际基准相关的自我评估的工具。因而，国家必须遵从竞争力单调乏味的工作和压力，依据具体的建议和"最佳做法"（集群构建），去改变经济和社会政策。在排行榜位于一个低迷或下滑位置的国家被可视化以及被定为目标后，就有竞争力了。这种排名论述经常在经济重组期间被政府官员、智囊团和新闻记者使用，以交流关于骄傲、需要、意愿和甚至恐慌的事宜。例如，在本指数的排名中，参与者可叙述下滑情形作为"产业空洞化"的威胁或标志。这就对政府、企业、社区（事实上某些个人）产生了一些压力，使其自身再度兴起，在竞争中成为竞争主体和经济类别（企业家和追赶型经济），从而升到世界级排名，或至少比它们当前竞争对手做得更好。在此方面，此论述体系比其规训权更多。其基准的特性增加了一些参与者的竞争精神，鼓励他们按自己的竞争力条件行动，以期强化自己，获得更大能力。在新的傅柯式条件中，在那些国家，WEF 的基准工具结合了训练和政府的权力，按指数在外部调控，同时也按距离进行导向，采用有利于繁荣的方式去构建集群、强化外商直接投资和促进中小企业、教育、可持续开发，等等，从而增强竞争力（见表10.5和表10.6）。

表10.5 在亚洲，构建能力和组建主题集群的"机构和实践"

机构	空间重点	实践	研讨、报告和集群的实例
亚洲开发银行研究所（以及越南产业政策和战略研究所）	亚洲的过渡经济（如越南）	政策研讨会，工作坊，课程，试点项目，技术援助等	以集群为导向的产业开发研讨会（2006 年） ● 越南：软件/ ICT、水果、陶瓷和农产品（大米、咖啡、胡椒、橡胶等）

续表

机构	空间重点	实践	研讨、报告和集群的实例
亚洲竞争力研究所（新加坡）	东盟国家	报告、信息、知识库、培训课程（针对研究生和执行人员）等	"关于改造新加坡"的国家报告（2008 年） ● 石化、运输和物流、金融、信息技术和生物制药
Enright, Scott Associates 公司（中国香港）	中国香港与珠江三角洲	咨询报告、会议、研讨会、新闻简报，午餐会议等	"关于中国香港优势"的城市报告（1997 年） ● 商业和金融服务，运输和物流，轻型制造业和贸易，房地产和建造业，旅游 关于中国香港和 PRO 报告：经济相互作用（2003 年） ● 珠江三角洲：电气/电子产品、软件、玩具、家具、电信产品、塑料、服装、港口服务、陶瓷等

资料来源：笔者依据不同的网站整理。http//www.abdi.org/conf-seminar-papers/2007/04/04/2226.vietnam.cluster.dev/, 2008 年 12 月 8 日访问；http：//www.spp.nus.edu.sg/ACI/home.aspx；http：//www.2022foundation.com/index. asp?party=projectl，2009 年 1 月 26 日访问。

表 10.6　组织区域空间、政策和人口机构的技术

组织机构的地点	控制方法和测绘机构的方式
区域空间	● 市场和外国直接投资促进 ● 出口型集群，通过外包与跨国公司连接 ● 主题集群与全球价值链
政策	● 政府起着催化的或供应的作用 ● 提升技术、创新、教育和培训
人口	● 竞争精神和企业家精神 ● "追赶竞争力"的自我责任化

资料来源：笔者整理。

10.3.2　区域/地方范围：用"追赶、集群和链路隐喻"进行构建

在区域范围内，自 21 世纪初以来，人们日益努力把"竞争力"和"开发"的论述相结合。著名的实例包括美国国际开发署的非洲全球竞争力的倡议，泛美开发银行（IADB）针对"中小企业竞争力"的多边投资资金，以及亚洲开发银行（根据《2003 年亚洲开发展望》）。本节简要讨论了两种方式，其中，竞争力论述在亚洲已被区域参与者语境化（置于语境中理解），这些参与者包括亚洲开发银行（ADB）、新加坡的亚洲竞争力协会（ACI）和战略公司（见表 10.3 和表 10.5）。首先是"追赶竞争力"的想法，其次是对"产业群和链条"隐喻和相关实践的吸引。

亚洲开发银行（作为世界银行的区域合作伙伴）在"开发"术语中把"竞争

力"语境化（置于语境中理解）。它的《2003年亚洲开发展望》第三节论述了波特激励的理念"关于新熊彼特技术和创新开发的连续阶段"。因此，亚洲新兴工业化经济体（NIEs）被视为最初从事原始设备制造（OEM）的机构，生产标准和简单的商品，出口到发达国家。理论建议：先模仿然后通过开发自有设计制造（ODM）和自有品牌制造（OBM）去"追赶"发达国家。电子部门作为其极好的范例，创造出了"追赶竞争力"术语并讲述如下：

追赶竞争力的本质是与传统的技术创新定义有激烈的冲突，即依据研发情况，生产新的（或改进）的产品。

此外，此阶段的模式捕获了"创新发生"的这个事实，不仅在技术方面，而且很重要的是在制度方面。若无原始设备制造和后来自有设计制造开发系统，则发生于东亚电子的技术变革可能不会以这般速度发生（资料来源：http: //www.adb.org/documents/books/ADO/2003/part3 37 asp，2009年8月2日访问）。

"追赶竞争力"有效地利用了"路径和历程"隐喻，以构建未来目标和前景。"路径"的隐喻构建了东亚新兴工业化经济体的变动，并规范其作为"落伍者"要勇往直前（按它们自己的内部层次）。因此，通过技术创新与市场友好机构的推广，在开发方面可见它们的未来轨迹。把新加坡作为出口型的、集群推动的跨国公司的典型和外商直接投资驱动的增长模式的典型，在亚洲其他地区，波特式集群的构建被规范化（泰国的"计算机磁盘驱动"集群）如下：

跨国公司投资的探索始于新加坡（戈赫，1996），被"希望出口到经合组织国家"的其他国家模仿。虽然外商直接投资发生在20世纪60年代之前，但是在东南亚，电子行业带来了巨大的外商直接投资的扩张，促成了一些集群的开发。例如，泰国的计算机磁盘驱动集群是世界上同类中最大的。同样，在马来西亚槟城，半导体封装测试集群是全球半导体最大出口地（资料来源：http: //www.adb.org/documents/books/ADO/2003/ part3 _3-7.asp，2次访问，2009年8月）。

然后，在《2003年亚洲开发展望》的同一部分，通过"全球价值链"（GVCs）的隐喻，把这些主题集群连接到了全球市场（价值链）。在全球生产工作中，这是另一个常见的术语（如果不是另一个品牌）（格里芬和库兹涅威茨，1994）。这里未提及的问题是：是否所有这些亚洲经济体能移动链路和技术梯，或事实上，分包商或供应商和全球采购商之间是否有不平衡的权力关系（萨姆，2009a）。尽管如此，"全球价值链"术语被引用来说明亚洲公司和集群如何利用市场机会来产生下列优势：

"全球价值链"可以使公司更容易进入全球生产网络，使它们受益于全球化，攀上技术梯，更广泛地进入国际市场。"全球价值链"向公司提供广泛的选择，以"保持竞争力"的观点在全球市场进行经营。当本地买家和制造商集聚时，最容易进入全球价值链，所以，新手可以向已建立的参与者学习（资料来源：http：//www.adb.org/documents/books/ADO/2003/part3_3-5.asp，2009年1月26日访问）。

被构建为"有益的"和提供的"机会"，对"价值链"的参与据说是为产业群和企业提供进入国际市场和"攀上技术梯的机会"。"亚洲如何能在世界市场上竞争"的这种重新构想的方式在构建"集群"和"全球连锁"之间关系时，展开了"节点和链路"的隐喻。更具体地说，"集群"被作为"节点"（即密集型相互作用点），当被"链接"到"全球价值链"时，可以成为发展的驱动因素。

在《2003年亚洲开发展望》中，"路径历程"和"节点链路"隐喻的结合构建了一个基于"追赶竞争力"的区域身份和轨迹。此含义不仅影响国家政策，也影响日常生活。在"路径"隐喻隐含的部分是朝着一个目标运动（目标获得）；反之，这意味着使用"干预工具"引导集群发展。与世界银行自我描述为"知识银行"相符，亚洲开发银行，尤其"能力构建"可以看作是政府工具，涉及培训援助知识的机构，这些机构瞄准的是特定对象和地点（贝德，1997；康沃尔，2007）。亚洲开发银行研究所与其他政策研究机构、地方政府、战略企业和服务型非政府组织，共同构建此知识主体，通过论述实践，瞄准目标的集群构建，如集群方案、战略计划、试点、技术援助方案、政策研讨会和培训课程。更具体地说，表10.5说明了某些机构和相关论述，实践和集群构建的空间。例如，亚洲开发银行研究所侧重于"过渡经济体"（如中国、越南和柬埔寨），亚洲竞争力研究所瞄准东盟国家和战略公司，如 Enright，Scott & Associates 有限公司，集中于中国香港和珠江三角洲（萨姆，2010）。就越南情况而言，亚洲开发银行研究所和地方发展机构签订了合作伙伴关系（越南的工业开发单位战略研究所），从国际组织获取财政支持（联合国工业发展组织），促进了对集群构建的援助（如2006年以"集群"为基础的工业发展研讨会）。后者为高级官员提供了研讨会和培训课程，以评价产业集群的潜力和制定战略行动计划，在具体地方将其潜力最大化（见表10.5）。

探讨集群方案的细节和相关的最佳实践超出了本章范围，但集群培训的论述的实践召回了新傅柯式术语"机构技术"(克鲁克尚克,1999),这在管理以及控制机构运行的过程中结合了参与度和能力构建。这一系列关于区域发展的论述和实践产生了"参与型"的行动者,来进行他们的行动,但在促进追赶竞争力时,最终起到了自我引导的作用。尽管他们有能力,但他们也控制了区域空间的组织和政策(见表 10.3 和表 10.6)。

这种知识技术激励了参与者把区域空间视为(潜在的)集群,其中,企业、供应商、服务提供商和相关的机构相互作用,形成出口型生产或服务型的节点(如水果、运输和物流、金融、电气/电子产品等),这些节点对外国直接投资以及跨国公司主导的全球价值链开放。这也使公共和私营部门自我责任化,在它们以"追赶竞争力"为目标的进程中,成为有竞争力的、企业家的和世界市场型的行业。根据他们的位置和利益,一些个体们通过用竞争力项目进行培训和情感语的识别,从而重组自己,而在追赶"唯发展主义"的由来已久的和每天的生活中,其他人却是具有矛盾情感甚至有抵触情绪的。

10.4   结束语

前面的章节已提出了一个新的领域,是关于品牌的地理学研究以及社会学研究。它们强调了以时空压缩和加速为标志的跨国快速政策语境下知识品牌的出现。以哈佛波特品牌为例,本章探讨了在不同地点和范围下传播此品牌和在语境中理解此品牌。在多种多样的全球的、区域的、当地的构建传递中,这是个有影响力的、区域的和当地的参与者转变的现场以及政策劝导中心。在不同的范围和地点,由此产生的关于异构知识技术和设备的传播和缝合固定(如工具执行或判断的技术,例如基准报告、指数、数字、集群和链路),有助于竞争力制度的建立。参与者表演、重复和模仿这些新自由主义的主体,有助于明确、调解和复制机构、战略和社会关系,这些社会关系建立在集群、全球价值链与区域开发之上。成功的范例(例如,华南的东莞电子产业群作为全球工厂的一部分)出现,但即使在这里,不合标准的劳动条件和环境恶化挑战着相关的集群链复合体的再造(萨姆和 Pun,2005;萨姆,2009a)。当这些跨国公司、企业、当地政府等方面在面临来自一些工会和社会运动的挑战时（这些社会运动涉及最低工资立法、企业的社会责任和环境管理责任），则允许进行连续的谈判和多变的妥协。

2008 年金融危机的袭击影响了东亚出口外向型集群，出现出口萧条、生产下滑、工厂倒闭、失业、信贷危机乃至社会动荡。这增加了人们对于全球经济衰退和"丧失竞争力"的担心。因此，人们大声地要求或抗议要重新装设全球经济和"国际金融架构"（施蒂格利茨委员会）。竞争力的论述仍然灵活稳定，正在经历新一轮品牌谈判、情境化和重塑。新经济想象（其范围从"责任竞争力"（Zadek，2005、2009）到"可持续的竞争力"）是在跨国政策领域里传播。它们有助于拓宽和加深知识品牌，并促进构建那些已强化的新自由主义的相关论述和实践。

（鸣谢：本章部分摘自 ESRC 关于"竞争力的变化文化"研讨会系列 2007-09（编号：RES-451-26-0439）以及来自按照英国学术研究开发奖 2008-10（编号：BARDA-48854）进行的研究。）

参考文献

Bernstein, B. （1996）*Pedagogy, Symbolic Control and Identity*, London: Taylor & Francis.

Clark, T. and Fincham, R. （eds）（2002）*Critical Consulting: New Perspectives on the Management Advice Industry*, Oxford: Blackwell.

Collins, D. （2000）*Management Fads and Buzzwords: Critical-Practical Perspectives*, London: Routledge.

Cornwall, A. （2007）"Buzzwords and fuzzwords: Deconstructing development discourse", *Development in Practice*, 17, 4-5, 471-484.

Cruikshank, B. （1999）*The Will to Empower*, Ithaca, NY: Cornell University Press.

D'Andrea Tyson, L. （1988）"Competitiveness: An analysis of the problem and a perspective of future policy", in M. Starr （ed.）, *Global Competitiveness: Getting the U.S. Back on Track*, New York: W.W. Norton, 95-120.

Dosi, G. and Soete, L. （1988）"Technical change and international trade", in G. Dosi （ed.）, *Technical Change and Economic Theory*, London: Pinter, 401-431.

Dunning, J. (1992) "The competitiveness of countries and the activities of transnational corporations", *Transnational Corporations*, 1, 1, 135–168.

Eade, D. (1997) *Capacity Building: An Approach to People-Centred Development*, Oxford: Oxfam.

Fagerberg, J. (1996) "Technology and competitiveness", *Oxford Review of Economic Policy*, 12, 3, 39.

Freeman, C. (1982) *Economics of Industrial Innovation*, London: Pinter.

Gereffi, G. and Korzeniewicz, K. (1994) *Commodity Chains and Global Capitalism*, Westport, CT: Praeger.

Global Competitiveness Reports (2004–2009) http://www.weforum.org/en/initiatives/gcp/Global%20Competitiveness%20Report/index.htm, accessed 6 August 2009.

Gray, H.P. (1991) "International competitiveness: A review article", *International Trade Journal*, 503–517.

Huczynski, A. (1996) *Management Gurus: Who Makes Them and How to Become One*, London: Routledge.

Jackson, B. (2001) *Management Gurus and Management Fashions*, New York: Routledge.

Kaplan, D. (2003) "Measuring our competitiveness –critical examination of the IDM and WEF competitiveness indicators for South Africa", *Development South Africa*, 20, 1, 75–88.

Klein, N. (2010) *No Logo*, 10th anniversary edition, London: Fourth Estate.

Krugman, P. (1994) "Competitiveness: A dangerous obsession", *Foreign Policy*, 73, March, 342–365.

Krugman, P. (1995) *Trade with Japan: Has the Door Opened Wider?*, Chicago: Chicago University Press.

Lall, S. (2001) "Competitiveness indices and developing countries: An economic evaluation of the Global Competitiveness Report", *World Development*, 29, 9, 1501–1525.

Lury, C. (2004) *Brands: The Logos of the Global Economy*, London: Routledge.

Martin, R. and Sunley, P. (2003) "Deconstructing clusters: Chaotic concept or policy panacea?", *Journal of Economic Geography*, 3, 5–35.

Miettinen, R. (2002) *National Innovation System: Scientific Concept or Political Rhetoric*, Helsinki: Edita.

Murphy, J. (2008) *World Bank and Global Managerialism*, London: Routledge.

OECD (1962a) *Minutes of the 4th Session, Committee for Scientific Research*, SR/M (62), Paris: OECD, 2.

OECD (1962b) *Proposed Standard Practice for Surveys of Research and Development*, Paris: OECD.

Porter, M. (1980) *Competitive Strategy: Techniques for Analyzing Industries and Competitors*, New York: Free Press.

Porter, M. (1985) *Competitive Advantage: Creating and Sustaining Superior Performance*, New York: Free Press.

Porter, M. (1990) *The Competitive Advantage of Nations*, Basingstoke: Macmillan.

Porter, M. (1991) "America's green strategy", *Scientific American*, 264, 168.

Posner, M. (1961) "International trade and technical change", *Oxford Economic Papers*, 13, 1, 323–341.

Reinert, E. (2008) *How Rich Countries Got Rich... and Why Poor Countries Stay Poor*, London: Constable.

Rugman, A.M. (1991) "Diamond in the rough", *Business Quarterly*, 55, 61–64.

Schumpeter, J. (1934) *The Theory of Economic Development*, Cambridge, MA: Harvard University Press.

Stopford, J. and Strange, S. (1991) *Rival States, Rival Firms: Competition for World Market Shares*, Cambridge: Cambridge University Press.

Sum, N. L. (2009a) "Wal –Martization and CSR –ization in Developing Countries", in P. Utting and C. Marques (eds), *Corporate Social Responsibility and Regulatory Governance: Towards Inclusive Development?* 1, Geneva: UNRISD and

London: Palgrave, 50–76.

Sum, N. L. (2009b) "The production of hegemonic policy discourses: 'Competitiveness' as a knowledge brand and its (re-) contextualizations", *Critical Policy Studies*, 3, 2, 184–203.

Sum, N. L. (2010) "A cultural political economy of transnational knowledge brands: Porterian 'competitiveness' discourse and its recontextualization in Hong Kong/Pearl River Delta", *Journal of Language and Politics*, 9, 4, 546–573.

Sum, N. L. and Pun, N. (2005) "Globalization and ethical production chains: Corporate social responsibility in a Chinese workplace", *Competition and Change*, 9, 2, 181–200.

Thurow, L. (1990) "Competing nations: Survival of the fittest", *Sloan Management Review*, 32, 1, 95–97.

Vernon, R. (1966) "International trade and international investment in the product cycle", *Quarterly Journal of Economics*, 80, 2, 190–207.

Zadek, S. (2005) *Responsible Competitiveness: Reshaping Markets through Responsible Corporate Practices*, London: Account Ability.

Zadek, S. (2009) "Chatham House: Corporate responsibility 2009", http://www.accountability21.net/events, accessed 6 July 2009.

品牌与品牌地理化
——空间与地方

11 霍思顿品牌化：后工业时代伦敦的文化景观

◎ 安德鲁·哈里斯

11.1 引　言

伦敦是世界创造新品牌最重要的中心之一。它的广告和公共关系行业，包括一些公司（交流服务集团 WPP 和沃尔夫奥林斯品牌咨询公司）大量生产在全球传播的品牌和提供地区营销战略。不同的产地（如诺丁山、切尔西和布里克巷以及伦敦本身）享有一个国际形象、相当领先的品牌产品和服务。此外，2012年奥运会的举办权被授予伦敦而非巴黎，这是由更先进的营销和城市品牌化促成的。然而，令人感到困惑的是：这些品牌如何被创建、开发和推广，以及它们与它们出现的时间与空间之间的关系如何？本章探讨了一些复杂的地理上特定的社会和文化世界，该世界伪造了伦敦最近的"商标景观"。它将详述 20 世纪 90 年代，在霍思顿（一个以前的破旧市中心区）一批富有创造力的企业家和艺术家如何创建一个新的城市品牌。但是，本章提出理由证明：塑造的成功品牌不能确认和挑战该地区早期的中产阶级化，并被证明非常有利于房地产开发商。霍思顿案例研究是一个实例，关于城市品牌化常常如何既促进新的经济活动形式，又包括在后工业时代捕获和控制城市空间的新形式。

11.2 城市与品牌化

当以一些方法标记产品以便使其从其他类似项目中得以区分时，旨在传达商业产品基本功能（如质量、可靠性和实用性）的品牌的使用目的历来是资本主义经济本质上的一部分（吕里，2001）。然而，在过去的 20 年里，随着消费品庸俗化日益普遍，品牌化与营销和广告实践（而非产品本身）逐渐支配了"剩余价值"的产生（拉什和厄里，1994）。此外，随着日常生活的消费越来越重要，品牌化已经不仅渗透到经济活动，还渗透到流行文化和社会关系的结构中。当文化理论家哈尔·福斯特（2002）评论："无论设计对象是年轻的英国艺术家或总统候选人，对注意力缺乏的公众而言，'品牌权益'产品名称的品牌化对社会许多领域而言是最基本的。"

品牌化实践的广泛展开已扩展到城市的形态和功能。从地区的建筑与地区到都市，人们已经尝试对城市空间重新想象一些观念，并转变其消费方式。当瓦尔特·本雅明的作品在巴黎的拱廊街道展示时，这样的"商标景观"描述了"城市经济增长"的特征，过去的 30 年见证了这些过程的强化（格林伯格，2008）。采用某些产品和服务的广告，努力表达特定的理念和生活方式，并试图增加城区对潜在的居民、顾客和投资者的吸引力，"商标景观"已成为后工业都市化的一个突出特点（克林曼，2007）。

经常在音乐会及其协会，我们可能会识别出日益流行的城市品牌化的三个主要群体。

首先，城市空间已被大型跨国公司品牌化，如耐克、Prada 和 Sega，作为市场营销和企业识别的一种方法（谢里，1998）。这些公司通过把它们很多零售店转型为主题娱乐场所，整合了它们的产品，比以往更充分地融入到城市建筑形式中，例如，Niketown 和 Sega 世界，苏姗·戴卫斯（1999）描述其为"穿越公共关系"。它们也越来越多地把城市的公共空间进行品牌化，渗透、发起和创建各种城市活动和节日（克莱因，2000）。例如，跨国壳牌，在 2003 年 11 月，采用被称为"壳牌电子风暴"的多媒体显示器，很突出地延伸到伦敦南岸滨江，作为其尝试的一部分，以信号告知其致力于环境的行为。反过来，许多文化机构，如艺术博物馆，纷纷效仿这些企业城市的品牌化技术，利用公共空间开展户外活动和展览，并开设新的零售和娱乐设施（乌，1998）。

其次，城市空间，特别是城市中心，也日益适当地被商业精英进行品牌化，认可并试图根据文化消费、娱乐和休闲从新中产阶级那里提高对独特城市景观的需求（汉尼根，1998）。截至 20 世纪 90 年代，因国家减税激励政策以及公共艺术项目的影响，在纽约重新开发时代广场时，Ed Soja（2000），被描述为"模拟的和审美化的城市风光"的这种创新成了典型范例。迪士尼公司旗下的私人投资者积极重塑该地区形象，利用其在 20 世纪"作为纽约时报的宣传手法"的早期历史，及其百老汇剧院的声誉（萨加林，2001），将其打造成高档消费和商业及娱乐活动的枢纽。

这些对品牌城市空间进行的商业化尝试经常挪用和改造边缘化的和多民族的市中心区以及他们的社区和文化生活的象征性的代表作品。例如，波西米亚（伦敦的 SOHO 的全球的犯罪历史）已被修改，自 20 世纪 90 年代早期，老康普顿街被设为一个繁荣的商业中心，供同性恋人群消费和表演（安德森，2008）。同样，下东区"作为一个纽约供抗议、反抗和文化实验的著名现场"的历史在创业的房地产开发商们创建其利润丰厚的新"东村"品牌时已被改变（米勒，2000）。

此外，在挪用、包装和操纵某内城区发现的文化多样性和艺术生活的形式时，商业和房地产精英们也在他们最近尝试城市空间的品牌化过程中展开了文化传承的演说。他们已经越来越多地指望以他们的努力来改造和再利用建筑环境，满足一定的居民、企业和顾客的社会文化消费需求。通过创办"节日市场"，例如，伦敦的科文特花园和波士顿的法尼尔厅，历史的城市特色与建筑总体的保存和随之而生的品牌化提供了新的商机和方法，以响应当代城市中的一个更大的共同愿望和怀旧情结，使城市生活更稳定（布瓦耶，1992）。

最后，在把保护历史建筑物结构与消费为导向的新的品牌化的实践相结合方面，许多地方和国家政府在一直起着作用，为这些尝试提供支持和财政援助。他们不仅认可这种潜力增加了税收收入，以及强化了这些品牌城市遗产方案产生的积极的城市形象，而且增强了他们对支持城市竞争力做出的贡献。

例如，在中国上海，政府希望保持和恢复上海丰富的建筑文化遗产，以帮助上海去竞争外国投资和国际旅游，尽管涉及政治歧义和矛盾（阿巴斯，2000）。

政治精英们也在全市和地区一级尝试了将城市空间品牌化，作为处理和管理长期经济衰退的一种途径。对城市如何被主观"感知"、审美素质和社会的价值观的认同在吸引投资方面变得越来越重要，城市管理者不仅要部署经济文化开发战略，还期望能重新定义和重塑城市空间的概念（卡恩斯和菲洛，1993）。这就频繁涉及创造特定的基于不同地方的"神话"，旨在消除与工业城市相关的玩忽职守和劳动斗争。例如，在20世纪80年代，澳大利亚悉尼工业化地区被广泛地重塑，在城市社会学家苏菲·沃森（1991）称为"给烟囱进行镀金"的进程中，广告和区域市场营销技术也被用于过去的20年，以吸引新的商业和旅游投资进入美国"生锈地带"的城市（匹兹堡、克利夫兰等）以及英国的受到工业紧缩冲击的城市（伯明翰、格拉斯哥和特伦特河畔斯托克）。

在针对这些"幻想"的城市空间的尝试中，城市的政治家和规划者常常试图利用地方特色亚文化，仿效和加强商业性的地方品牌化战略，并响应由理查德·佛罗里达提供的诱人的政策模型（2004）。例如，美国西雅图市，被宣布为科特·柯本和摇滚音乐之家的地位使其成为了一个可行的旅游品牌（汉尼根，2004）。在英国曼彻斯特市，议会同样期待开发曼彻斯特的"流行音乐"的声誉，2003年，聘用《工厂记录》先前的创意总监彼得·萨维尔和其他几个"改变信仰者"，作为一个创作小组的成员，负责制定品牌战略，执行城市和调查营销战略（此战略把盖伊·朱利耶（2005）的描述内容强调成为声名狼藉的"先锋派"）。

因此，城市品牌化论证了品牌的突变，这种突变超过了二维作用，成为一个主要的抽象的非区域化的标志。在重塑和改造城市空间时，以及在响应和增强当代城市中文化活动和身份的更大作用时，企业、商业和政治精英们执行的一系列品牌化战略已变得非常复杂。然而，学者们倾向忽视地理和历史的具体的社会和文化世界，其中，这些新的城市品牌被伪造、推广和传播。侧重点一直放在新的"权力景观"（朱肯，1991）或迪士尼动画般奇异风格的主题公园城市（索尔金，1992）。假设往往是：城市品牌是公私协会的保持（格林伯格，2008），已从特定的、具体的附件或活动方式分离（莫尔帕斯，2009）。很少有系统的实证研究是"关于文化生产和消费的复杂的社会实践"，以及与特定的参与者和邻里的关系。为此，凭借在2001~2004年通过档案和访谈进行的研究，本章将探讨一个不同寻常的新的城市品牌如何围绕伦敦一个特定的区——霍思顿被发起和开发。

11.3 约书亚·康普斯顿与新的霍思顿品牌

霍思顿位于伦敦哈克尼自治市的西南，在伦敦城之北（见图 11.1）。传统上，它的界限已被东部的金斯兰路、北部的摄政运河、南部的旧街和城市道路、西部的牧羊步道进行了界定。但自 20 世纪 90 年代中期，该地区延伸到大东方街创建的南部，肖迪奇高街、老街三角地块。20 世纪 90 年代早期之前，霍思顿在其周围之外鲜为人知，可能除了与极右翼政党"国民阵线"有关，它还是臭名昭著的伦敦黑帮克雷双胞胎（Kray Twins）的出生地。它是内伦敦的一个破旧的片区，在南部的大部分地方和北部，有一系列的社会住房。但是，在 20 世纪 90 年代，出现相当大规模的房地产开发之前，霍思顿获得了一个动态的新文化形象。在世纪之交，它在伦敦甚至更远的地方已被公认，希腊雅典后工业区的霍思顿酒吧开业足以证明这一切。

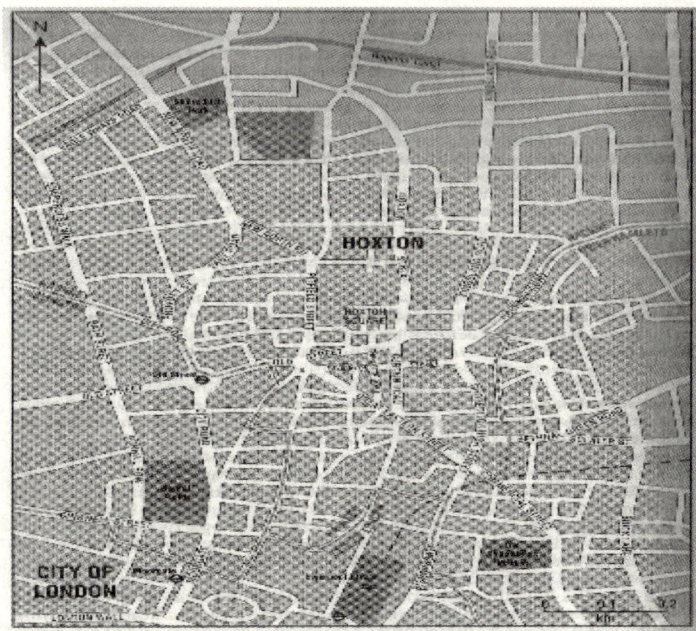

图 11.1 霍思顿位置

资料来源：由 UCL 地理部迈尔斯·欧文制图。

有个重要的人物促成了霍思顿的这种戏剧性的品牌化，从而使最时髦的大部分发生在时髦界周围。这发生于世界资本时期（Karastamatis，2001），他就是偏心和魅力的文化巨子约书亚·康普斯顿。康普斯顿不是企业战略家、房地产开发商和城市规划师，但在伦敦新的城市品牌战略创建和推广中，他扮演了一个有影响力、怀才不遇的角色。他从伦敦中心区的考陶尔德艺术学院毕业后首次抵达伦敦霍思顿，在 20 世纪 90 年代早期，城市的当代艺术场景的活力和兴奋使他动情（库珀，2000）。他搬进了位于夏洛特路的一个旧木材场和法国抛光师的处所，在那里他开启了该地区的第一个永久性画廊，诞生于 1992 年的 Factual Nonsense。20 世纪 90 年代早期经济衰退之前，这里曾用于商业再开发。但是这里 19 世纪的建筑物、一个小型而紧密的社区，很多半合法地生活在此的艺术家和其他创新人员都被康普斯顿到霍斯顿除了廉价租金和中心位置以外因素吸引了（哈里斯，2006）。

康普斯顿设想的霍思顿是一个被艺术接管的"无人"成熟地（库珀，2000）。他在 1994 年 8 月说：

这是一个非常迷人的、非常有趣的和基本上非常丰富多彩的地区。听起来并不高调，我觉得它需要一些公司（比如 Factual Nonsense）在其周围来帮助它实现其潜力。它有很多填料和胆量冲出来，我希望能够帮助其实现自己，继续战斗（引自 Factual Nonsense 公司档案）。

他怀着雄心壮志，操纵 Factual Nonsense（FN）公司不仅成为一个艺术画廊，而且成为一种新型的品牌化的娱乐集团，并宣布其从 1994 年的商业计划如下："我会为 Factual Nonsense（FN）公司的活动定义网站，涉及在所有街道的杂志、电视、大型广告牌形式广告以及是否真的有效……识别它们，并且因此对某些城镇和地理区域进行'品牌化'"（引自 Factual Nonsense 公司档案）。

为了在霍思顿推广 Factual Nonsense（FN）公司，康普斯顿于 1993 年 7 月在夏洛特路文顿街十字路口举办了一个概念艺术节，他称之为"祭祀比死亡更糟糕"。康普斯顿利用此地区空荡荡的街道，以额定金额包租了一些摊位给艺术家，他们中许多人住在本地。约 100 人参加了此祭祀，祭祀主要内容包括：John Bishard 和亚当·麦克尤恩在收取 20 便士后，就可为任何事情提供建议；Gavin Turk 用一根工业管和一只跑动的袜子痛快地玩"老鼠游戏"，达米恩·赫斯特打扮得像个小丑，他收取 50 便士后，就愿在第一个商标自旋画里暴露自己被画的生殖器。 在首次成功之后，康普斯顿在霍思顿广场又举行了另一个更大的"比死亡更糟糕"的祭祀，有 4000 人参加，接下来的夏天，又进一步举办了表演，他称之为 1995 年"悬挂的野餐"。第二次"比死亡更糟糕"的祭祀的主要内容扩大到音乐、戏剧和马戏表演，包括 Tracey Emin 的"啮齿动物的轮盘"和 Leigh Bowery 的"出生"到一个生活于舞台上的裸体涂金的女人。在这三个户外活动中，康普斯顿把新的本地的创意社区的活力用于由霍思顿废弃的空间提供的空白帆布上，以便宣传他所谓的"完美的 FN 公司现实"（《史密斯》杂志，1994）。

重要的是，在把 FN 品牌印到霍思顿上的这些努力中，康普斯顿认同和操控了当地的声誉和历史。尤其他开创了圣明的工人阶级的传统，并在伦敦东区狂欢。当 1995 年康普斯顿自己被问及他的艺术活动时，他说："我想实现的目标是 100 年前工人阶级的社区生活和谐"（Barklem，1995），这种英国工人阶级大众文化的形式和实践的遗产向约书亚·康普斯顿和艺术家的社区提供了一种丰富的资源和环境，可促进新的霍思顿品牌发展（哈里斯，2006）。鉴于许多参展艺术家越来越有名望，全国媒体将目光聚焦在康普斯顿的户外活动和其成功秘诀上。到 1995 年，他说服了伦敦周末电视台做了一个半小时的关于其活动的纪录片，《卫报》在其《周末杂志》为 Factual Nonsense 公司和该区的艺术社区做了七页报道（Gott，1995）。

在康普斯顿激励和促进该地区的动态创新社区的活动和构想之前，霍思顿已在很大程度上等同于市内平民区的匮乏和臭名昭著。正如在 20 世纪 30 年代，霍思顿的哲学家勃里安·马奇（2003）在他童年传记中称："霍思顿之名被用于语言和文字，来表现社会退化的终极情况，以及英国最贫穷、犯罪率高的、最不文明的角落。"然而，截至 20 世纪 90 年代后期，霍思顿的理念已经重新作为一个激动人心的尖端的英国当代艺术的枢纽。康普斯顿也因此重振雄心，正如他在 1994 年的新闻稿说，"擦亮和明确霍思顿轮廓"；他的户外活动已经展开，他说，作为一种"塑造此地区并创造很多神话"的方式，促进其成为"时髦的、乐观的和未来的文化区"（LWT，1995）。霍思顿的象征性表现形式已被全面改造和更名。

11.4 房地产开发及霍思顿品牌化

但是，将霍思顿的品牌构建为前卫的艺术中心，不能简单地被减少到只剩约书亚·康普斯顿和相关艺术家的活动和野心。最重要的是，房地产利益也发挥了作用。在 20 世纪 90 年代末，房地产商在新霍思顿品牌的所有权中首次与康普斯顿的非正式合作中，他们并未公开声称自己的利益。特别是在 20 世纪 90 年代的衰退期间，有一家 Glasshouse 投资公司在霍思顿广场买了几栋建筑物，在 1994年康普斯顿的第二活动中提供了赞助和设施。Glasshouse 的创始人，一个先前的雕塑家，叙述如下：

当时，因为康普斯顿做事的方式，这确实是有点儿像噩梦。然而，它变得清晰多了，后来，他成功地改善了该区域，这就是我们想做的（访谈，2001）。

康普斯顿也接近在该地区的地产机构 Stirling Ackroyd，1995 年初，在一封信中解释了为何他认为他们应该赞助他提议的"悬挂式野餐"：

通过在过去的两年里我的活动的特性和风格，我已经成功地使媒体和公众去感知霍思顿作为某个理想的地区。这显然对房地产的生意有明显益处（引自Factual Nonsense 档案）。

活动证明，Stirling Ackroyd 成为了"悬挂的野餐"的主要支持者之一。正如作为公司的创始人回忆道，"作为区域的一个催化剂非常重要"（访谈，2003）。

这些当地的房地产业务支持了康普斯顿给霍思顿 TX 品牌付出的积极努力，使之成为年轻英国艺术的一个独特枢纽，不仅是因为他们渴望对他们所在地区的生活做出一份贡献，而且因为其活动可能对霍思顿潦倒形象造成的影响。20 世纪 90 年代初的房地产衰退期间，除了创意的社区，它吸引租户通常是比较困难的，尽管该地区很靠近城市。正如 Stirling Ackroyd 地产某位机构人员回忆说，"没有人想去那；那有毒品，真正的声名狼藉，出现过枪击事件，数宗犯罪案件定期发生"（访谈，2001）。康普斯顿的城市品牌构建战略被 Glasshouse 和 Stirling Ackroyd 视为改变这些负面看法的一种重要手段。

霍思顿的新艺术相关品牌也提供了一个独特的文化品牌，吸引了年轻的专业团体和新中产阶级的一部分。这也许可以解释为何自 20 世纪 90 年代中期，尽管几乎所有区域的视觉艺术家离开，2006 年 3 月 25 岁的约书亚·康普斯顿辞世，疑似氟烷（一种麻醉药）剂量过度，但 2001 年，在位于开发商街道 14~15 日的霍思顿广场的宣传材料中，霍思顿的艺术相关品牌能持续在新的地产开发领域被证明是一个有用的营销工具。

乔治曾描绘霍思顿是许多伦敦的"英国艺术"名人选择的家。一个先前的木材场的城市阁楼 2002 年的开发者也同样宣称霍思顿拥有最大比例的欧洲各地的工作艺术家。这些清楚地表明了地产公司如何完全收编与使霍思顿的艺术声誉和品牌商品化。霍思顿品牌也在本地使用此名称的众多的商业标志和标识中（见图 11.2）。自 20 世纪 90 年代后期以来，它已得到该地区众多广告公司、建筑公司、新媒体公司和真正的品牌管理公司纷至沓来的鼎力支持（《经济学家》，2000；O'Sullivan，2002）。霍思顿现在可以被理解为伦敦的文化经济的主要聚集地和驿站之一。

图 11.2　拼贴霍思顿标志和标识
资料来源：2006~2008 年图作者拍摄的照片。

由于该地区被广泛地认可和品牌重塑，所以霍思顿日益成为伦敦其他部分的楷模和范例。例如，在德普特福特（Deptford）或达尔斯顿（Dalston）这些地方的新当代艺术场景常常造成这些地区的支持者和记者被标记为"新"霍思顿（哈克沃思，2001；弗林，2009）。最值得注意的是，南华克区老电站变成国家美术馆（泰特现代艺术馆），这背叛了"霍思顿遗产"。泰特美术馆重复了一个与约书亚·康普斯顿所采用的相似的品牌战略，并使之制度化。通过将地方与传统的工人阶级，以及以前不与当代艺术连接的原工业区相联系，泰特也成功地部署了市中心的城市空间，打造一个独特的新身份（哈里斯，2006）。

11.5 结 论

伦敦的新的城市品牌构建显然是比"约书亚·康普斯顿"角色、艺术家和各种财产利益还要更大的故事的一部分。这包括重组过程，在20世纪90年代，此过程导致领域的非工业化，如伦敦经济、再生计划和投资方案内的霍思顿和伦敦金融城主导区。新的文化思潮与这一时期被视为"好酷的大不列颠"的推广有关。但本章显示了城市品牌构建应如何被考虑不只是成为上面强加的一个企业政治战略。新的城市品牌是通过在特定地点活动的特定文化中介机构的实践、执行、城市前景来创造的，并经常对整个城市产生共振和影响。事实上它总是一个能够对此认可的最可持续的和动态的品牌战略。霍思顿的艺术品牌，通过康普斯顿的多元化的 Factual Nonsense 的梦想，最初被伪造成一个娱乐集团，在后工业的内伦敦，迎合了许多的生活品位和投资重点。它涉及了经济和文化的复杂纠葛、动机和环境的影响，破坏了"软"与"硬"的城市品牌过分简单化的概念。

然而，康普斯顿推广了一个有关新艺术的霍思顿品牌，很容易被城市商业和企业资本借鉴。可以说，如果由康普斯顿和朋友开发的新的文化景观，积极努力地在该地区试着批判和挑战广泛的结构性不平等，而不是随意的景象，那么它不会受到同样的财产利益支持（哈里斯，2006）。媒体大张旗鼓宣称霍思顿新品牌可以被视为一个地区的高档化和更广泛的政治失败，以便解决在内伦敦的住房、就业和教育等供应方面出现的持续不平等现象的既成事实。像"燃烧标志"表明动物所有权一样，城市品牌也可以传达对空间和位置的占领和控制。

然而，城市品牌化不需要作为"不真实的"城市化的一个实例总是与"新自由主义"的机制和逻辑以及"复仇"的城市联系在一起。城市一直是有争议的文化之地，它提供一系列的品牌构建的可能性和机会，以便从重要位置上走下台，较少满足企业和政府试图重塑城市后进行工业消费的意图，而是强调更多的普通的、多元的和冲突的当代城市生活的品质。这样的实例可以在霍思顿本身体现。2005 年，红房剧团在地方居民议会进行集合、演示和传播，这些证据详细说明了与该地区改造相关的他们的梦想和失望。因此，伦敦仍是世界上潜在的最重要的质疑中心，不仅因为创造品牌，也因为反品牌活动、努力、叙事和战略。

参考文献

Abbas, A. (2000) "Cosmopolitan de-scriptions: Shanghai and Hong Kong", in C. Breckenridge, S. Pollock, H.K. Bhabha and D. Chakrabarty (eds), *Cosmopolitanism*, Durham, NC: Duke University Press, 209–228.

Andersson, J. (2008) "Consuming visibility: London's new spaces of gay nightlife", Unpublished Ph. D. thesis, Bartlett School of Planning, University College London.

Barklem, N. (1995) "Life on the edge of the Square", *Detour Magazine*, December.

Boyer, C. (1992) "Cities for sale: Merchandising history at South Street Seaport", in M. sorkin (ed.), *Variations on a Theme Park: The New American City and the End of Public Space*, New York: Noonday, 181–203.

Cooper, J. (2000) *No Fun without U: The Art of Factual Nonsense*, London: Ellipsis.

Davis, S. (1999) "Media conglomerates build the entertainment city", *European Journal of Communication*, 14, 4, 435–459.

Economist (2000) "Clustering in Hackney", 4 March.

Florida, R. (2004) *The Rise of the Creative Class: And How It's Transforming Work, Leisure, Community and Everyday Life*, New York: Basic Books.

Flynn, P. (2009) "Welcome to Dalston, now the coolest place in Britain", *Guardian*, 27 April.

Foster, H. (2002) *Design and Crime*, London: Verso.

Gott, R. (1995) "Where the art is", *Guardian*, 7 October.

Greenberg, M. (2008) *Branding New York: How a City in Crisis Was Sold to the World*, New York: Routledge.

Hackworth, N. (2001) "Why Saatchi shops in Deptford", *Evening Standard*, 5 April.

Hannigan, J. (1998) *Fantasy City: Pleasure and Profit in the Postmodern Metropolis*, London: Routledge.

Hannigan, J. (2004) "Boom towns and cool cities: The perils and prospects of developing a distinctive urban brand in a global economy", Unpublished paper from Leverhulme International Symposium: The Resurgent City, LSE, 19–21April.

Harris, A. (2006) "Branding urban space: The creation of art districts in London and Mumbai", Unpublished Thesis, University College London.

Julier, G. (2005) "Urban designscapes and the production of aesthetic content", *Urban Studies*, 42 (5/6), 869–887.

Karastamatis, J. (2001) "A real London revival", *Toronto Star*, 15 December, 12.

Kearns, G, and Philo, C. (1993) *Selling Places: The City as Cultural Capital, Past and Present*, Oxford: Pergamon Press.

Klein, N. (2000) *No Logo: No Space. No Choice. No Jobs*, London: Flamingo.

Klingmann, A. (2007) *Brandscapes: Architecture in the Experience Economy*, Cambridge, MA: MTT Press.

Lash, S. and Urry, J. (1994) *Economies of Signs and Spaces: After Organised Capitalism*, London: Sage.

Lury, G. (2001) *Brandwatching: Lifting the Lid on Branding*, Dublin: Blackhall.

LWT (1995) Transcript to "Opening shot" directed by Liz Friend, broadcast October.

Magee, B. (2003) *Clouds of Glory: A Childhood in Hoxton*, London: Jonathan Cape.

Malpas, J. (2009) "Cosmopolitanism, branding and the public realm", in S. Donald, E. Kofman and C. Kevin (eds) , *Branding Cities: Cosmopolitanism, Parochialism and Social Change*, Oxford: Routledge, 189–198.

Mele, C. (2000) *Selling the Lower East Side: Culture, Real Estate, and Resistance in New York City*, Minneapolis: University of Minnesota Press.

O'Sullivan, F. (2002) *Dot Corn Clusters and Local Economic Development: A Case Study of New Media Development in London's City Fringe*, London: Middlesex University Business School, Centre for Enterprise and Economic Development Research.

Sagalyn, L. (2001) *Times Square Roulette: Remaking the City Icon*, Cambridge, MA: MIT Press.

Sherry, J. (ed.) (1998) *Servicescapes: The Concept of Place in Contemporary Markets*, Lincolnwood, IL: NTC Business Books.

Smiths Magazine (1994) "Situating alternatives", Round-table discussion, Autumn.

Soja, E. (2000) *Postmetropolis: Critical Studies of Cities and Regions*, Oxford: Blackwell.

Sorkin, M. (ed.) (1992) *Variations on a Theme Park: The New American City and the End of Public Space*, New York: Noonday.

Watson, S. (1991) "Gilding the smokestacks: The new symbolic representations of deindustrialised regions", *Environment and Planning D*, 9, 59–70.

Wu, C. T. (1998) "Embracing the enterprise culture: Art institutions since the 1980s", *New Left Review*, 230, July–August, 28–57.

Zukin, S. (1991) *Landscapes of Power: From Detroit to Disneyworld*, Berkeley: University of California Press.

12 省级城市品牌化：包容性、策略和承诺度方案

◎ 安蒂·泰科尔森　亨里克·哈克尔

12.1　引　言

近年来，城市发展战略越来越多地设法获得 Richard Florida 所称的"创新阶级"（佛罗里达，2002）的青睐。在竞争中，若要吸引被认为能改变经济发展前景的"适合类型公民"的注意，城市形象和品牌明显非常重要（詹森，2007；图洛克，2009）。然而，理解某些品牌的寿命和渗透率为何优于其他品牌，不仅需要调查目标市场的沟通结果和接纳度，还需要调查品牌产生的过程，即 Ooi（2004）所称的"地方品牌化策略"，因为地方品牌化过程中会出现以下一些难题。

第一，应高调宣传并可能开发城市的哪些方面，是一个潜在难题。

第二，应继续采用该地长期以来的现有特色形象作为优选策略（可称为持续策略）呢，还是通过所谓的"变革策略"，改变路线，展示不同的地方形象（比如依据"创新阶级"的新潮观念）品牌化内容会对所包含的人群（无疑也包括品牌化过程排除的人群）造成影响，是地方品牌化的第二个难题。虽然庞大而广泛的品牌体系目的是涵盖多个利益相关方和多种社会活动（泰科尔森和哈克尔，2008），品牌化发起人（一般是公共权力部门）会在特定环境中建构品牌化方案（比如需要改变地方特色和形象，或需要增强地方特色和形象），而该环境会影响到被包含和被排除的人群，从而导致制定主要决策的利益相关方同制定次要决策的利益相关方（该方意见采纳较少）之间的分歧。

第三，品牌的特定受众也是一个难题。应将该地出售给外部消费群体，或在内部公众同私人行为人之间建构共享机制，这是一个重大的战略性选择；该过程中，公共行为人和私人行为人追求的是各自的利益，而非公有地方品牌的"公益"。

第四，优选地方营造类型，如通过沟通或产品开发实现地方品牌化，对理解地方品牌化过程的动力来说也至关重要。有观点认为，如因地方品牌化措施管理不当，未达到参与的利益相关方希望的明显的协同效应，这些措施往往会过度注重共有沟通平台，而非地方品牌化整体性方案，而这类方案也能重塑城市自身形象（汉金森，2007），这体现了过程和结果的联系。

第五，也是最后一点，关涉利益相关方承诺度和无承诺度之比的难题；这似乎同地方品牌化过程包含利益相关方的程度有关，也同其优选策略被听取的程度有关。然而经证明，在其他情况中，利益相关方在地方品牌化一事上可能只是口头说说而已，虽然他们早期曾明显被包括入该过程（泰科尔森等，2010）。

总而言之，地方品牌化策略明显是很复杂的学问，所以，似乎已经有人对地方品牌化这一关键方面进行过相对有限的研究，这或许令人吃惊。

撰写本章的目的是了解地方品牌化策略，以丹麦两个省级城市奥尔堡和奥尔胡斯为例，将理论思考同城市品牌化过程的实证研究相结合；在上述两例中，我们同三类当地利益相关方进行了访谈：城市、旅游组织和城市零售组织。这三类利益相关方在总体地方品牌化中，尤其是这两个城市案例中，都是关键行为人。因此，关键在于利益相关方在各领域社会经济活动中的角色，这些利益相关方是如何影响地方品牌化过程和惯例的，以及地方品牌此后的长期可行性。本章通过讨论地方品牌化过程三个显著要素，即包容性、优选策略和承诺度，尝试为当前的地方品牌化知识库作贡献，其方式是将以上要素相结合提出概念。另外，本章通过经验讨论，强调品牌化策略所包括的利益相关方之间共享战略重点的必要性，从而作出品牌承诺。同目前文献广泛持有的观点相反，包容性自身并不能确保利息相关方作出承诺。

12.2　概念框架

由于学术研究和应用性更强的咨询研究均从营销角度探讨过地方品牌化，因此对利益相关方内部关系和地方品牌化方案的研究比较有限。因此，考虑到品牌化过程的进行方式（即地方品牌化策略），从恰当营销抉择及其理解方面解释品牌化运动成功原因的文献仍然很少。

为了识别并了解各类通常存在反差的利益、影响和区分多个地方品牌化方案的不同品牌所有权程度，可暂且将企业品牌化过程研究（Pedersen，2004；Kavaratzis 和 Ashworth，2005；汉金森，2007）发现的方法同公共政策制度主义和网络理论（Thorelli，1986；Rhodes 和 Marsh，1992；哈克尔，2006，第 3 章）发现的公共政策结合起来。这需要着重研究品牌化过程中行为人围绕三大关键要素的互动关系，也就是说，各行为人何时、如何被包括入过程，行为人优选的品牌化策略，和关键行为人就过程参与所作的承诺。如果将三大要素汇总，应该能解释连接品牌化方案的组织间过程，同时说明各类对当前城市实际值及预期值的看法之间的潜在矛盾（包括现实矛盾和代表性矛盾），从而使城市能够吸引地方当前客户和地方潜在客户。本章节其余段落将通过比对目前文献，对三个方面进行详细说明。

同主流政策分析文献（Hogwood 和 Gunn，1986；Parsons，1995）观点一致，地方品牌化过程可能涉及有争议的包括（排除）具体行为人的关键性重大问题（汉金森，2007）。这是因为内部利益相关方也属于内部目标群体，在变革抑或持续原城市品牌方面可能或多或少与外部目标群体意见一致。但是，尽管较大的包容范围似乎能为具有长期可行性的地方品牌构筑社会和政治基础，但事实是理想的过程明显很复杂、艰难、耗时，所以更可能出现偏差，比如本地利益相关方参与度有限，使对外部目标群体的吸引力最大化，或正好相反，使用品牌主要是为了制裁同外界关系有限的当地特殊品牌活动。换句话说，不同行为人在地方品牌化过程中的各阶段（从发起、设计至实施）的角色问题是一个有待揭示的关键要素。品牌发起人往往都是公共组织，起着特殊作用，在地方面临的假想难题中促成了品牌化策略的必要性。面对待解决的难题，如何制定地方品牌化措施很可能会影响过程包括的各方，还关系到该过程中哪些公共利益相关方和私人利益相关方应担任同共事者的边际化角色相对应的角色。鉴于品牌化发起人需要对这种行为方式进行某种程度的问题分析和界定，可采用考虑周密度稍低的方案。如果只是因其他被视为竞争对手的城市开展类似活动而感到不安才盲目模仿品牌化方案，利益相关方的选择可能反映路径依赖性，即找"老朋友关系网"，比如在其他情况中发挥了作用的主要市内公共/私人组织。因此，邀请这类组织参与品牌化程序并非因其与品牌化背景的具体关系，而是因其总体政治声誉。

在策略方面，地方品牌打造者面临的问题是如何沿着三条不同直线权衡活动。品牌化过程目的是巩固城市目前形象，还是创造不同的新形象？针对的是外部地方消费者和内部地方消费者吗（或两者皆有）？象征性表示和实际地方品牌打造的各自程度如何？很明显，对品牌化过程来说，选择巩固还是开发现有地方用户或消费者的印象非常重要，有多个原因：

首先，利益相关方在行动方向上可能意见不一致或一致，因而增强现有品牌（而非在各个方面重新定位城市）可能会被视为容易得多。

其次，最近的文献（Kavaratzis 和 Ashworth，2005；汉金森，2007）开始关注地方品牌化的内部难题和外部难题，并高度强调考虑各个当地居民群体的不同利益的重要性，这一点促进了他们对地方的认同感和社区建设。理论上，外部和内部受众可能成为互相支持的目标群体，因为对个体的驻地来说，外部需求会增加，心满意足的当地居民对外部目标群体很可能起到地区大使的作用。但实际上存在一个显著的问题：如何在整合各个当地居民群体的不同利益的同时保证外部信息清晰畅通。

最后一个需权衡的利弊是象征性表示法同实际地方品牌打造之间的利弊，这一点过去一直偏向沟通方法，致使多个城市品牌共享同一愿景、四至六个价值观和同一个沟通工具包。然而，近来的城市规划和市场研究文献强调了地方质量作为长期持久品牌化前提的重要性，因为没有空间指示物是不可能制定地方品牌化策略的。因此，理解叙述同其地方背景之间的关系非常重要（摩根和 Pritchard，2001；Eckstein 和 Throgmorton，2003；詹森，2007；图洛克，2009；泰科尔森等，2010）。很明显，品牌定位、市场重点同具体品牌化活动的战略决策密不可分，而且在地方品牌化政策过程中会受到利益相关方的角色影响。

包容程度和对品牌化策略的影响似乎是利益相关方品牌承诺度和品牌长期可行性的关键前提。福尼尔在论述客户品牌关系时，将承诺度理解为在可预见和不可预见情形中对品牌的持续忠诚度，以及公开声明的对品牌的忠诚度（凯勒，2003）。此外，企业品牌化研究也证明，组织的品牌承诺度呈现情感形式（汤姆森等，1999；Ind，2003）。事实上公司品牌国际化可能会严重影响地方品牌化方案，因为对跨行业整体品牌的承诺度会次于对网络共事者的承诺度，除非个体自己的组织品牌和地方品牌之间有明显的协同效果（汉金森，2007）。换句话说，利益相关方的功利主义方案很可能肇始于地方品牌化行动："这样做对我们组织有什么好处？"汉金森认为，要让利益相关方全心全意投入，必须在初期品牌价值规定中包含功利主义内容。确实，要管理好品牌化过程，核心任务是建立协调的共事关系（汉金森，2007），因为仅靠肇始于同一地方这一点是不足以营造品牌承诺度和忠诚度行动的。换句话说，必须明确为个体利益相关方创造的附加值。

总的说来，地方品牌化方案研究明显需要一个能解释个体行为人和总体品牌化行动之间互动关系的解决方案。虽然上面的讨论已证实必须通过实证分析阐明三个关键方面和相关分析类别（见表 12.1 汇总），但地方品牌化过程的三方面很明显可能相互关联。尽管品牌化策略是经讨论的结果，可能是关键利益相关方达成的一致意见，个体行为人承诺度也会反映过程初期对品牌的重视度和个体行为人对活动、进行过程及自己在过程各阶段中扮演角色的评价。简而言之，研究目标是一个非常复杂的动态目标，因而地方品牌化过程研究更需要系统解决方案。

表 12.1 地方品牌化过程：分析方面

方　面	变　量
包容性	● 发起人/关键共事者/边际共事者/排除
策　略	● 定位：持续性/变革性 ● 目标：外部/内部 ● 方式：象征性表示/实际地方品牌化打造
承诺度	● 起作用/ 情感性

资料来源：笔者自己的阐发。

12.3　实证数据和案例说明

本研究原始数据来源于定性研究访谈。虽然很多利益相关方都实施地方品牌化措施，在本定性研究中，暂且将范围缩小至奥尔堡的三家利益相关方和奥尔胡斯的三家利益相关方：

● 主动发起品牌化过程的城市。它们以前是正式的单一行为人，但在吸引当前和未来的公民、学生、投资者和游客方面，也可能代表内部目标群体和外部目标群体的不同利益。

● 当地旅游组织。它们积极参与品牌化运动，高度关注国内国外游客动向。

● 城市零售组织。它们主要关注短期国内或地区游客。

访谈依据半结构化定性访谈原则（Kvale，1996）。主要是让调查对象就研究者预定的主题自由发言，有点类似回答可能出现的无法预见的主题。

另外，在两个案例城市研究中，还用到了同品牌化策略相关的论文及营销材料。两个城市的利益相关者网站（www.brandingaalborg.dk 和 www.aarhuskommune.dk）的作用是在以下方面对访谈进行补充说明：品牌价值、设计、商品和事件；但是详细信息差别很大，奥尔堡的网站提供的信息比奥尔胡斯的网站更多（见图12.1）。

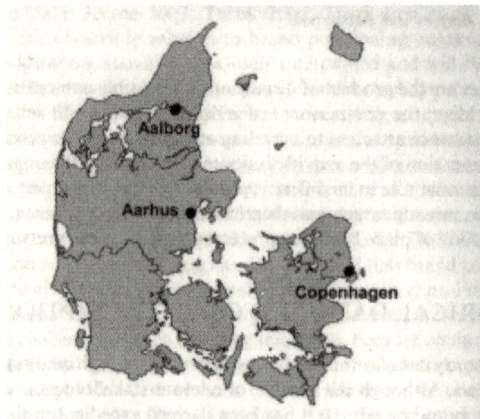

图 12.1　丹麦地图

资料来源：维基共享资源。

奥尔堡和奥尔胡斯的品牌化活动有许多相似点，也有许多不同点。就相似点来说，两个城市都围绕千禧年初开展品牌化活动，因而总体社会文化环境很相似，因为两个方案都是以新近的"创新阶级"观念为背景制定的。此外，从媒体报道和讨论判断，两个城市的品牌化运动似乎都牢牢植根于普通大众中，这一点也许反映了外部或内部市场评价不当或利益相关者之间合作不力。与此同时，两个品牌化过程明显发生在不同的社会场所中：奥尔堡是一个老工业城市，最近才下决心发展知识和服务型经济，而奥尔胡斯历史上是一个文化城市，受丹麦历史最悠久的一家大学的熏陶很深，还受到活跃的行为艺术环境影响。因而，社会行为人的不同布置很可能影响品牌化运动过程。此外，丹麦最近的一次调查显示（Epinion，2006），奥尔胡斯在普通大众中的形象要比奥尔堡深刻得多，奥尔胡斯给人以"适合"的创新和文化类印象，这一点同奥尔堡正好相反；奥尔堡仍然给人老工业城市的印象。因而从外部市场来看，在确立吸引人的当代城市形象方面，奥尔堡面临的难题比奥尔胡斯更多。虽然奥尔胡斯发起品牌化过程是为了巩固现有实力（Arhus Kommune，2004），在战略文件中（www.brandingaalborg.dk/），强调奥尔堡的变化及仍将持续的变化的需求更明显。此外需注意的是，应该从更广阔的城市变化角度来审视重新打造奥尔堡的品牌的活动；城市变化应关注如何利用市中心附近大片被遗弃的水滨面积（Jesen，2007）。区别这些内部关系和外部关系是解决两个城市品牌化现实难题的关键。随后对各自品牌的描述将说明两个地方是否以不同方式解读各自的过去和未来，在利益相关方参与的利弊方面，品牌化过程是促进现有地方特点发展未来（如奥尔胡斯）还是根本性改变现有地方特点（如奥尔堡）。

12.4 分析和结果

分析起始点是利益相关方的包容性及两例中的比较情况。在奥尔堡一例中，市政府主导的品牌化秘书处是品牌化过程各阶段（从时间表设置至设计，再至实施）的主要行为人。需指出的是，品牌化秘书处属于市长办公室的一部分，地位很重要，而且品牌化过程的关键共事者似乎并未包括其他市政府行为人，如商业发展署或市级规划部门（泰科尔森等，2010）。品牌化过程的设计和实施阶段包含其他非市级共事人，如 VisitAalborg。这是一家当地旅游组织，自成立以来便是品牌委员会成员。该旅游组织早期曾被包含在内，但在支持该市品牌化方案中三心二意，这一点可从该旅游组织仅有限使用沟通平台开发品牌看得出来。在整个过程中，城市零售组织处于边际化位置，只以积极共事人的身份参与其意识到与城市和其他当地行为人合作会产生附加值的具体事件中。奥尔胡斯案例同奥尔堡案例有一些相似之处，在开始阶段，由市政府在时间表设置和设计阶段领衔该品牌化方案，但同奥尔堡案例也有不同之处，体现在前者受到市政府各部门的高度重视。该过程特点是：利益相关方很广泛，通过讨论组形式包括了非政府行为人。这些讨论组从一开始便包括了旅游组织和城市零售组织。然而在实施阶段，责任便转至旅游组织，这样可能危及品牌的整体状态。因为在利益相关方和市场看来，品牌可能降级至针对某个部门的品牌。此外，这样做还可能被解读为市政府的承诺度缺失，如此我们又回到下面的情形：

至于战略性抉择，两个地方品牌化案例属于重新定位（变革）或确认定位（持续），这一点从所选的两个象征性表示法（见图 12.2）可看出。奥尔堡品牌采用了"奥尔堡——抓住世界"口号和一个爆炸的地球标识（城市名中有一个"o"），明显是强调全球性特征（向全世界伸出欢迎之手）。从多方面看，该设计同该老工业城市的传统印象形成鲜明对比。该品牌的价值平台也证明了这一点（"远景广阔"、"多样性"），但也有一些持续性的要素（"团队合作"、"动力"）使当地人意识到协作和植根于过去工业化时代的创业精神，从而促成自己的强大和边际性（www.brandingaalborg.dk）。奥尔胡斯的品牌标识是该城市名称，形如笑容，表示 1938 年当地旅游业协会创制"微笑的城市"口号以来该城市给人的印象（因而增强了现有形象和广泛的自我意识）。该品牌的价值平台也传达了持续性（Arhus Kommune，2004）。"根"可追溯至维京人历史传统和其他历史遗迹；"脉搏"表示地方的文化名胜，尤其是多样化的音乐背景，对年轻人来说，是一大改变。"知识"同该城市长期以来的大学城地位密切相关。同西欧过去的其他工业城市，如格拉斯哥、毕尔巴鄂以及德国鲁尔区一样（Gomez，1999；Belina 和 Helms，2003），奥尔堡也采取了变革策略，从而设法重新定位为植根于自身工业背景中的世界级都市，这样使品牌更具有热情和亲密感。而奥尔胡斯采用持续性策略，试图增强目前的大学传统和多样化艺术音乐场地的形象的人文胜地的形象和特点，未对外界展示明显兴致，也无明显向外界敞开的意思。

图 12.2　奥尔堡和奥尔胡斯的城市标识

资料来源：www.brandingaalborg.dk；www.aarhuskommune.dk.

在市场导向方面，两例中所有利益相关方的焦点都是将地方推销给外部目标群体，因为吸引新住民、公司、游客和购物者可促进利益相关方的经济收益增长。然而，两例中值得注意的是，即便是市政府行为人对内部目标群体关注也不够，因为市政府行为人并未将向公民灌输自豪感和关注视为品牌化措施的重要组成部分，但在两例中，品牌化最初阶段均包括灌输自豪感和关注。

至于品牌化实施方式，两个城市都明确应重点关注象征性表达法，因而地方品牌化未被视为整合入大规模城市发展规划。值得注意的是，唯一的两个私人行为人，奥尔胡斯旅游组织和零售组织，对其有相当全面的理解。这表现在它们将象征性表达和实际地方品牌打造视为"硬币的两面"，必须将两面紧密结合，地方品牌化运动才有意义。反过来，奥尔堡的私人行为人中，只有具体的地方品牌化打造方案才被视为有吸引力，尤其是对特定的游客和购物者目标群体有吸引力的事件；私人行为人更愿意通过自己的沟通观点和工具对这类事件进行推广，因而仅有限使用奥尔堡品牌化沟通平台。

最后，两例中三种行为人的承诺程度差异很大。奥尔堡一例中，市政府行为人认为品牌化运动最迫切，这体现在它认为自己在同丹麦公众舆论中的老旧工业时代形象作斗争（Epinion，2006），该形象同该市目前的社会经济现实早已脱节。奥尔堡在重新定位过程中将品牌化运动视为重要工具。然而同这一点相反，奥尔胡斯一例中，市政府行为人扮演的角色重要性小一些，因为它认为自己具有较强的正面形象，目前形象分析可以证明这一点（Epinion，2006）。市政府行为人参与品牌化运动的理由很模糊。该有限承诺度或许是品牌化运动的实施阶段责任移交给旅游组织的原因之一。有趣的是，两例中私人行为人的承诺程度同公共行为人正好相反。在奥尔堡一例中，旅游组织和零售组织认为地方品牌化措施仅对产品开发方式（如事件打造）有重要性，共有沟通平台对它们来说似乎没有多少价值。因此这两个组织的特点是功利主义方案："这样做对我有什么好处？"另外，在奥尔胡斯一例中，旅游组织和零售组织均视共同品牌化方案为重大的跨行业运动，有助于定位该市在体验经济中的吸引力。因此旅游组织和零售组织承诺度超过了其组织获利，它们对城市品牌化项目的忠诚度甚至超过了市政府发起人。

12.5 结 论

本章基于三个概念（包容性、策略和承诺度）的理论框架分析了丹麦两个省级城市的品牌化运动，目的是说明利益相关方相互配合能影响地方品牌化过程。现有文献认为，利益相关方在品牌化过程的时间表设置、设计和实施阶段的大量活动重叠对地方品牌化的长远可行性发展非常必要。然而，实证案例研究证明这样做并不能保证利益相关方作出承诺，因为一致的愿景和目标不仅是因为包容性，还因为共享战略重点。将两个案例研究对比，我们可以发现虽然采用的定位策略不同（奥尔胡斯试图增强现有形象，而奥尔堡的目标是展现后工业化时代新形象），但在实践中，两大品牌化策略有类似之处。两者均注重向外界潜在用户或消费者推广地方形象（而非建设内部社区），均注重沟通，但与此同时均未将沟通措施整合入有形的大规模的地方品牌打造运动；因此，两大品牌化过程似乎类似于传统的地方推广活动，而非综合性地方品牌化活动。鉴于此，需特别注意的是两例中的对品牌化过程的承诺度都不均衡，奥尔堡市政府品牌化办公室很积极，而奥尔堡外部共事者很不情愿；奥尔胡斯市政府行为人明显半心半意，将责任转给旅游组织，而旅游组织和零售组织似乎很热情地参加了品牌化运动。这明显说明初期包容度，即便是发起人，也不足以确保对品牌的承诺度，而公共行为人和私人行为人可能受其他不同程度参与品牌化过程的原因影响。为确保承诺度，应将包容度同制定与接受共同策略联合起来，不仅要识别总体目标，还要识别目标市场和沟通措施，尤其是具体的地方品牌打造活动。如果事前没有评价是否需采取品牌化策略（包括该策略应解决的问题），并且，如果没有让利益相关方知晓，没有将其包括在内，利益相关方最终可能会靠现成的"老朋友"网络（如市内的知名组织），这样会导致利益相关方内部出现巨大的承诺度悬殊，从而对组织间合作造成很大影响，结果是产生前后一致的持久品牌。从理论角度看，这一包容性说明可采取多方面的概念框架（如当前文本所采用的），促进地方品牌化研究。因此，可对欧洲中型城市的地方品牌化过程进行系统比对，拓展该研究的地理关注点。

参考文献

Århus Kommune (2004) *Branding af Århus*, Århus: Århus Kommune.

Belina, B. and Helms, G. (2003) "Zero tolerance for the industrial past and other threats: Policing and urban entrepreneurialism in Britain and Germany", *Urban Studies*, 40, 9, 1845–1867.

Eckstein, B. and Throgmorton, J. A. (eds), (2003) *Story and Sustainability: Planning, Practice and Possibility for American Cities*, Cambridge, MA: MIT Press.

Epinion (2006) *Måling af Horsens som dynamisk by*, København: Epinion.

Florida, R. (2002) *The Rise of the Creative Class: And How It Is Transforming Work, Leisure, Community and Everyday Life*, New York: Basic Books.

Gomez, M. V. (1999) "Reflective images: The case of urban regeneration in Glasgow and Bilbao", *International Journal of Urban and Regional Research*, 22, 1, 106–121.

Halkier, H. (2006) *Institutions, Discourse and Regional Development: The Scottish Development Agency and the Politics of Regional Policy*, Brussels: PIE Peter Lang.

Hankinson, G. (2007) "The management of destination brands: Five guiding principles based on recent developments in corporate branding theory", *Brand Management*, 14, 3, 240–254.

Hogwood, B. W. and Gunn, L.A. (1986) *Policy Analysis for the Real World*, Oxford: Oxford University Press.

Ind, N. (2003) "Inside out: How employees build value", *Journal of Brand Management*, 10, 6, 393–402.

Jensen, O, B. (2007) "Culture stories: Understanding cultural urban branding", *Planning Theory*, 6, 3, 211–236.

Kavaratzis, M. and Ashworth, G.J. (2005) "City branding: An effective assertion of identity or a transitory marketing trick?", *Tijdschrift voor Economische en Sociale Geografie*, 96, 5, 506–514.

Keller, K. L. (2003) *Building, Measuring, and Managing Brand Equity*, 2nd edition, Upper Saddle River, NJ: Prentice Hall, Pearson Education International.

Kvale, S. (1996) *Inter Views: An Introduction to Qualitative Research Interviewing*, London: Sage.

Morgan, N. and Pritchard, A. (eds) (2001) *Advertising in Tourism and Leisure*, Oxford: Butterworth-Heinemann.

Ooi, C. S. (2004) "Poetics and politics of destinational branding: Denmark", *Scandinavian Journal of Hospitality and Tourism*, 4, 2, 107–128.

Parsons, W. (1995) *Public Policy: An Introduction to the Theory and Practice of Policy Analysis*, Aldershot, UK and Brookfield, VT, USA: Edward Elgar Publishing.

Pedersen, S. B. (2004) "Place branding: Giving the region of Øresund a competitive edge", *Journal of Urban Technology*, 11, 1, 77–95.

Rhodes, R. A. W. and Marsh, D. (1992) "New directions in the study of policy networks", *European Journal of Political Research*, 21, 1-2, 181–195.

Therkelsen, A. and Halkier, H. (2008) "Contemplating place branding umbrellas: The case of coordinated national tourism and business promotion", *Scandinavian Journal of Hospitality and Tourism*, 8, 2, 159–175.

Therkelsen, A., Halkier, H. and Jensen, O. B. (2010) "Branding Aalborg: Building community or selling place?", in G. Ashworth and M. Kavaratzis (eds), *Towards Effective Place Brand Management: Branding European Cities and Regions*, Cheltenham, UK and Northampton, MA, USA: Edward Elgar Publishing.

Thomson, K., de Chernatony, L., Arganbright, L. and Khan, S. (1999) "The buy-in benchmark: How staff understanding and commitment impact brand and business performance", *Journal of Marketing Management*, 15, 8, 819–835.

Thorelli, H, B. (1986) "Networks: Between markets and hierarchies", *Strategic Management Journal*, 7, 1, 37–51.

Turok, I. (2009) "The distinctive city: Pitfalls in the pursuit of differential advantage", *Environment and Planning A*, 41, 1, 13–30.

13   当设计行动主义遇上地方品牌化：城市表达和日常惯例的重配置

◎ 盖伊·朱利耶

13.1   引   言

　　每个品牌背后都有一个故事。故事采用跨结构文本设置。地方品牌化涉及在某个地点开展协调的同质化美学特色的同质化运动和态度标记运动。但这样穿插织成的结果也容易被拆散、模仿或重复使用。任何故事都需要有一个引人入胜的开端。因此，2005 年 9 月 26 日，利兹市议会的地方品牌营销部门（Marketing Leeds）在该市著名的维多利亚区揭晓了本市品牌。该拱廊商业街包括一些关键高端零售品牌，如哈维·尼克斯、泰德·贝克和路易·威登，这些品牌都提升了利兹作为购物去处的国内知名度。该事件中，有来自与利兹相关的名人的支持留言，如 BBC 第一电台音乐节目主持人克里斯·莫伊尔斯以及其他当地品牌，如 Embrace 乐队和 Kaiser Chiefs 乐队。该市品牌口号是"利兹，住利兹，爱利兹"。在打造这一特色过程中，一个当地品牌化和沟通群（名叫"英格兰代理人"）对利兹居民进行了调查，调查内容是，假定利兹是一个人，应属于哪种人。如同消费者对利兹品牌推出的看法，研究结果是，利兹应该是"一个友好的年轻男性、您最好的朋友、值得认识的好人、有抱负、住新潮的公寓、开大众 Golf GTi 汽车"（Scott，2005）。

　　在利兹的"官方"身份之外，很多提示也对该市作了其他替代性叙述。发布会没有提到的有：利兹是英国最大的犹太人群居住区，也是英国最广为人知的加勒比黑人狂欢节举办地。同样，也没有提到其他庆祝原因。比如，该城市很久以来便是创作实习和政治行动主义融合之地，Mekons 和 Chumbawamba 等乐队可证明这一点。此外，利兹还是利兹动画制片厂（Leeds Animation Workshop）所在地。该制片厂由一群志同道合的女性于 1976 年组建，制作一部学前育儿电影。从那时起，她们制作了多部以社会问题为题材的电影。利兹同时是利兹明信片（Leeds Postcards）所在地。该集团成立于 1979 年，曾为 20 世纪 80 年代的活动家办公用品行业设定了标准。利兹也是 20 世纪 90 年代通过缓慢的社区参与过程最终采取措施在英国建立第一个"家庭区域"的城市，该活动将居民街道变为了混合用途的市民空间。到 2008 年为止，一群自称为"设计行动家"的人发起了一场口号为"利兹，爱利兹，共享利兹"的反品牌运动，由此关联到其他很多活动方案。

这些"设计行动家"通过解拼贴和改写方式"颠覆"了很多品牌，这成了行动主义界的一个常见比喻。"颠覆"案例很多，比如 www.subvertise.org 或《广告破坏者》（Adbuster）杂志里面有很多同公司名、广告或口号有关的视觉或文学双关内容，这样做揭露了这些公司在剥削系统中扮演的阴谋角色。因而，"福特"（Ford）成了"欺诈"（Fraud），诸如此类。然而，这种侵权行为属于落后倒退行为。这类行为经常批评新自由资本主义，但并不一定会提出替代方案建议。笔者认为，"颠覆行为"在缓慢推进人们的政治意识方面或许有效，但这种行为只存在于相同文化领域（印刷媒体和数字媒体），因此不可能提供具体的"下一步措施"。

相反，反品牌的作用可从批评直至产生替代性态度标记用于行动。"利兹，爱利兹，共享利兹"口号便是对官方台词"利兹，住利兹，爱利兹"的颠覆。该口号部分灵感来源于文化干扰传统，而某些这类传统确实受过前面的利兹明信片的影响，但这种情况也说明可以激起当地人追求更平等、包容性的都市生活惯例的热情。官方品牌口号中的利兹几乎是一个抽象概念。"爱利兹"是爱利兹这一概念。然而，"共享利兹"提出了"共享什么？哪些人共享？共享比例为多少"等问题。从而问题焦点转至利兹的物质资源、经济资源和居民等细节，需要依据有关利兹的更具体观念而采取行动。

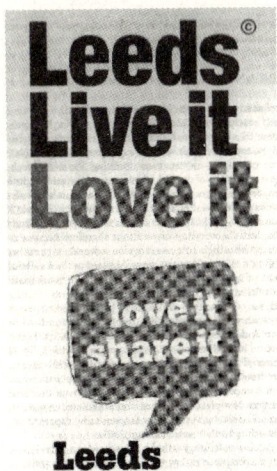

图 13.1　城市品牌标识"利兹，住利兹，爱利兹"；城市品牌标识"利兹，爱利兹，共享利兹"
资料来源：营销利兹；利兹，爱利兹，共享利兹。

　　至于利兹一例，本章评述了设计行动主义争夺和扰动地方品牌化的内在假定空间性的方式，尤其主流空间意识形态中包含了后工业化城市群是新自由主义全球网络环境内的主要消费地点的理念。这种经济逻辑和空间逻辑受到了来自金融系统瓦解和气候变化双重紧急状态的挑战，开启了一个空间；该空间自身的支持者开始质疑他们自己的假设前提。然而，活动家（包括在设计圈工作的人）作为政治调解人，已预见有必要按原定速度改变当地制度及改变重点。

13.2　地方品牌化和全球主义

　　以全球主义方式先验确立城市特点在许多学术资料中都有论述。比如，Anna Kingmann 便批评过将国际建筑传统作为地标性建筑物的前景，从而使一个地方容易辨识的策略。她将品牌化策略视为对这种错误做法的纠正方法（在她的情况中，纠正方法是将用户空间现象体验进行巧妙搭配）。然而，她的书籍开篇提出的假设是"在全球经济环境中，必须突出人和地点的区别化"（2007）。此处重点在于地点的外向性和地点用户，因而后者的日常部署会像世界舞台上的演员一样自动进入角色，而非依据其本身能力或面向更本地化的前景。世界性属于城市性，城市性也属于参与全球秩序和经济。

至于各国之间的投资、就业、居民和游客竞争的假设，也需要通过地方品牌化实现区别化（Storper，1997；Buck 等，2005）。这一推导部分来自于管理学研究形成的逻辑，尤其是波特的"竞争优势"观（Porter，1990）。区别化同在市场中建立"利基市场"有关，而不是同其他公司（或地方；适用于本案例）正面交锋。因而，可依据该脚本，完善并清楚说明一个地方的特色，从而吸引某些形式的资本投资、创业知识和劳动力（詹森，2007）。

这是一种防御策略，体现在它响应了感知到的全球市场需求，而不是提出维护地方经济、社会和环境健康的替代性方案。近期引用较多的案例显示可以研究探索城市群存在的替代性框架。鹿特丹的城市再生专家目前正研究将该城市再构建为一个"技术城市"的概念。通过对其人口现有和潜在能力的关注，预期可打造各类关联、部署和关系，为共同繁荣创造新的社会模式（Oosterling，2007）。底特律经过了去工业化和人口减少后，重整旗鼓，成了充满活力的都市农业模范（Boggs，2003）。

有评论文章将城市特色、全球主义和城市同质化很容易产生关联的观点问题化了。Frase 和 Weninger（2008）认为，全球化和新自由主义制度正如能记录城市空间变化的镜头一样在逐步实施。Smith（2001）坚持认为，早期对金融全球化和弹性积累全球化的叙述（具体例子有 Harvey，1985）没有考虑政治作为社会力和文化力的作用，都忽视了对各种错综复杂形式的权力相对于资本力量的分析。Robinson（2006）还认为，占主流地位的全球化叙述偏向西方的现代化观念，在该观念的语篇中对城市进行了分级。

这些有关城市群运行的假定观点都会自动引发一些很基本的问题。利兹推出品牌几天后，据透露中国香港采用"住香港，爱香港"营销口号已有三年。这证明了地方品牌化中会反复出现的一个问题：在以可读、易理解方式为全球受众确立某地形象的过程中，信息会缩减为宽泛的华而不实的内容。同样，只需大致浏览一下新加坡、布里斯班和伯明翰等城市品牌便可发现它们宣称为"动力型"、"世界性"或"多样性"。约翰内斯堡和曼彻斯特都宣称"充满活力"；伯明翰、格拉斯哥和约翰内斯堡都宣称"人文性"；圣多明各和布里斯班都自称"雅致"（朱利耶，2005）。这些城市探求的是将自己同现代化、世界性观念相联系，与此同时互相区别开来。然而，它们反倒证明了前者的有限范围导致后者失效（图洛克，2009）。

然而，标语和标记只是城市特色法规化和通过宣传图形、都市设计、建筑和营销策略形成城市特色的内容之一。地方品牌受制于对许可使用的颜色选用、字体或文本副本等细节作出严格规定的导则。这些指导方针是有法律效力的可执行标准，将研究结果转化为当地特色，并/或将其全球性声誉转为知识产权。在该过程中，这些指导方针还确立了对具体空间背景的权威标记。

13.3　超出地方品牌的权威主义

权威主义通过规划程序延伸至建成环境，而这些环境的美学特征也受本地化设计规则的指导。都市设计有涉及各类惯例法规化及结果的概要和"最佳做法"导则。这些指导方针全都是通过仔细评定城市建筑特征和规划特征得出的，但同时也紧密关联到"特色"和"现代性"等假设前提及其传达方式（朱利耶，2009）。

在英国，该过程已被整合入都市再生策略。1997年新工党选举获胜后，英国政府很快成了"都市特遣工作组"；工作组发布了一项具有重要影响的政策说明，标题为《实现都市复兴》（都市特遣工作组，1999）。该政策同后来的《都市白皮书》（2000）成了多部尝试解决后工业时代的都市生活问题的政府政策之一。这是头一次将设计视为城市地区复兴的关键组成部分。然而，如果将设计制定成政府政策并在当地实施，很容易导致将设计狭隘地解读为只涉及纯粹的形式特色，而非过程特色。这其中暗含一个深深植根于理论背景的行为主义都市设计模式（Cuthbert，2006）。简而言之，该方法牢牢植根于将空间视为多个类型集合体的观念内，这些集合体完全基于其实质方面，而不是日常生活惯例。因而，我们听到的是"移民形式"、"都市形式"、"都市空间"和"建成形式"（如社区和地方政府部门，2006），而不是"亲属关系"、"流动性"、"社会网络"或"劳工"的基础架构。

无论是设计规范的最佳做法导则，还是设计规范本身，重点都是设计——促成各地方态度和行为的设计。反过来说，虽然反复提醒过制定设计导则通常应咨询公众意见，最后的结果都是某个具体的、对都市生活的专门叙述。该叙述反过来又作为一种布置或都市习性（Bourdieu，1984）被提供作消费、遵守和采纳。换句话说，最终完成布景的是市民。

这一点在都市设计和规划的设计规范和导则中或许更不言而喻。地方品牌化过程中，该信息或许更明确，甚至更无情，因为针对设定的品牌价值，信息需有特殊的可运行形式。正统品牌化观点会涉及确定描述对象基本特征的关键主题；随后这些主题转换为以定性口号开头的美学观点。这些观点再进入某个标识、网站、印刷材料及其他形式，有时可能进入都市设计、规划和建筑的各方面（朱利耶，2005）。品牌导则对色彩、布景和"语音"等细节的使用有很严格的规定。可以将工作分包给一批经许可的设计工作室，从而实现品牌设计执行控制。这些设计工作室都签署过遵守导则的法律协议，如此一来，便可对信息实施严密控制。

13.4 地方品牌化政治经济学

Mommaas（2002）对地方品牌化过程及品牌化同权威主义发展和全球化观点的联系中遇到的多个难题作了很有用的总结。他认为，如果不注重当地文化的特殊性，会产生以下矛盾：

（1）容易使城市品牌适应现金充裕的外部市场动力，而不适应内部文化惯例和情结；

（2）容易以"品牌"方式使具体文化意义客体化、泛化，容易使这些意义同有名的地名和项目形成实质性联系；

（3）可能存在"品牌"妨碍重建而不是促进重建的危险，长期这样下去，都市惯例会随必要的增长缓慢前行（Mommaas，2002）。

在利兹，形象确立设计的高度工具化同都市生活惯例齐头并进，同时有多个政治经济优先目标。过去20年来，利兹和市中心经历了巨大的变化，关键特点包括：

● 利兹市形象被重新定位为24小时不夜城，在欧洲，利兹从20世纪90年代起便被指代为"北方的巴塞罗那"、24小时咖啡馆人士常去之处和城市中心

(Haughton 和 Williams，1996)。

● 城市中心人口从几百人增至规划人口（2015 年前 2 万人）(Knight Frank，2005)，然而应注意的是，这只是该市人口的 2%（Fox 和 Unsworth，2003)。

● 到 2006 年底，在建办公室和公寓修筑计划金额达到 14 亿英镑，此外还有 58 亿英镑的修筑计划方案。自 1997 年以来，总金额共 104 亿英镑（利兹市议会，引自 Chatterton 和 Hodkinson，2007)。

● 过去 25 年内将社会住宅存量减少 40000 套，至 2016 年，再减少 10000 套（利兹市议会，引自 Hodkinson 和 Chatterton，2007)。

● 坚持在英国教育、医疗和其他福利方面实施最大的公私合伙合作项目或私人融资方案（共 8.8 亿英镑），并随后将其运作管理同会计、法律及其他形式的私营服务部门提供的多种私人服务相联系（Fauset，2009)。

一言以蔽之，利兹视觉形象变化和实质性变化（着重于市中心）证明了该市参与实施了地区和国家级金融化运作的新自由主义政策，同时使利兹深入参与到全球资本流动中。必须在资本化、金融化过程的背景中解读整合入城市的地方品牌、建筑设计和城市设计（Molotch，1976；Minton，2009)。还应将城市主要设计策略面临的困难解读为经济和空间结构的主要意识形态面临的困难。

利兹对追求全球城市排名的热情与日俱增，而观察到的表现却很差，这一点让利兹增长了追求高目标的动力（CWHB，2002；Sperling，2005)。需注意的是，在 2002 年一次城市展望会议上（又称"大会"），利兹没有列入欧洲前二十大最适宜经商的城市名单。对一个只有 70 万人口，同法兰克福、阿姆斯特丹和巴塞罗那等同台竞争的类似城市来说，这一结果不应该算失败。然而，外界对利兹的看法却被惹恼了。2003 年，市议会委托当地广告公司 Brahm 对外界对利兹的看法进行调查。这一调查，也包括市政府官员和领导层普遍的不安全感，促成了"更上一层楼"的观念。"更上一层楼"是市议会、各机构、市领导的首个群体目标，即"利兹行动方案"。按一名紧密跟进利兹行动方案的成员的话来说，该方案是专门针对哥特堡高级规划师 Hans 和 ers 的一句评语。他回顾"大会"时认为，"如果你不选择'更上一层楼'方案，你就会'更下一层楼'"(Unsworth，2010)。利兹行动方案还声称这样可"增强利兹的国际竞争力，将利兹变为英国最适宜居住、工作和学习的城市，人人生活质量都会提高"(利兹行动计划，2004)，从而在这种积极支持的背景中构建"利兹，住利兹，爱利兹"品牌。

13.5　地方品牌面临的难题

地方品牌不一定都靠创始人或干涉者朝一个方向发展。低调宣传地方品牌或许是其创始人故意采取的措施。梅德韦和瓦纳比（2008）提出了地方战略"去营销"概念。他们提示人们注意偶尔需要进行数目管理，以避免供过于求，并阻止"不务正业者"（如爱捣乱的社会分子）。他们还认为"变态地方营销"或许也是有效措施；比如，提示人们注意某个地方的古怪之处（如哥特式城市惠特比可吸引一个特殊游客群体）或其阴暗面（伦敦 Hackney 区 20 世纪 80 年代就自称为"英国最穷市区"，从而影响政策制定者）。

面向亚文化的企业主义也可能出现非官方地方标识名。2002 年有人建立了一个叫"伯明翰：不是狗屎"的网站（www. liirminghamitsnotshit.co.uk）。该网站是对该城市进行了略带嘲讽的称赞，比如 20 世纪 60 年代的 Bullring 购物中心或该市 11 号公交车线。网站创始人叫 Jon Bounds，是一个幽默大师。对他来说，该网站让他有机会展示他的作品并销售相关商品。然而，该网站还为各种演唱会和其他活动提供了重要机遇，有一大群热情的博客爱好者。网站拿该市引以为豪的事物开了个小玩笑，同时让人得以从另一个角度审视该市。

同样，在利兹投放"利兹，住利兹，爱利兹"品牌之前，当地电台 Aire FM 便已推广过该市的一个替代性特征。2004 年，该电台便在市中心的年度临时溜冰场旁边立了广告牌，上面写着"不准哒哒哒地溜冰、不准穿莱卡溜冰服、不准肉麻地笑，记住这是在莱卡市"。Bell（2009）认为，市中心溜冰场提供了有人管理的游乐空间，即所谓的影响设计（Thrift，2004），同时强调了个体风险和集体风险以及企业主义观念。该广告将"官方"的城市目标具体化，使参与者有机会布置这些目标。但 Aire FM 还有其他想法。另有一段叙述将利兹以及约克郡描述为未小题大做、具体而实际（Sandle，2004）。令人头脑发热的城市目标并不会有损另一情况。

利兹的"更上一层楼、24 小时商业不夜城、零售业推动的国际性大都市，住利兹、爱利兹"形象在 2008 年 10 月的经济大衰退中严重受损。2007 年，失业率攀升至 45.5 万人的峰值，预期在随后的三年内减少 1.88 万人（利兹市议会，2009）。2009 年初，市中心共 5653 套公寓，15.51%均空无一人，7%处于空置状态超过 12 个月以上（BBC，2009）。该市 Aire 河决堤（这是一年中市中心第二次被大水淹没），很明显有必要提出更具有可持续性的城市规划设计解决方案。在该背景中，发展已经过了黄金时段。2008 年初的信贷紧缩和需求缺失导致许多方案被叫停，包括 1.6 亿英镑的 Spiracle 大厦项目，为了修建该项目，市中心唯一的游泳池曾被关闭。

同经济萧条大背景相反，利兹市却兴起了多个着重于可持续性、城市形式和治理的新活动方案，包括"结束利兹一团糟的天气"（一个"改变城市"组织）、"利兹生态乡村项目"、"利兹：我们是否选对了方向"方案和"改变气候"。这些方案都试图找出某些创意实践者实施设计行动主义的正当理由，以此作为利兹市的历史根基的"替代"；不必说，虽然可以从全球气候改变、石油危机和经济危机等角度解读这类行动方案的动力，但这类方案关注重心高度集中于利兹目前的情况和未来的可能情况。对设计行动家来说，官方品牌很有参考价值。

13.6 设计行动主义：理论

Fuad-Luke（2009）提出，设计行动主义应定义为"有意识地或无意识地应用设计思维、想象和实践，从而创造反叙述，旨在产生并平衡正面的社会、制度、环境或经济变化"。可以说，设计行动主义历史悠久，是一门古老的行业。19 世纪下半期出现的现代设计概念将设计行动主义定位为一种"附加值"；后来，这种观念对主导工业革命后期的康德哲学观念"无限生产"起了缓和作用。设计对泛滥成灾的现代生产和消费者文化商业化来说是一大伦理挑战，它可以利用品位和控制（Dutta，2009）进行。因而，正如 John Ruskin、Willam Morris、Christopher Dress 及其后代宣传普及的一样，设计成了道德过滤系统。自 20 世纪 70 年代初以来，社会需求和生态问题的设计方案反复成为一大主题，Victor Papanek 对后世影响巨大的《设计真实的世界》（1972）的文本证明了这一成功的不朽性，并且该书成为了挑选设计者和非设计者的国际性参考资料。

自 2000 年以来，许多设计者的活动热情被进一步激发。毫无疑问，这一点同普遍的环境改善和社会公正问题有关联，一些书籍也有同样的观点，如《剧变：未来全球设计文化宣言》（Man，2004）和《像你介意一样去设计：人道主义危机的建筑响应》（《人性建筑学》，2006）。这类叙述中，设计者步 Papanek 之后尘，将工作重心同全球主义运动相结合。在全球主义运动中，专业知识作为责任世界观的一部分，适用于解决具体的地方难题（如淡水或流动性）。这种情况中，创新解决方案很大程度上为技术性质，社会性质是其次。

另外一种设计行动主义解决方案也是社会实践的前景。该方案关注个人或社区为自己设计的创新，因为资源的"非官方定制化"的意义很重要。设计者任务是识别这类创新，促使其发展或升级。比如采用网上预订方式将非官方电梯共享方案转为某街区电梯共享方案，这便属于设计者的社会创新（Manzini 和 J'gou，2004）。这一方案重点对居民日常生活方式及其能力的小规模当地分析。虽然这一地方主义热情或许只是一个起点，人们却认识到文化不应只存在于具体领土内，而是存在于广泛的关系网络和流动中。因此，为了采用 Fraser 和 Weningner（2008）的观念，设计行动家参与了前述网络，也成了"产生未来的原动力"。

13.7　设计行动主义：实践

"利兹，爱利兹，共享利兹"反品牌始创于 2008 年，创始人是一个创新实践者七人组和关心利兹未来走向的学术界人士。在新自由主义金融化推动下，"利兹，住利兹，爱利兹"口号被视为全球化意识形态的象征，上面已经讨论了这一点。然而，重塑"利兹，爱利兹，共享利兹"反品牌不止是对官方品牌的权力主义及其象征内涵的无礼驳斥或质疑。"共享利兹"的关注重点从作为旅游、购物和夜生活经济中心的城市中心转移至一个包含各类空间和人口特色的参与型城市。

旨在创造一个替代性标识的行动主义是从七人组的以下道德观点出发的：该市人口应"活得更好"，不仅是外观形象，也包括内涵思想。该行动主义另一大动力是在气候变化、石油危机和全球经济衰退的情况下，需要意识到如何运用想象力再思考日常城市生活的实行方式和辨别方式。

反品牌管理必须同官方的利兹品牌区分开来。"利兹，住利兹，爱利兹"官方标识可广泛应用至利兹城市文化的主流新自由主义领域内的商品和交流。"利兹，爱利兹，共享利兹"反品牌必须尊重其他行动家群体的自主权，因而不能视为占用了他们的精力。反品牌占用的替代性空间必须由其自身有效创造。因此，反品牌的部署很低调，从而很大程度上被负责管理官方城市品牌的营销利兹忽视了。在任何情况中，反品牌都属于100%的原创设计，因而不违反任何商标法律规定。

在为反品牌寻找植根和意义化的空间过程中，"利兹，爱利兹，共享利兹"成为了设计行动主义实践的模范。虽然反品牌对城市主流观念提出了慎重的质疑，但也有必要鼓励各类能证明城市经济、社会和环境结构替代性方案可能性的活动。

因此，"利兹，爱利兹，共享利兹"不能脱离于当地治理系统而发挥作用。该反品牌会依靠同地方发展代理机构（Regional Development Agency）、约克郡向前进（Yorkshire Forward）和其他等利益部门建立关系；这些代理机构都开发或提供过革新和社区管理服务。在这些活动中，前述反品牌利用的正是 Whitfield（2006）所述的"代理化"，而代理化正是新自由主义治理方式的创造物。在代理化过程中，可通过地方部门社会服务、半公共代理和志愿者部门联合的方式，开发管理公共部门服务。而这些合作方的资金可来自当地部门开销、国家专款或欧洲各国政府专款或慈善捐款。因此，"利兹，爱利兹，共享利兹"可整合入这一错综复杂的利益网络中，受益于合作关系，与此同时不会对现状构成过大威胁以至于脱离潜在的投资者或盟友。在行动主义和合作主义之间找到平衡的最可能方式是找准利益方（如同地方发展代理机构里意见相同者对话），同时证明"利兹，爱利兹，共享利兹"的目标和专业性对该市具有长远意义。最后，出于法律金融原因，该反品牌还需将自己组织成一个为社区利益服务的公司，以便管理外部资金资助的项目。

"利兹，爱利兹，共享利兹"有一个叫"城市边际"的一年期项目，资金来源于约克郡向前进和当地创业机构。2009年，"利兹，爱利兹，共享利兹"通过该项目绘制利兹列治文山市郊（人口：17000）的社会网络、技能和空间使用地图。列治文山本是一个因长期失业、社会分化和环境状况差而声名狼藉的社区，城市边际项目却揭示了该社区的潜能。然而，该项目主要关心的是地图绘制工具的原型设计，从而用于其他社区。在该过程中，重心在于发现并使外界关注各社区的生产能力，而生产能力存在于广泛的经济做法和社会技能领域内。企业名录（比如修车或非正式护理方法）里是不存在经济做法和社会技能的。因而，地图绘制过程本身成了社区了解自身的途径。关注地图绘制带来的生产能力（包括目前的、潜在的和广义上的），能够打造灵活的、有动力的和适用于居民日常生活的地方新特色。

为什么应该把这一点视为设计行动主义而不是笼统的行动主义任务呢？创造较平庸的反品牌涉及形式和内容设计决策。然而，是更广泛的"利兹，爱利兹，共享利兹"行动促进"设计思维"。从更具体的角度看，"利兹，爱利兹，共享利兹"同新出现的专业化"服务设计"（Kimbell，2009）不谋而合。这一点同居民与环境之间进行的研究关系和交流密切相关。其方法采用了深层次用户研究，以便理解遇到的各类要求和经验。此外，还应注意服务用户和生产者自身创造的小规模创新，因为他们的"非官方定制化"或许有可升级的重要性和适用性。在"城市边际"一例中，绘制社交中心和街头小店分布位置、说明其提供的产品/服务或社区成员如何使用的关注点是微级别的日常生活及其同更广义的社区的关系。

这些数据之后会反馈给社区利益相关方，他们便可参与符合自己需求的服务设计和开发。该项目揭示了如何通过逐步移除权力、地方特色、金融、经济机遇和服务将社区"挖空"，这种方式优于市中心及其他地区的资本和基础设施密集化（"利兹，爱它，分享它"，2010）。然而在小规模创新活动中，可以调整和利用经济边际化社区的低成本，也可以打造非官方经济、替代型适应性和可调性，这些都会对构思的社区（见派克等，2010）的主要级别造成影响。列治文山一例不过是创造一种新博弈方式，算不上"更上一层楼"。

上述总体过程关涉代表性质的地方品牌转变为革新性设计方案性质的反品牌。"利兹，爱利兹，共享利兹"这一反品牌赞成多中心城市群有多种特色，反对由上而下强加的城市生活概念（这种概念偏向想象中的富裕的少数群体生活方式，反映了对城市中心的偏袒）。在从政治修辞迅速转变为实际项目的过程中，"利兹，爱利兹，共享利兹"小组热情高涨，想证明自己属于"产生未来"的城市生活动力。有人认为，该项目同社区及个人在宏观经济失败中的责任背负相关（Perks，2008；朱利耶，2009）。列治文山居民被要求从他们有限的资源中寻找社会资本和生产资本，以便处理国家制造业衰退和福利支持枯竭引发的问题。或许，在社区有多少"伦理盈余"（见阿维德松，2006年）来创建新的自身特色意识这一点上存在问题。然而，通过展示一个地方的"不同情况"，本项目可帮助居民在发挥政治、社会和经济作用中实现自身的潜能。

13.8 结 论

地方品牌化同笼统的品牌化概念一样，基于感知，并面对来自全球的目光。如何构造城市群取决于城市群主流权威机构的看法。这种看法受一种空间模式的驱动，这种模式将城市视为全球金融资源流和人力资源流内中的一个节点。因而，为了吸引恰当的金融资源流和人力资源流，城市群必须创造一种对这种假定全球受众有吸引力的语言。同时，应要求城市居民在这种精心设计的全球现代性（或西方现代性）情形中扮演小角色。

另有一种替代方案，是反过来实施这一过程，凸显构成城市的行为人的角色，从而使多种做法和特色提供一种多层次的城市概念。这样将承认人类行为的作用。设计行动主义可能涉及重塑城市习性，或发现代表被疏忽的事物的新方式。

"利兹，爱利兹，共享利兹"将口号和标识转为行动，并建立反品牌并作为涵盖面更广的行动主义方案的起始点，从而可能避免犯生硬模仿的错误。官方的地方品牌会将综合性空间和社会体系降级为过度简单化、很容易引起争执的观点。同样，反品牌也很容易出现这种情况。但是，如果反品牌是有关我们想在其中生活、学习、工作的地方类型的论辩的起始点，便可以面向其他做法和惯例。

Robert Hewison 在反思 1990 年出现的各类将英国的品牌重塑为"好酷的大不列颠"的想法时说道：

象征性商品创造者（设计者、艺术家和建筑师等）负责涂改各类标志，从代用品边际利润和市场化特色着手，揭示我们应有何种集体自我意识。

然而，设计行为主义起的作用远不只是涂改标志。它能够产生更多替代性叙述内容，或至少提供一些创作新故事的工具。

参考文献

Architecture for Humanity（2006）*Design Like You Give a Damn*: *Architectural*

Reponses to Humanitarian Crises, London: Thames and Hudson.

Arvidsson, A. (2006) *Brands: Meaning and Value in Media Culture*, London: Routledge.

BBC (2009) "Inside Out: Leeds city centre", press release available at http://www. bbc. co.uk/pressoffice/pressreleases/stories/2009/01_january/28/leeds.shtml, accessed 20 November 2009.

Bell, D. (2009) "Winter wonderlands: Public outdoor ice rinks, entrepreneurial display and festive socialities in UK cities", *Leisure Studies*, 28, 1, 3–18.

Boggs, G.L. (2003) "Living for change: Urban agriculture in Detroit", *Michigan Citizen*, XXV, 42, B8.

Bourdieu, P. (1984) *Distinction: A Social Critique of the Judgement of Taste*, trans. Richard Nice, Cambridge, MA: Harvard University Press.

Buck, N., Gordon, I., Harding, A. and Turok, I. (eds) (2005) *Changing Cities: Rethinking Urban Competitiveness, Cohesion and Governance*, London: Palgrave.

Chatterton, P. and Hodkinson, S. (2007) "Leeds: Skyscraper city", *Yorkshire and Humberside Regional Review*, Spring, 24–26.

Cuthbert, A. R. (2006) *The Form of Cities: Political Economy and Urban Design*, Oxford: Blackwell.

CWHB (2002) "European cities monitor" Report.

Department for Communities and Local Government (DCLG) (2006) *Preparing Design Codes: A Practice Manual*, London: RIBA Publications.

Dutta, A. (2009) "Design: On the global(r)uses of a word", *Design and Culture*, 1, 2, 163–186.

Fauset, C. (2009) "Leeds: Live it, lease it", *Corporate Watch*, 30, http://www.corporatewatch.org.uk//?lid=2573, accessed 20 November 2009.

Fox, P. and Unsworth, R. (2003) "City living in Leeds–2003" Report.

Fraser, J. and Weninger, C. (2008) "Modes of engagement for urban research: Enacting a politics of possibility", *Environment and Planning A*, 40, 6, 1435–1453.

Fuad-Luke, A. (2009) *Design Activism; Beautiful Strangeness for a Sustainable World*, London: Earthscan.

Harvey, D. (1985) *The Urbanization of Capital., Studies in the History and Theory of Capitalist Urbanization*, Baltimore, MD: Johns Hopkins University Press.

Haughton, G. and Williams, C. (eds) (1996) *Corporate City? Partnership, Participation and Partition in Urban Development in Leeds*, Aldershot: Avebury.

Hewison, R. (1997) "Fool Britannia", *Blueprint*, 144, 30-31.

Hodkinson, S. and Chatterton, P. (2007) "Leeds: An affordable, viable, sustainable, democratic city?", *Yorkshire and Humberside Regional Review*, Summer, 24-26.

Jensen, O.B. (2007) "Culture stories: Understanding cultural urban branding", *Planning Theory*, 6, 3, 211-236.

Juliet, G. (2005) "Urban designscapes and the production of aesthetic consent", *Urban Studies*, 42, 5-6, 689-888.

Julier, G. (2009) "Designing the city", in G. Juliet and L. Moor (eds), *Design and Creativity., Policy, Management and Practice*, Oxford: Berg, 40-56.

Kimbell, L. (2009) "The turn to service design", in G. Juliet and L. Moor (eds), *Design and Creativity: Policy, Management and Practice*, Oxford: Berg, 157-173.

Klingmann, A. (2007) *Brandscapes: Architecture in the Experience Economy*, Cambridge, MA: MIT Press.

Knight, F. (2005) "Future city" Report.

Leeds City Council (2009) "Leeds economy briefing note", Report, 40.

Leeds Initiative (2004) *A Vision for Leeds*, Leeds: Leeds City Council.

Leeds, Love It, Share It (2010) "Margins within the City: Social networks, undervalued enterprise and underutilised spaces", Report.

Manzini, E. and Jégou, F. (2004) *Sustainable Everyday: Scenarios of Everyday Life*, Milan: Edizioni Ambiente.

Mau, B. (2004) *Massive Change: A Manifesto for the Future Global Design Culture*, London: Phaidon.

Medway, D. and Warnaby, G. (2008) "Alternative perspectives on place marketing and the place brand", *European Journal of Marketing*, 42, 5/6, 641–653.

Minton, A. (2009) *Ground Control: Fear and Happiness in the Twenty-First Century City*, London: Penguin Books.

Molotch, H. (1976), "The city as a growth machine: Toward a political economy of place", *American Journal of Sociology*, 82, 2, 309–332.

Mommaas, H. (2002) "City branding: The necessity of socio-cultural goals", in V. Patteeuw (ed.), *City Branding: Image Building and Building Images*, Rotterdam: NAI Publishers.

Oosterling, H. (2007) "Rotterdam skill city" Report.

Papanek, V. (1972) *Design for the Real World*, London: Thames and Hudson.

Perks, M. (2008) "A radical re-think of what 'change' means", *Spiked*, 28 August, http : //www. spiked-online.com/index.php/site/reviewofbooks_article/5669, accessed 1 April 2010.

Pike, A., Dawley, S. and Tomaney, J. (2010) "Resilience, adaptation and adaptability", *Cambridge Journal of Regions, Economy and Society*, 2010, 1–12.

Porter, M. (1990) *The Competitive Advantage of Nations*, New York: Free Press.

Robinson, J. (2006) *Ordinary Cities: Between Modernity and Development*, London: Routledge.

Sandle, D. (2004) "The Brick Man versus the Angel of the North-public art as contested space", in E. Kennedy and A. Thornton (eds), Leisure, *Media and Visual Culture: Representations and Contestations*, Eastbourne: Leisure Studies Association.

Scott, N. (2005) "Brand loyalty", *Yorkshire Evening Post: Marketing Leeds Special Supplement*, 27 September.

Smith, M. (2001) *Transnational Urbanism: Locating Globalization*, Oxford: Blackwell.

Sperling, B. and Sander, P. (2005) *Cities Ranked and Rated*, Hoboken, NJ: Wiley Publishing.

Storper, M. (1997) *The Regional World: Territorial Development in a Global Economy*, New York: Guilford Press.

Thrift, N. (2004) "Intensities of feeling: Towards a spatial politics of affect", *Geografiska Annaler*, 86B, 1, 57–78.

Turok, I. (2009) "The distinctive city: pitfalls in the pursuit of differential advantage", *Environment and Planning A*, 41, 1, 13–30.

Unsworth, R. (2010) Personal correspondence with the author, 28 March.

Urban Task Force (UTF) (1999) *Towards an Urban Renaissance*, London: ODPM.

Whitfield, D. (2006) *New Labour's Attack on Public Services*, Nottingham: Spokesman.

14 地方品牌化和合作：地方网络能算品牌吗

◎ 塞西莉亚·帕斯奎内利

14.1 引 言

鉴于各种讨论趋势截然不同，地方品牌化可以视为"整合、指导、集中地方管理"的解决方案，而对地方看法的变化和"创造地方特色"只是"最简单的一级"（Kavaratzis，2005）。不用说，探讨地方品牌化分析的级别是值得的。现有文献针对城市、地区和国内，而对多地网络品牌的研究远远不够。多地联网存在于多个地方合作的开发系统中，方式是共享资源并追求规模经济。

由于多个城市充足的资产和多样化可能打造强势品牌，但缺乏主要城市中心的地区和仅存次要经济模式的地区只是"勉强矗立在地图上"。确实，要吸引并留住投资者、游客和人才，较小的边缘社区需要多样化来源，才能重振经济。考虑到美国农村地区，Cai（2002）强调多个社区之间必须实现"临界质量"，提出了解决目的地品牌化合作方案。相应地，Lee 等认为，可"通过促进农村地区在一体化方面的识别意识，将某个地区作为旅游目的地进行营销，可以促进利基产品消费"，另外还可以"将该地区营销给其自身，创造社会资本，因为更强的共享识别会促进彼此信任和合作"（2005）。

该观点认为，网络品牌为政治和经济观点提供新视界，从而有助于打破路径依赖性。也就是说，网络品牌包含了多个城镇，在这一框架内可实施协调方案，并产生多样化。此外，地方网络重新塑造新空间，从而促进城市形象改变。对社

会经济和文化系统衰落迫使人们重新考虑地方特色的老工业地区来说，这是一大
关键要务。例如，鲁尔城区为了解决煤炭和炼钢行业衰退的问题，选择了同 45
个当地政府合作建立了社区间代理机构，目的是推销城市网络（Kunzmann,
2004）。根据 Kunzmann 提出的"灵活功能性边界"理论，鲁尔品牌促进了同意
在"鲁尔大都会"品牌下合作的市镇数目增加，利用了地区文化和相关经济潜能。

　　为了解决去工业化的遗留问题，许多城市都选择了关注品牌化，试图从负面
的工业时代形象转为后工业时代形象。格拉斯哥、毕尔巴鄂、都灵、泰恩河畔城
市纽卡斯尔和匹兹堡仅是诸多例子中的一小部分而已。这些案例都证明了市中
心、城区面积以及展现"新形象"的重要作用（Gómez, 1998）。确实，复兴项
目、城市形象项目、文化体育活动和能够动员人才探索新发展道路的重要城市资
源（如大学）都是改变城市环境的可行"工具"。边缘非城市地区应该如何解决
去工业化难题？本章提出将现有有形和非物资资源（包括形象）连接为网络，切
实可行地为边际化地区提供后工业化时代品牌化方案。

　　相应地，本章将研究在同一个整体品牌下进行合作的各地的联网。"整体"通
常属于是跨领域、跨功能背景的品牌（泰科尔森和哈克尔，2008），在本章中，
整体是从空间角度出发的。这意味着要进行跨制度品牌分析和合作城市品牌分
析，以便重新推出开发方案。对整体品牌的相关解读可以展示网络，从而创造分
析评价有关社区之间相互关系的机会。

　　瓦尔·迪·科尼亚的案例研究将对网络品牌的再品牌化能力进行测定；再品牌
化的方式是改变产业衰败的农业区形象。瓦尔·迪·科尼亚本来是意大利一个重要
的工业地区，由五个城市组成；最发达的是皮奥恩比诺镇，过去该镇的钢铁厂为
当地人提供了工作和经济保障。自 20 世纪 80 年代以来，该市出现了危机。本章
将通过重塑新空间、促进当地识别的方式，对网络品牌重塑地方形象的能力进行
研究。相应地，也会对由此产生的瓦尔·迪·科尼亚品牌进行测试，并从工业危机
角度分析其"创造者"(萨默斯，1994 年)。

14.2 地方品牌：静态解读对比动态解读

一般说来，品牌化和公司品牌化概念以批判形式被应用到各地，方式是强调被品牌化的物体（即产品/公司品牌和地方）之间的内在差别。有人认为，由于地方识别的原因，"地方品牌化同传统产品和产品品牌化差别很大"（泰科尔森和哈克尔，2008）。然而，这一理论基础似乎是将地方作为最好的"包"推销给相应目标、居民、游客、投资者或以上各方。无疑，地方识别起了极重要的作用；通常，品牌化活动在于让地方卷入正面甚至更特别的特色中。然而，如果将地方视为"打包"的物体，品牌只会成为被限制于一个诱人特色和选定符号的集合内的静态存在物。

地方识别同包装过程一起被认为可以指导品牌化，因为缺乏现实植根性会生成不可持续的品牌，甚至导致牵连当地多个社区的负面反映（格林伯格，2008），所以应讨论的核心是当地真实性和当地特色风气。然而，在追求独特性的过程中，选择真实品牌成分可能会将该地"冻结"为一套紧挨在一起的符号和特点，也就是所说的静态品牌。然而却存在一个悖论：在"包装"独特性的过程中，城市最终都宣传了相同的特点。图洛克（2009）认为，这样造成了千篇一律的结果，因严重缺乏想象力和风险规避，该结果总是无效。

14.3 关系模式：动态品牌

在解决品牌的动态维度方面，关系模式有助于了解品牌周围的无形的、不断变化的不可见世界。确实，这一点让人注意到利益相关方和品牌之间的关系（见图 14.1）。事实上，基本原理是：焦点不应再是物体本身（如地方），而应是用物体建立的关系和物体周围的关系。

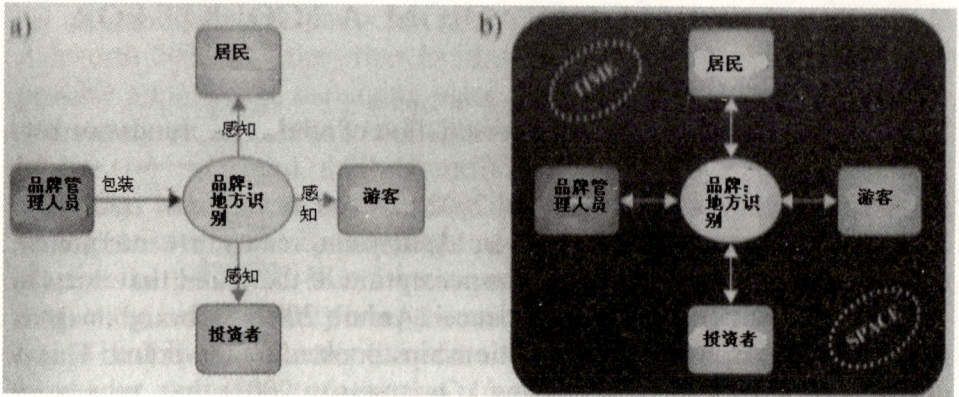

图 14.1 a) 静态解读品牌；b) 动态解读品牌
资料来源：笔者自己的阐发。

　　地方品牌化讨论中，已经提到过关系模式。汉金森（2004）声称品牌属于关系建立者，他构想了一个基于"关系交换"的品牌模式。吕里将品牌定义为能够激发多向沟通流的"新媒介物体"，并提出地方品牌可以理解为与其互动的行为人的"交汇点"。Govers 和 Go（2009）认为地方营销者必须处理"流动空间"，因为网络化社会使参与关系和全球互动成了地方品牌的关键要素。虽然这一论点说明了需要填补这一理论缺口，但对地方品牌的关系内容的关注却很少。

　　因此，假定内部可见性和外部可见性存在品牌化机制，关系模式说明品牌核心在于品牌的关系能力，而该关系能力是大量特殊性的来源。确实，该观点有持久的比较优势，因为当地建立的关系和同外界建立的关系构成了图洛克（2009）所说的"其他地方无法轻易复制的属性"。这种对品牌的关系看法同地方识别的关系本质一致。事实上，Allen 等（1998）认为空间内各类关系模式的不连续性是不同的地方识别存在的条件。

　　在这方面，关系营销值得注意。关系营销定义是"有关网络化组织和网络化社会的营销观点"，其目的是同相关行为人一起"识别、建立、维护、提升关系，并在必要的情况下终止关系"（Gummesson，2002）。其理论依据是，所有行为人目标都将通过持续"互相交换并履行保证而实现"（Gronroos，2000；Gummesson 曾引用过，2002）。相应地，交换和关系的概念是动态解读地方品牌的核心，下文会作出说明。

14.4　关系模式：分析工具

关系品牌研究的理论平台借用了关系营销的替代性透镜进行观察，即"关系眼镜"（Gummersson，2002）。传统品牌化变量（如品牌形象、身份和现实）便是通过这一透镜解读的。

第一，品牌形象的传统定义是消费者或受众心中感知到的品牌，在本章中，品牌形象被设想为由品牌推动的一"包"关系。这是一套"准社会关系"（Gummesson，2002），这套关系依靠于物体、符号等其他无形现象将目标受众同品牌连接到一起。这类关系还确定了品牌周围的"看不见的对世界的感觉整体"（Lin，Gummesson 曾引用过，2002）。如此一来，关系便成了品牌关系内容的代理。

第二，论点支持对品牌现实的关系解读，即有形地方资产和无形地方资产，包括规范、规则和风尚等制度（汉金森，2004）。鉴于关系模式，品牌现实要求对当地参与者在共同的商标下开发的关系的强度和本质进行分析。在这一方面，汉金森提出了"关系网络品牌"（2004）的概念，而 Lee 等（2005）认为共享地方识别和关系之间联系很强，因此满溢后会形成社会资本。这意味着，品牌后面或许有某种来自全体成员的动力，能通过行为人之间的集体对话、交流甚至冲突（在某些情况中）建构社区。

在类似的情况中，关系营销关注了组织内的"纳米级关系"。"纳米级关系"的代表是多个"多头行为人"构成的网络，有多种不同利益，每个多头行为人同其他所有多头行为人都建立了官方关系和非官方关系。此外，"关系景"（即被有意识地包括到网络的多种关系）是一个很有用的品牌分析概念，因为关系有助于解决"主动的、可见的或被动的、不可见的，但仍有影响力"的问题（Gummesson，2002）。同样，有人认为应同一个地方一起打造关系，并在该地内部打造关系，方式是让多个行为人加入。相应地，除了传统的"外向型地方营销"（主要针对吸引外来直接投资和游客），内部地方品牌化越来越受到重视，因为有必要同内部受众建立关系。

同与产品和公司品牌一同出现的情况相反，地方品牌管理人员不可能采用切除无用或有害的关系的方式选择用来丰富品牌内容的关系。一方面，有人声称品牌化参与者名单永远不可能包含所有参与人（Kavaratzis 和 Ashworth，2005）。另一方面，包含性似乎是管理地方品牌唯一可能的途径。实际上，究竟谁有权给品牌增加各类意义呢，谁又无权这样做呢？"哪些品牌？哪种品牌化？为谁实施品牌化"的问题（派克，2011）仍有待回答。

第三，品牌识别通常的定义是各类有形和无形属性的集合，这些属性说明了品牌管理人员希望某地被感知的方式（Kavaratzis 和 Ashworth，2005）。在关系营销学里，品牌识别指交换保证从而维持互信的过程。这一点关涉包含性及其构成。此外，克里斯托芬等（2002）回顾了对品牌识别进行集体确定的重要性，但承认了这一点不一定可行，因为会出现冲突，尤其是在组织内部发生剧变的情况中。

类似情况，Trueman 和 Cornelius 强调了公共行为人和私人行为人之间可能因为城市"应代表何物，应以何代表"的争执而出现关系紧张的情况，因为存在"多层的地方识别"（2006）。多个证据证明，集体品牌确定的问题很难通过集体选择品牌价值的方式确定，因为即便是最复杂的符号集合也无法全面反映识别的复杂性。另外，Govers 和 Go（2009）强调了如何通过政治程序建立地方识别，尤其是在当地建立地方识别，从而附和当地权力斗争。

但是会因为处理多个品牌关系而出现集体行为吗？在《关系营销》中，克里斯托芬等（2002）建议由一个"前卫群体"开拓新品牌价值，直至起到激发和动力作用，从而说服其他人。这意味着随时间发展，引发品牌聚合力，从而便可表现出复杂性的增加。简单地说，应花更多的精力开发品牌相关内容，而不是关注如何包装品牌识别。因此，从分析角度看，对品牌识别进行组分（比如正式参与人）监测可用于品牌管理识别，另外也可用于理解关系过程在集体性方面的成功程度（或持有品牌的精英人士领导力的成功程度）。

14.5 地方网络：瓦尔·迪·科尼亚案例

瓦尔·迪·科尼亚位于意大利托斯卡纳区南部，被视为马雷马的一部分（帕萨格里，2003）；有人称，瓦尔·迪·科尼亚同马雷马其他地区相比属于"另类"形象。该城市网络包括五个社区，其中工业城市皮奥恩比诺是周边市区中的翘楚（见图 14.2）。由于意识到"离城市环境过远"，"同质感及由此产生的整合需求"促使了城市网络的形成，以此抵消强大的领导城市缺位的影响（帕萨格里，2003）。本案例中，便采用了合作型再品牌化方案从而促进变革，解决因经济危机和识别危机导致的闭锁状态。

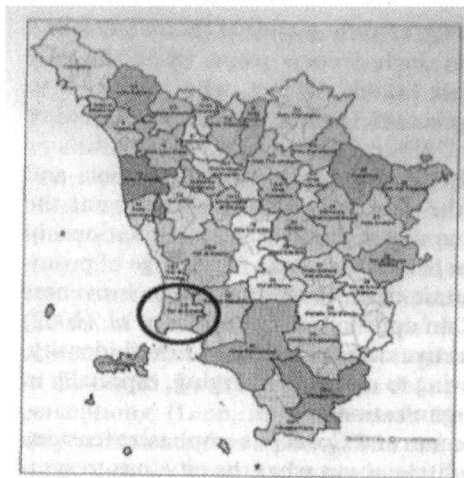

意大利托斯卡纳区瓦尔·迪·科尼亚市（2008 年）		
人口	Circondario	58689
	皮奥恩比诺	34825
	坎皮利亚	13197
	圣温琴佐	6973
	苏韦雷托	3104
	萨塞特	590
人口自然增长		−289
净移民		757
总面积（km²）		366
	丘陵	63%
	平原	37%
	海岸（km）	64

图 14.2　瓦尔·迪·科尼亚市地图和说明
资料来源：笔者自己的阐发。

实证研究采用了多方法策略，包括一手和二手资料来源。研究方对文件、报告、网站和当地报纸进行了分析后，向 100 名被访谈者（每个市区 20 名）进行了问卷调查，并对关键信息提供者进行了半结构化深度访谈以便收集一手资料。该实证研究从 2009 年 3 月一直延续至 7 月。被访谈者的选择基于其在网络中的角色，比如市长以及同当地发展有关的组织的代表人。这些人被视为制度背景中的正式参与人，同时通过面对面访谈研究其合作事宜。

瓦尔·迪·科尼亚（VdC）这一名称意指"科尼亚河谷"，但 1998 年 Circondario 成立后，该地理定义被政治定义替代了。最近一项法律取缔了 Circondario 行政区划，Circondario 成了一个负责在网络空间内进行城乡规划的市间机构。网络边界"一直便是争论焦点"（笔者于 2009 年 7 月 8 日访谈苏韦雷托市长）。调查结果肯定了这一点；调查结果显示，受调查者中，80% 都不能识别制度界限。

事实上，76%的受调查者均了解 Circondario 及其功能，但这明显不足以拟定该区框架和范围。

历史上，瓦尔·迪·科尼亚的特点属于闭合经济系统。自 20 世纪 50 年代起，开始有工人流入炼钢行业。一方面，皮奥恩比诺镇成了社会经济中心；另一方面该地区其他片区成了炼钢工人的郊外住地，从而皮奥恩比诺被定义为"小曼彻斯特"，"几乎没有尝试过发挥其他作用"（帕萨格里，2009）。确实，自 20 世纪 90 年代以来，皮奥恩比诺便开始寻求在炼钢业和其他部门间，以及自身同瓦尔·迪·科尼亚其他片区间寻求新的平衡（Casini 和 Zucconi，2003）。确实，"在过去，年轻一代梦想从事炼钢业，而现在的年轻人纷纷逃离这一行业，人人都视之为洪水猛兽"（Caracciolo：49）。表 14.1 和图 14.3 说明了严重失业现象迫使该地区出现了"无法扭转的变化"（Casini 和 Zucconi，2003）和"终结钢铁时代"的要求（未知，1997）。

表 14.1　1981~2001 年就业人数和瓦尔·迪·科尼亚每个行业的就业人数

单位：人，%

	总就业人数		
	1981 年	1991 年	2001 年
瓦尔·迪·科尼亚	25149	21252	20132
	—	–16	–5
托斯卡纳	1259398	1212312	1367876
	—	–2	+4
意大利	16883286	17430784	19410556
	—	+3	+11

瓦尔·迪·科尼亚	瓦尔·迪·科尼亚每个行业的就业人数				
	制造业（炼钢）	商贸	医疗卫生系统	专业人士和企业家	酒店餐饮
组成（%）（2001 年）	19.40	19	7.50	9.40	6
趋势（%）1991~2001 年	–34.60	–7.80	+21.50	+77	+4

资料来源：IRPET（2005）；Luzzati 和 Sbrilli（2009）。

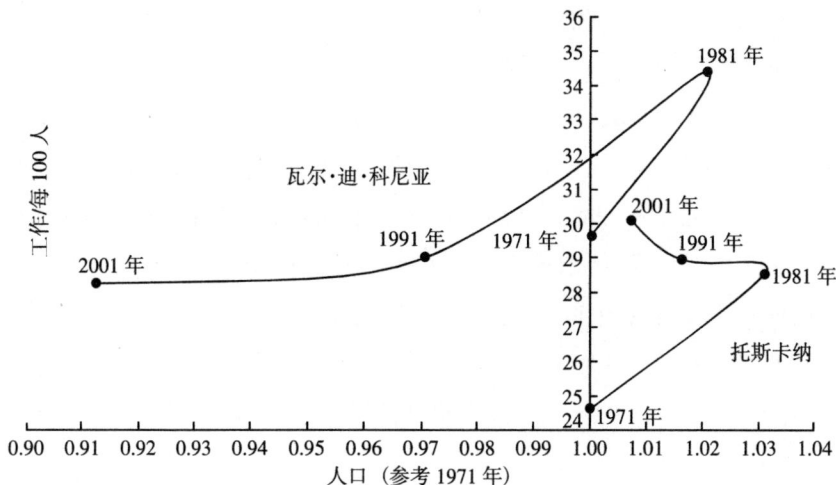

图 14.3　瓦尔·迪·科尼亚发展轨线
资料来源：IRPET（2005）；Luzzati 和 Sbrilli（2009）。

14.6　品牌识别：新出现的变革碎片

瓦尔·迪·科尼亚这一品牌的出现同投资者合作意向有关，而后者被视为面对经济危机的关键解决方案。20 世纪八九十年代，由于当地从政人士都是持有钢铁公司和行业协会（这些都是蓝领文化象征）的国内政府，当地不得不从头开始培养当地政治精英。从 20 世纪 70 年代起（IRPET，2005）的协调规划方案和强大的政治聚合力，使瓦尔·迪·科尼亚的 Circondario 在当地拥有了重要资质和能力。此外，当地政府和国内政府也倡导网络化治理。比如，1999 年，瓦尔·迪·科尼亚皮奥恩比诺 Patto Territoriale（Patto Territoriale Piombino-Val di Cornia，一个公共资助项目）促成了该地区在一个新交易领域的合作项目；自那以后，"瓦尔·迪·科尼亚"便成了复兴的同义词。

虽然没有开展过恰当的品牌化运动，但却出现了一系列品牌识别成分。对相关变革的叙述的意义越来越重要（这一点受到过经济多元化意识推动）。随之而来的是旅游业兴起，并在后工业化时代经济中成了重点（IRPET，2002）。确实，瓦尔·迪·科尼亚成了社区后工业化时代的新兴品牌，受到经历了识别大危机的社区的追捧（这个社区还曾目睹当地唯一经济引擎出现故障，没有留下任何未来希望）。据说，老工业还曾从替代性发展项目中抽走了人力资本，而当地行为人都熟悉"去工业化"概念。直至最近，官方文件才谈到了"再工业化"，从此明确地将老工业纳入再次考虑（Comune di Piombino，2008）。

1993 年，Parchi Val di Cornia 股份有限公司成立。该公司被视为"瓦尔·迪·科尼亚的线索"（Caracciolo，2009），由五个城市共有，负责管理托斯卡纳最大的天然公园和考古公园系统（IRPET，2005）。该公司成了创新原动力，不仅向游客，也向居民提供各类有形或无形利益（Luzzati 和 Sbrilli，2009）。政治家们宣布"打造改变地方识别和形象的项目"（Luzzati 和 Sbrilli，2009），而当地报纸主持"瓦尔·迪·科尼亚讨论"并"形成叙述大氛围"，从而促成了变革意识的广泛传播。

相应地，"开明政治家的大胆决定"（Casini 和 Zucconi，2003）促使形成了"绿色愿景"；依据该愿景，在 20 世纪 80 年代制定了严格的自然资源保护规划制度。对环境可持续性（Circondario，2004）的强调同钢铁行业造成的污染失控形成了鲜明对比。这一反差促使当地认识到旅游业的绿色经济本质，认识到旅游业可以成为钢铁业的清洁替代行业（但不考虑游客数目增长对自然资源可能造成的影响）。

14.7 品牌形象：居民如何关系到品牌

为了分析品牌关系内容，我们从居民目标着手。通过研究品牌意识程度和相关意义对相关的准社会关系进行研究测定。虽然这一调查只是探索性的，但五个社区似乎都比较熟悉"瓦尔·迪·科尼亚"概念。关于其建制（Circondario 和 Parchi 公司），分别有 76% 和 78% 的受访者知道它们的目的。此外，样本还显示居民对该地区有很深的感情，因为 74% 的人都不愿意迁移走（73% 的人出生在本地，18% 的人十多年前便来到本地）。受访者声称归属感同其高质量生活感受有关，因为他们中有 88% 都声称自己在瓦尔·迪·科尼亚过得好或很好。

总的说来，受访者对瓦尔·迪·科尼亚有一种清晰而不算完全现实的概念。他们将旅游业（94%）和农业（89%）视为成功的经济引擎，而 80% 的人否认传统产业同经济成功有相关性（实际上，传统产业为20%的当地工人提供了工作机会（IRPET，2005）。在对工业遗产缺乏信心的同时，人们的愿景集中在旅游业上，依靠"自然"，并将"自然"作为引导价值观的经济政治选择。重要的是，工业城镇皮奥恩比诺不再被清晰定位为领先者，而较小的农业市镇却因其旅游地身份成了领先者。

被问到"想到瓦尔·迪·科尼亚时的第一印象"时（James，2005；Keller，1998），受访者会想到组成品牌联想图的各个组分，从而对准社会关系的定性维度起到了启发作用。相应地，葡萄酒似乎也是一个核心联想物（40名受访者），紧随其后的是乡村风景（35人）、海景（27人）、巴拉逊考古公园（26人）和橄榄油（22人）。也就是说，自然风景、农产品和历史遗迹对受访者的地方感觉来说非常关键。此外，对五个亚样本的品牌联想分析显示了受访者对该品牌的感觉有较强的凝聚力（见图14.4）。五个社区在葡萄酒和自然风景属于当地标识以及排斥工业化形象方面，似乎有相同观念。事实上，被访者并没有提到任何钢铁业符号，虽然现场便植根有这些明显符号。

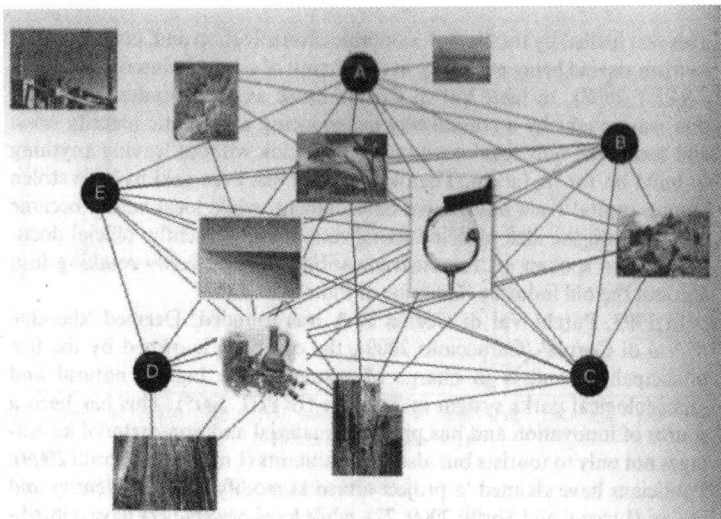

图14.4 受访者的联想图示

资料来源：笔者自己的阐发。

14.8 品牌现实：关系景（The Relationscape）

品牌现实是多个参与方在同一品牌下发展的一套关系，为研究关系内容提供了更深度视角。为实施这一变量，首先应从向品牌增加意义的关系的角度对正式参与方进行分析。然后，应强调未直接参与品牌构建，但通过某种方式丰富了品牌内容的行为人的贡献。

因而，参与方是那些在网络空间内为当地发展而努力的人。访谈显示，只有 Circondario 和 Parchi 公司似乎在瓦尔·迪·科尼亚品牌定义中起了明确的作用，两者都通过定义政治/经济落后的不连续性增加新价值（见图 14.5）；也就是说，"Circondario 帮助人们直面同省政府和地区政府的精神距离；过去，政府从各个视角均把 Circondario 视为边缘地带"（笔者于 2009 年 6 月 26 日访谈皮奥恩比诺市长）。此外，"该省主管推动当地旅游事业的旅游机构几乎没有为当地做任何事情，而人们普遍认为只有 Parchi 公司才在严酷的环境中起到了推广瓦尔·迪·科尼亚的作用"（笔者于 2009 年 6 月 24 日访谈 Parchi 公司 CEO）。

尽管当地网络认为 Parchi 公司发挥了最核心的作用，公司却不可能为所有当地资产提供合适支持，因为公司有自己具体的任务，资源也有限。比如，瓦尔·迪·科尼亚网络的葡萄酒行业便有一个不足。葡萄酒行业在居民眼中意义很重大，但却没有瓦尔·迪·科尼亚品牌下的个体或集体行动。不论是国家支持的计划（如 Strade del Vino 和 Cittàdel Vino），还是 DOC 瓦尔·迪·科尼亚财团（主管瓦尔·迪·科尼亚 DOC 品牌下的葡萄酒质量的当地组织），都没有积极推广同葡萄酒酿造有关的地方品牌（笔者于 2009 年 7 月 8 日访谈 Città del Vino 总裁）。这些组织都错过了围绕品牌建立一层"关系厚度"的机会，因而它们不可能为该品牌增加任何意义。

然而，当地葡萄园逐渐有了国际声望，这不仅是因为葡萄酒质量高，也是因为吸引了外来的葡萄酒企业家。媒体也大量报道了由意大利著名建筑师设计的、举办过世界级文化活动的当地葡萄酒窖。然而，虽然当地人称葡萄酒代表了他们家乡，葡萄酒生产商却宁可定位自己在马雷马的葡萄园，从而避免提到瓦尔·迪·

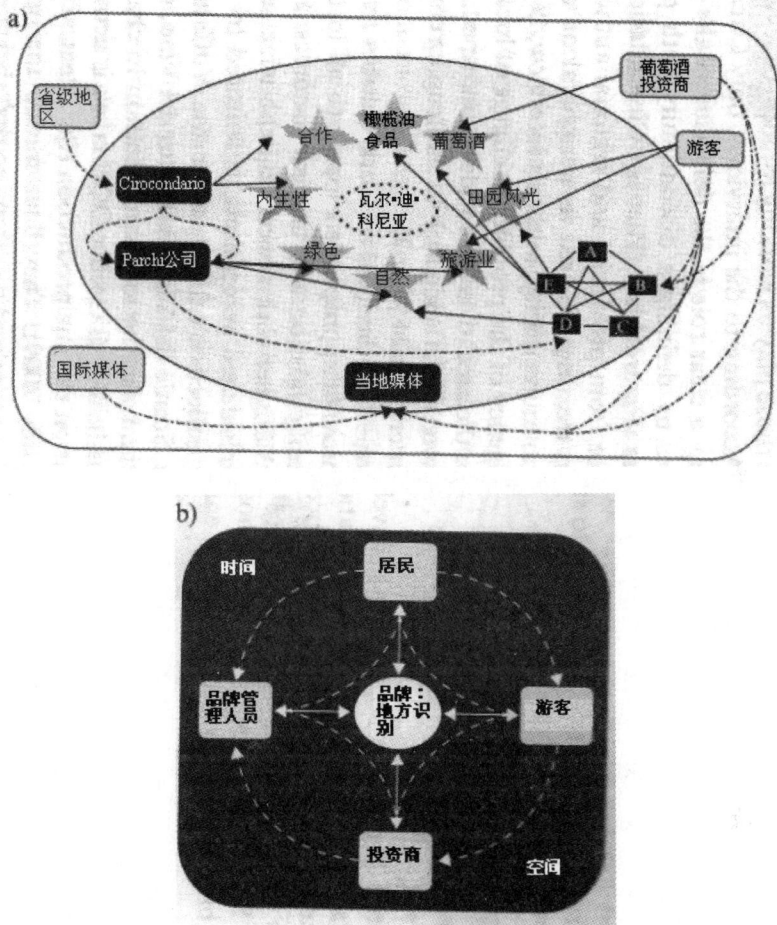

图 14.5　a）瓦尔·迪·科尼亚网络品牌；b）动态品牌概念

资料来源：笔者自己的阐发。

科尼亚（http：//www.petrawine.it/territorio.html）。由此看来，葡萄酒企业家确实促进了品牌发展，即便他们并未参与瓦尔·迪·科尼亚品牌管理。

14.9　探　讨

品牌关系内容研究证明了网络空间内新型当地叙述的兴起。这便是促进变革叙述向重生方向发展的框架。在合适的品牌战略缺位的情况下，主要事实（如Circondario 和 Parchi 公司的建立）和传闻（如钢铁业的衰败和"老虎旅游"）起了再品牌化策略作用。通过将有形资源同无形资源联网，为当地旅游业有效提供了多样化和丰富的内容，如此便创造了新视界。该案例表明了合作、经济多样化和自然资源保护是彻底改变的基础。

对居民看法的分析证明出现了新的网络品牌。该网络叙述似乎使当地社区紧密连在一起，驱使受访者发展同地方的新型关系；对地方而言，田园风光、历史、自然环境和葡萄酒起了关键作用。旅游行业及其潜力使人相信居民的样本正确性，而炼钢行业被人们忘记了，不再被视为解释该地的方式。五大社区普遍持有这一看法，工业城镇衰颓导致的失败感明显没有了。地方意识和品牌政治观点似乎都可以解释这一明显的再品牌化效果。确实，老工业被忘记了。同时，出现的新经济和政治精英在变革过程中获得了正统性。

然而，"瓦尔·迪·科尼亚"品牌失去了分化源，比如自公元前 9 世纪以来的当地炼钢历史。因此，瓦尔·迪·科尼亚正在成为"第无数个托斯卡纳的名片原型"(帕萨格里)，而托斯卡纳是一个酿造葡萄酒的天然美丽之都。该形象也给瓦尔·迪·科尼亚带来了风险，因为该地面积小，入旅游行业不久，而葡萄酒业在竞争激烈的地区行业中立足尚未稳。瓦尔·迪·科尼亚不但没有利用其独特关系模式（包括钢铁业），对品牌关系内容的分析说明该市有从地图上消失的危险，因为其识别正在消失。

为了研究网络品牌是否能通过确定当地识别的新空间而推出新的地方形象，有三点提议。

第一，品牌网络空间可能促成再品牌化策略的成功，使当地居民以新方式考虑自己定位，并（重）发现当地价值观和象征意义，而这些居民据说是最难听劝的。

第二，如果新的网络级叙述导致网络品牌同过去及单个社区不连续，可以通过事实、媒体和政治沟通创造网络品牌。

第三，如果品牌化策略缺位，群起追求变革会导致现实和历史被遗忘，而现实和历史正是发展同品牌独特关系的基础。

此外，通过品牌管理分析可以发现品牌识别和品牌形象之间的缺口。Circondario 和 Parchi 公司在积极推动品牌方面是唯一的行为人。Circondario 增加了合作价值和内生发展观念，让瓦尔·迪·科尼亚重新崛起。Parchi 公司提出了绿色观念和可持续发展观，并将该观念应用于旅游方面的自然和文化资源管理（见图14.5a）。然而，除了品牌参与方之外，居民的感受揭示了更多的要素，比如田园风光和葡萄酒。

因而，除了居民对地方的感受，其他利益相关方也可能影响当地人看法，促进品牌发展。如果关系景说明负责推销瓦尔·迪·科尼亚葡萄酒和旅游业的行为人全然或部分为消极意识，这些要素为何还能植根于居民心中呢？关键是其他行为人也丰富了瓦尔·迪·科尼亚品牌的内涵。就葡萄酒而言，外来葡萄酒企业家提供国际声誉回报和魅力可能使居民相信自己的土地优势，而产品的酷感可能使他们相信这一本地行业的潜力。另外，参观乡村风情并同当地人紧密联系的国内国际游客可使当地人相信自己的城市拥有美丽的自然环境，有旅游价值，值得居家，而不是一个被污染的日益萧条的城市。

简单地说，居民的注意力似乎被其他目标的资产吸引住了，尤其是外部目标（如投资者和游客），而至于其他目标，似乎有不言而喻的交流和影响，如开发品牌的关系（见图14.5b）。这对地方品牌化来说是有关联的，尤其是需要通过稀缺的投资资源处理同多个受众的关系时。鉴于常有人声称地方品牌化中存在居民影响局外人的机制，还有识别、利用局外人对局内人影响的可能性。

再者，有观点已确信，品牌属于可见或不可见、被动或主动，但仍有影响力的关系包，因为多个多元化内部或外部社区（如居民、企业家和游客）共同促进了品牌发展。确定品牌发展道路的社区肯定不仅是构成品牌管理者的社区（比如明确参与建设品牌的参与者）。

如此，在地方品牌化过程中，应不应该将品牌管理归因于品牌理解呢？如果品牌管理是对品牌的静态解读的暗喻（这种情况中，参与者好比存储有品牌识别或真实性的仓库），品牌管理会有很大的误导性，因为包裹品牌的关系包只会露出一小部分，特别是在变革过程中有复杂关系网络品牌时。

从关系角度看，品牌管理是一个相关概念，因为它允许评价品牌失控的风险。一方面，品牌识别和品牌形象之间的差距越大，品牌管理为随品牌建立的关系的指向能力越小。另一方面，品牌管理为评价前述差距随时间流逝而弥补的程度提供了参考；评价方式是同行为人（虽然不是正式行为人，但为品牌增加了意义，从而实现了更高程度的包含性）建立关系。

14.10　结　论

本章分析了成为合作和发展标记的网络品牌；依据"关系眼镜"，出现了关系内容。关系营销学概念组成的框架被评判性应用至各个地方，推动了该分析的进行。本章的总体作用是通过将地方品牌视为复合的关系包，证明了关系解决方案的有用性。此外，本章提出多个建议，提出将网络化品牌用于再品牌化策略的可行性，以及社区多样性能为品牌增加更多意义。实证证据表明，各品牌社区之间的互相影响能诱导改善理论模型。

然而，关系解决方案意味着理论观点和实证观点的结构限制。理论上，对品牌的见解会受限于对现实的看法（即关系看法），这意味着理解只能部分实现（并且为通过使用的透镜构建）。实际中，现有的所有为品牌增加意义的关系几乎都没有考虑在内。确实，案例分析只分析了最明显的关系（比如居民、政治家、当地机构、游客和葡萄酒企业家），但分析肯定还不够彻底。因此，需进一步分析辨识关系（正是这类关系促成了地方品牌复合性）的分析类别。

参考文献

Allen, J., Massey, D. and A. Cochrane (1998) *Rethinking the Region*, Routledge: London.

Anholt, A. (2007) *Competitive Identity*: *The New Brand Management for Nations*, *Cities and Regions*, Basingstoke: Palgrave.

Bellini, N., Loffredo, A. and Pasquinelli, C. (2010) "Managing otherness: The political economy of place images in the case of Tuscany", in G. Ashworth and M. Kavaratzis (eds), *Towards Effective Place Brand Management*: *Branding European Cities and Regions*, Cheltenham, UK and Northampton, MA, USA: Edward Elgar Publishing, 89–116.

Cai, L. A. (2002) "Cooperative branding for rural destinations", *Annals of Tourism Research*, 29, 3, 720–742.

Caracciolo，E. (2009) "Paesaggi da film"，*Itinerarie Luoghi*，18，189，48–59.

Casini，A. and Zucconi，M. (eds) (2003) *Un'impresa per sei Parchi*: *Come gestire in modo imprenditoriale e innovativo il patrimonio culturale e ambientale pubblico*，Milano: il Sole24Ore.

Christopher，M.，Payne，A. and Ballantyne，S. (2002) *Relationship Marketing*: *Creating Stakeholder Value*，Oxford: Elsevier.

Circondario Val di Cornia (2004) *Progetto VASVAS*: *Valutazione Ambientale Strategica per la Val di Cornia Sostenibile*，Piombino: Circondario.

Comune di Piombino (2008) "PIUSS–Piombino 2015: Progetto Città Futura. Documento di orientamento strategico，Comune di Piombino"，http: //www.comune. piombino.li.it/cittafutura2015/normativa_documenti/Del_GC_27062008_doc_orienta – mento_strategico.pdf.

G6mez，M.V. (1998) "Reflective images: The case of urban regeneration in Glasgow and Bilbao"，*International Journal of Urban and Regional Research*，22，1，106–121.

Covers，R. and Go，F. (2009) *Place Branding*: *Glocal*，*Virtual and Physical Identities*，*Constructed*，*Imagined and Experienced*，Basingstoke: Palgrave.

Greenberg，M. (2008) *Branding New York*: *How a City in Crisis Was Sold to the World*，London: Routledge.

Gummesson，E. (2002) *Total Relationship Marketing*: *Rethinking Marketing Management*: *From 4Ps to 30Rs*，Oxford: Elsevier.

Hankinson，G. (2004) "Relational network brands: Towards a conceptual model of place brands"，*Journal of Vacation Marketing*，10，2，109–121.

IRPET (2002) *Piano Locale di Sviluppo della Val di Cornia*，Firenze: Regione Toscana.

IRPET (2005) *Il mosaico dello sviluppo territoriale in Toscana*，Firenze: Regione To scana.

James，D. (2005) "Guilty through association: Brand association transfer to brand alliances"，*Journal of Consumer Marketing*，22，1，14–24.

Kavaratzis，M. (2005) "Place branding: A review of trends and conceptual models", *Marketing Review*, 5, 329–342.

Kavaratzis, M. and Ashworth, G. J. (2005) "City branding: An effective assertion of identity or a transitory marketing trick?", Tijdschrift voor Economische en Sociale Geografie, 96, 5, 506–514.

Keller, K.L. (1998) *Strategic Brand Management: Building, Meeasuring, and Managing Brand Equity*, New York: Prentice Hall.

Kunzmann, K.L. (2004), "An agenda for creative governance in city regions", DISP 158/5, http: //e–collection.ethbib.ethz.ch/eserv/eth: 22383/eth–22383–34.pdf.

Lee, J., Arnason, A., Nightingale, A. and Shucksmith, M. (2005) "Networking: Social capital and identities in European rural development", *Sociologia Ruralis*, 45, 4, 269–283.

Lury, C. (n.d.) "The doing and the living of the business of Barcelona: Brandspace, brandvalue and brandpower", Unpublished Paper, Goldsmiths, University of London.

Lury, C. (2004) *Brands: The Logos of the Global Economy*, London: Routledge.

Luzzati, T. and Sbrilli, L. (eds) (2009) *Tra cultura e ambiente: Verso un bilancio sociale per la Parchi Val di Cornia*, Milano: Gruppo24Ore.

Pazzagli, R. (2003) "Ambiente, territorio e istituzioni in un sistema locale della Toscana: La Valdi Cornia", in A. Casini and M. Zucconi (eds), *Un'impresaperisei Parchi: Come gestire in modo imprenditoriale e innovativo il patrimonio culturale e ambientale pubblico*, Milano: il Sole24Ore.

Pazzagli, R. (2009) "Fra storia e turismo: Beni culturali, parchi e politiche del territorio", in M. Paperini (ed.), *Leggere il Territorio: Montioni: storia e beni culturali nell'alta Maremma*, Pisa: Felici Editore.

Pike, A. (2011) "Placing brands and branding: A socio–spatial biography of 'Newcastle Brown Ale'", *Transactions of the Institute of British Geographers*, 36, 2, 206–222.

Somers, M.R. (1994) "The narrative constitution of identity: A relational and network approach", *Theory and Society*, 23, 5, 605–649.

Therkelsen, A. and Halkier, H. (2008) "Contemplating place branding um-brellas: The case of coordinated national tourism and business promotion in Den-mark", *Scandinavian Journal of Hospitality and Tourism*, 8, 2, 159–179.

Trueman, M. and Cornelius, N. (2006) "Hanging baskets or basket cases? Managing the complexity of city brands and regeneration", Working Paper 06/13, Bradford University School of Management.

Turok, I. (2009) "The distinctive city: Pitfalls in the pursuit of differential advantage", *Environment and Planning A*, 41, 13–30.

Unknown (1997) "Amm inistratori, tecnici e studiosi a convegno concordano: Lavoriamo a un sistema integrato Parchi", *Il Tirreno*.

15 21 世纪古罗马边疆的品牌化

◎ 盖里·瓦纳比　戴维·本尼森　多米尼克·梅德韦

15.1　背景：地方、产品和品牌

传统营销理论的产品概念是"任何可提供给市场供人注意、获取或消费的事物"（Kotler 等，2008），"能够满足客户需求的事物"（Jobber，2007）。品牌是赋予某个具体产品、服务或产品/服务范围的名称（Kotler 等，2009），一直被定义为"通过使用或合并使用某个名字、符号、设计、包装而创造出的某个独特供应品"（Jobber 和 Fahy，2009）。确实，营销学文献始终避免将"产品"和"品牌"两个概念互相联系（如 Jobber，2007 年；Kotler 等，2008、2009）。品牌化的关键目的是将供应品识别为某个具体组织的所有物，并将该供应品同竞争者的供应品区别开来（比如德·彻纳东尼和麦当劳，2003）。Kavaratzis 和 Ashworth（2005）在地方环境中重申过该因素；两人认为，城市品牌化的根本目的是为城市地区提供"具体的、更独特的识别性"。

然而，在地方环境中，需要修改传统营销理论，才能使其具有相关性（Ashworth，1993；Ashworth 和 Voogd，1990a；Corsico，1993；Kavaratzis，2007；Kavaratzis 和 Ashworth，2005；van den Berg 和 Braun，1999），而将地方定义为可商品化、可推销产品存在内在的难度，被识别为区别地方营销和模式化营销环境的重要因素（瓦纳比，2009）。Ashworth 和 Voogd（1990a、1990b）强调了（城市）地方产品的复合性、多层性本质；该产品是"整体"产品，包括多个"贡献要素"（即个体属性或吸引力）；这些要素可单独考虑，也可作为相关聚集体考虑

(van den Berg 和 Braun, 1999)。

这对相关品牌化概念的应用会有影响, 而这一点正是近期许多市场研究项目的主题, 可见于专业学术期刊 (比如《地方品牌化和公共外交》) 和书籍 (安霍尔特, 2006; Dinnie, 2008; Govers 和 Go, 2009; Moilanen 和 Rainisto, 2009; 摩根等, 2004) 中, 也可见于发表在一般管理期刊或营销期刊及地理期刊上的文章内。然而, 如果要将品牌化理论有效应用于某个地方背景中, 该理论同样需要修改。Moilanen 和 Rainisto (2009) 识别了各类因素, 正是这些因素促成了 "地方品牌创造大不同于消费品品牌化"。Moilanen 和 Rainisto 认为地方品牌化比较类似于创制服务品牌; 的确, Govers 和 Go 的 "3 缺口地方品牌化模式" (2009) 便是从服务营销学文献中获取的灵感。然而, Moilanen 和 Rainisto (2009) 承认服务营销背景和地方营销背景之间的差异, 但瓦纳比 (2009) 认为, 新出现的以服务为主的营销学逻辑可能在这一点上观点一致。

Ashworth 和 Voogd (1990a) 在阐发其初步城市营销观念时, 将多个营销学分支 (包括非营利组织营销、社会营销和 "形象" 营销) 视为理解地方营销学具体本质时的某种功用。近来明显有人用营销学理论的不同方面对具体地点背景进行深度理解, 尤其是同营销学关涉时。汉金森 (2004) 在探讨地方的 "关系网络品牌" 时, 不仅汲取了经典品牌化理论的精髓, 而且还从关系营销学、服务营销学、旅游营销学和城市规划学中获得了灵感。Kavaratzis 和 Ashworth (2005) 从公司沟通学文献中获取了灵感, 他认为, 要在某个地方背景中释放品牌化概念的全部潜能, 该城市品牌应像某种类型的 "伞" 一样涵盖各种各样的利益相关方和受众 (Iverson 和 Hem (2008) 也有类似观点)。然而, 他们承认产品复合性的含义和区别于该具体背景的另一关键因素, 即市场营销中组织机制的复合性 (瓦纳比, 2009)。这些因素可能导致各种困难, 无法确保清晰表达地方品牌价值的方法的一致性。的确, 传达品牌属性或优点, 即 "核心价值" (德·彻纳东尼和麦当劳, 1992) 时, 明晰性和一致性被视为市场定位中的关键因素 (Jobber, 2007)。

大多数地方营销学文献重点关注城市 (Barke, 1999), 近期的品牌化文献也延续了这一点 (汉金森, 2001、2004; Kavaratzis, 2004、2005、2007; Kavaratzis 和 Ashworth, 2005、2007; Trueman 等, 2004), 但强调得更多的是国家品牌化 (安霍尔特, 1998、2004、2006; Dinnie, 2002、2008; Iverson 和 Hem, 2008; Kotler 和 Gertner, 2002; Kotler 等, 1997; O'Shaughnessy 和 O'Shaughnessy,

2000)。虽然上述产品定义存在内在难题，但城镇、都市、国家等空间实体有明确的、有关行政边界或司法辖区边界的空间定义。其他地方类型（如将推销或品牌化的产品）的定义可能属于无定形或模糊本质（梅德韦等，2008）。这种模糊地点可能包括各个符号、建制、社会实践和意识（Hospers，2006；Paasi，2002）塑造的地区，同属地标准塑造的地区一样。还可以将这些地方想象为同文学家、创意（Ashworth，2007）或某地历史有关。

本章主要焦点是英格兰北部的哈德良长城，该景点于 1987 年申报为世界遗产地，可视为典型的"模糊"地方。Maddern（2004）强调，景点的遗产化可能存在争议，因为"来自各个制度背景的多个利益相关方就申报的知识和识别种类都持有正当利益"，明显涉及营销或品牌化。从空间角度看，这种模糊状态是很明显的。在某个程度上，哈德良长城可相对容易地定义为实际存在的古罗马遗址；针对现有考古学的哈德良长城世界遗产地管理方案便证明了该遗址申报为世界遗产地的空间参数（Austen 和 Young，2002）。然而，"意义范围"（Cresswell 和 Hoskins，2008）也构成了"哈德良长城地区"概念；多个利益相关方都在如火如荼地营销这一概念。

15.2 哈德良长城：历史简述和管理结构

哈德良长城是古罗马最雄伟壮观、最有名的防线和边境系统（Dudley，1970；Breeze 和 Dobson，2000；对该长城建筑体和历史的详述）。该长城很久以来便具有古文物研究价值（Hingley 和 Nesbitt，2008），并且就英国境内的历史遗迹而言，哈德良长城保护历史是久远的（Mason 等，2003），更多详情见 Young（2006）。

该长城建于公元 122 年，从东端的泰恩河绵延至西部的索尔威湾，横跨英格兰版图的最狭窄部位，被称为"线形遗迹"（Nesbitt 和 Tolia-Kelly，2009）。但其直线形状也有其自身缺点，因为长城的所有权过去和现在一直都处于破碎分裂状态。确实，Young（2006）称，"20 世纪 70 年代，很少有人将长城视为实际存在体并对其进行管理"。近年来，哈德良长城成功申报世界遗产地促成该地发生变化，随之而来的管理要求产生了多个长城协调管理方案。英国遗产管理部门牵头的管理方案措施始于 1993 年，"这些方案促使多个负责管理哈德良长城的机构和合作机构的形成，对资源进一步地进行地理、跨部门配置"（Mason 等，2003）。

虽然已是第二次重申 2002~2007 年世界遗产地管理计划（Austen 和 Young，2002），其实施却受到了 2001 年口蹄疫流行病的影响，这一流行瘟疫对该地区农业经济影响很大；随后英格兰北部两家地方发展机构（RDAs）于 2004 年公布了《哈德良长城主要研究报告》，其主要目的是"通过评定旅游业收入增长和打造哈德良长城新前景，支持英格兰北部经济复兴的潜力"（西北发展机构和东北发展机构，2004）。本文件阐明的前景是将哈德良长城从一个北方"应该看"的遗迹变成全球的"必看、停留、返回再了解更多"的遗迹。将长城定位为"古罗马最宏伟的边界"，可以实现这一目的。确实，这一定义强调了前述产品和品牌两个概念之间的关系，在文件中被描述为"核心产品开发目的"和"品牌"。"古罗马最宏伟的边界"这一概念被视为"一把伞"（Kavaratzis 和 Ashworth，2005；Iverson 和 Hem，2008），不同的利益相关方及其活动可以通过合并从而促进凝聚力和协调，还能创建具体的地方识别（Kavaratzis 和 Ashworth，2005）。

随后，有人于 2005 年提出了有关组织结构的具体建议，提出负责长城管理的组织应是非慈善、非营利性担保有限公司。2006 年 5 月成立了哈德良长城有限公司（HWHL），目的如下：

复兴哈德良长城作为世界遗产地的经济、社会和文化潜力，以及哈德良长城获得的可持续旅游业发展、管理和保护活动名望的社区和环境的潜力；这些活动让当地社区和更大范围的地区受益。所有这些活动举办方式均应反映世界遗产地管理方案价值观（HWHL，2007a）。

HWHL 是哈德良长城此后品牌化活动的主要协调利益相关方。

15.3 "模糊"地方品牌化的框架

本章论点是，就销售"模糊"地方（如哈德良长城和"哈德良长城地区"，其空间定义无定形性更强）而论，在具体表达地方"供应品"时，前述定义的品牌化作用或许会更强。确实，如上所述，无定形"模糊"地方营销同无形服务营销有相似处，因为减损或极少的有形性在区别供应品时产生了紧迫的沟通需求，而同竞争者的分歧中，或许没有明确表现出这种供应品需求（Grönroos，2007）。

这类争端因存在多个有责任营销某个地方（尤其是"模糊"的地方）的利益相关方而更加凸显了。在服务营销环境中，Brodie 等（2006）认为，一个服务品牌可为在该环境中共同创造价值的复合互动关系起重要的整体作用。Kavaratzis（2007）在地方背景中识别出这一整体作用，他将品牌化思维视为包括该地方的"功能性—理性"面及与之相关的"精神、心理和情绪关系"。这一点同 Cresswell 和 Hoskin（2008）提出的地方有形性同其唤起的、有形性稍弱的意义范围有互联性的观点不谋而合。汉金森强调了地方背景中品牌化整体作用的重要性，并声称品牌化的成功的最终原因是"通过同利益相关方建立有效关系，从而有效拓宽核心品牌；每个利益相关方都通过持续沟通和提供服务增强了核心的品牌（2004）"。

Brodie 等（2006）将品牌、价值创造和关系联系起来，形成一个"服务品牌—关系—价值"（SBRV）的概念三角形。瓦纳比（2009）将原来的 SBRV 三角形的地方背景修改了，然后将其运用至哈德良长城的具体情形中，见图 15.1。

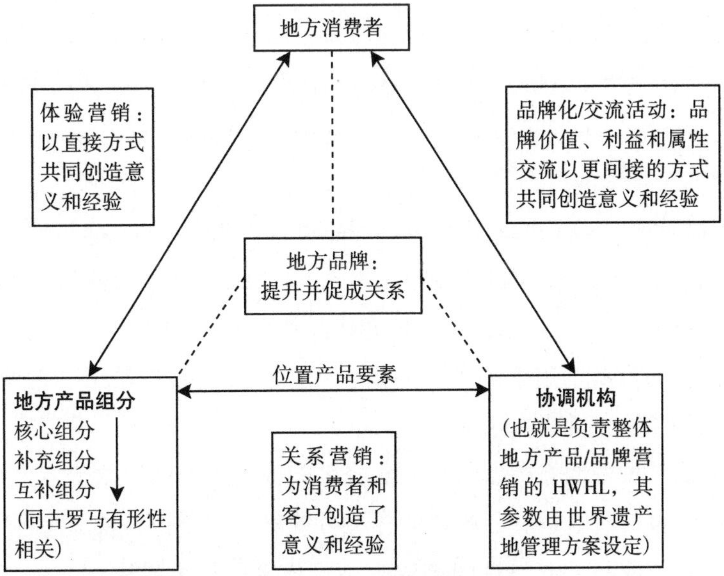

图 15.1 将 SBRV 三角形应用至哈德良长城

资料来源：从 Brodie 等（2006）观点改编而来；瓦纳比（2009）。

因此，负责将哈德良长城作为整体进行营销的协调机构同负责管理营销长城一带的单个地方产品组分的组织会相互交流。这些组分可能是核心组分、补充组分或互补组分，反映了它们同古罗马有形性的关联程度（见下一节讨论）。该交流有助于为整个哈德良长城开发更紧密一致的品牌形象。HWHL以这种方式被多个地方产品组织认可为近期营销活动（极其成功）的基本推动力。

相应地，哈德良长城的地方消费者同负责营销的协调机构交流，并同负责哈德良长城地方产品组分的组织进行（单独或全体）交流。此外，地方消费者或许能通过这类交流而有助于共同创造哈德良长城的意义和经验。协调机构、负责地方产品不同组分的组织以及地方消费者采用品牌化、沟通交流、体验营销和关系营销等方式，实现了多方关系调解。下文先简单讨论具体地方"产品"的本质，再在该环境中对每种方式都进行了详细考虑。

15.4 哈德良长城"地方产品"

主流营销理论对供应品的定义为由多个等级组成，包括核心特征、补充特征和互补特征（但具体术语有所不同；Baines 等，2008；Brassington 和 Pettitt，2006；Kotler 等，2008）。Cresswell 和 Hoskins（2008）强调历史意义感知方面的"实质性维持"；古罗马遗迹有形性程度是产品等级指标，可以应用于哈德良长城一例中。

因此，哈德良长城的核心地方产品可视为该有形性最明显的空间，也就是古罗马主要的名胜（即墙自身或相关堡垒和要塞）和"最富有意义的关联之处"（Cresswell 和 Hoskins，2008）。补充产品组分可能包括与古罗马相关的、构成世界遗产地的古罗马边疆的各个方面，包括有很强古罗马组分的博物馆和展览会（比如卡莱尔的图利别墅博物馆）。

哈德良长城地方产品的互补部分可能包括城墙两边的非古罗马名胜和商业，它们通常被负责营销和品牌化的相关方统称为"哈德良长城地区"。就这一等级而言，对古罗马的有形性强调较少，且该地区称为异质化的旅游空间（伊登索尔，2007)，驱动人们到当地旅游的因素并不是古罗马遗迹。此外，对当地某些居民来说，他们可能已经习惯了当地的历史有形性，觉得平淡无奇（伊登索尔，2007）。遗迹对他们日常生活来说是次要的。伊登索尔（2007）识别出了各类可能构成这一互补方面的组分，包括宾馆、床铺、早餐、咖啡厅、茶馆、信息中心，旅游纪念品店，手工艺品店、自行车租赁店、乡村生活体验中心等。的确，HWHL 近来的广告强调了"哈德良长城地区"的地方产品贡献要素的数量和种类，包括"25 个古罗马要塞和博物馆……89 个有历史意义的古堡和博物馆、38 个艺术文化馆、469 个下榻处、273 个咖啡厅、802 个餐馆和 1004 个酒馆"，所有这些设施构成了"同一个宏大的冒险经历"。

15.5　哈德良长城品牌化

如前所述，依据主流理论（强调各概念的相互关系），品牌化可以让某个供应品具有自己的特色；如上面谈到的哈德良长城一样，2004 年发表的《主要研究报告》强调了品牌化的重要性，在促进地区复兴目标方面，将长城定位为"古罗马最宏伟的边界"。品牌化和沟通确实是哈德良长城遗迹有限公司（HWHL）运营首年活动的一个重要方面，包括明确说明提升 HWHL 意识及相关活动（HWHL，2007b、2008）。此外，该期内多个关键活动可以认为促成了更整体化的产品定义和营销活动解决方案。这类活动包括：①品牌化和沟通；②体验式营销；③关系营销。下面有对这些问题的更详细探讨，引用了笔者于 2008 年 1~9 月同哈德良长城的关键利益相关管理方的谈话。

15.5.1　品牌化和沟通

HWHL 的一个关键活动是将长城品牌化，创造出一个独特的、持续一致的识别物，有效地将产品优点传达给了相关受众。曾有相关方尝试通过开发一个独特的标识的方式打造该品牌。这种沟通活动很大一部分专门用来将人们对长城的看法从"一堵城墙"而转变成"古罗马边界"：

这项活动在相当大的程度上提升了我们对"古罗马边界"的最初解读，因为古罗马边界的历史比一堵城墙的历史要有趣得多（受访者 1）。

　　HWHL 在最初 18 年的运营中承揽了很多"打造品牌意识、鼓励更多游客前来长期观光和促进长期观光经济发展的营销方案"（HWHL，2007b）。这其中关键一点是制作一个网站（www.hadrians-wall.org）。在对长城的重新认识定位中，该网站被视为一大重要要素。与此相关的是 2007 年围绕"入侵计划"主题开展的夏季营销活动。这一活动焦点是一个独立的网络旅游计划系统，有一个能积极推广"哈德良长城地区"各目的地、设施和吸引人之处的界面。此外，七八月间还散发全彩色广告宣传页。这些宣传页强调了当地的活动范围、设施和胜地（不仅是同古罗马遗迹明确相联系的活动范围以及设施和胜地，还包括那些关系次要的活动范围、设施和胜地，如艺术馆、咖啡厅、餐馆等；然而这些设施也增加了总体游客体验）。这一点也归因于游客们事先或游玩过程中得到的专门宣传资料。HWHL 也积极参与了公关活动，通过全国或地方平面媒体、广告媒体以及相关网站，引起并维持当地、地方及全国媒体的兴趣，目的在于专门报道营销活动和关键信息（HWHL，2007b、2008）。

　　在此过程中，HWHL 为其他利益相关方起了渠道作用。例如，其他负责管理并持有长城利益的相关方向代表 HWHL 的公关机构发信息，这样信息就可以整合入有关长城地方产品的整体公关活动中。这种合作关系维持了解决办法的持续性：

　　　我们同 HWHL 是合作关系。我们把我们的活动计划发给他们，这样他们就可以整理有关哈德良长城活动的新闻稿，推广这类活动。我们同他们的公关公司也有交易。很多情况下，我们通过公关公司同 HWHL 联系，取得有关活动安排和 PR 活动的消息（受访者 3）。

　　地方营销中，资金缺乏是一个反复出现的难题（瓦纳比等，2002）；按传统，公关也被视为仅需少量资金便可获取大量媒体曝光的方式（Fill，2009；瓦纳比和梅德韦，2004；具体地方背景中）。同哈德良长城直接相关的利益相关组织也是如此，所有这些组织运营都存在慈善基金和公共基金组织的资金困难问题。正如一名关键信息提供人所说：

　　　我们同当地媒体有联系。如果我们得到任何有趣的消息或令人震惊的消息，我们会马上跟进报道，我已经说过了，因为我们输不起营销预算。但我们知道长城一带的地点无法同我们得到的消息竞争，所以我们便那样做（受访者 4）。

15.5.2   体验营销

与近来出现的关注体验营销的市场化做法相同，HWHL 也很想改变哈德良长城产品的市场化策略；以前的策略是将长城产品作为一个有形地点或一整套相互关联的地点进行营销，现在是将其作为一个提供体验和冒险机会的地点进行营销。这一点同将哈德良长城地方产品从一堵墙变为一处边境地带的观念相符合。各个关键利益相关方都如火如茶地进行了体验营销。比如，文德兰达基金会邀请多个志愿扮演者协会会员穿戴古罗马人服装，在文德兰达各个地点开展专门的活动，提升游客体验。HWHL 也大力开发边疆生活体验，方式是启动公交车服务（称为 AD122 公交车；该命名参考了长城建造日期）。该公交车经哈德良长城沿线往返，游客可以感受长城的整体规模和范围。这是一种体验而不只是经过同一个地方的一堆石头。

这一体验营销概念也得到了来自持有哈德良长城产品的地方利益相关人的支持，并同他们的营销活动不谋而合。一名利益相关人谈道：

我们是要进行一场体验成分更多的营销活动。因此，我们得考虑自己的客户希望体验的事物，我们得围绕该体验开发产品，将产品整合入我们要提供的体验中（受访者 2）。

Cresswell 和 Hoskins（2008）提出的不仅是有形的地方概念（因为其形式是有形的），也是"意义范畴具体性较弱"的地方概念。但 Cresswell 和 Hoskins 同时提出了地方的第三个方面，这一方面中，实践和表演成分有不同等级，明显同体验维度有关；Cresswell 和 Hoskins 声称"地方是一个有生命的概念"（2008），这一方面在开发有吸引力的地方供应品时被认为是非常关键的一点。因此必须承认对解读长城有形性的重要性：

理解、终身学习、事件和展出需要同有关的多个背景和利益的个人及家庭（HWHL，2007b）进行结合；他们需采取这些方式以丰富自己的经验和对罗马边境及其风景的了解。HWHL 开展了许多同长城沿线的地点和博物馆有关的工作，这些工作都关系到理解和了解。也就是说，给游客提供工具，使其能尽量了解 2000 年历史（HWHL，2007b）。

解决方案和信息的一致性对品牌化来说非常重要（Fill，2009）；将一群互不相关的利益相关方的活动进行协调，对适当的定位来说非常重要，这样可以促成下一步活动的展开。

15.5.3　关系营销

多个利益相关方及其交流的复杂性是地方营销的一大特征，该特征使地方营销有别于传统营销活动（瓦纳比，2009），行为人交流和关系研究也是地方营销学文献关注的一大关键主题。这一点同 Gummesson（2004）提出的关系营销学概念比较类似（他将"关系营销"定义为"关系网络内相互交流"）。有学者强调了在地方营销学背景中，网络对成功策划和实施活动的关键重要性（van den Berg 和 Braun，1999）；Iacobucci（1996）将这种市场营销背景中的网络定义为行为人同其内部的结构互动。地方营销组织机制的复杂网络（如哈德良长城的营销组织机制）体现了 Gummesson 的多方对多方营销概念，但有人对这一看法有异议。"多方对多方营销利用了营销的网络属性"，因此考虑了"复杂性、背景和动力"（2006）。在这一具体背景中，HWHL 的协调作用被视为使各利益相关方团结在一起并协调各方行动的关键要素。一个受调查者提到，成立 HWHL 之前曾有段"没有世界市场的时期，然后这段时期停止了"；受调查者还提到，自 HWHL 创建以来，情况确实"进入正轨"了（受访者4）。众人就管理和市场达成的一致方案如愿以偿地确保了各方的一致行动；在这一背景中，如果要尽量避免各方在地方背景中营销的争端，采取一致行动便很关键。一个受访者说："广泛咨询了多个群体从而实现具体目标"（受访者1）。

然而，要开发这种关系营销不仅存在于地方营销行为人的战略网络内，也存在于地区游客和居民的战略网络内，通过共同创造含义和经验的方式，开发主流营销理论所称的"品牌忠诚度"。有一个受访者曾提出"地方意识"概念，被视为"采用文化或该地实际遗迹在居民区内建设关系意识"的方式，"也意味着更强的社区联系和同您社区内其他居民建立联系的更多机会"（调查者1）。上述体验要素可视为同游客发展进一步关系的方式。

15.6 结 论

图 15.1 中，地方消费者、地方产品要素和协调机构的相互作用（包括品牌化/沟通、体验营销和关系营销）形成了一个三元体，从中产生了完整的地方品牌意识。因此，地方品牌可视为三个利益相关方集团就"哈德良长城"这一地方存在体的实际意义的对话结果。这一情况强调了以下事实：哈德良长城一类的地方品牌是随时间进展而变化的、各方协商出来的概念。同样，这三个利益集团之间的对话和竞争也可能改变地方品牌所代表的疆域。因此，"哈德良长城地区"这一同哈德良长城品牌密切相关的概念便不仅只是随时间进展而变化，并且取决于对其进行定义的具体利益相关方。

图洛克（2009）在讨论地方之间竞争的特殊性的重要性时特别提到了城市。他将城市描述为"复杂的适应性系统，由大量行为人、公司和其他组织组成，各方形成了各类不同关系并共同发展"。这一观点同过去服务营销学文献中某些观点有联系，同近来兴起的"服务科学领域"的原则不谋而合（IfM 和 IBM，2008；Maglio 和 Spohrer，2008）。服务科学领域定义是服务系统研究，而服务系统研究指"人、技术、组织和共享信息的动态配置，这种配置可产生并传递价值"（IfM 和 IBM，2008）。Maglio 和 Spohrer（2008）明确地将空间实体（如城市和国家）识别出来，将其定义为服务系统，这些实体都是迄今大多数地方营销学文献的主题。然而，考虑到"模糊地方"在空间性、具有潜在争议的"意义范畴"（Cresswell 和 Hoskins，2008）及其市场化组织机制（这些地方的利益相关方网络比更容易定义的地方实体的利益相关方网络更广泛，因为其适应性强）方面的无定形本质，"模糊地方"这一概念却无法适用于同等范畴（即便不算更大范畴）的"模糊地方"（尤其是有历史或遗迹属性的地方）。因此可以说，由于地方及地方品牌化研究经常介于两大学科之间，这一倾向可能更适应"模糊地方"，这样的结果是可以开发更多的潜在理解空间。

参考文献

Anholt, S. (1998) "Nation brands of the twenty-first century", *Journal of Brand Management*, 5, 6, 395–406.

Anholt, S. (2004) "Nation brands and the value of provenance", in N. Morgan, A. Pritchard and R. Pride (eds), *Destination Branding: Creating the Unique Destination Proposition*, Oxford: Elsevier Butterworth–Heinemann, 26–39.

Anholt, S. (2006) *Competitive Identity: The New Brand Management for Nations, Cities and Regions*, London: Palgrave Macmillan.

Ashworth, G. (1993) "Marketing of places: what are we doing?", in G. Ave and F. Corsico (eds), *Urban Marketing in Europe*, Turin: Torino Incontra, 643–649.

Ashworth, G. (2007) "Personality association as an instrument of place branding: Possibilities and pitfalls", Paper presented at EUGEO Conference, Amsterdam.

Ashworth, G. and Voogd, H. (1990a) *Selling the City*, London: Belhaven.

Ashworth, G. and Voogd, H. (1990b) "Can places be sold for tourism?", in G. Ashworth and B. Goodall (eds), *Marketing Tourism Places*, London: Routledge, 1–16.

Austen, P. and Young, C. (2002) *Hadrian's Wall Worm Heritage Site Management Plan* 2002–2007, Hexham: English Heritage/Hadrian's Wall World Heritage Site Management Plan Committee.

Baines, P., Fill, C. and Page, K. (2008) *Marketing*, Oxford: Oxford University Press.

Barke, M. (1999) "City marketing as a planning tool", in M. Pacione (ed.), *Applied Geography: Principles and Practice*, London: Routledge, 486–496.

Brassington, F. and Pettitt, S. (2006) *Principles of Marketing*, 4th edition, Harlow: Financial Times Prentice Hall.

Breeze, D.J. and Dobson, B. (2000) *Hadrian's Wall*, 4th edition, London: Penguin Books.

Brodie, R.J., Glynn, M. S. and Little, V. (2006) "The service brand and the service dominant logic: Missing fundamental premise or the need for stronger theory?", *Marketing Theory*, 6, 3, 363–379.

Corsico, F. (1993) "Urban marketing, a tool for cities and business enterprises, a condition for property development, a challenge for urban planning", in G. Ave and F. Corsico (eds), *Urban Marketing in Europe*, Turin: Torino Incontra, 75–88.

Cresswell, T. and Hoskins, G. (2008) "Place, persistence, and practice: Evaluating historical significance at Angel Island, San Francisco, and Maxwell Street, Chicago", *Annals of the Association of American Geographers*, 98, 2, 392–413.

de Chernatony, L. and McDonald, M.H.B. (1992) *Creating Powerful Brands: The Strategic Route to Success in Consumer, Industrial and Service Markets*, Oxford: Butterworth–Heinemann.

de Chernatony, L. and McDonald, M. (2003) *Creating Powerful Brands in Consumer Service and Industrial Markets*, 3rd edition, Oxford: Butterworth–Heinemann.

Dinnie, K. (2002) "Implications of national identity for marketing strategy", *Marketing Review*, 2, 3, 285–300.

Dinnie, K. (2008) *Nation Branding: Concepts, Issues, Practice*, Oxford: Butterworth–Heinemann.

Dudley, D. (1970) *Roman Society*, Harmondsworth: Penguin Books.

Edensor, T. (2007) "Mundane mobilities, performances and spaces of tourism", *Social and Cultural Geography*, 8, 2, 199–215.

Fill, C. (2009) *Marketing Communications., Interactivity, Communities and Content*, 5th edition, Harlow: Financial Times Prentice Hall.

Govers, R. and Go, F. (2009) *Place Branding: Glocal, Virtual, and Physical Identities, Constructed, Imagined and Experienced*, Houndmills: Palgrave Macmillan.

Grönroos, C. (2007) *Service Management and Marketing: Customer Management in Service Competition*, Chichester: John Wiley & Sons.

Gummesson, E. (2004) "From one–to–one to many–to–many marketing", Paper Presented at QUIS 9 Symposium, Karlstad, Sweden.

Gummesson, E. (2006) "Many–to–many marketing as grand theory: A Nordic school contribution", in R. F. Lusch and S.L. Vargo (eds), *The Service–Dominant Logic of Marketing., Dialog, Debate, and Directions*, Armonk, NY and London: M.E. Sharpe, 339–353.

Hadrian's Wall Heritage Ltd. (HWHL) (2007a) "Hadrian's Wall Heritage Limited strategic plan March 2007", http: //www.hadrians–wall.org/ResourceManager/Documents/HWHL_Strategic_Plan_March_2007.pdf, accessed 13 November 2008.

Hadrian's Wall Heritage Ltd. (2007b) *Annual Review* 2006–2007: *Bringing History and Landscape to Life*, Hexham: HWHL.

Hadrian's Wall Heritage Ltd. (2008) *Annual Review: Bringing History and Landscape to Life* 2007–2008, Hexham: HWHL.

Hankinson, G. (2001) "Location branding: A study of the branding practices of 12 English cities", *Journal of Brand Management*, 9, 2, 127–142.

Hankinson, G. (2004) "Relational network brands: Towards aconceptual model of place brands", *Journal of Vacation Marketing*, 10, 2, 109–121.

Hingley, R. and Nesbitt, C. (2008) "Hadrian's Wall: A wall for all times", *British Archaeology*, 102, September/October, http: //www.britarch.ac.ulk/ba/ba102/feat2.shtml, accessed 3 November 2008.

Hospers, G. J. (2006) "Borders, bridges and branding: The transformation of the Øresund region into an imagined space", *European Planning Studies*, 14, 8, 1015–1033.

Iacobucci, D. (ed.) (1996) *Networks in Marketing*, Thousand Oaks, CA: Sage Publications.

Institute for Manufacturing (IfM) and IBM (2008) *Succeeding through Service Innovation: A Service Perspective for Education, Research Business and Government*, Cambridge: University of Cambridge Institute for Manfacturing.

Iverson, N. M, and Hem, L. E. (2008) "Provenance associations as core values of place umbrella brands: A framework of characteristics", *European Journal of Marketing*, 42, 5/6, 603–626.

Jobber, D. (2007) *Principles and Practice of Marketing*, 5th edition, Maidenhead: McGraw–Hill.

Jobber, D. and Fahy, J. (2009) *Foundations of Marketing*, 3rd edition, London: McGraw–Hill.

Kavaratzis, M. (2004) "From city marketing to city branding: Towards a theoretical framework for developing city brands", *Place Branding*, 1, 1, 58–73.

Kavaratzis, M. (2005) "Place branding: A review of trends and conceptual models", Paper presented at Academy of Marketing Conference, Dublin.

Kavaratzis, M. (2007) "City marketing: The past, the present and some unresolved issues", *Geography Compass*, 1, 3, 695–712.

Kavaratzis, M. and Ashworth, G. (2005) "City branding: An effective assertion of identity or a transitory marketing trick?", *Tijdschrift voor Economische en Sociale Geografie*, 96, 5, 506–514.

Kavaratzis, M. and Ashworth, G. (2007) "Partners in coffeeshops, canals and commerce: Marketing the city of Amsterdam", *Cities*, 24, 1, 16–25.

Kotler, P. and Gertner, D. (2002) "Country as brand, product and beyond: A place marketing and brand management perspective", *Journal of Brand Management*, 9, 4–5, 249–261.

Kotler, P., Jatusripitak, S. and Maesinsee, S. (1997) *The Marketing of Nations: A Strategic Approach to Building National Wealth*, New York: Simon & Schuster.

Kotler, P., Armstrong, G., Wong, V. and Saunders, J. (2008) *Principles of Marketing*, 5th European edition, Harlow: Financial Times Prentice Hall.

Kotler, P., Keller, K. L., Brady, M., Goodman, M. and Hansen, T. (2009) *Marketing Management*, Harlow: Pearson Education.

Maddern, J. (2004) "Huddled masses yearning to buy postcards: The politics of producing heritage at the Statue of Liberty–Ellis Island National Monument", *Current Issues in Tourism*, 7, 4&5, 303–314.

Maglio, P.P. and Spohrer, J. (2008) "Fundamentals of service science", *Journal of the Academy of Marketing Science*, 36, 18–20.

Mason, R., MacLean, M.G.H, and de la Torre, M. (2003) *Hadrian's Wall*

World Heritage Site, *English Heritage*: *A Case Study*, Los Angeles: Getty Conservation Institute.

Medway, D., Bennison, D. and Warnaby, G. (2008) "Branding a Roman frontier in the 21 st century", Paper presented at Association of American Geographers Annual Conference, Boston.

Moilanen, T. and Rainisto, S. (2009) *How to Brand Nations*, *Cities and Destinations*: *A Planning Book for Place Branding*, Houndmills: Palgrave Macmillan.

Morgan, N., Pritchard, A. and Pride, R. (2004) *Destination Branding*: *Creating the Unique Destination Proposition*, 2nd edition, Oxford: Elsevier Butter-worth-Heinemann.

Nesbitt, C. and Tolia-Kelly, D. (2009) "Hadrian's Wall embodied archaeologies of the linear monument", *Journal of Social Archaeology*, 9, 3, 368-390.

Northwest Development Agency and One North East (2004) *Hadrian's Wall Major Study Report Summary September* 2004, Manchester and Newcastle upon Tyne: NWDA and One North East.

O'Shaughnessy, J. and O'Shaughnessy, N.J. (2000) "Treating the nation as a brand: Some neglected issues", *Journal of Macromarketing*, 20, 1, 56-64.

Paasi, A. (2002) "Bounded spaces in the mobile world: Deconstructing regional identity", *Tijdschrift voor Economische en Sociale Geografie*, 93, 2, 137-148.

Trueman, M. M., Klemm, M., Giroud, A. and Lindley, T. (2004) "Can a city communicate? Bradford as a corporate brand", *Corporate Communications*: *An International Journal*, 9, 4, 217-224.

Turok, I. (2009) "The distinctive city: Pitfalls in the pursuit of differential advantage", *Environment and Planning A*, 41, 13-30.

Tynan, C. and McKechnie, S. (2009) "Experience marketing: A review and reassessment", *Journal of Marketing Management*, 25, 5-6, 501-517.

van den Berg, L. and Braun, E. (1999) "Urban competitiveness, marketing and the need for organising capacity", *Urban Studies*, 36, 5-6, 987-999.

Warnaby, G. (2009) "Towards a service-dominant place marketing logic", *Marketing Theory*, 9, 4, 403-423.

Warnaby, G. and Medway, D. (2004) "The role of place marketing as a competitive response by town centres to out-of-town retail developments", *International Review of Retail, Distribution and Consumer Research*, 14, 4, 457–477.

Warnaby, G., Bennison, D., Davies, B.J. and Hughes, H. (2002) "Marketing UK towns and cities as shopping destinations", *Journal of Marketing Management*, 18, 9–10, 877–904.

Young, C. J. (2006) "Hadrian's Wall: Conservation and archaeology through two centuries", in R. J. A. Wilson (ed.), *Romanitas: Essays on Roman Archaeology in Honour of Sheppard Frere on the Occasion of his Ninetieth Birthday*, Oxford: Oxbow Books, 203–210.

16 用想象地理包装政治项目：国家品牌化的兴起

◎ 尼克·刘易斯

16.1 引 言

2007 年 10 月，新西兰总理海伦·克拉克在巴黎埃菲尔铁塔旁边出席了一个巨型可充气橄榄球状大厅的落成仪式。该橄榄球大厅是一个大剧院，也是一个有创意的新西兰旅游产品视觉展示场所；既是毛利人的表演舞台，也是商贸和外交鸡尾酒会的临时举办地。该橄榄球大厅成为新西兰民族产品的三维广告牌。橄榄球大厅专门为 2007 年橄榄球世界杯而建，目的是宣传新西兰 2011 年橄榄球世界杯的主办者身份。三年后，另一位首相又在东京出席了同一个橄榄球大厅的落成仪式（见图 16.1），此次正好有一场橄榄球比赛，该橄榄球大厅也是为了重振新西兰在日本不景气的旅游市场，并为政府间贸易对话和新西兰—日本商务协会增添光彩。这一案例证明了国家品牌化的创新运用，也证明了国家品牌专家西蒙·安霍尔特（2007b）将国家品牌化视为目的地品牌化、原产地营销和公共外交的集合体概念的观点。

从根本上讲，使用空间想象物促销产品或吸引外来投资并非什么新事物。原产地营销和目的地营销很早便出现在各类贸易展、推销会和旅游广告中。品牌通常同地理和国家想象物紧密相关，如猕猴桃、Vegemite 牌蔬菜酱或 Foster's 牌储藏啤酒（Sinclair，2008）。然而，"被命名的"现象的国家品牌化是一种"被命名的现象"；国家品牌化从国家的角度对想象地理进行标定，并从"整合营销"及

图 16.1　新西兰巨型橄榄球大厅内的演出图片（东京，2009 年 11 月）

注：（i）埃菲尔铁塔下的橄榄球大厅；（ii）首相 John Key 在大厅前出席大厅落成仪式，大厅内临时搭建有一个神社；（iii）日本小学生同 TeArawa Kapa Haka 集团成员一起合影。

资料来源：笔者的照片。

政治项目全球化角度动员想象地理。如此一来，国家品牌化使品牌化专业知识的含义包括了国家经济发展和国家认同形成等领域。

本章中，笔者提出了一系列问题，如新西兰品牌（新西兰品牌）是如何形成、动员并实现前后连贯一致的，推销的何种主题和空间，期待实现何种目的和效果。为了回答这些问题，笔者运用了文化经济学的理解方式（du Gay，2002；吕里，2004；拉什和吕里，2007），而不是国家品牌专家自己的理解方式（安霍尔特，1998、2003a、2009；奥林斯，1999、2003；Dinnie，2008）。在这种文化经济学理解方式中，国家品牌化被理解为一套经战略开发出来的做法，这种做法可调动各种国家想象物、地方消费价值和国家品牌化识别性对投资及购买决定的信誉影响。笔者用"政治项目"这一概念专门解释了国家品牌化是如何被整合为一个有积极性、扩展性和共构性的全球化项目的过程，同时解释了国家品牌化是如何成为关键全球化空间的。

本章对政策文件和媒体报道进行了回顾，并吸收了一些领域研究结果；这类研究包括参加西蒙·安霍尔特主讲的一个国家品牌化高级讲习班，参观东京的巨型橄榄球大厅，以及对新西兰行业领导和贸易政策官员的访谈。本章首先从品牌化相关文化经济学文献着手，然后专门讨论品牌化地理并以此为基础解释国家品牌化。后面部分通过对两个官方国家品牌——新西兰 100% Pure 和新西兰新思维（NZNT）的产生、形式和应用追根溯源，对新西兰品牌进行了研究。笔者试图通过该讨论，揭示新西兰品牌同全球化过程构建的关系（该全球化过程促进了经济爱国主义，同时依赖经济爱国主义）。

16.2 品 牌 化

在市场营销学文献中，品牌化被描述为一种可增加产品信誉价值和象征价值的战略性训练。很多情况中，品牌都被视为一个价值产生点，可运用专业知识通过信息交流、附加价值等方式影响生产—消费关系。其关注重点是推测消费者的品牌反应、衡量品牌所产生价值，并起到介入作用从而提升消费者反应和品牌价值。国家品牌化研究文献便从这一点着手研究。

然而，虽然越来越多的品牌化领域文献将品牌视为建立或提升产品和用户价值链上的关系（德·彻纳东尼，2009），但并未将品牌视为有完整的关系性。尚无人研究过品牌的社会学或谱系学知识，而消费者一般被视为不存在疑问（消费者被看做受到某种控制的预制属性包）。在吕里（2004）看来，品牌崛起同后现代化敏感度和后工业化经济体有关，在后工业化经济体中，物体的文化和象征价值相对于其使用价值来说提升了，消费者在产品—消费者关系的框架中起了更积极的作用。在文化经济中以及促成生产消费关系中，品牌对符号价值、文化价值和经济价值的互动来说非常关键。品牌构建了各种相连性，缓解紧张局势，促成符号价值与实体价值的交流，并共同构建产销关系。

在吕里（2004）、克莱因（2000）、安霍尔特（2007a）、Stern（2006）看来（在标准市场背景中亦如此），品牌远不只是商标（Logo），值得深度研究。主流营销学观点认为，品牌化的增生性也属于不可阻挡的全球化逻辑，被整合入具有创新性、抉择和自我表达等特征的全球化道德经济中（Saren 等，2007；Maclaran 等，2010）。虽然另有其他批判性营销理论（Araujo 和 Kjellberg，2010），品牌化的社会性和地理性出发点却完全不同：品牌来自于某个地方，涉及行为并会带来某些结果。品牌构成了其试图促进的世界，方式是通过影响客户（正是品牌构成了客户主观性），限定并使全球化发生。在克莱因看来，品牌构成了全球化，也是商品拜物主义行为的标志。品牌重新确定了资本家权力关系并再现了全球化的社会和环境不平等现象。在吕里看来，品牌使全球化资本主义得以发生，代表了全球化经济体的促成和新秩序、全球化精英的自我识别性、筹划和构建。按米勒（2002）的话说，品牌可理解为一门计量学——计算做法、计算技术、表达和制度形式。品牌承载着权力，具有文化、社会和政治改变性，并同后现代性的构建紧密相连。

本章从中指出四点：一是品牌是销售代理及其他人在工作中的创造品。必须从品牌战略意图以及促成品牌的做法和代理的复合体的角度来审视品牌。二是品牌有谱系性、地理性和结构性。三是品牌是表述行为的，不会作用于之前建造的道德经济体。四是品牌具有构成性，也就是说，品牌会促成或共同构成道德经济体（或至少为道德形式的限定区）的生成。

16.3　品牌化地理性

地理学家最近也对品牌产生了兴趣（派克，2009；Pawson，1997；保尔和豪格，2008；杰克逊，2004）；但考虑到想象地理和来源在价值构建中的作用以及品牌在价值链全球化中的作用（Banks 等，2007；刘易斯，2008；摩根等，2006；杰克逊等，2007），这一兴趣没有我们所想的那么大。地理学术观点研究了产品和消费价值如何被赋予基于地方的意义、文化和环境关联、传统和质量声誉（派克，2009）。地方可以代替对产品性质的技术性、体验性或其他实质性理解，尤其是当这些理解很难测定或以其他方式限定的情形中（比如葡萄酒或国际教育）。所有文化经济体都有地理性，是以地理形态构成的。派克（2009）提出，品牌具有内在的地理性并与地理参照对象有关联，如产品来源方面、在空间意义领域方面，以及在产销关系的空间性方面。

品牌属于表述行为的想象物，或多或少地包含实质性、共构联合体。这些联合体属于人、物、地方及文化经济轨迹之间关系网络的实质化、共构联合体。品牌构成了经济空间。这种经济空间稳定性比一般认为的要差很多（Allen，2008；杰索普，2008；Larner 和 Le Heron，2002）。经济空间可能同地方品牌化项目有关，如创意城市、创新地区、竞争国或跨国社区（刘易斯等，2008；Gibson 和 Klocker，2004；Larner，2007）。这些新的关系空间避免了预定义结构的等级性标量或制度结构（如民族国家）的等级，属于自然出现的空间或"正在构建的空间"。这些关系将领土、统治和识别性重新整合入新的想象地理，为政治工作服务（Alien，2008；Larner 和 Le Heron，2002）。

将经济空间视为有关系性、自然出现和共构空间的观点包含论述、推断和想象地理等构建维度。经济空间把三种对"经济"的见解立体化了。首先，商品特征不属于先验特征，需要描述。"它们的客观化必然需要具体计量工作"（加隆等，2002）。其次，经济是同政治、文化或"一系列竞争项目"（Mitchell，2008）共同构建的，"目的是建立基于新组织、新测量、新推断和新表达技术的计量机制"。本章关注点是在这类环境中的表达。最后，政治行为人通过促进政治项目发展，致力于调动这类机制的潜力（Larner 等，2007）。

在刘易斯及其同事看来（2008），政治项目是"可进行战略调动的叙述，可整理安排政府想象物和空间想象物、各类利益、制度和文化/经济轨迹"。刘易斯及其同事从新西兰背景中识别出一系列共构政治项目，有关 21 世纪初的一个具体政治场合。他们认为，这些项目虽出现在他们那个年代，但关系到长期奋斗、建立国家，并确保一个隔离的小型贸易经济体的国际竞争力。这些项目中有一个很有名的项目，即"全球化项目"，目的是将全球化整合到日常经济、社会管理和识别中。以前对全球化的理解是出口增加和鼓励外资，这一经济社会政策的框架广泛得多，涉及提高全球互联性、培育全球性主题和空间以促进全球竞争力。政策干预包括增长和创新框架（GIF），这是一种经济发展策略，识别出产业建设、投资促进和市场支持等项目的四个板块。本章中，笔者说明了新西兰品牌成为该项目共构维度的过程。

16.4　国家品牌化

　　"国家品牌化"指用复杂的市场营销专业知识和品牌化技术促成对国家的理解。国家品牌化目的如下：①将一个国家当作旅游地和外来投资地；②为最终产品增值；③激发兴趣、创造附加值并随着价值链调整措施；④建立声誉；⑤重构国内的经济和政治主观性。国家品牌化将地方营销（目的地品牌化和事件营销）传统、目标以及产品原产地品牌化同以下方面相关联：国家政治法律目标（公共外交）、口碑（民主红利）、贸易口碑（价值链营销）和国家经济发展计划（安霍尔特，2007a）。国家品牌化在各类展销会和以下各国目前无处不在的广告中最为明显：旅游目的地国、大型文化活动举办国、高科技制造国、国际新闻网络投资国及全球商业杂志投资国。国家品牌化俨然已成了各个雄心勃勃的国家的目标（见表16.1）。这些国家包括：先进国家或发展很快、志在成为（或保留）二线地位的小国；国家形象不够乐观积极的国家；海湾地区崛起的经济大国以及巴西、印度及其他试图获取更高国际排名的国家（如土耳其和南非）；试图通过打造国家品牌消除文化经济边缘化或不光彩政治印象的国家；以及急切需要拯救经济颓势的国家（见品牌新正义国家；安霍尔特，2003a）；但以上分类也可能创建一个包括各民族国家的范畴，因而复制品牌专家浮夸的陈词滥调。

表 16.1　对西蒙·安霍尔特的国家品牌化高级讲习班学员分类（2007 年 11 月）

民族国家类型	代　表
斯堪的纳维亚	9
波罗的海国家	6
其他富裕小国	5
经济不景气的北半球国家	16
雄心勃勃的南半球国家：厄瓜多尔、博茨瓦纳、斯威士兰	5
顾问	10
海湾国家	7
其他：开曼群岛、塞浦路斯、毛里求斯、马耳他	15
另外：赞助商和演讲者 *	18

　　注：＊许多赞助和演讲者都代表（或旨在代表）其他国家。
　　资料来源：笔者研究。

国家品牌化虽已有先例，但其"命名"是在 20 世纪 90 年代中期至末期，命名人是英国广告学家西蒙·安霍尔特和沃利·奥林斯。国家品牌专家将国家品牌定义为在经济、文化和政治关系方面对国家代理人（包括企业和公民）公开、被动的沟通行为进行协调（如果不算筹划）。这些行为包括：贸易、旅游和投资领域的官方推销活动；设计相关标识和品牌附属物；民族国家政策的公共管理；环境图标和文化遗产表达；以及出口商品质量和公民行为赢得的声誉（安霍尔特，2007a）。国家品牌化调动现有想象物（文化想象物、环境想象物同经济想象物，如可靠性、质量、一致性、及时付款和可信赖度）并创造新的想象地理。国家品牌化衡量这些想象物并使其同国家协调，将其转变为文本和支持性做法；其目的是创造独特性、原产地价值和意义，并将其附加至跨国境经济政治关系上。

官方政策文件对各类官方国家品牌进行了阐述、表达、合法化、记录和评价。这类文件同其他地区的非国家行为人开发部署的国家品牌化战略进行协调和合作。这类文件为作为价值链中介机构的经济发展机构的工作赋予了逻辑和内容，并在建立贸易网络、国家认同游说和推广中起到了作用。这类文件还为试图在营销、广告和公共关系领域实现规模经济的国家代理人和行业龙头机构赋予了工作形式。

西蒙·安霍尔特坚持认为，在全球化世界中，各个国家、地区和城市都会彼此争夺客户、游客、企业、人才、投资、关注和尊重（安霍尔特，2007a）。他在自己网站上发布消息宣传自己 2007 年写的《竞争性识别》时，提出观点认为"每个地方均需具备驰名的事物方能有效竞争"。西蒙·安霍尔特继续阐述道，品牌策略将特殊性质视为资产，并考虑如何使用这些资产，并将其合并为"一个独特、真实、有特色、有吸引力的任务"。他坚持的一大关键意见是"这绝不是偶然而为"。在之后，各种广泛的目标、战略和做法构建的系统是各类标识、广告、宣传和其他附属物产生的根源。他认为，地方品牌战略必须同某个愿景及一套支持性做法相关。愿景必须现实、富有竞争性并令人信服，有各类投资行为与同世界上其他国家的交流的支持，从而使愿景更丰富；此外品牌战略还须有"正确的政策，正确的经济、社会、文化和教育环境的支持"（安霍尔特，2007b）。国家想象物必须真实、真诚、可信，必须能始终如一地有效调动。安霍尔特坚持认为，如果要实现上述成效，必须有公司品牌化专家和政府最高领导层的设计和管理。

16.5　新西兰品牌

　　新西兰品牌是一个定义不太确切的表意符，表示一套国家想象物及将新西兰和新西兰人同新西兰产品关联起来的表现物。许多笔者都认识到这些想象物和表现物在社会经济变化过程中的重要性（Dürr，2007b；Bell，2006；Skilling，2005；Cloke 和 Perkins，2002）。在国家品牌专家看来，新西兰品牌是一个证明国家品牌化有效性的重大案例，在案例研究中被频频引用（Dinnie，2008；安霍尔特，2003b）；对新西兰经济发展机构来说，新西兰品牌是一个有形的、可管理的关键管理物；对广告机构来说，它是一个有利的名目；对新西兰旅游业研究者来说，它是经济价值创造的重大来源（事实上是新西兰主要出口产业的核心旅游产品）。

16.6　新西兰方式

　　新西兰品牌运动首次命名和发动是在"新西兰方式"运动期间（NZW）。NZW 是 1991 年发起的一场营销活动。一年后正式成为一家由新西兰贸易委员会和新西兰旅游局共同持有的公司。NZW 被视为能获得基于"独特新西兰特色"（新西兰方式，1993）的市场或优势的高端品牌。NZW 建立于靠市场驱动经济发展的新自由主义政策修辞背景中，还无法达到安霍尔特所说的国家品牌化。虽然NZW 的制度形式比一次性广告活动更恒定，但 NZW 是以产品为中心，而非如预期一样实现国家品牌的全部功能和目标。NZW 属于集体经济行动，其构成方式使其成为官方认可公司或"品牌合伙人"的特许商标。

　　这一新生国家品牌是在政府开展合理的用户支付活动过程中产生的，而不是在共同开发国家经济过程中产生的。该品牌的开发机构并不主张协调的国家发展观（而国家发展观可以让该品牌成为更成熟的国家品牌）。然而，NZW 采用新西兰品牌的理解方式，为在广告业、旅游营销业和贸易发展等软基础设施之间工作的个体构建个体关系网（Warren，2002）。这些网络整合了该品牌的专业知识和制度记忆库，还为品牌发展作出了重大贡献。按安霍尔特的话说，这些网络组成了品牌股权。

NZW 内容被视为洁净的绿色环保想象物，历来具有很高的商业信誉度和国际公民道德。至于国际公民道德，很大程度上不存在争议，但仍明显依赖于国内对国家认同，与英联邦国家历史关系及其消费公众、英语和议会政治传统和新西兰早期国家营销委员会建立的信赖关系。这类基金会被视为具有先验性质。然而人们并不认为需要构建新西兰品牌的实质或识别性。

随着 20 世纪 90 年代初的积极经济发展计划的重新实施，这一局势有了变化。由于共有资产私人融资项目存在各类矛盾，而矛盾解决方法存在复杂性，早期以市场为先导的 NZW 项目失败了，于是在 1998 年推出了 100%纯粹目的地品牌。于是便有了我们知道的新西兰品牌国家品牌化计划。到 2008 年克拉克总理政府任期结束时，政府内部对新西兰品牌的认识越来越明晰，新西兰品牌被广泛理解为多个品牌（包括公司品牌、民族产业品牌、100%纯粹、新西兰新思维）的共构体和多个行为人品牌化做法的综合体（见图 16.2）。

新西兰：识别、生活体验、区域、制度、权利、历史、经济

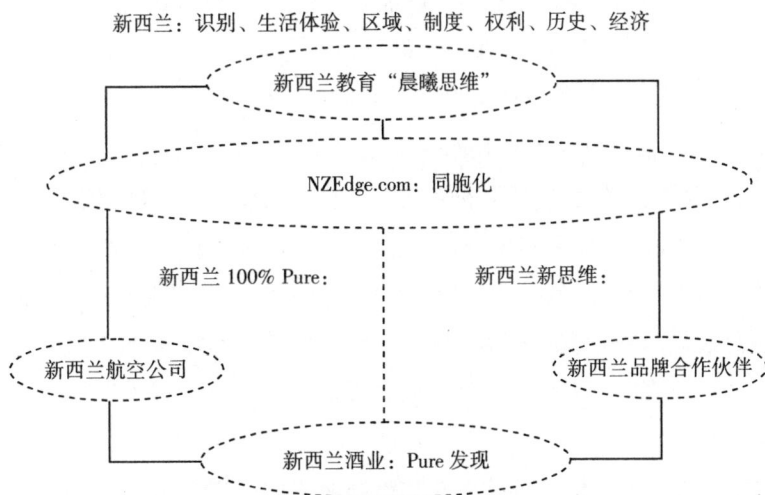

图 16.2　各种新西兰品牌：选取的样本

资料来源：笔者自己的阐发。

16.7 新西兰 100% Pure

新西兰 100% Pure（100%纯粹）是 M&C Saatchi 广告公司于 1999 发起的一场运动。100% Pure 本质上是一个目的地品牌，以旅游业为中心，归当地旅游管理部门管理，但该品牌更广泛的国家品牌化潜力和政治工作潜力应归于早期战略（摩根等，2002）。100% Pure 运动取代了支离破碎的逐个市场投放广告方式（该方式注重印刷媒体，特点是展示多个色彩鲜艳的旅游活动和田园风光的照片集锦）。100% Pure 是一场大型的市场开发投资活动，其特点是将资金集中用于一个单独活动中。有段时期世界旅游业曾蓬勃发展，新西兰旅游局（TNZ，2009）的游客数目在 1999~2005 年间增长了 50%，远高于澳大利亚（23%）、英国（18%）和加拿大（4%）；这一成果被归因于 100% Pure。2009 年，100% Pure 被欧洲旅游委员会（ETC）和联合国世界旅游组织（UNWTO）评为领先的全球目的地品牌（UNWTO 和 ETC，2009）。

该调查是为了找到一个能准确描述国家"精华"的、始终如一的品牌（TNZ，2009）。该运动的灵感来自于以下研究结果：海外游客首先想看自然景观，然后才是冒险和文化。该运动基于美丽的自然风景形象，人们通常喜欢在这类景色中冒险，无论是令人高兴的冒险还是浪漫的冒险。该运动建立于"Pure"（纯正）这一双重含义之上，而 Pure 又正好在引人注目的、具有语言中性的声称词"100%"后面，对早期的"绿色"信息栏进行描述并将拓展至给人带来兴奋和刺激的领域。曾有一段时间，全球富裕的城市阶级的兴趣同时转向发现频道、极限运动和旅游，从而 100% Pure 使人们对新西兰的印象从一个世界尽头的国度转为一个时髦的地方。漂亮的自然风景会直接吸引冒险旅游者和喜欢这些风景的人的兴趣。

以风景为中心的新西兰葡萄酒业和电影业的口碑也逐渐开始远播，增强并拓展了 100% Pure 的形象。就电影业来说，《指环王》（LoTR）现象自身也创造了旅游利基市场（Le Heron，2004、2008；Jones 和 Smith，2005；Tzanelli，2004）和扩张型的文化和政治经济（Lawn，2005、2006）。TNZ（2009）认识到目的地品牌化就是安排、设计各种口碑效果，如同创造附属物一样。设计"100% Pure"这一宣传词目的是为创造国家的多种形象开拓空间。国家形象会增强运动的效果，并围绕运动逐渐成型或叠加至现有信息之上。同样，目的地品牌化也提供了一个平台，可将新西兰图标移植至全球美学（如山脉、峡湾、葡萄酒产地、冒险地和幽僻地带）。

这种当地化意识和全球化意识的组合同新西兰人不谋而合，并引发国家观念和民族自豪感，从而有了实质内容。该组合形成的生产价值会附加至一系列新西兰人追求的识别性上，尤其是引领新生的全球冒险游客阶级的、旅游经验丰富的年轻一代。在其他背景中，这些年轻人在创造大众喜欢的国家想象物方面起到了主要作用。前述组合有明确的元素主义成分，补充了新西兰人开放、粗犷朴实和富有冒险精神的既有形象。100% Pure 附加了全球化的、富有都市风格的野外新世界城市性的成功叙述，并将布景附加至新西兰人创造的全球性可识别流行音乐，有助于促进国家形象中的识别性。城市研究显示，消费者认为 100% Pure 成功地提炼了新西兰的精华（TNZ，2009）。也就是说，100% Pure 不但具有吸引力，而且是真实表现方式。

国家认同和游客吸引力的成功创造关键在于电影业和摄影业产生的高价值，而在这类行业中，对 100% Pure 形象进行了描述和展示。风景非常漂亮，采用了人物极简化处理，电影业和摄影业高度发达（Pan 等，2010）。比如，照片采用空中拍摄方式，强调风景引人入胜之处和人类存在的欢悦感（Lawn，2010）。与新西兰电影业及葡萄酒业口碑相关的生产价值和小心细致的人类行为，都可以使形象创造者将全球美学本地化并打造符合全球后工业美学要求的当地特色。

上述技能超出了形象本身，按策划方式"促成了品牌的改变"。TNZ 在文件制作方面进行了投资，同 Pacific Broadcasting 和 National Geographic 进行谈判，确保发现频道（Discovery Channel）播放新西兰风景有关节目。其媒体投放集团购买了相关电视节目在新西兰的转播权（如 Billy Connolly 的 World Tour of New Zeal 及 Jack Osbourne 的 Adrenaline Junkie 和 The Bachelor），还吸引了形象制作者。TNZ 同 LoTR 销售商签订了推广新西兰风景的协议，而 LoTR 获得的奥斯卡奖，也成了新西兰作为"最佳电影业支持国"的特殊广告，从而使新西兰广告能在美国关键城市投放。2004 年 Chelsea 花展期间，TNZ 还专门请人设计了一个"金奖公园"，2007 年另建一个"银奖公园"。2002~2003 届美洲橄榄球杯期间，

TNZ 专门投放了 100% Pure 的图片，还开发了巨型橄榄球大厅。

16.8　新西兰新思维（NZNT）

21 世纪初，新西兰贸发局（NZTE）请人对关键出口市场中的企业进行了市场研究；结果证明，新西兰口碑有假日胜地、高质量农产品出口国、国民性格正直、安全、法律透明、政治透明，但该国并未被视为适合经商之国。和旅游市场一样，这些形象在文化接触最多的地方最鲜明。建立新西兰新思维（NZNT）的目的是"促进人们将对新西兰的全球意识改变为技术先进、创新力强和成功"。NZNT 试图将新西兰标记为"创新知识经济"。NZTE 关涉企业间关系、买方/投资方网络和价值链关系，而不是普遍的国家认同。NZNT 被视为关系品牌化演练，即创建、促进并维持各类关系，并增加价值链的价值（价值链始于获取投资资本，直至通过分销机构获取渠道）。NZTE 属于 GIF 的品牌。

NZNT 是 100% Pure 的互补品牌，NZNT 通过"漂流至其他地方"的新西兰想象物同 100% Pure 相关联。这些想象物促成了各类关系，提升对话级别并获得了利益价值链（GIF 会表现这一点）中的潜在投资人和关键决策者的目标受众。该品牌的传递不是通过大量高生产价值的形象，而是各种贸易杂志文章和经证明的叙述，如对高科技企业成功案例的叙述、对城市高级性的叙述、对科学成果的叙述。品牌化包括专门的社论、成功的肇始项目（针对投资离岸贸易网络）以及在商业会展中吸引注意力的品牌附属物。因而 LoTR 又成了一大机遇，其有名的自然景观也成了吸引人之处，但 LoTR 也是闻名遐迩的高科技形象、电影业和计算机制图业的证据。目的和成功常用的度量是目标市场关键报刊和其他有影响力的出版物的商业部分或高端部分（比如《纽约时报》），以及商务会议邀请。100% Pure 想象物通常都对出版物和商务会议邀请有促进作用。

16.9　新西兰品牌的更大范围

这些正式品牌同其他边缘化活动或超国家活动互为补充。单独的企业成了品牌合伙人，这样特许用户（出口商也可能满足特许用户某些条件）便可将注册商标 Fern Mark 标在其产品上（Florek 和 Insch，2008）。这样，这些公司便同更大范围的"新西兰品牌"产生了联系。新西兰航空公司便是采用新西兰品牌的多个公司中的显著案例，明显是 100% Pure 成功的受益人，增加了到新西兰旅游的人数，还在旅游开发中扮演了重要角色。新西兰航空公司是一家国有航空公司，自2001 年来，其 76.5% 的股份均为政府持有。新西兰航空公司的呼声对政府制定旅游政策影响很大。2005 年国内通信机构 Assignment Group 从 M&C Saatchi 收购该品牌时，明确表示继续支持打造 100% Pure（TNZ，2009）。新西兰航空公司也支持赞助各类活动，如巨型橄榄球大厅（该项目便是支持 100% Pure 的）。新西兰航空公司还开展了互补性广告活动，其机上杂志和广告里有 100% Pure 的信息内容以及附属物也有相关的互补性广告。这种联合形式为新西兰品牌增加了更多微细节。公司的高端航空公司声誉也增色不少。

16.9.1　新西兰行业品牌

国家行业联盟推动了新西兰品牌的重大发展，尤其是靠想象地理或原产地营销进行产品销售的行业联盟。葡萄酒业和国际教育便是两大此类行业。两个行业在新西兰都非常重要，在过去 15 年内发展良好，还开发了自己的民族品牌。在各个时期，葡萄酒业和国际教育都从新西兰品牌的品牌权威专家处获得了指导。过去 3 年内，两个行业通过品牌检验重整了自己的国际想象物；品牌检验将100% Pure 的动力因素、戏剧性因素和生产价值以及 NZNT 的要素移植到 20 世纪90 年代形成的"洁净、绿色的小英格兰"想象物上（刘易斯，2007、2008）。

新西兰葡萄酒出口的快速增长便受益于 100% Pure 的空间想象物，而该行业的成功为 100% Pure 和 NZNT 增添了新一层可能性。葡萄酒文化很大程度上受益于"风土"叙述，而后者将地方和葡萄酒质量直接联系起来。中等价位至高价位葡萄酒价值很大程度上来自于叙述和形象，而叙述和形象建立了这种联系，尤其是在葡萄酒媒体的评论中。高价范围内的葡萄酒中，媒体评论必须令人信服，高度专业（Vaudour，2002）。新西兰品牌对新西兰葡萄酒有很重要的意义，而后者比普通葡萄酒价高。葡萄酒旅游业对旅游业、旅游业营销以及葡萄酒销售营销来说非常重要。100% Pure 广告和专题节目中也有葡萄产区，亮光纸印刷的杂志和机上杂志里都有葡萄产区内容，属于旅游活动和对地方的叙述，线下旅游广告中也有这些内容，而新西兰葡萄酒提供了社会背景、谈话要点，还在 NZNT 关系打造中展示了行业知识和创新内容。

新西兰葡萄酒业的普通国家营销和品牌化活动已有 20 年历史。早期活动举办方是行业龙头组织 WINZ（即后来 NZ Winegrowers）。早期活动主要推广洁净的绿色形象，严重依赖新西兰现有的形象，即环保、令人熟悉或沉闷的异国情调成分。早期活动传递的是新西兰新近出现在世界市场上的葡萄酒生产国形象。而在 2007 年，新西兰葡萄酒业进行了再品牌化，从"洁净、绿色国度的财富"形象转为"新西兰葡萄酒：纯粹的发现"形象。这一点反映了对其他"环保"优势采取的防御策略维度，还反映了对营销中高生产价值的重视，也反映比头一轮"田园风光"更多的更高级的后工业美学（刘易斯，2008）。再品牌化将大部分重点转至实实在在、绿色的极简派风格，让人关注价值链关系（如 NZNT 的色彩、美学和目标），而高生产价值和更漂亮的风景反映了 100% Pure。新的宣传词包括了前两者的内容，将新西兰葡萄酒业转至更高级的市场空间，从而反映了对高售价的追求。

新西兰国际教育品牌化经历同葡萄酒行业类似，但前者是后来才创建成有效国家产业品牌的（刘易斯，2007）。21 世纪初，NZTE、TNZ 和新西兰教育协会建立了一个营销网络（NZIEMN）和一个促进市场开发的网站。地理原产地（新西兰）也被视为产品：教育历史、质量和声誉；实质环境、文化环境和政治环境；殖民地历史；城市和文化基础设施；家庭和故乡。NZIEMN 开发了国家品牌，试图让家长和国际教育机构对新西兰的教育能力放心，并强调了各种优势：安全、友好、英语和环境。NZIEMN 宣传词是"新世界班：新西兰教育"，目标是成为"留学生想加入的有理想团体"（新世界班），并将新西兰也算作该理想的一部分。该标识有来自"七大完美成长条件"的支持，这七大条件便是新西兰的"与众不同之处"：世界领先的课程、同创新思想家的关联性、世界级教育机构、英式教育系统、高质量生活条件、适宜且海纳百川的教育环境和天堂一般的娱乐。这些条件代表了四大地方优势，而这类优势又同新西兰能提供需要的质量的三大断言互为补充。

新西兰教育品牌用于设计广泛的品牌附属物、在展销会期间巩固国家信息、支持网站和提供吸引留学中介并同其做生意的标语。2007 年需求下降，目标多样化、全球市场专业性增加，NZNT 中表达了对知识经济的追求（刘易斯，2007），相应地，该标语也被重审了一次。更高的生产价值、新宣传词"新西兰教育"和技术城市形象有利于创造更专业化、全球化和技术化的教育质量形象和新西兰在这一方面的能力形象。"洁净、绿色"被 100% Pure 和 NZNT 替代了。新西兰形象成为一个让年轻人成为网络化移动全球精英阶层之一的地方。该品牌专注于新西兰教育七大优势：连接性、活力性、创造发明性、冒险性、个人性、可信赖性、海纳百川性，而不是上述七个条件的发展状况。

16.9.2 NZEdge.com

NZEdge.com 由广告行业人士创建并受到他们的支持。这些人士包括纽约 Saatchi & Sattchi 公司的全球 CEO Kevin Roberts（新西兰国籍）。该网站自称开创了"对新西兰识别性及其全球地位的新思维方式"。网站目的如下：

增强国家认同，促进新西兰人的全球社区发展，即为新西兰人引入隐喻，便于自身表达；说明并改变新西兰人的不同之处；增加新西兰文化精神领域繁荣，并增加收入；建立同全球新西兰人社区的感情联系；为新西兰建设实际的全球品牌。

这段有关成功和冠军的修辞使多个识别性创造叙述进入循环过程。新西兰可能意味着世界舞台上成功的高调人士（男女都有）：从分解原子的科学家至珠穆朗玛峰攀登者、蹦极发明者、LoTR 运营商或喷气发动机制造商或体育界成功人士。NZEdge.com 上有光荣榜，这些人都是光荣榜上的"英雄"。

NZEdge 将新西兰品牌化不仅是为了国内的新西兰人，也是为了海外的新西兰人。NZEdge 使用"同胞化"术语在新西兰国外创造新西兰。其目标是将使"海外新西兰人"（海外新西兰人占新西兰国民总数 1/4）具有可见性，将其联系起来（部分通过网站），并将新西兰人对自己的看法国际化。NZEdge 采用制作冠军名录、培养国家成功识别性、创建新的全球联系等方式，为 100% Pure 和

NZNT 提供资源。该全球化表达对国家空间性进行了明确的重构想，离散在世界各地的新西兰人也成了国家项目（Earner，2007）。NZEdge 促进 NZNT 和其他各类新西兰品牌利用离散在世界各地的新西兰人发展事先便存在的商业网络，还促进 NZNT 和其他新西兰品牌利用"原地品牌大使"（该策略被视为国家品牌化方法，Kuznetsov，2006），同时为离散在世界各地的新西兰人制造了识别性；该识别性明确为新西兰，还提供了一个平台，让新西兰人表现从边缘地带参与全球事务所需的全球主观性，或通过边缘地带相连接的全球主观性。

16.10　新西兰品牌结构

新西兰品牌由多个想象地理（包括文化想象物和环境想象物）、机构、做法、人工制品、时间和虚拟存在组合而来。新西兰品牌的做法涉及创造形象和文本并使其进入循环过程：官方方式是通过电影、海报、宣传册、手册、票证和建立关系的场合和事件；非官方方式有对话、自发性关系；并通过社交网站、博客和 You Tube 发布（推广巨型橄榄球大厅工程的重要策略，而不仅是网站本身）。新西兰品牌的做法还涉及对广告投放的密切关注和循环渠道打造（包括国内循环渠道和关键全球性城市渠道）。循环渠道包括营销、公关和沟通策略；举办活动；通过肇始项目、招待会和会议建立各类联系、网络和联盟。

活动是这些策略的重要部分。活动有特定的目的，比如橄榄球大厅会塑造更多普通活动和文化活动的形象，这些活动包括新西兰时装周（刘易斯等，2008）。其他活动包括私人举办的活动，比如 2007 年 2 月，1000 名新西兰人和几个澳洲矿工在圣莫妮卡海滩上竖起了一株巨型银蕨。该活动灵感来自一个交流机构，目的是在网上推出"新西兰制造"，这是一个新西兰企业和企业家的社交和商业营销网络。银蕨是 Inside Out 公司竖起的，该公司也是修建管理巨型橄榄球大厅的公司。购买和竖立银蕨的钱来自于出售著名设计师设计的 T 恤的收入（新西兰航空公司也支持这一销售活动）。这些活动为展示和制造文本及视觉品牌附属物提供了时机。

将这些要素同做法相关联并赋予新西兰品牌聚合力、外形和意义的事物是共享的想象物，也就是这些形象自身、其意义和共享承诺。在新西兰品牌一例中，国家被视为与诱人的后工业生活方式和美学有关，方式是通过丰富的环境/文化图标和成就叙述这些基础。其物质形式包括为建立前述基础而打造的品牌附属物、广告/旅游/美食媒体、针对离岸目标投资人的肇始项目、国家级商品交易会以及关键全球地点的一次性活动、工业博览会、体育节日和文化节日，工业奖和出口奖以及 TNZ、NZTE、100% Pure、NZEdge 和工业协会的虚拟平台。将前述物质形式聚为一体的因素有：100% Pure、一个相对稳定的品牌设计师圈子、不存在对想象物的真实性的重大质疑和对经济爱国主义的细心培养。

经济爱国主义将国家认同建设过程从边缘地带简化为对其全球范围经济成功的演算。经济爱国主义植根很深。大众媒体、行业行为人、学校课程、科学基金、国内艺术家、国家发展机构培养了经济爱国主义。经济爱国主义在 NZEdge.com 里也有例证。新西兰对国家品牌化的认同程度非常深，乃至很成功的电视喜剧《弦乐航班》也全面模仿新西兰品牌。这部节目在美国家庭电影频道（HBO）和世界各地都播放过。这是新西兰品牌的全球性胜利，而且被用作标记！剧中角色 Murray 是一个新西兰乐队经纪人和贸易委员会的中层经理。他在剧中的形象通常都是坐在劣质墙板前的一张办公桌边，墙上歪着钉有一张 100% Pure 海报。不论是新西兰人自身还是电视剧观众都能发现一点：新西兰人有一种要出售他们国家（从隐喻的意义上讲）的很深信念。

NZNT 和 100% Pure 以及 TNZ 和 NZTE 的合作关系分别由 NZTE 和 TNZ 管理。NZTE 和 TNZ 有各自的宣传词，并共同拥有宣传材料中使用的银蕨图标和 NZ.com 网址。NZNT 和 100% Pure 以及 TNZ 和 NZTE 的合伙企业构成了新西兰品牌结构中的关键部分。它们依据政府政策为品牌提供战略性指导，分配资源并监测效果。TNZ 提供了广泛的品牌附属物，包括 100% Pure 的电影形象和印刷媒体形象，而 NZTE 出版光纸印刷的双月刊"Bright"。这本杂志说明商业和技术成就，并为各出口市场中的关键商业联系人和商业网络维持数据库。更广范围的新西兰品牌系统会增加代理人的数目和范围（这些代理人都包括在国家品牌化、品牌化网站以及品牌附属物的范围和容量内）。品牌附属物有人工制品、个体能力、关系和口碑打造。各类日报、社论文章、咖啡桌杂志、飞机客舱、教研室、牙医就诊室、画廊和很多空间、地点、公众和人工制品都可以用于打造新西兰品牌。并且在各类场合中，100% Pure 形象都有一个国内的、内部的"寄存器"，该寄存器通过寄存于其中景观，创造了某个"新西兰性"，并将这些景观同全球化美学、目标以及当地文化历史联系起来。

只要各种主要信息、空间想象物和目标仍然被理解、接受并保持连贯一致，新西兰品牌就能实现其目标：帮助新西兰"重磅出拳，超出其体重"，使新西兰的较小领土面积和隔离状态升华为全球存在和全球化。各品牌很大程度上被合并入所谓的 NZInc（经济关系、首要目的和"让新西兰从全球各国中胜出"的项目；这是 2001 年克拉克政府明确为自己规定的任务）。品牌权威专家及其说客被邀请至 NZInc 的宣传机构（Prince，2010；Lawn，2006）。对一个位于世界偏远地带的小国家来说，强调国家的意义对想象地理的生产者和消费者来说都有重大意义。该背景中的高端国家品牌化并不惹人讨厌，比较适宜，甚至带有某种"贵族性"。如果小国家有一些令人感到有兴趣的话要说，尽可以大声宣布。某些曾获奖的品牌化和形象打造（已被全球广告代理商的本地办事处采纳）专业知识也会合并入 NZInc 中，从而获得这种"权利"；高生产价值对新西兰品牌结构来说仍至关重要。

16.11 结 论

本章采用新西兰品牌一例着重说明国家品牌化现象和国家品牌的任务。本章揭示了将新西兰定义为旅游目的地并推广的协调方案的结构、谱系和做法，为新西兰生产的货物服务增值，调动全球化国民识别性，并培养全球化商业关系。新西兰的背景确认了雄心勃勃的国家品牌化运动的来历。国家的这项工程将是一场从世界最偏远地带成功实现全球化而进行的、涉及各大领域的努力。

因而，同其他品牌一样，新西兰品牌远不止是一个标识，而是一个由领土、想象物、计量技术、做法和识别性建立构成的、经精心打造并且有策略性的缠结体（派克，2009）。新西兰品牌的最狭义定义是指买卖和增值，但也是在价值链不同位置起不同作用的关系股权，包括从想象新产品和投资直至社会关系的消费和再生产。从广义上讲，新西兰品牌是述行性的，有助于建立其描述的虚拟和现实意义中的景观和全球化关系，并促进经济爱国主义及其代表的全球性成功的国家认同。在塑造关系、做法和识别性的过程中，新西兰品牌组成了文化经济的全球空间。也就是说，一个超出新西兰国界范围的国家，最清楚不过的例证便是同胞化的新西兰。新西兰是一个想象地理、文化/经济物体产生和循环的空间，是一个打造并促进维持这种循环过程的国际经济、社会、政治关系的空间。

本章将新西兰品牌的战略组合解释为一个使扩张型全球化深入至经济做法和社会识别性内部的政治项目。新西兰品牌试图让所有新西兰人同所有曾见过新西兰的人（可能亲身到访过，也可能通过虚拟方式）参与到一个全球竞争性项目中来，从而促进对经济爱国主义、对美景的自豪感、成功形象的利用，销售更多海外产品（包括旅游业产品）。国家的空间进行过战略性重构想，在日常生活中上演，对离散在世界各地的新西兰人和在日常工作中让品牌得以存续的代理人（通常为离岸代理人）来说，这一点尤其明显。新西兰品牌采用特殊的全球形式，将目前各大支离破碎的民族、国家和社会阵列重组装在一起，而这些阵列以前属于更内向型的发展议程。

国家品牌化还提供了另一个案例。该案例有关民族国家采用的各种全球化策略、修辞和做法，将这些策略、修辞和做法同政策范围相并列的方法，以及使用文化实践、识别性和想象地理进行新的一轮具有竞争力的国家发展的博弈方式。然而，同其他品牌一样，新西兰品牌并不是不带有政治、文化、社会或经济内容，因此还有很多岌岌可危的理论，除了克莱因（2000）有关品牌对当代资本主义的作用的评论外。该评论延伸至民族国家面对新自由主义全球化竞争的焦虑。这包括该品牌所代表内容以及利益相关方——这便涉及哪个国家、谁的国家的问题。

虽然本章并不采取这一评论态度，但这一态度却使笔者可通过提三个相关问题作出结论。第一，国家品牌会不会像安霍尔特所说（2007a）的那样会影响开明政策的制定从而维持正面的国家形象？我们的批评观点必须合理（Mayes，2008）。民族虽是一个文化经济实体，却不仅仅是一个品牌。至少，当民族同国家相结合时会赋予权利、限定活动范围、进行管理、实施合法强制力、分配资源。然而，虽然拉各斯市（安霍尔特的例证）定位的发展雄心比负面的"大陆品牌化效应"复杂得多，而且有人认为非洲问题只会招致奚落，但国家品牌化属于政治问题，会产生政治效果。政府在宣传想象地理、广义的识别性政治和狭义的品牌资源获取政治经济学等过程中，很容易招来公开反对。这一脆弱性可能导致各类反对声音的机遇，或为批评性政治项目提供品牌。

在新西兰一例中，环境保护主义者和批评者会照例鼓动人们反对在政治修辞和政治活动中提出所谓的"洁净、绿色"和未受人类损伤的风景的诉求。这些修辞和活动目的是在国内同企业直接磋商，为环保工程获取更多资源（Westgate，2010；Bell，2006；Coyle 和 Fairweather，2005）。同样，毛利人也可能反对新西兰品牌对其的描摹。这些描摹主要是表演艺术，同毛利人在新西兰旅游市场拥有的大片利益及其在新西兰多种全球化关系中更多以公司形象出现的情况相冲突。虽然涉入各方将新西兰品牌作为自己的品牌，并以自己的方式阐发新西兰品牌，但是 100% Pure 的表现形式仍可能卷入更激烈的代表权和利益争夺中（Dürr，2007b）。

第二，新西兰品牌的本地化程度如何？新西兰有多少部分纳入了新西兰品牌，如何竞争才能最佳反映全球美学？无疑，组合结构和组合做法是很明确的：经济爱国主义和地理边缘的国家财富。另外一些形象也是这样：引人注目的毛利人、蹦极绳、该国的朝气以及炭黑、银蕨和几维鸟的象征意义；NZ 的有趣用法；以及山脉、灌木丛和地热现象的并存。迄今为止，有关方仍在同当地人和全球其他地方的人进行巧妙谈判以制造全球重视的特点。高端生产价值（本地化的专业全球技术）的关键特点便是一个恰当的例子。对国家品牌专家来说，对这一过程进行监管仍然很重要（尤其是该过程在不同市场上的实施方式）。

更深层次的政治问题是想象地理能达到何种本地化程度，或能达到何种多样化容纳程度。新西兰品牌是采用一种特殊的、很大程度上非常独特的方式理解新西兰并使其运转的，即一种特殊的文化环境图标同成功参与全球竞争的组合。许多新西兰人也许并未从这类形象中看见自己或自己的愿景，即便他们认为这些形象很漂亮（Dürr，2007b）。同贫穷问题、卫生问题和日趋扩大化的收入、教育和健康等不平等现象作斗争的社会群体被掩盖了，如同多元文化和不够"绿色"的环境做法的复杂政治一样。

第三，国家品牌化应采取何种方式重构新自由主义全球化竞争？重构应到何种程度？国家品牌化虽并不算新颖的观点，但也揭示了国家应如何维持重要想象物，陈述重要的全球化行为人。国家品牌化高度突出了涉及的想象地理及其在全球化中的产生、相应的干预做法和新一轮对社会机构和识别性的关注。同破坏性自由主义主张的"回滚"（Peck 和 Tickell，2002）不同的是，国家品牌化是一项积极项目，该项目中，地理被视为非常重要的一点，而推出社会项目的可能性也增加了。同此点相冲突的是，目前仍然是跨境投资和贸易流动以及深度的扩张主义全球化。技术是全球化的，同许多起支撑作用的想象地理一样；有可供聘用的全球品牌专家，从而消除优点，将领域扁平化。新西兰品牌同全球性成功有关，同当地对全球的追求或挑战无关（当地由全球实施管理）。从更积极的方面说，该品牌及其内在文化项目或政府技术并不排除这一追求。通过了解调动的想象物包括与未包括的内容，以及是否可采取不同方法想象更本地化的未来，新西兰品牌揭示了某种在竞争中不一定会倒退为另一种行动的政治可能性。

（鸣谢：本研究由马斯登基金会支持，并由新西兰皇家学会负责管理。笔者谨向笔者在研究中访谈过的新西兰贸发局官员和各行业组织鸣谢。特别致谢新西兰旅游局主要事件协调员戴维·伯特，是他让我对东京巨型橄榄球大厅作了评论；另外特别致谢所有参与橄榄球打气和推广工作的人士。）

参考文献

Allen, J. (2008) "Powerful geographies: Spatial shifts in the architecture of globalization", in S. Clegg and M. Haugaard (eds), *The Handbook of Power*, Los Angeles, CA: Sage, 157–173.

Anholt, S. (1998) "Nation brands of the twenty–first century", *Journal of Brand Management*, 5, 6, 395–406.

Anholt, S. (2003a) *Brand New Justice: The Upside of Global Branding*, Oxford: Butterworth–Heinemann.

Anholt, S. (2003b) "Branding New Zealand", Interview with Linda Clark, National Radio, New Zealand, 13 June.

Anholt, S. (2007a) *Competitive Identity: The New Brand Management for Nations, Cities and Regions*, Houndmills: Palgrave Macmillan.

Anholt, S. (2007b) http://www.simonanholt.corn/, accessed 15 November 2007.

Anholt, S. (2009) *Places: Identity, Image and Reputation*, Houndmills: Palgrave Macmillan.

Araujo, L. and Kjellberg, H. (2010) "Shaping exchanges, performing markets:

The study of marketing practices", in P. Maclaran, M. Saren, B. Stern and M. Tadajewski (eds), *The Sage Handbook of Marketing Theory*, London: Sage, 196–218.

Banks, G., Kelly, S., Lewis, N. and Sharpe, S. (2007) "Place 'from one glance': The use of place in the marketing of New Zealand and Australian wines", *Australian Geographer*, 1, 15–35.

Bell, C. (2006) "Branding New Zealand: The national greenwash", *British Review of New Zealand Studies* (BRONZS), 15, 13–28.

Callon, M., Méadel, C. and Rabeharisoa, V. (2002) "The economy of qualities", *Economy and Society*, 31, 2, 194–217.

Cloke, P. and Perkins, H. (2002) "Commodification and adventure tourism in New Zealand", *Current Issues in Tourism*, 5, 6, 521–549.

Coyle, F. and Fairweather, J. (2005) "Challenging a place myth: New Zealand's clean green image meets the biotechnology revolution", *Area*, 37, 2, 148–158.

de Chernatony, L. (2009) "Towards the holy grail of defining 'brand'", *Marketing Theory*, 9, 1, 101–105.

Dinnie, K. (ed.) (2008) *Nation Branding: Concepts, Issues, Practice*, Oxford: Elsevier.

du Gay, P. (2002) "Cultural economy: An introduction", in P. du Gay and M. Pryke (eds), *Cultural Economy*, London: Sage.

Dürr, E. (2007a) "Arcadia in the Antipodes: Tourists' reflections on New Zealand as nature experience", *Sites: A Journal of Social Anthropology and Cultural Studies*, 4, 2.

Dürt, E. (2007b) "Representing purity: National branding, nature, and identity in New Zealand", Paper given at Transformations '07: Composing the Nation: Ideas, Peoples, Histories, Languages, Cultures, Economies, Congress of Te Whāinga Aronui, Council for the Humanities, Wellington, 27–28 August, http://www.humanitiesresearch.net/news/representing_purity_national_brand_ing_nature_and_identity_in_new_zealand_1, accessed 6 June 2010.

Florek，M. and Insch，A. (2008) "The trademark protection of country brands: Insights from New Zealand"，*Journal of Place Management and Development*, 1，3，292–306.

Gibson，C. and Klocker，N. (2004) "Academic publishing as a 'creative' industry: Some critical reflections"，*Area*，36，423–434.

Jackson，P. (2004) "Local consumption cultures in a globalising world"，*Transactions of the Institute of British Geographers*，29，165–178.

Jackson，P., Russell，P. and Ward，N. (2007) "The appropriation of 'alternative' discourses by 'mainstream' food retailers"，in D. Maye，L. Holloway and M. Kneafsey (eds)，*Alternative Food Geographies: Representation and Practice*，Amsterdam: Elsevier，309–330.

Jackson，P., Ward，N. and Russell，P. (2009) "Moral economies of food and geographies of responsibility"，*Transactions of the Institute of British Geographers*，34，1，12–24.

Jessop，B. (2008)"The knowledge-based economy"，*Naked Punch*，10，http://www.nakedpunch，com.

Jones，D. and Smith，K. (2005) "Middle-Earth meets New Zealand: authenticity and location in the making of *The Lord of the Rings*"，*Journal of Management Studies*，42，5，923–945.

Klein，N. (2000) *No Logo*，London: Flamingo.

Kuznetsov，Y. (2006) "Leveraging diasporas of talent: Toward a new policy agenda"，in Y. Kuznetsov (ed.)，*Diaspora Networks and the International Migration of Skills: How Countries Can Draw on Their Talent Abroad*，Washington，DC: World Bank.

Lamer，W. (2007) "Expatriate experts and globalising governmentalities: The New Zealand diaspora strategy"，*Transactions of the Institute of British Geographers*，32，331–345.

Lamer，W. and Le Heron，R. (2002) "The spaces and subjects ofa globalising economy: A situated exploration of method"，*Environment and Planning D: Society and Space*，20，6，753–774.

Larner, W., Le Heron, R. and Lewis, N. (2007) "Co-constituting neoliberalism: Globalising governmentalities and political projects in Aotearoa New Zealand", in K. England and K. Ward (eds), *Neoliberalization: States, Networks, People*, 223-247.

Lash, S. and Lury, C. (2007) *Global Cultural Industry*, Cambridge Polity Press.

Lawn, J. with Beatty, B. (2005) "Getting to Wellywood: National branding and the globalisation of the New Zealand film industry", *Post Script*, 24, 2-3, 125-143.

Lawn, J. (2006) "Creativity Inc: Globalising the cultural imaginary in New Zealand", in Janet Wilson and Clara A.B. Joseph (eds), *Global Fissures: Postcolonial Fusions*, Amsterdam: Rodopi, 225-245.

Lawn, J. (2010) "Branding the landscape: Ian Wedde's literary critique of the 100% Pure NZ campaign", School of Social and Cultural Studies seminar, Massey University, Albany, 11 August, 2010.

Le Heron, E. (2004) "Placing geographical imagination in film: New Zealand film-makers' use of landscape", *New Zealand Geographer*, 60, 1, 60-66.

Le Heron, E. (2008) "Making film-landscapes and exploring the geographical resonances of *The Lord of the Rings and Whale Rider*", Doctoral thesis, Department of Geography, University of Sheffield.

Lewis, N. (2007) "'New Zealand Educated': Rebranding New Zealand to attract foreign students", Global Higher Ed Weblog (editors: K. Olds and S. Robertson), 11 December, http: //globalhighered.wordpress.com/2007/12/11/new-zealand-educated-rebranding-new-zealand-to-attract-foreign-students/.

Lewis, N. (2008) "Brand New Zealand wine: Where are we at, and what more should we be doing?", in C. Moore and K. Moore (eds), *Building Wine Brands: Proceeding of the Inaugural New Zealand Wine Business Symposium*, EIT, Napier, 17-18 June.

Lewis, N., Lamer, W. and Le Heron, R. (2008) "The New Zealand designer fashion industry: Making industries and co-constituting political projects", *Transac-*

tions of the Institute of British Geographers, 33, 42–59.

Lury, C. (2004) *Brands*: *The Logosof the Global Economy*, Oxford: Routledge.

Maclaran, P., Saren, M., Stern, B. and Tadajewski, M. (eds) (2010) *The Sage Handbook of Marketing Theory*, London: Sage.

Mayes, R. (2008) "A place in the sun: The politics of place, identity and branding", *Place Branding and Public Diplomacy*, 4, 2, 124–135.

Miller, D. (2002) "Turning Callon the right way up", *Economy and Society*, 31, 2, 218–233.

Mitchell, T. (2008) "Rethinking economy", *Geoforum*, 39, 1116–1121.

Morgan, K., Marsden, T. and Murdoch, J. (2006) *Worlds of Food*: *Place*, *Power*, *and Provenance in the Food Chain*, Oxford: Oxford University Press.

Morgan, N., Pritchard, A. and Piggott, R. (2002) "New Zealand, 100% pure: The creation of a powerful niche destination brand", *Journal of Brand Management*, 9, 4/5, 335–354.

New Zealand Way (1993) *Brand New Zealand*, Auckland: New Zealand Way.

Olins, W. (1999) *Trading Identities*: *Why Countries and Companies Are Taking Each Other's Roles*, London: Foreign Policy Centre.

Olins, W. (2003) *On Brand*, London: Thames and Hudson.

Pan, S., Tsai, H. and Lee, J. (2010) "Framing New Zealand: Understanding tourism TV commercials", *Tourism Management*, 32, 33, 596–603.

Pawson, E. (1997) "Branding strategies and languages of consumption", *New Zealand Geographer*, 53, 2, 16–21.

Peck, J. and Tickell, A. (2002) "Neoliberalising space", *Antipode*, 34, 3, 380–404.

Pike, A. (2009) "Geographies of brands and branding", *Progress in Human Geography*, 33, 619–645.

Power, D. and Hauge, A. (2008) "No man's brand –brands, institutions, fashion and the economy", *Growth and Change*, 39, 1, 123–143.

Prince, R. (2010) "Policy transfer as policy assemblage: making policy for the creative industries in New Zealand", *Environment and Planning A*, 42, 169–186.

Saren, M., Maclaren, P. and Goulding, C. (2007) "Blurring the boundary: Towards a conceptual reconstruction of the relationship between production and consumption", *Revista Romana de Marketing*, 2, 1, 21–36.

Sinclair, J. (2008) "Branding and belonging: Globalised goods and national identity", *Journal of Cultural Economy*, 1, 217–231.

Skilling, P. (2005) "Trajectories of arts and culture policy in New Zealand", *Australian Journal of Public Administration*, 64, 4, 20–31.

Stern, B. (2006) "What does brand mean? Historical –analysis method and construct definition", *Journal of the Academy of Marketing Science*, 34, 216–223.

Tourism New Zealand (TNZ) (2009) "Pureas: Celebrating 10 years of 100% Pure New Zealand", available at: http://www.tourismnewzealand.com/media/106877/10%20year%20anniversary%20of%20100%20%20pure%20new%20zealand%20campaign%20–%20pure%20as%20magazine.pdf.

Tzanelli, R. (2004) "Constructing the 'cinematic tourist': the 'sign industry' of *The Lord of the Rings*", *Tourist Studies*, 4, 1, 21–42.

United Nations World Tourism Organization (UNWTO) and European Travel Commission (ETC) (2009) *Handbook on Tourism Destination Branding*, Brussels: ETC and UNWTO.

Vaudour, E. (2002) "The quality of grapes and wine in relation to geography: Notions of *terroir* at various scales", *Journal of Wine Research*, 13, 2, 117–141.

Warren, S. (2002) "Branding New Zealand: Competing in the global attention economy", *Locum Destination Review*, Winter, 54–56, http://www.locumconsulting.com/pdf/LDR10BrandingNZ.pdf, accessed 7 June 2010.

Westgate, J. (2010) "Brand value: the work of ecolabelling and place–branding in New Zealand tourism", unpublished Masters thesis, The University of Auckland, Auckland, Summary available at: http://www.tourismresearch.govt.nz/Documents/Scholarships/JustinWestgate_BrandValue_ecolabellingNZ–Tourism.pdf.

17 超越国家品牌：在国际关系中的品牌形象与品牌识别

◎ 西蒙·安霍尔特

17.1 引　言

1996 年我初次提出称之为"国家品牌"的概念。我最初的观察非常简单：国家（亦可引申至城市和地区）的声誉类似于公司和产品的品牌形象，对国家、城市和地区的发展、繁荣和良好管理同样重要。不幸的是，"国家品牌"一词在无知的政府与野心勃勃的咨询公司的合谋下很快便被扭曲为"国家品牌化"，该词极具误导性，似乎意味着通过商业营销传播手法即可直接操控国家的形象。虽然在过去 15 年以来"国家品牌"不断得到提倡，但我从未看到过丝毫证据证明"国家品牌"是可实现的：无案例研究、无调查，亦无任何颇具说服力的论点。我总结为评判国家的标准是国家一如既往的行为而不是国家的言辞，同时，事实证明一个国家可通过广告营销提升其声誉的观点非常有害且具有惊人的回弹效应。

我不得不承认，虽然我已经研究该课题多年，但我并不确定我是否知道何为"品牌化"。在商界，"品牌"最少可以有三种不同的含义：第一，"品牌"可指产品的设计识别（产品本身的外观、包装、商标、标记、信息等）；第二，"品牌"有时可指产品背后组织机构的文化；第三，"品牌"可指产品或企业在其目标受众心目中的声誉（这就是 1998 年我的第一篇论文中所用的"二十一世纪国家品牌"一词的意思，虽然在此上下文中"品牌形象"一词更为贴切）。因此，人们可能认为品牌化可能与该种含义相关：品牌化系指设计产品标记（这正是品牌化机构的工作）；品牌化与创建或打造强大的企业文化或组织机构内部的"任务"有关（实际上，在此上下文中品牌化一词并不常用）；品牌化系指产品获得声誉的手段，这就是问题的起源。就第一种意义而言，品牌化实际上与国家及其以何种方式展示于世界其他国家有一定的相关性，但仅仅只是比较单调的工作，尚未开始证实"国家品牌化"的特别之处。国家通过其无数的国家机构与世界上不同的专业受众达成大量交易，如果在进行交易时所有该等国家机构始终使用设计良好的材料，当然可以为其赢得更好的印象。如果一个国家的文具、名片、企业宣传视频、信息手册、公报、新闻稿和网站等分别具有商标和专业的"外观和感觉"，无疑会令人觉得这是一个组织严密且自律的现代国家，拥有高效的结构、流程和机制。如果这就是"国家品牌化"，那么我撤回我的所有异议：国家品牌化是非常明智且完全可以实现的标准；所有国家均应努力做好品牌化；确保外交官在款待外国国家元首时提供的恰如其分的好处同样重要；但是我难以理解为何心智正常的人会花时间将"品牌化"理论化，更不用说还就其著书。

我的观点是这种意义上的"品牌化"，从本质上而言是一种消极的运作：无法赢得任何新的客户、无法改变任何人的想法、无法增加市场份额或无法以任何重要的方式影响国家的前景，仅仅只是良好的实践活动、一种心理安慰、一种管理方式。当然，对于繁忙的零售业环境中的低成本快速消费品而言，品牌化（从平面造型设计或企业标识角度而言）几乎与产品本身一样重要，因为设计是能将一种产品区别于其竞争产品的少数几种参照物之一；同时产品及其包装材料的吸引力对于消费者而言比广告更具推动力。这就是习惯于在本地商业领域强调品牌识别的品牌化机构为何如此深刻地探讨该等事宜的原因，政府工作人员经常受该等论调影响。但是国家并不是用来出售的，不会轻易混淆、不是快速消费品，当然也不会采用包装材料包装，因此不能简单地嫁接该等原则。

当人们希望"品牌化"是可以直接建立或提升品牌形象的一项技术或一套技术时（耐克的杰出品牌形象，即出色品牌化的成果），真正的疑惑开始产生。实际上，事实并非如此。耐克拥有杰出的品牌形象是因为出色的产品销售量。品牌建设主要是通过产品开发和市场营销，与品牌化没有太大关系（我在前文中所述的品牌化系指商标和包装设计的情况除外，在此情况下品牌化当然促进了市场营销进程）。如果人们购买了一种产品并发现产品质量良好，这就会为该产品建立良好的品牌形象；该产品亦将赢得良好的声誉，该声誉会逐渐传播至非用户。如此，即使是未曾购买该产品的人也会"知晓"该产品质量良好。由此，声誉不断传播，销售额上升，企业价值增加。这就是商业成功最重要的因素之一。

但是用"品牌化"一词来暗指建立品牌价值的方法既不准确也不合理——因为根本没有这样的方法。优秀企业生产的良好产品和服务需要积极的品牌形象，该形象最终将对企业产生影响并成为企业的主要资产。同样地，一个声誉良好的国家的良好产品、服务、文化、旅游业、投资、技术、教育、商业、群众、政策、活动和事件也需要积极的品牌形象，而该形象最终亦将对国家产生影响，也可能成为国家的主要资产。

我要传达的信息是明确的：如果一个国家认真对待提升其国际形象的问题，则应集中精力于"产品开发"和"市场营销"而非追逐"品牌化"的幻想。想要提升国际形象没有捷径可走。只有始终如一的、协调的和持续的世界级的有实际使用价值且不容忽视的相关想法、产品和政策方可逐渐提升产生该等想法、产品和政策的国家的声誉。

我往往将此过程总结为包括三个主要成分：战略、内容和象征性行动。

（1）战略。简单来说，战略就是了解一个国家及其当前的地位（实际情况以及根据内部和外部看法进行的判断）、该国今后的发展方向以及如何达到这个目标。与战略发展相关的两大主要困境如下：①将不同国家行为体的需求和欲望协调至几乎同一个方向；②寻求一个既鼓舞人心又切实可行的战略目标，因为这两项要求经常互相矛盾。

（2）内容。内容是指通过展开新的经济、法律、政治、社会、文化和教育活动有效地执行该战略：可带来预期进展的真正创新、商业、立法、改革、投资、事业机构和政策。

（3）象征性行动。象征性行动是指拥有内在交流能力的一种特殊种类的内容：有可能是具有暗示性的、不同寻常的、显著的、独特的、有报道价值的、时事性的、诗意的、令人感动的、出人意料的或引人注目的创新、结构、立法、改革、投资、事业机构或政策。最重要的是，象征性行动是战略的象征：他们既是国家轶事的组成部分，亦是国家轶事的讲述方式。

象征性行动的好例子如下：斯洛文尼亚政府对巴尔干半岛的邻居进行经济援助，从而证明斯洛文尼亚并非巴尔干半岛的一部分；西班牙将同性婚姻合法化，从而证明其价值观已经现代化到了完全相反于佛朗哥时期的程度；爱尔兰政府决定免除艺术家、作家和诗人的所得税，从而证明爱尔兰尊重创造性人才；爱沙尼亚声明互联网访问权限是一项人权，不但向游客收取高额费用，从而证明其尊重自身的文化身份，同时关注起环境的脆弱性。

一项单独的象征性行动极少取得任何持续的效果，因此需要尽量从不同的领域发起多项象征性行动从而建立丰满且令人信服的形象；同时该种象征性行动还需以不间断的方式持续数年。象征性行动不能是空洞的——必须是交流内容而不只是交流。我认为政府不得完全出于与品牌相关的原因行事；任何象征性行动均不得仅仅设想或专用于形象管理或形象变更。任何活动或行动均应首先以实现现实世界的真实目的为目标，否则便会承担虚假和无效的风险，同时被视为宣传（更不必说使用纳税人的钱，在此情况下往往极难申辩）。

很明显的是地方需要新的专用结构用以协调、构思、发展、维持和促进完整的证据链。传统的贸易机构或政府机构并不能实现该目的。

17.2 地方声誉为何重要

为了避免对品牌的概念产生困惑，2007 年我特意采用不那么具有吸引力的"竞争性身份"一词作为研究本课题的一本著作的书名。采用该书名可能降低了此书的销售额，但通过此举我表明了一个观点，即国家形象更多地与国家认同以及颇具竞争力的政治和经济相关，而非像商界（或对此一无所知的群众）通常的观念认为国家形象更多地与品牌化相关。

如今，世界各地似乎都希望提升、扭转、改变或经营国际声誉。但是我们对其在实践中的意义以及商业手段应用于政府、社会和经济发展等方面时的有效性和是否能够承担相应责任的认识仍然十分欠缺。许多政府、大部分咨询公司和部分学者对"地方品牌化"的理解尚停留在十分肤浅的阶段，他们认为"地方品牌化"只不过是标准的产品促销、公共关系和企业识别，而产品只是由一罐黄豆罐头或一箱肥皂粉变成的一个国家、城市或地区。

正确认识该领域至关重要。当前，全世界就是一个大市场。全球化的快速推进意味着各国无论试图引入何种资源（投资人、援助、游客、商务访问者、学生、重大事件、研究员、旅游作家和优秀企业家）或试图推出何种资源（产品、服务、政策、文化和观念），如果该国形象不佳或形象负面，则会大打折扣，如果形象良好或形象正面，则会事半功倍。

全球市场拥挤不堪，多数人和组织机构并无时间对其他地方进行详细了解。我们都体验过这个充满既成观念的现代世界的复杂性，而该种既成观念则形成了我们的知识背景，即使我们并未完全意识到这一点，也并不总是承认这一点：巴黎就是时尚、日本就是技术、瑞士就是财富和精确度、里约热内卢就是狂欢节和足球、托斯卡纳区就是优质生活，而大部分非洲国家则是贫穷、贪污、战争、饥饿和疾病。我们大多数人太忙于顾虑我们自己和我们自己的国家是否花太多时间了解其他 60 亿人口和其他近 200 个国家，从而对其形成完整而公平的看法。对于我们可能并不会了解或拜访的大部分人口和地方而言，我们只是凑合采用相关的总结，只有在我们出于某种原因对其特别感兴趣的情况下才会深入了解。当你没有时间读一本书的时候，你只会从封面评判这本书。

上述既成观念——无论是正面的或负面的还是真实的或不真实的——都从根本上影响了我们对其他地方及其人民和产品的行为。这似乎很不公平，但是没有人可以改变这一事实。一个国家很难劝服世界上其他地方的人们打破自己心目中的既成形象而开始了解该形象背后丰富的复杂性。一些十分先进的地方由于声誉欠佳没有得到需要得到的充分关注、游客、业务或投资，而其他地方目前虽然名不副实，却仍然享受着数十年前甚至数百年前所获得的良好形象所带来的福音。

因此，所有责任政府需代表其人民、公共机构和公司衡量并监测世界对其国家的看法，并制定战略经营国家形象。关键工作在于努力赢得公平、真实、强大、极具吸引力，对经济、政治和社会目标确实有用，真实反映人民的精神、天赋和意愿的声誉。这一项艰巨任务已然成为 21 世纪行政机构需掌握的主要技能。

就办公而言，政府继承了选民最具价值资产的神圣职责：国家的良好声誉。其任务在于至少以接手时的状态将国家的良好声誉传承给继任者。

17.3　以韩国为例

　　韩国总统李明博（Lee Myung-bak）似乎是一位认真承担了这一责任的领导，根据我的调查，他还确定了提高韩国疲软经济的任务——安霍尔特—捷孚凯国家品牌指数（NBI），以此作为国家未来成功和繁荣的一个特别重要的挑战。韩国是一个有趣的案例：这个国家已在过去30年中取得了显著进步，在繁荣、稳定性、透明性、效率、教育等许多其他重要领域都取得了巨大进步。高品质电影、音乐和电视的"韩流"已经将韩国打造成了东亚和东南亚的媒体明星，但很明显，就算没有出现实质性的负面形象，其形象仍然很薄弱，在这个区域外，研究表明，许多国家的人们甚至都不确定两韩之中哪一个好哪一个不好，或可能两者都不好。

　　之所以韩国的国际形象不好并不是因为韩国花在推广自己方面的资金太少，而是因为大多数其他国家的大多数人对韩国根本没有兴趣，他们更感兴趣的国家是秘鲁、约旦、爱沙尼亚和纳米比亚。目前，没有令人信服的理由让他们对韩国感兴趣。

　　大多数国家的大多数人甚至对自己的国家都不是很感兴趣，至少全世界200个左右的其他国家都是如此。他们感兴趣的是自己的生活、自己的家庭、自己的邻居。也许他们有时候会想想经常在新闻中出现的美国或中国或阿富汗或其他一些国家。也许他们偶尔会想想自己的邻国、朋友或亲戚所居住的另一个国家或他们希望有一天能以游客或外来务工人员和学生的身份而前往的另外的国家。然而，欧洲、美洲、东南亚或其他地方的大部分人会花时间思考韩国的这一想法都仅仅是幻想。韩国可以花上千亿或万亿韩元来推广自己的形象，它仍然不会使自己和外国人的日常生活有任何关系。全世界最可爱的标志也不能让人去欣赏与他们无关的国家有：政府似乎就仅仅似乎在烧钱。

　　而应该强调的是，旅游宣传则是另一回事。这就如同销售产品给消费者，而不是试图改变人们对一个国家的想法，而广告是实现这一目的的合法的和行之有效的方法。从某种意义上说，尽管"国家品牌"这个概念既神秘又复杂，但实际上其基本原理很简单。"品牌"一词来源于营销：消费者想知道"这对我而言是什么?"在这个基本层面上，很显然，一个国家对自己的人民、成功和繁荣的成果将永远不会自动提高其声誉，这仅仅是因为他们没有让（国外）"消费者"受益。

我因此更加高兴地听到韩国国际协力团主任 Chang See-jeong 在 2009 年济州岛和平论坛上宣布：韩国打算在 2015 年之前将海外发展援助的份额提升至国民总收入的 0.25%。这就意味着，韩国要加入微小俱乐部依然还有很长的路要走，因为联合国所建议的百分比为国民总收入的 0.7%，但它肯定比美国或日本在最近几年实现的百分比更高。显然，一个国家不能简单地通过对减贫花更多的钱就能买到好声誉，但自愿增加援助比例却是一个强大的象征性姿态，说明韩国已准备开始对事关人类的问题做出重大贡献——而不仅仅针对韩国人。

17.4　对各国的企业社会责任

所以，如果一个国家想要被崇拜，那它就必须具有相关性，并且为了成为相关的国家，就必须参加有益的、富有成效的、有创意的全球"对话"，这些对话的主题是关于任何地方和其他地方的人的事情。这些议题的清单很长：气候变化、贫困、饥荒、毒品、移民、经济稳定、人权、妇女权利、土著人民权利、儿童权利、宗教和文化宽容、核扩散、水、教育、腐败、恐怖主义、犯罪、战争和武器控制都只是其中最明显的一小部分。很难想象，任何一个不能在这个清单上选择至少一个具有特殊意义的项目的国家会找到一种方法做出突出的、缜密的、有意义的和难忘的贡献及做出全球性的努力。这种行为在商业世界有很好的先例。在过去 20 年左右的时间里，越来越明显的一点就是，未能证明自己并保持较高的道德标准的企业，其透明度和社会责任很快就会失去消费者的信任和尊重。

对"企业社会责任"的批评称该方法已贬值了，这是因为在许多情况下，它只不过是粉饰门面的工具而已。但是，面对尝试"搭便车"的情况，媒体和消费者自然倾向于增加审查，并要求采用更高的标准，这就降低了企业逃脱"绿洗"或空宣传的机会。公司最后被迫把自己的社会责任视为董事会的事宜，而不是公关公司的问题。当然，这里所述的基本原则与我在本章前面所强调的一样：为了达到较好的声誉，正如苏格拉底已经观察到的，我们必须努力以我们所希望的那样的形象出现在大家面前。换句话说，有必要向人们证明我们的美德。如果消费者尊重的价格持续下去且企业责任的确凿证据也有，而并非只是虔诚的声明，那么对大家来说会好很多。

但是，如果一个人愤世嫉俗，认为说教"三重底线"的组织当中有75%都仅仅是门面的话，那么，所有这些公司当中有1/4都从根本上对做生意的方式、手段、原因和影响进行了审查，并处理好他们的行为结果，这一事实就是革命性的。如果各个国家、城市和地区如今都只迷恋自己的声誉价值，遵循相同的原则，那么将会是怎样的一场革命呢？国家品牌指数数据清楚地表明，越来越多的国家有越来越多的人都感到无法欣赏或尊敬那些污染地球、进行腐败或允许腐败、践踏人权、藐视法治的国家或政府：换句话说，是同样的观众开始为将他们应用于企业的相同标准用于审视国家。在短短的几十年里，消费者的力量已经改变了商业规则，并转变了企业行为，而且其程度似乎超出想象。希望在未来几年消费者的力量对国家、城市和地区实现类似的转变似乎是合理的。

17.5　意大利：付出代价

当然，从追求道德政策获得的潜在收益伴随着不会从中获得相应的收益的风险。例如，根据国家品牌指数，意大利的国家形象在世界上排名第六，在旅游方面排名榜首，在文化领域排名第二。业务和管理较差的在排名方面就会不利，难以达到期望水平。

然而，当更密切关注过去几年里意大利的排名情况的时候，却有令人担忧的问题：它在国家品牌指数中的排名前10位的国家当中不仅是最不稳定的国家，而且还处于稳步下降的趋势。自从国家品牌指数在2005年的最后一个季度稳定下来之后，意大利的排名已经下降了2.3%——这个数字听起来可能不是很多，但是以这样的速度持续下去的话，10年之后，意大利的排名将比墨西哥还差。

有一点似乎很清楚，那就是意大利的品牌在绝对值方面实际上并没有下降：之所以意大利的NBI的分数下降如此之快是因为世界对一些问题的看法一直在变化，而意大利正在以非常缓慢的速度被"挤出"新方案。由于国家品牌指数已用多年来的大量事实证明，国家形象通常是非常稳定的，每年都几乎没有什么改变。意大利似乎面临的不是形象吸引力方面的损失，而是这种形象对许多人的相关性下降：换言之，意大利似乎要过时了。

引人关注的是，其中意大利与全球舆论越来越淡化联系的领域之一就是其环保标准和承诺：比不时常关注气候变化的另外一个国家还要糟糕，意大利被认为是一个拥有极为重要的自然和文化遗产的国家，但却在这些方面做得不够，没有保护好这些遗产。

意大利不是因这种看法而致使其形象受损的唯一国家；中国和美国的形象（中国的形象被其拖累的程度比在治理和人权方面更为严重）也遭受着这种看法的损害。自奥巴马总统上台后，美国大部分地区的分数都大幅提高，但仍有待观察，以确认这一"希望标志"持久与否。

我们是否注意到"消费大国"革命的第一批受害者？当然，这还言之尚早，但毫无疑问，国家间的舆论也开始成为国际关系中的主权权力这一复杂方程式中的一个强大的新要素。

17.6　主权的悖论

主权的根本问题是国家领导人，假设他们在乎民意，最关心自己人民的意见。甚至即使他们没有当选领导人，这是很简单的自我利益问题。而且，当他们的国家利益不符合其他国家的国家利益的时候，政府都会集中精力取悦它们的选民，以取悦外国人口为代价。事实上，民粹主义政客如马哈茂德·艾哈迈迪—内贾德（Mahmoud Ahmedinejad）和乌戈·查韦斯（Hugo Chavez）有时依靠让某些外国公众不爽来提高其吸引力。

但可能不会太天真地希望事情慢慢发生变化，矛盾可能会开始自行解决。各国政府目前面临越来越多的问题，跨越了国家主权（其中我前面提到的长长的清单中，从气候变化到军备控制，都是没有国界的），由于各国政府面临的其本国人民的共同分担的挑战越来越多，而且这些群体通过分享问题感到自己与其他国家的人民之间的关系越来越紧密，领导者们就更难追求与"国际社会"截然不同的议程。毕竟，共同的悲剧可能不会注定是永远的悲剧。

共同的道德塑造着如今全世界大多数地方所接受的行为界限。这种道德以人权、环保、法治、反殖民主义、民主和自由市场经济学为特点，而通过持续的研究和讨论证实，这些价值的普遍性非常正确，也不否认对所述某些原则的基本共识感。有些政府今天似乎不介意被视为道德国际舆论的局外人，或认为没有必要保持一个积极的国家形象，但这些政府屈指可数。

越来越多的区域和多边集团的出现也推动了国家获取支持或至少避免其他国家的舆论谴责。例如，欧盟成员国的多数政府都希望避免在欧盟的其他地方招致公众反对，因为公众反对会降低其支持自己国家的利益的能力，以及其他多边"俱乐部"中出现的类似效果，如北约、东盟和南方共同市场。

对于那些依赖于外国援助的发展中国家而言，被看作是值得援助的国家是它们接收到国外援助的一个基本前提：捐助国政府不可能长期将他们纳税人的钱用来支持"品牌形象"极差或负面影响很大的机构或国家。中国愿意伸出援手，援助金数额巨大，而不考虑这样的问题，这个处理方式已让道德大为不安、不平衡，但有迹象表明，有同样的机制正逐步把中国纳入符合"道德多数派"的意见——当然，中国本身依赖于国际舆论，以便其所有重要的出口维持正常。其中一个方法，政府似乎觉得国际公共审批比起自己的审批更有价值，让他们去珍惜、寻求和维持。共同的价值观和相互尊重的机制似乎比过去每个十年中的机制都能更好地发挥作用。正如在企业领域，赢得并保持良好的口碑正成为进入市场的成本。在市场之外的生存已不再是一种选择。

17.7　富有就好

所以，在我看来，大多数国家应该要的最后一件东西就是"品牌"。如果品牌形象把一些丰富和复杂的事情变成一个简单、单纯的一维公式，那么很多国家都可能会做得更好，以摆脱它。国家品牌肯定是个问题，而不是解决方案：品牌化是媒体和公众舆论对国家所做的事情，而不是政府应该对自己的国家和人民所做的事情。国家需要的是世界各地的人民都能对其土地、人口、文明有更丰富、更深刻、更复杂、更细致入微、更加民主、更加混乱、更加人性化的认识——而不是采用捏造出来的印象来代替继承的印象。

随着少数漫画的出版，为什么埃及受访者为丹麦的打分在国家品牌指数中下降了 36，而他们为美国的打分却从来没有下跌超过 6？因为丹麦有一个简单的品牌形象，而美国在一个世纪前就已经超越了。大多数埃及人只知道关于丹麦的一件事——这是一个北欧国家——因此他们崇拜它；然后，他们学到了新的东西——它侮辱了他们的先知——让自己的形象有 50% 的减分，而且他们讨厌它。与此相反，埃及人对美国就知道成千上万的事情，因此一个新的负面事件其实只会损害其一小部分形象，而造成的损害也很有限。

大多数国家会尝试的事情肯定是教育而不是品牌：找到帮助其他国家的人了解他们的方法；并增加和庆祝其自身的复杂性，而不是降低其复杂性。这就是为什么我已经声称，文化关系是我曾经遇到过的唯一能有效证明"国家品牌"的方式。已成功实行多年的文化关系的国家的经验表明，一致的、富有想象力的文化交流的确能最终创造出一种充满了尊重和宽容的环境氛围，这无疑也有利于增加在技能、知识、产品、资金和人员方面的贸易合作。彼此了解的人往往会相处更好，相处好的人往往愿意彼此进行更频繁、更自由和更大利润的交易。

我记得听到过一份美国与英国人侵伊拉克若干年之后在伊拉克所做研究的报告，这份研究表明，年轻的伊拉克人被问及他们对在巴格达存在的英国士兵的态度：受访者中约 99% 都对他们的存在表示了强烈的反感，但 1% 的人持有更赞同的意见。原来，这 1% 的人几乎完全相当于曾经使用过巴格达的英国文化协会图书馆的人数。如果您是通过了解和分享他们的文化来认识人，那么你就很难去恨他们。有时你可以去恨他们做了什么，但是这很容易处理，也很容易恢复。当然，将文化关系效应的范围扩大到超出国家文化中心能直接涉及的有限数量的个人以外是一个挑战。这是一个需要缓慢进行的工作，它需要在某个时间由无数训练有素且高度敬业的人民来完成。

文化关系的一个最重要的方面是"文化推广"从来都不是完全令发送者或接收者满意的。没有人喜欢拥有其他国家的文化习惯或强加注意：英国文化协会在过去 80 年中一直在紧张学习相互关系的重要性。

这一原则的基础是那些喜欢文化的人们喜欢搞文化，而不是期待去欣赏另一个国家的文化，因此，两个国家的文化结合在一起就显得更有价值、更令人兴奋和更有效。参与总是比推广更为高效，听着不可或缺的修辞不如自己说话。如果你想从别人那里得到你想要的东西，唯一合理的方式就是询问他们想从你这里获得什么。这样的基础是一种重要的、必要的、不得替代的方式，能解决、避免和减少人民之间的仇恨和无知：其中，文化既是问题也是解决方案。在我看来，它能增进国家之间的彼此了解，比那种将国家的历史、文化和人口进行还原然后向从一把枪一样的释放给其他国家这样的危险游戏更为安全、更有价值。

你对其他文化的理解有差异，但是忽略这些差异，好的话就会找到保护和孤立方式，不好的话就会灌输仇恨和暴力。在不理解和尊重为背景的前提下，在最坏情况下，分歧依然是无害的，最好是富有成果的关系来源—— 对立的交融和文化多样性是地球上最有创意和最具生产力的。正如我 2006 年在文章中写道，"如果世界各国政府把最聪明的公司已经学会将价值的一半放在其声誉上，世界将比现在更加安全、更加安静"。在我看来，尽管今天的评论家们几乎处于慢性悲观的状态，但是我们有理由相信这个充满活力的东西会变得更好。

PART **4** | 第 4 部分

结　论

18 创新、品牌、资金及其他：谈论城市品牌化的理论视角

◎ 亚当·阿维德松

18.1 引　言

城市品牌化现在是一种普遍的做法。在过去的几十年里，欧洲和美国很多城市都试图以不同程度的成功塑造其自身品牌，或者是如亚洲，将改造自己成为有吸引力的旅游胜地和企业搬迁地（Braun 和 Lavagna，2007）。可以说，城市品牌可以看作是整体转向"创业"城市治理的一部分——大卫·哈维（1989）定位于20 世纪 70 年代中期。作为对传统的制造业经济体衰退和正在形成的新的全球经济的回应，许多城市政府已经放弃了先前的"管理"做法，这主要是集中在当地提供服务及设施。相反，他们把重点放在促进地方发展和增长的新途径上，尤其是现在全球城市工作和企业搬迁的"零和竞争"（Sassen，2007）。在这个阶段，品牌逐渐代表和象征当地政府希望构建的城市新形象。例如，哥本哈根市展开了架构扩展并通过支持一系列的节日和文化活动来大大投资于让城市的"地下"文化生活更为官方化，从而成功地吸引企业总部，以此替代衰退的工业基础设施（汉森等，2001）。然而，在最近十年中，城市品牌的实践又进了一步。消费者品牌化已经从符号干预和创造一个有吸引力的象征符号晋升为更为深远的尝试，去制造更有影响力的附件或围绕产品而开展的生活方式（阿维德松，2006）。所以，城市品牌现在包含更宏大目标，而不仅仅是促成良好的商业氛围或能够"把城市置于地图上"的重要架构。城市品牌现在还包括通过各种形式的被 Michel

Foucault 称为"生命政治"的干预形成理想的生活（和压抑或不良的抑制），直接解决做法、生活方式和主体性（福柯，2004；Rose，1999）。

城市品牌的这种更具有蔓延性的、生命政治性的转折在强调"创新"方面表现得尤为明显。继 Charles Landry（2000）的作品尤其是 Richard Florida（2002、2005）之后全球城市政府——从日本大阪到密歇根州兰辛——又采取了一系列的措施，以促进人群之间的创意氛围和创意生活方式，以此作为繁荣和发展的重点。这种干预主要集中在"软因素"上，就像在投资或重新部署文化和教育机构，内城街区的再生，选择性地使用许可的法律来创建有关特别的夜生活或对"放荡不羁"的生活方式给予更多的包容。总体而言，它一直推动着特定风格的发展，被认为是能促进特定的观点和大部分城市人口的心态问题（Brooks，2000；Lloyd，2006）。一般来说，推广这样的"创意"生活方式已经被认为不仅有利于经济增长，同时也有利于社会和文化的现代化。一份联合国关于创意经济的报告宣称："创意经济有可能会带来收入和就业机会，同时促进社会包容、文化多元性和人类发展"（联合国，2008）。作为经济增长的一个重要驱动力，创新一直受到反复批判，包括概念方面（Lovink 和 Rossiter，2007；阿维德松，2007）和经验方面（Peck，2005；Oakley，2004）。这种批评表明创造力的主要功能是不同的。

有趣的是，专注于创意是城市品牌的重要方面，也恰逢最近一波的金融扩张，这铸就了日常生活中金融化不断扩大。在 2000 年 dot.com 热潮崩溃之后，新的金融惯例一直专注于中国和东南亚，但主要还是专注于抵押贷款和信用卡债务的金融化。反过来，这可以被看作是迈向福利中心方面的一个长期过程的最后一步，养老金直接到金融市场。这样一来，房地产市场已成为租金分配的最重要的机制。很显然，创意城市品牌一直有利于高档化战略，已带动市内房价显著上升。例如，在米兰城，在高档化的投资和"创意"的生活方式的相关推广有利于城市品牌化，因为"时尚城市"已经对时装零售业的街道 Via Montenapoleone 大街增加了 5 倍租金（阿维德松等，2010）。这样，"创意城市"模式建立了生命政治干预和其结果的金融物价之间的直接联系。在本章中，我想扩大这种联系，认为"创意城市"模式代表了一个成熟的品牌推广模式，它正是生活和金融之间的连接。我也会就当前生产力的发展是如何超出了这种模式这一问题提出建议。为了开始展开这个无可否认的而又复杂的说法，可能有必要回到著名的 1977 年

"我爱纽约"活动，这可以说是推广"创意"作为一个理想城市特征的开始（尽管以我所知，这种精确的术语从来没有使用过）。

18.2 "我爱纽约"

虽然城市振兴派在纽约有着悠久的传统，而纽约市早在1934年就建立了旅游和会议局，1977年"我爱纽约"活动也是很新奇的（格林伯格，2008）。这是因为活动汇集了三个不同的因素的全新配置，这三个因素都保持至关重要的当代"创意城市"品牌模型。

首先，全球化以及随之而来的去工业化和经济结构调整削弱了曾经在这个城市充当福特主义社会的基本组成部分的蓝领工人阶级，并产生了一波失业和社会动荡。这导致了媒体的一个普遍看法，即旧的社会秩序被打破。同时，不断增长的实力和跨国公司的流动性现在越来越全球化，产生了一个新的情况，即城市形象对影响企业选址决策具有重要意义。有一种看法认为，随着犯罪和社会动乱的增长，可获得的高薪管理工作正在逃离城市。

其次，经济的金融化为经济再分配提供了新的载体。自20世纪70年代初，当Bretton Woods协议和欧佩克（OPEC）危机结束了战后多年的相对稳定的金融体制，这个过程一直在进行。金融市场的新特点显著影响了纽约的品牌化，有两种主要方式。第一种方式是，它给这个城市机会发行债券，以这样的方式走出1975年的财政危机，这是由于上述经济结构调整的影响。品牌化在这方面是至关重要的，作为城市的形象，现在对投资者对风险的看法有着新的影响，因此也对资本成本有新的影响。第二种方式是，纽约的房地产市场开始移动，这是由于废弃后工业内城社区的高档化和中产阶级时尚"阁楼生活"的影响产生的（朱肯，1982）。这确立了住房价格作为中产阶级的财富日益重要的组成部分，因此，赋予了一个城市或一个社区的形象真正的经济价值。

最后，媒介化的过程中提供了工具，这样可以塑造和实施城市品牌的过程。这个过程产生了市场营销和通信专业的新干部以及其他种类的顾问，对他们来说，品牌化和类似形式的文化干预表现为一种自然的解决治理整体问题的方式

（弗兰克，1997；Boltanski 和 Chiapello，1999）。此外，电视频道、电影和生活方式杂志的增值扩大了媒体的剧目，并授权其创建和维护"形象"的能力。随着生活消费的出现，媒体也深入渗透到生活世界，至少深入到中产阶级，从而实现了更大的权力并切实影响到了日常活动（阿维德松，2006）。

因此，从本质上讲，纽约品牌宣传活动启动了一个新策略，利用媒体来打造能够吸引必要的财政资金的形象，从而解决由福特主义和工业城市秩序而导致的问题。但是，需要注意很重要的一点，那就是其范围远远不止塑造形象。城市经济的金融化有效地将权力从民主选举产生的机构进行转移，并转向那些提供了资金的银行和金融精英。通过说服中产阶级的城市工人工会将其养老基金投资于城市债券的方式可以获得民众的支持。此举让大家都对城市的长期经济绩效感兴趣，并产生对多种治理方式的支持效应，可以促进有利于这些长期的经济绩效的生活方式和惯例。结果具有双重效应。一方面，它造成了使用城市资金支持多种文化政策，以吸引国际化管理的人才。正如大卫·哈维介绍的流程：

统治精英感动了，但常常易怒，支持文化对外开放。对销售、性和身份的自恋型探索成为资产阶级城市文化的主旋律。艺术自由和艺术执照被城市的强大的文化机构推动和主导，实际上，倾向于文化的新自由化。"癫狂的纽约"（使用 Rem Koolhaas 难忘的短语）擦除了民主纽约的集体记忆。虽然依然有斗争，但这个城市的精英加入生活方式的多样化（包括附属于性倾向或性别的）的需求，并增加了消费者的利基选择（如文化产品等领域）。纽约成为后现代文化和思想实验的震中（哈维，2005）。

另一方面，这导致了对不利于这种气候的生活模式的监管和抑制，像那些叛逆者，通常都是少数民族青年和城市贫民，最终导致 Rudolph Giuliani 市长倡导的 20 世纪 90 年代著名的"零容忍"运动，这无形中净化了曼哈顿岛屿的不良分子和生活方式。

因此，纽约品牌化建立品牌的意义远远不只是一个城市的符号或形象。它成为一种新的治理方式，能有效地将金融市场与生命政治的干预措施相结合，旨在不只是塑造和形成形象和符号，而且还形成了实际做法和生命形式的新组合。在最近几十年来，这个组合已经不只蔓延到了其他城市，而且远远超出了城市的范畴，扩展到了新型消费者、企业甚至是个人的自我管理。为了理解这一点，我们需要仔细看看品牌相对于信息经济中的金融新核心的经济功能。

18.3　品牌与金融

虽然使用商标或"品牌"的年代已经非常久远，但是随着 19 世纪后期大规模生产和大规模消费的迅速发展，品牌获得了一个极其重要的经济功能。由于既美观又实用的新型商品的激增，品牌对人为差异的构成就变得至关重要，而这种差异可以促进产品价格之间的差价，更为通俗的说法是，使市场选择成为可能。这样，品牌可以理解为一种建立各种人为"垄断租金"的早期机制。人为"垄断租金"已经成为符号信息经济运行之根本（哈维，2001）。但是，在战后的几年里，商业品牌的制度经历了一个意义重大的发展。营销专业人员开始意识到，一种更具有垄断地位的消费文化的新型流动性和象征生产力对品牌物体吸引这种垄断租金的能力有着重大影响：简单地说，对影响可口可乐品牌价值的可口可乐，年轻人想到什么和做了什么。虽然，这个问题在今天看来似乎不言自明。但是，消费文化在 20 世纪 50 年代引起了一次重大的品牌重新概念化，并且确立品牌管理是企业管理的一个重要方面。具有重要意义的是，品牌管理的目的不仅是品牌本身、品牌设计、广告以及媒体参与，而且与品牌相关的消费习惯也至关重要。换句话说，由于品牌管理的确立，品牌从一个具有简单符号的产品（能够将它们与其他产品区别开来）发展为能够管理各种生产实践的一种制度。这种制度形成于企业组织之外、消费者之间和其他参与者之间。根据定义，这种制度既不直接产生收益，也不直接进行支配。用一种更通俗和更抽象的说法来说，随着现代信息经济的开始（各种生产实践高度社会化），品牌已经从符号工具演变为生物政治工具。

当新型信息技术和通信技术的全球化和激增使全球价值链的重大延伸成为可能时，这种生物政治品牌实践的规模进一步地得到发展。如苹果或耐克之类的品牌与其说代表的是单一的产品，不如说更多地代表了一种特别的生活形式。这种生活形式体现在不同产品（外包工厂制造的产品）和不同媒体文本的激增中。同样地，企业品牌作为赋予复杂生产网络的连贯性和方向的一种手段，其重要性也得到提高。最后，个人品牌已成为自由知识工作者的一种重要手段来清楚地表明他们有能力利用生产网络中体现出来的所有智慧（赫恩，2008）。可以表明的是，品牌从符号工具到生物政治工具的转变对于品牌制度的显现一直是必不可少的，而这种品牌制度是当代价值积累的一种关键机制，即认知资本主义。 在这方面，系统化品牌作品使价值创造流大大地适应社会需求，而这种价值创造流的发展没有受到企业的直接管理。这可能是消费者的问题。消费者通过使品牌成为他们日常生活的一个重要部分，赋予产品某种价值。这也可能是员工的问题。员工超越了他们工作说明中包含的事物，将他们的创造力和热情慷慨地奉献给了雇主。或者，至关重要的是，这可能是市民的问题。市民接受了各种生活方式，而这类生活方式对各种城市品牌政策来说是成功的。可以这样说，当代生物政治品牌是管理"难以管理事物"的方法，也是提供一种环境的方法。在这种环境中，实践自下而上是有条理的，并允许以适当的方向显现出来。这种品牌功能，即通过各种方法正式组织自由实践的能力，通过以下方法得以实现。这类方法能够使他们产生各种结果，产品商品化，进入企业价值流，也解释品牌传播不仅是企业管理和城市管理的产品市场，它是一种组织形式。品牌已经成为一种组织形式范例，这是因为品牌为价值文化获取的形式提供了一种制度，而价值获取对于信息经济来说是非常重要的。

与此同时，金融市场重要性和作为金融财产的品牌重要性都有着显著提高。这意味着，作为企业积累的一种手段，金融租金的直接收益已经变得越来越重要。在所谓的以股东为方向的企业管理中，游戏的目的首先不是为了从某个所有权，即内部生产过程中获取剩余价值而配置私人资本，而是尽可能大份额地获取全球剩余价值。这种全球剩余价值在金融市场中是循环传播的（Lazonick 和 O'Sullivan，2000）。然而，由于股份和其他企业资产的表现长期以来取决于公司直接管理之外的一些因素，如消费者善行乃至金融市场本身的感情，所以，大部分股份价值现在被归属为所谓的无形资产，如品牌或名誉。品牌体现了公司有能力从其流通的社会环境中吸引这种珍贵的外来影响。换句更通俗的话说：在早期，福特主义模式金融市场使公司获益是因为公司有能力将私有生产资源运用到工作中。在现有模式中，金融市场使公司获益是因为公司有能力从其社会环境中吸引外来生产力（Marazzi，2008）。

然而，由于无形资产难以衡量，部分是因为它们位于企业控制范围之外，另外部分是因为复杂的、不可预知的价值流本质（无形资产代表的价值流），所以难以精确地评估它们的价值（吕里和摩尔，2010）。品牌通过提供一种惯例填补了这一空白。这种惯例能够使无形企业资产的估价合法化，还能够使各种账面价值通过建立会计制度而获得。通过这种方式，品牌可以衡量企业是否有能力从其社会环境中吸引自由生产资源。

如果这种模式可以扮演当代企业品牌的角色，那么它怎样应用于城市品牌呢？我们需要考虑的是，愈演愈烈的转变，即"生物政治"城市品牌形式在过去的十年里已经发生。这段时期也是城市经济金融化白热化时期，主要是通过扩大房地产市场重要性而实现的。房地产市场在城市经济方面已经实现了两个互相关联的目标。首先，商业房地产市场已经成为城市经济增长的一个重要引擎。其次，私有房地产市场已经成为经济再分配的一个重要机制。总的来说，经济再分配偏爱中产阶级。当绅士化使下层阶级居民迁入到钟爱的中产阶级居民近郊时，这就导致了许多城市阶级结构的重组。这种绅士化既促进计税基数的增加，也降低福利事业的开支，从而提高许多市政府的财政收入。但是，由于城市房地产的价值动态，尤其是中部邻居和周边邻居的相对价值难以精确预测，投资者需要其他事物来支持他们的投资决策。城市品牌，如企业品牌，实现了这一功能。其方法是创建一种惯例，使得与房地产投资相关的风险看起来是可预测的，并易于控制的。可以证明的是，在投资者以及银行眼中，某个城市的房地产价格为何高出邻近城市的两倍，即类似差异为何可以应用于绅士化邻居和非绅士化邻居之间。

18.4 创造力

那么，这一切是如何与近来提出的城市品牌"创造力"这一概念特征联系起来的呢？有关"创造力"的论述可以追溯到20世纪90年代后半期dot.com的急速发展。值得回忆的是，首次明确地把"创造力"用作一种政策术语出现于第一届布莱尔政府下的英国文化、媒体和体育部门发表的创意工业专题报告中（DCMS，1998）。虽然，这种政策术语的定义在那时与政策是极其不相干的，但是，作为一种新型生产要素的"创造力"主要是与新型媒体部门的迅速发展相关的。媒体部门意味着企业资本主义的停止，而这种企业资本主义过去表达的是非正统亚文化城市。随着商业互联网的发展，在线企业投资也蓬勃发展，因此，先前那一代失业大学毕业生现在从事与品牌生产相关的事业，而这种品牌生产能够满足企业资本的需求（Niessen，2009）。这些失业大学毕业生在先前的数十年中接受了有关电脑黑客和新型媒体艺术方面的教育。这样，"创造力"就意味着对先前所称的亚文化、反文化或非正统文化进行商业配置。

这种建议应当归入一个更广泛的社会框架中。作为一种生产力量，创造力的发展应归因于几个重要因素。首先，自20世纪60年代以来，媒体科技以及新型生活方式（缺少组织特性）的传播已经大大提高符号生产力或日常生活的"综合智力"（使用Paolo Virno（2004）的表达方式）。这有效地使从事各种符号生产的能力适应社会的需求，而这类符号生产过去在文化产业中享有特权。网络信息和通信科技的传播大大地促进这一发展，从根本上提高了生产潜力，使普通人易于获取必要的信息和知识。其结果是大规模地导致生产力社会化，而这种生产力大部分从有组织的企业资本主义范畴中脱离出来。

其次，综合而言，中等教育的拓展，特别是在媒体、艺术和商业管理领域，创造了一大批"拥有从事文化生产（或许更重要的是，组织这种生产过程）的技能和才华的"人，产生了一大批熟练工人，往往超过了市场需求。因此，此部门很多人失业，但必须具有"保持市场利润率和从事自发形式的生产的"动机。一些人（像拥有罕见技巧的软件工程师）能够在自发生产和市场生产之间进出，在开放源的背景下，在有偿就业和雇用之间分享他们的时间。事实上，在一个开放源背景下获得了声誉的一些部门成为了雇用的一个先决条件。

最后，社会学家记录了全球中产阶级的价值观演变到后物质主义价值观的长期转变。这已被翻译成许多社会运动，这些活动推动了创新性成为大众社会被压迫的严酷情况的一种备选，以及作为大规模的"布登勃洛克效应"，通过它，全球中产阶级的孩子们越来越多地选择有创造性的职业生涯，不在乎微薄的经济前景。

这三个发展的综合结果是一个巨大的、自主的生产力的增长，实质上是由某些与主流消费社会的价值观不同的那些价值观促动，在20世纪60年代和70年代期间，不断增长的生产力推动了社会运动和反系统的反主流文化。创新性的概念可以被理解为开发成了新自由主义策略，以便在企业资本主义的笼罩内保持此自主生产力。在经济发展中，"创意产业"的论述指一些推动这种趋势的尝试，在这种尝试中，自主生产力是针对"可以进入企业服务市场"的那一类文化内容的生产。在"创意城市"的论述中，相同资源被用于产生一些类型的生活方式，该生活方式能使品牌形象必然减少房地产投资者的风险。

18.5　超越创意城市

大卫·哈维（2005）表明：新自由主义模式可被视为"蒙混过关"过程的结果，其中，已成为精英的人们试图通过一系列的没有总体战略构想的临时措施来面对社会变革。在城市品牌化领域，这已演变到"创意城市"模式，信息经济的两个主要结构方面是统一的：更多的财政分配中央机制与日益增长的社会生产自主性相连。在对生活方式和实践进行创新时，通过关于以生物政治干预的相关形式对创造性的论述，这种社会生产自主形式被置于工作中，可以为惯例或品牌提供依据，能够降低投资者的风险感知。

至关重要的是：要强调创新性品牌化这一主要的金融作用。当促进基于生产的经济发展成为创意城市模式的一个主要思想目标时，研究表明，至少在英国，对"真正的"经济的影响已微不足道，而对房地产价格的影响已很明显（Oak-ley，2004）。在所有情况下，目前的金融危机已造成了严重的、可能是永久性的不稳定，打击了以品牌为中心的金融积累的模式（这是该模式的一个重要组成部分）。因此，创意产业受到了重创。即使政策措施通过启动金融市场，大量注入流动性，成功地解决了目前的危机，但这很可能仍是个短期解决办法。大规模财政扩张阶段，如过去的三年期是一个深刻的结构性问题的表现：现有的制度秩序不能在可用的生产资源和未满足的需求之间实现匹配（Arrighi，1994）。因此危机只能通过结构改革找到一个长期解决方案。新自由主义模式范例（包括创意城市的范例）已历经被指定的时间。不同的模式看起来像什么？

我们可以找出两种结构的倾向，这两种倾向已被整合到创意城市模式不断增长的不相关性当中。这一点超越了创意城市模式，朝向可能的备选的政策模式前进。作为一个强大的经济和社会现象，它们也都被整合到长期出现的"创造性"当中。

　　首先是价值转变。向着后物质主义价值结构的转变有助于吸引更多的人进入可能不稳定的创造性的职业生涯。这可视为一个过度供给的"创造性劳动"，是年轻人的职业决定中的系统的、非理性的结果。然而，这种情况也可视为由于需求不足，当前系统不能将可用的资源用于生产。这种角度也被一个事实进行了强化，该事实指非常相同的价值转变正产生"现有的创意城市模式未能满足的"一组新需求和愿望。这种新需求结构可以在不断增长的需求中观察到，这些需求是关于民族生产的或公平贸易的消费商品，也是关于有机的或者本地生产的食品，以及关于工艺和独特的对象和可持续生产的商品整体（雷和安德森，2000）。这些新需求构造都与新的不同形式的物质生产有关。相反，现有的创意城市模式主要是为了满足企业非物质生产的需要——品牌形象、广告、事件活动和主要的抽象艺术作品——总之，场面。这种新需求结构是由人们不断增强的生态意识进一步支持的，以表明在响应一个联合式能源、食物和气候危机时，不同的、更可持续的和民族的生产形式将是很必要的。而且，创意城市模式无法部署现有的资源（过度供应的创造性劳动力）以纯粹的引人注意的方式（如企业"绿色洗涤"）来解决任何这些需求。而这种新的需要正开始由一个新兴的社会生产自发组织进行解决。

　　这导致了我们迈向第二结构趋势：日益增长的创意制作实力和自主性。这是由物质生产下降的成本以及与日俱增的自发组织的潜力驱动的。二者都是由于网络信息和通信技术的传播所致。其结果是一个创意制作与企业投资相比后显示出的日益独立性。这通过查看新媒体领域可以很容易观察到。在 20 世纪 90 年代，在吸引了企业投资后，大多数媒体制作出现在 dot.com 公司。当 2001 年危机爆发时，大多数人预测：创新与产品开发将被停止，因此，在可预见的未来，"以互联网为中心"的增长时代将结束。事实并非如此，事实上，出现了相反的情形：创新不仅未被停止，反而在经济衰退时期加速。下一轮"以 Web2.0 为中心"的经济增长由一些人创造，这些人是在危机下一直失业的人，或基本上没资本金，但拥有能够开发新产品的专业知识和技术手段的人。新一轮"新游牧民族"在星巴克咖啡馆利用互联网在其笔记本电脑上创造了新思想和新公司（FOST，2007）。Brain Cohen 例子很有名。他开发了 BitTorrent，这是多媒体内容在互联网上进行交流的最重要软件，没有利用多少资本，而是利用创造性地使用信用卡而生存。一直依靠开发免费的、开放式资源软件延续着这种趋势，它本质上是一个自发的生产系统，用很少或最少的投资开发一个功能（通常是高级的）产品，并在公司服务中驱动重要的二次经济。现在我们可以看到这样的自发生产形式正在网下转向投资给物质产品和服务的生产。这正通过开放式设计和开放式硬件举措的蓬勃发展而发生，借此，实物的设计在对等的项目中合作开发，然后供大家在线免费使用。更重要的是，也许今天通过我们已经看到的本地服务经济、LETS系统、时间银行、社区支持型农业、共同住宅和社会生产的其他形式的蓬勃发展来作为对当前危机的反应（Carlsson，2008）。这些趋势都可能在未来的十年中变得更强大。这种可能的发展有三个基本的驱动因素。

第一，技术的发展有可能继续。这将进一步扩大自发组织的潜力，降低生产成本。现今已可见两个主要方向。我们可以看到：通过降低计算机和互联网连接性的成本，尤其是通过手机，利用移动互联网，在全球南方国家进行传播，从而使现有技术平台进一步传播以及目前数字鸿沟缩小。这将使更多的人参与网上活动，活动涉及从开放的具有创造性的网络到消费者产生的公众舆论的生成。这种进一步的授权也会来自新技术。垂直扩展的连接性（例如，"物联网"，把物体、建筑和机械与网络相连）将是新的和基本的混搭形式。配有阅读器或条形码扫描仪的RFID标签和手机已成为现实。当这些系统被普及，我们可以想象，一个人便能轻易访问用户在产品民族史或社会史中生成的数据。这将进一步提高备选的经济组织形式的潜力，我将在下面论述。最后，物质生产使用的新的更便宜的、更灵活的工具已慢慢出现。未来几十年我们可以期待的最重要的变化之一是物质生产手段可能作为消费品传播。在某种意义上，这已经用打印机开始了。我们大多数人现在都有物质手段，使我们能在家里印刷一本书或我们的照片。当今的3D打印机和1985年的激光打印机的价钱一样多；10年后我们能在家电商柯瑞斯（Currys）买到。虽然我们不能用3D打印机打印太阳能电池板或先进的机器，但他们无疑将改变简单东西（如塑料玩具）的市场。我们还可以期待万能的、多用途的机器的传播，一个熟练的工匠可以用此机器来生产更广泛的物品。事实上，机械工具的成本下降是物质生产全球化背后的主要因素。我们可以期待这种趋势继续下去。

结合开放式设计的蓬勃发展，可想而知，在10年或20年，我们将面临物质生产的更广泛的非消费主义的选择，这是可能的，就像1985年激光打印机和新软件的启用，开创了桌面出版系统的革新，目前开放式设计的廉价物质生产技术的组合将在桌面制作中创造类似革新。事实上，已有一些公司和致力于共享式平台的开放性设计的一批社区一起，提供按需的、定制的制作。

第二，我们可以预期，目前的危机将在需求和创造性资源之间产生越来越多的不匹配。失业率可能会增长，特别是在对经济衰退更敏感的知识类领域。在西方，我们可以预测在设计师、活动管理和架构师的创意层之间不断增长的失业率，也许一般是在管理层。这些人拥有进行自发形式的生产所需的精确技能种类（特别是在其"技术较多和创造性少的"形式中）。许多人会选择这个选项作为失业的备选项（特别是如果它为他们提供了其他好处），这是可能的。实际上，印度喀拉拉邦政府正大量投资于开放源代码软件开发，作为一种方法保持失业的工程师任职，同时生成一个周边运营业态。能量、气候和食品危机在未来的联合影响可能会进一步扩大已出现的需求和现有系统能供应之物之间的不匹配情形，这也将增加备选的生产系统的吸引力。底特律市（一个最充满危机的美国城市）正成为一个城市农业系统发展的"温床"（芬利，2005）。

第三，也是最后，我们已经可以看到一个日益增长的趋势，朝向经济自发组织的备选形式。可替代的货币成为一种蓬勃发展的现实。随着网络化计算机的传播，更广泛的团体和组织发行自己的货币，这在管理上具有可能性，随着更复杂的移动计算设备的传播，可以展望"能使不同货币兑换的"普遍的技术平台，因而也可展望在资本主义经济体之外产品和服务的交易。我们还看到了一批社区购物网络的出现，或消费者产生的评级系统，在此系统中，普通人群讨论或生成"关于产品和服务的效用或社会影响"的汇总的总值判断。这样的系统有潜力发展成一个备选的价值逻辑，通过结合备选的货币，该逻辑可以进一步加强这样一种备选的、非资本主义经济的地位。最后，这种"基于创新和匹配水平"的金融和借贷系统出现（如 Kiva）后，"直接联系社会生产活动和金融市场"的新型金融工具就初露端倪。

这些趋势表明我们可能看到新自由主义模式之外的创造性生产的新形式的发展。越来越多的知识和文化内容生成、食品服务制造或者还有一些实物制造都将以自发组织、自下而上的过程方式展开，这当中基本或者大致上基本可用的资源——比如廉价设备、免费劳动力和众多共享知识——都将发挥作用。重要的不是将这些发展视作对当前经济的简单补充、新的福利方式或者给予失业人员工作机会的方式（利德比特和梅德韦，2008）。当这些自下而上的自发组织很可能为穷人提供新机会或者组织福利事业的新方式，它们也将最有可能支持大量新的商业机会。我们由此可以明确两个主要原因。

首先，我们已经了解新的社会生产形式如何形成新的商业模式和新的混合形式，综合货币价值和社会价值。近些年社会创业的蓬勃发展反映了这一点。但是我们也看到新形式的商业模式出现，围绕开放生产的核心逻辑组织形成。意大利阿杜伊诺电路板公司免费分享其产品设计和技术规格。由此产生的原理具有双重含义：由于电路板是在中国制造，它们最有可能以任何方式被抄袭；并且更重要的，通过免费分享其产品，阿杜伊诺公司创建了一个品牌社区，形成以知识自由流动为基础的强大的情感关系。这可以让阿杜伊诺公司始终位于集体持续创新流程的顶部，以及围绕产品生成的知识经济的核心位置。简而言之，通过免费提供设计，阿杜伊诺公司组织了集体创新流程，从而使得能够始终领先竞争对手。类似逻辑应用于围绕开源创建的商业生态系统，以及谷歌将一个开放式操作系统用于其安卓手机。苹果公司同样也开放了苹果手机的部分操作系统，希望借此鼓励形成一个围绕产品的集体创新流程。利用这种方式，苹果手机的商业价值成为一个平台中集体智慧聚集和流通的一部分：如果你愿意也可以说成是一种技术微博。未来我们可能发现更多的此类发展，比如小设计师们聚集在一起形成开放品牌，将品牌化的剩余价值带回给生产商，或者小制造商发现其他产品分配方式，聚集在网络社区内。下一步会是新的自下而上有组织的金融机构形式。阿杜伊诺目前正在上市一种开放式硬件银行，汇集针对此项繁荣发展的行业的投资。

重要的是，大企业已经开始意识到这种新生产形式的潜力。宝洁公司在过去五年实施了一项开放创新项目，将研发部门的产能提高了大约60%。许多公司，比如诺基亚、亨氏和杜卡迪，都正在寻求类似模式，主动涉及生产过程中的消费者、供应商和利益相关人。能源企业也同样将本地能源生产系统（太阳能板和小型风力涡轮机，连接到P2P电网）中的潜在繁荣视作下一代业务的潜在市场。大型消费品公司比如联合利华和保洁都积极关注"金字塔底部"、参与联合生产商品的全球底层阶级潜在巨大市场，以及经销渠道（Prahalad，2004）。随着生产资源越来越廉价、越来越丰富，这将削弱以大型企业生产开发能力控制为基础的生产和经销方式的垄断，我们再次有可能看到这个方向呈现进一步发展。

其次，随着类似其他生产和经销系统增强，也有可能产生新一波的技术发展。在逐步发展的开放设计社区内，技术创新不断加速，我们已经看到了这一点。另一个领域可以是软件平台和工具开发，用以协调新的替代经济系统。比如说，手机可以很容易转变成能够确定个人展开特殊"信贷"服务意愿的设备，或者是能够彼此沟通并协商"汇率"的替代货币载体功能。在南半球，我们已经看到通过短信接口共享和生成信息的简单稳固系统取得长足发展。喀拉拉渔民现在可以在手机上获得鱼产品市价相关信息；班加罗尔维基海公司正在开发基于短信的协调集体讲价系统，可以降低米或油等基本生活用品的零售价。随着电子标签的普及，会产生彻底革新的价值流管理可能性。这将迫使从实质上重新思考企业当前实施的品牌模式。有可能需要将品牌更少看作是产品的附属，而更多看作是创新和产品开发重要来源的持续社区。产品已经成为品牌物质化的临时代表，而不是品牌代表产品。

18.6 超越创意城市

当前的发展允许我们设想全新经济模式的出现。在这个新的模式中，推动20世纪六七十年代社会运动和次文化，以及培育90年代创意产业的各类自发组织社会生产正在超越当前部署的"创意城市"模式。实际上，当前创意城市模式存在与此类新经济对应的反生产风险。主要有以下三个因素：

第一，创意产业或者创意城市模式依赖对知识产权的强大保护，并且更为普遍地将市场视作唯一对生产限价的合法途径。这限制了更为社会化的知识经济的整体产量，其中知识流通的能力决定了其产量。市场已经证明其是导致大量就业不足或者创意生产商岌岌可危的自制生产形式限价的巨大"瓶颈"。需要重新考虑这个限价机制。

第二，已经显示房地产市场在以创意城市为基础的资金积累和中产阶级化连接过程策略中的核心作用，以创建重要的挤出效应，借此"真正的"创意生产商不仅被剥夺了其生活方式创造的价值，也常常发现自己难以在经历此类转型的社区中继续存在（Oudenampsen，2007）。为了进一步促进基于创新的城市发展策略，需要以城市为基础提供私人空间和公共空间的进入接口，由此容纳并应对此类中产阶级化过程。实际上，马尔默和哥本哈根创意情景研究以及许多其他类似研究都强调了进入生产空间以及活跃多样化的社会互动如何确定创意情景的成功（阿维德森和雅德尔，2008）。

第三，市政府没有将这些事全部任由市场做主，而是协助小生产网络获得工具、资金和市场网络从而发挥重要作用。我们可以设想基于城市的研讨，比如可以接触到尖端科技的曼彻斯特工厂实验室、连接地区创新网络和全球经济流动的基于城市的营销机构，以及能够吸引资金展开小型创业否则将被剥夺此类资源的基于城市的债券。

总而言之，随着启动中产阶级化推动的城市增长策略的金融扩张结束，清楚表明现有的"创意城市"模式已日渐式微。即使理查德·佛罗里达，他也承认了这一点（佛罗里达，2009）。同时，实际"创意"经济中的生产开发也指向不同方式的城市经济开发构建。了解并找到合适的支持方式将是未来几十年重要的城市政策挑战。

参考文献

Arrighi, G. (1994) *The Long Twentieth Century*, London: Verso.

Arvidsson, A. (2006) *Brands: Meaning and Value in Media Culture*, London: Routledge.

Arvidsson, A. (2007) "Creative class or administrative class: On advertising and the 'underground'", *Ephemera*, 7, 1, 8–23.

Arvidsson, A. and Tjader, D. (2008) *Slutrapport: Laboratorium for Spontankultur*, Malmoe: Malmoe Kulturforvaltning.

Arvidsson, A., Malossi, G. and Naro, S. (2010) "Passionate work? Labour conditions in Italian fashion", *Journal for Cultural Research*, 14, 3, 295–309.

Boltanski, L. and Chiapello, E. (1999) *Le nouvel esprit du capitalisme*, Paris: Gallimard.

Braun, E. and Lavagna, M. (2007) *An International Comparative Quick Scan of National Policies for Creative Industries*, Rotterdam: EURICUR.

Brooks, D. (2000), *Bobos in Paradise: The New Upper Class and How They Got There*, New York: Simon & Schuster.

Carlsson, C. (2008) *Nowtopia: How Pirate Programmers, Outlaw Bicyclists and Vacant Lot Gardeners Are Inventing the Future Today*, Oakland, CA: AK Press.

Department for Culture, Media and Sport (DCMS) (1998) *Creative Industries Mapping Document*, London: DCMS.

Finley, N. (2005) "Urban farming may well hold the key to Detroit's future", *Detroit News*, 15 March, http: //www.cityfarmer.org/detroit.html, accessed 1 April 2009.

Florida, R. (2002) *The Rise of the Creative Class: And How It's Transforming Work, Leisure and Everyday Life*, New York: Basic Books.

Florida, R. (2005) *Cities and the Creative Class*, New York: Routledge.

Florida, R. (2009) "How the Crash will reshape America", *Atlantic Online*, March http: //www.theatlantic.com/doc/print20093/metldown –georgaphy.html, accessed 15 February 2009.

Fost, D. (2007) "Where neo –nomads' ideas percolate", *San Francisco Chronicle*, 11 March, http: //www sfgate.com/cgibin/article.cgi? file =/c/a/2007/03/11/MNG KKOCBA645.DTL, accessed 1 April 2009.

Foucault, M. (2004) *Sécurité, Territoire, Population: Cours au Collège de France*, 1977–1978, Paris: Gallimard.

Frank, T. (1997) *The Capture of Cool*, Chicago: University of Chicago Press.

Greenberg, M. (2008) *Branding New York: How a City in Crisis Was Sold to the World*, New York: Routledge.

Hansen, A., Andersen, H.T. and Clark, E. (2001) "Creative Copenhagen: Globalization, urban governance and social change", *European Planning Studies*, 9, 7, 851–869.

Harvey, D. (1989) "From managerialism to entrepreneurialism: The transformation in urban governance in late capitalism", *Geografiska Annaler*, 71B, 1.

Harvey, D. (2001) "The art of rent: Globalization, monopoly and cultural production", in L. Panitch and C. Leys (eds), *Socialist Register*, 2002, London: Merlin Press, 93–110.

Harvey, D. (2005) *A Brief History of Neoliberalism*, Oxford: Oxford University Press.

Hearn, A. (2008) "Meat, mask and burden: Probing the contours of the branded self", *Journal of Consumer Culture*, 8, 2, 197–217.

Landry, C. (2000) *The Creative City: A Tool Kit for Urban Innovators*, London: Earthscan Publications.

Lazonick, W. and O'Sullavan, M. (2000) "Maximizing shareholder value: A new ideology for corporate governance", *Economy and Society*, 29, 1, 13–35.

Leadbeater, C. and Meadway, J. (2008) "Attacking the recession: How innovation can fight the downturn", NESTA, Discussion Paper.

Lloyd, R. (2006) *Neo-Bohemia. Art and Commerce in the Post-Industrial City*, New York: Routledge.

Lovink, G. and Rossiter, N. (eds) (2007) *My Creativity Reader: A Critique of Creative Industries*, Amsterdam: Institute for Network Cultures.

Lury, C. and Moor, L. (2010) "Brand valuation and topological culture", in M. Aronczyk and D. Powers (eds), *Blowing up the Brand., CriticalPerspectives on Promotional Culture*, New York: Lang.

Marazzi, C. (2008) *Capital and Language: From the New Economy to the War Economy*, New York: Semiotext (e).

Niessen, B. (2009) "Going commercial: L'integrazione degli artisti underground a Milano e a Berlino", Ph.D. thesis, Department of Sociology, University of Milano-Bicocca.

Oakley, K. (2004) "Not so cool Britannia: The role of creative industries in economic development", *International Journal of Cultural Studies*, 7, 1, 67–77.

Oudenampsen, M. (2007) "Back to the future of the creative city: Amsterdam's creative redevelopment and the art of deception", in G. Lovink and N. Rossiter (eds), *My Creativity Reader: A Critique of Creative Industries*, Amsterdam: Institute for Network Cultures.

Peck, J. (2005) "Strugghng with the creative class", *International Journal of Urban and Regional Research*, 29, 4, 740–770.

Prahalad, C.K. (2004) *Fortune at the Bottom of the Pyramid*, Pittsburgh, PA: Wharton School Publishing.

Ray, P. and Anderson, S. (2000) *The Cultural Creatives: How 50 Million People Are Changing the World*, New York: Three Rivers Press.

Rose, N. (1999) *The Powers of Freedom: Refraining Political Thought*, Cambridge: Cambridge University Press.

Sassen, S. (2007) *A Sociology of Globalization*, New York: Norton.

UN (2008) *Creative Economy Report*, 2008, Geneva: UNCTAD.

Virno, P. (2004) *A Grammar of the Multitude*, London: Verso.

Zukin, S. (1982) *Loft Living: Culture and Capital in Urban Change*, Baltimore, MD: Johns Hopkins University Press.

19   结论：品牌与品牌地理化

◎ 安迪·派克

19.1   引　言

尽管认知不均衡及研究相对有限，本合集寻求在跨学科和国际背景下确定品牌与品牌地理化的重要性，并聚焦品牌与品牌地理化内容。首先，本书陈述并批判性探讨了出现的品牌与品牌地理化概念和理论文献及实证分析。其次，本书联系并涉及品牌与品牌化空间维度相关跨学科和国际研究，阐述产品、服务、知识以及空间和地方品牌及品牌化的一些方面。再次，本书提出并思考地理了解如何有助于考虑品牌与品牌化相关政治及局限。最后，本合集开始描绘品牌与品牌地理化的未来潜在研究方向。结论章节重申了本合集的主要文稿并提炼更广泛的结论和思考。然后概述了品牌与品牌地理化研究的一些方法论著作和事项，并随后讨论了地理方式如何推动品牌与品牌化政治和局限的相关思考。本书结尾提出了一些未来研究建议。

19.2   文献、结论和思考

本合集消除了品牌与品牌化被目的性理解为"无限概念"（Lee，2002）的想法，建立了形成品牌与品牌地理化的必然空间联系和内涵。地理联系同产品、服务、知识，特别是空间和地方交织的方式看上去不可避免，通过许多文献得以陈述。西莉亚·吕里展现了品牌与品牌化的重要空间制造活动，以及它们占据多重空间的方式。尼古拉斯·帕帕多普洛斯阐述了地方在了解并估值商品和服务在消费者购买决策中的作用时为核心因素。博多·库巴茨确定了香水行业香水创建和品牌化过程中的背景知识和了解。由于看上去"非空间"学科涉及品牌与品牌地理化相关的"空间"和"空间"学科，每个文献都认可地理起着不可或缺的作用，即便这些地理关系及其构建的历史和地理场景性都得以概念化和理论化，并根据不同学科变化塑造形成。这些概念包括比如"基于地方的"品牌和"空间附属"（保尔和杨森，本书第9章）、"地理牵涉"（派克，本书第1章）、"当前"和"非当前"关系空间（吕里，本书第3章）、"地方化"（摩尔，本书第5章）、"地方形象"（帕帕多普洛斯，本书第2章），以及空间和地方在品牌地理和历史构建中的重要性，分别在不同地理维度上进行阐述（杰克逊等，本书第4章）。

　　品牌与品牌化表现和流通中的地理差异化在本书中也非常明显。西莉亚·吕里表明作为边界对象，品牌构建了空间中的活动并显示空间差异，使得它们具备封闭和开放地域的能力。尼古拉斯·帕帕多普洛斯展现了不同市场中特殊国家相关的各类品牌不同含义和价值。Ngai-Ling Sum强调全球流通中知识品牌的不均衡地理涉及的协商和说服。乌利奇·埃尔曼表明西方时装品牌的早期不均衡渗透如何在保加利亚经济转型中发挥构建市场和品牌文化的核心作用。尼克·刘易斯展现了新西兰品牌如何通过正式和非正式空间渠道和网络得以阐述、呈现和覆盖。最主要的，许多文献都表明了微妙的地理方法对空间和地方的地域和关系概念的重要性，承认相关性和地域性、边界和无边界、流动和固定、地域化和去地域化等关系在解释其多样化、变动的以及通常偶然的发展时甚为丰富。正如吕里所言，品牌化物体引入的空间"不仅仅是莱维特描述的广泛、扁平化地球，而是动态、弯曲的多维空间"。

　　品牌与品牌地理化发展不平衡，是这几篇文献中反复出现的主题。利兹·摩尔阐述了强大的品牌所有者和监管者如何塑造品牌地理，让消费者如何体验它们，并在更狭小的地方，以专属的、有用的方式创造地方。盖伊·朱利耶以地方经济、文化、社会和政治的另类观点，研讨了英格兰北部利兹市的精英商界和政治利益与社会组织之间的争辩不休的品牌化。安德鲁·哈里斯和亚当·阿维德松通过城市的房地产市场的空间分布不均匀的资产价格的膨胀情形，强调了"创意的城市"品牌化和金融化及其成果的物价稳定措施之间的关联。安蒂·泰科尔森和亨里克·哈克尔分析了丹麦品牌化的省会城市的政治，还分析了围绕内容、战略和承诺内容的不平等的权力动态。尼克·刘易斯诠释了明确的政治项目，该项目巩固了在具有竞争力的国家发展背景下新西兰品牌的全球化愿景。

总之，此合集中的文献证实：对品牌与品牌化更多的空间感知解读提供了一个揭开它们"神秘面纱"的途径（格林伯格，2008），阐述与诠释了他们的地理关联与内涵。以品牌与品牌地理化在文化上敏感的政治经济为例，证实了这些故事不只是关于制造和构建商品、服务、知识、空间和地方的品牌与品牌化的业务，而且还关于"意义的制造"（杰克逊等，2007）。关于地方的独特本质，其"精神"、"个性"或"心态"（莫罗奇，2002）在一定程度上是易变的、假想的，但品牌与品牌化的生产者、传播者、消费者和监管者能以物质的、象征的、论述的和视觉的形式将它们据为己有，如果品牌与品牌地理化中的地方空间不均匀的结合、盗用和区别被仅仅视为文化构建，结果就会产生局部看法，即伊顿索和科萨里（2006）称：商品用途和交换价值由象征价值进行替换，参见"差异生产"（德怀尔和杰克逊，2003）和政治经济权力动态与"成本和现金"的行为（赛耶，1997）。

"构成品牌与品牌地理化"的不可逃避的空间关联一旦建立，那么下一个概念性的步骤就要进一步思考"这种地理关联如何并且以何种方式被品牌与品牌化机构（重新）构建"。反思本书中多学科的文稿，我们可介绍"起源"的概念。那就是，地理关联被品牌与品牌化构建为暗指、建议或要求具体的和特定的能体现和表明某些东西的空间参照物。简而言之，货物、服务和知识的"起源"是关于品牌所有者应该做什么，以便显示或试图建议某些东西来自何处或与什么地方相关联。就空间和地方而言，起源可以是关于某个地方历史上的真实性的和独特属性，以及与"其他一些类似于或渴望成为的那种地方"的关联。帕帕多普洛斯论证了地方将如何变得越来越重要，摩尔指出：这种形式的起源似乎以流动的方式，利用了尺度和网络，把品牌固定到特定领土或把他们定位于较宽松的空间实体。"起源"不仅旨在构建和管理品牌与品牌化中物质的地理关联，而且还构建和管理象征性的和感知的地理关联。

依据"品牌的原产国"（法乌和普伦德加斯特，2000）进行构建，对于产品、服务和知识而言重要的是："起源"由品牌生产商和传播者来区别他们的空间价值的传播和意义的特定部分。在更先进的经济体中的"成本敏感的"装配和生产和与日俱增的服务交付活动已经外包给了收费较低的能提供国际品质的相当的承包商和分包商（史密斯等，2002；Dossani 和 Kenney，2007）。经济因素迫使高附加值和高薪酬的经济体中的企业去开发更复杂的、多产的高附加值的活动，以进行可防御的、独特的市场定位和低成本的国际模仿和复制（斯托波，1995）。有关创新、设计和造型的更广泛的"知识经济"的叙事和强调内容已经加强和启用了这种流程（Rusten 和 Bryson，2009；森利等，2008）。

　　商品和服务市场的这种发展并未以一种简单的、直线的和地理上统一的方式朝着"非产品的品牌"的"失重经济"前进，正如克莱因（2000）所述：对"品牌与品牌化中这种起源的种类和性质的"考虑和反思呈现出了地理上更细致入微的一个画面。经常被引用的例子是苹果品牌，其"由加利福尼亚苹果公司设计的，在中国组装的"起源，重新向消费者做出了保证，革新和智能比特是由苹果公司位于加利福尼亚丘珀蒂诺"Infinite Loop"总部和研发园区完成的，而产品实际上是在中国组装的，从而使苹果公司能提供有成本竞争力的产品。在其他地方也有此情况，此 Skunkfunk 服装品牌强调"在巴斯克国家设计、在中国组装"，把根源定位于文化繁荣的、有意义的和有价值的传统和真实的地方风格，不管其是否有国际外包经历。豪华时尚品牌巴宝莉部署了一个"品牌等级"，保留其在英国的标志性的雨衣，以保障其贵重的和有意义的"英国人风格"的说法，而品牌等级之下的其更多的商业化的、品牌化的产品被以国际方式外包给中欧和东欧、土耳其、摩洛哥和中国（派克，2011a）。那么，参与了品牌与品牌化的社会机构与原产地的潜力和陷阱进行着较量，正在与贵重的、有意义的一些地方的强大地理关联之间的界限进行交易，寻求掩盖所有地方更商业的、模棱两可的，甚至有破坏性的空间内涵。

　　当考虑商品和服务的品牌与品牌化的地理领域之间的联系时，以及当考虑迁移到空间与地方的领域时，有几篇文献追溯到了棘手的翻译问题，即"品牌与品牌化概念是否以及如何被不同地界定"以便能与空间和地方的客体和主体建立友好关系，参见瓦纳比等人所述。泰科尔森和哈克尔与刘易斯及其他（图洛克，2009）表明：空间和地方是更复杂的、有争议的和流动的实体，可抵制编纂、升华和固定到单一的甚至多个品牌主体，从而进行品牌化过程。地方不只是被拥有和被喜欢，如商品或服务；他们随着时间变化，涉及大量市民。他们不提供一致的、保证质量的与标准的可交付给每个消费者的"产品"或"服务"——每次相互作用时对地方的体验是不同的。当出售商品化的空间和地方以及对它们品牌化的分析和经营时，这个临界点有时似乎已错过或被故意忽略了。关于在地方内公民同意和允许的政治问题如下，谁的地方被品牌化？什么类别的品牌与品牌化？谁变得重要？我们返回到下面这一点。

19.3　方法和品牌与品牌地理化研究

针对跨学科和国际工作的综述，本合集强调了几个问题，涉及研究品牌与品牌地理化的方法。

首先要具有揭示细节和特殊性的意愿，以证明在理解品牌与品牌地理化时对价值的诠释经常引致案例研究的方法优势。这是在一个特定行业或地理环境下，典型地对特定品牌的商品、服务、知识、空间或地点进行的深入探讨（库克和哈里森，2003）或品牌与品牌化（德怀尔和杰克逊，2003）。此外，实证分析的宽度往往比较窄，随着消费品例如服装和食品研究越来越占优势。很少有研究用一些常数进行比对分析来比对异同。例如，米勒（1998）在特立尼达对可口可乐的杂交进行的物质的文化工作探索了不同地方的同一品牌。帕帕多普洛斯采用了一系列的调查和数据分析技术，以国际经验对比了随着时间推移的一系列的商品和服务的作用。泰科尔森和哈克尔的研究对比了在一个国家的背景下两种不同的城市经验。刘易斯探讨了寻求能代表新西兰的一系列品牌与品牌化活动。

案例研究和深入的分析取得了丰富的见解。对品牌与品牌地理化进一步的探讨可能使用一个更加多元化的、多样化的多种不同的混合方法以及有物质的和地理的术语的更广泛的实证建构来提供机会以严格考验我们新的理解。第一，这种努力可能与特殊的棘手问题紧密结合，涉及对货物、服务、知识、空间和地方的品牌与品牌化活动的影响的评估和测量（吕里和摩尔，2010；图洛克，2009）。第二，今后的工作可能探讨失败的实例和事与愿违的品牌与品牌地理化。例如，活动、口号和徽记每年都在变化，加强了品牌与品牌化的短暂感觉，或此类活动巩固了身份和形象，在一个品牌及其品牌化中锁定，以及抑制其演化（汉尼根，

2004)。

　　另一个方法论问题涉及一些方法，"识别并寻求能诠释并选择性地使地理关系构建中的历史和关于品牌与品牌化的叙事"稳定化。杰克逊等使用口述生活史方法来理解新品牌构建的个人和公司故事的交织。豪格、库巴茨、保尔和杨森使用历史的文化和详细的分析，把他们的品牌与品牌地理化的故事展开。刘易斯安排了参与观察，发现新西兰品牌的历史发展和衔接。在其他地方，霍特（2004、2006）的地理学方法有益于品牌与品牌化的"社会构建的详细分析"。该方法在地理背景下定位，并经常比较不同的情况，构建了特殊商品品牌与品牌化的社会空间的介绍，揭露了他们的"社会和空间的历史"（摩根等，2006）。它取自商品的社会生活和历史（阿帕杜莱，1986），商品的"介绍"和"生涯"（Kopytoff，1986）与物质文化的民族志（米勒，1998），以及"介绍"和"生活"的地理方法（沃茨，2005），"商品故事"（修斯和莱摩尔，2004）和"生活故事"（布里奇和史密斯，2003）。从分析的角度，对社会空间的介绍试图把品牌与品牌地理化的联系进行定位：追踪特定的方式，在这些方式中，盗用具有其多层次的意义（哈维，1990）和"想象地理"（杰克逊，2002）的地方，结合和呈现机构的网络，涉及生产、循环、消费和规范（派克，2011b）。帕斯奎内利和瓦纳比等开始也证明了追踪空间和地方品牌的这些历史起源和发展路径的重要性，作为一种途径来诠释他们的有价值的、有意义的属性和特点的选择性的构建。作为"反映了领土的和有关系的理解之间的矛盾"的目标的回声，"品牌地方性"（莫勒奇，2002）的复杂（甚至竞争的）特性意味着识别特定互联的整个主机……可以追溯不同的历史/地理范围内（库克和哈里森，2003），以及广泛的空间流动、表面和网络（布里奇和史密斯，2003；吕里，2004）。

　　最后，关于方法论框架，本合集的文稿中安排的研究设计和策略表明：从一些机构获得关于品牌与品牌化的"访问和合作"可以是具有挑战性的，即使是有问题的。虽然许多章节已从一些机构获得了直接合作，涉及有质疑的关键品牌，其他人不得不在初次和再次的研究和来源的资料中依靠更间接的路线。品牌声誉、形象和身份的价值和重要性意味着：许多商品、服务、知识甚至空间和地方的品牌所有者特别关心保护他们核心业务和声誉资产以及商业和政治保密的遮蔽物。研究的材料或访谈的请求通常被拒绝或再次转向外部关系或公共事务职能或甚至外部咨询机构，重现公司或机构的线路或重新指示研究人员获得公开的网站和其他材料。对于高知名度的品牌及其品牌化是有用的、有信息的且经常是大量的，那么这样的实证材料往往不足以满足更独立的和批判性的社会科学的需要。Huw Beynon（1988）所述的研究的监管和政治可以防止接近相关行动者网站中的关键访谈对象和实证材料（内部营销分析，关于广告宣传活动和形象、关键会议和决议的备忘录的丰富历史档案，等等）。那么，在其他经验背景下，在研究品牌和品牌化地理时，智慧和运气也是有用的。

19.4　品牌与品牌化的政治和限制

正如本合集开端所建议的，品牌与品牌地理化的定位提供了一个"非抽象的出发点"（克莱因，2000），以分析其空间不平衡的发展以及反思他们的政治争论和选择。在消费社会中，品牌与品牌化规范化中（鲍曼，2007），以品牌为基础的行动主义围绕他们的知名度和价值瞄准、抵制和颠覆品牌作为资本主义全球化象征，发展社会批判（Bollier，2005；Boorman，2007；Bove 和 Dufour，2002；Lawson，2009）。但是，品牌与品牌化在政治上是模棱两可的。关于对"不盲目崇拜"的辩论做出的回应，以品牌为基础的行动主义到处都是问题，即缺乏这种活动主义的意义及"反消费者"特征反思性和不确定性（里特尔，2005）；公民关于"品牌来源"的不均匀的政治意识（罗斯，2004）；"以品牌为基础的"作为"品牌的终极成就"（克莱因，2000）；关于"设计师不公平"的狭隘的重点（克莱因，2000）；抵抗象征性的营销追溯到品牌意识的持不同政见者；以及用品牌与品牌化概念和语言进行的抵抗运动的共同选择（Huish，2006）。

只提供品牌与品牌地理化的复杂性、差异性和多样性，以便人们能享受、解构与反思这种研究（库克等，2007），然而，风险回到对片段和意外的发现（Perrons，1999）。目前尚不清楚为何这种反应可以解决规范性问题（马库森，1999；Sayer，2001）和从政治的角度来参与经济、社会和文化的空间不均匀发展的维度（卡斯特里，2004；哈特维克，2000）。从分析的角度看，面临的挑战是联系在一起的，清晰地表达了"经济的奇异性"（Lee，2006）使具有更高灵敏度的社会的和物质的再生产获得复杂度、多样性和多样化（Pollard 等，2009）。这里开发的地理关系在文化上的敏感的政治经济旨在促进对这种品牌与品牌化的解读。打扰和搅乱了已建成的品牌与品牌化的"神秘面纱",突出他们与"地理分化和不平等发展"的关联——对空间附属物的形式、程度和特性提出质疑,如刘易斯(本书第 16 章)管理了政治项目和新西兰品牌的愿望,而非"口述"的意思(库克等,2007),它提供了一些方法,用想象地理把品牌和品牌化就位,去面对马克思所谓的"低俗商品的乌合之众"(沃茨,2005)——缩小炒作并提醒他们"作为鉴定和质量标志的"历史作用。探讨关于"什么样的品牌与品牌化"以及"为了谁"等的规范性问题,可以有助于解决关于"激进的"或"可持续的"消费政治的一些疑难问题(库克等,2007),并审查品牌如何利用针对人群和地方的更进步的方法,从而产生地理上的联系(阿维德松,本书第 18 章;朱利耶,本书第 13 章;刘易斯,本书第 16 章)。

在对品牌与品牌地理化的政治进行反思时,核心挑战是语言和概念的主导地位和用途。在以常用的强大方式提供甚至强迫、订购工具形成社会思想和行动时,语言是很重要的(O'Neill, 2011)。正如通过经济、社会、文化和政治,对人们、地方和事物的"延伸的接触"论证了"品牌"和"品牌化"的概念和语言已经传遍公众和政策论述,并产生了共鸣效果。社会各界五花八门的方面被设想与"品牌"有关,需要独特的"品牌化"。正如 Ngai-Ling Sum 证明:"知识品牌"清晰地表达了"售给商业终端的"商业化的知识。又如亚当·阿维德松诠释了"创意的城市"如何成为一个强大的已品牌化的论述,从而指导城市品牌化行动。尼克·刘易斯和西蒙·安霍尔特也显示了"国家品牌"的观念如何转变为"国家品牌"的实践和商业,超越其原有的范围和意义。这种技术的"流动和采用"通过在不同的地方模仿一个类似公式的"成功的"策略和部署,已产生了均质化(如果不一样),包括由国际"明星建筑师"设计的玻璃和钢材标志建筑;朴实的、轮廓过于分明的波西米亚文化区;城市滨水区的再开发;休闲和零售为导向的复制;壮观的事件例如奥运会和足球世界杯;等等(汉尼根,2004;图洛克,2009)。甚至从颠覆现有品牌或构建的"抵抗品牌"或者"反品牌"的角度,构建论争和抵抗(克莱因,2000;詹森,2007)。正如哈特菲尔德(2004)指出:品牌爱好者和反品牌活动家都分享了相同的对"品牌超人的能量"的信念,品牌语言和品牌风险通过"对品牌理论的潜在偏见的再现"从而缩小了批判的基础。

然而,"品牌"和"品牌化"可以证明一个限制的和局部的简化论者的政治论述。品牌与品牌化概念和语言的通用性和可移性鼓励了对"良好实践"和"快速政策"的升华，用不可避免的简化论者的教训，使之远离他们经常决定的空间和历史背景。这种做法的风险制约了政治对伪商业冥想的对话，此对话是关于"品牌价值"、"品牌资产"以及关于"用于区分在未来竞争中的特别的商品、服务、知识、空间或地点"的依据。但"如何在政治上有意义和有价值"正挑战着占主导地位的品牌（此品牌采用候选的公民的品牌或劳动者的品牌或民间协会的品牌，由精英们构建和服务）。如此的策略为公民、劳动者或民间协会传递了什么？是被困在"他们觉得并不代表他们和他们的地方"的品牌的一种逃避方式？是用自己的品牌替代它？是减少了品牌产生的增值的不平等的社会和分配吗？而不是任何（重新）品牌化的活动，这肯定需要在社会和政治组织形式方面有一个更彻底的和激进的转变。

"品牌"与"品牌化"的论述的限制提出了一个问题：为何不同的和备选的品牌的社会利益选择，表达了人群和地方的身份、含义和愿望。这样的提问通过更多的批判性反思甚至放弃品牌与品牌化的语言和概念，可以发现一些可能性。面临的挑战是找到另一种语言，以表达和交流社会对地方的要求，超越品牌与品牌化狭隘的商业构架。一些人，例如盖伊·朱利耶——令人信服地辩称：品牌与品牌化提供了对一些语言和概念的更方便的和广泛的理解，这些语言和概念提供了一种方式与公民紧密联系，从而创建他们渴望的经济、社会、文化和政治。这种政治的关键是理解品牌，尤其是地方，不是待发现和揭示并以特定方式向世界呈现必要的实体。不能建立单一的"原初时刻"。缺乏品牌的地方不一定是帕斯奎内利术语"从地图上消失"：在国际市场不可见的，缺乏理想，没有参与者。正如尼克·刘易斯在其对新西兰品牌的政治项目的分析中，阐述了商品、服务、知识、空间和地方的品牌与品牌化都在不同程度上从社会的和政治的角度进行构建、商谈和竞争。面临针对社会组织的现有方式的重大挑战时，通过对气候变化、金融化和社会不平等现象开放性的认可鼓励这样的对话和协商。

19.5 未来的潜在研究议程

 未来研究的一个关键领域是关注对经济学的限制和品牌与品牌地理化的错位的"较紧密"的检验。当"品牌必须对消费者更重要，胜过商品本身"这一观点不再是事实，品牌与品牌化的空间解读可以开始质疑和揭露"品牌所有者最害怕的东西"的假象（塞尼特，2006）。塞尼特（2006）继续对商品和服务品牌与"生产成本效益分化"的困境这个问题进行具体化：

 平台制造商的问题是如何使分化有利可图……大众汽车公司已说服消费者相信，适度的斯柯达和顶级奥迪之间的差异（这占他们行业 DNA 的90%份额）证明了顶级模型比低端模型要多卖出 2 倍以上。价格10%的差异如何能被膨胀到100%的差异？

 我们很少知道品牌所有者（特别是在产品、服务和知识方面）如何在自己品牌与品牌化地理中的人工区别、意义和价值的构建方面进行努力。"不同的商品和服务市场中原产地很重要"的问题和重要性有了一个值得探索的途径，尤其是：

 形象构建的区别因此成为生产利润中最重要的。如果差异能以一定的方式放大，则观众将体验消费的热情……视觉上的差异旨在摧毁买方头脑中的斯柯达和奥迪之间任何关联。通过减少关注"对象是什么"，制造商希望出售其关联性。（塞尼特，2006）。

 在"对营销的关注"主要作为"创新替代活动"的背景下，哈特菲尔德（2004）诠释的"品牌毫无道理的忠诚度"是如何构成和维持的，这是一个研究的关键问题。

 在品牌与品牌地理化的经济学的另一个潜在研究领域关注了从分包商到原始设备制造商（OEM）的升级的传统智慧，该制造商在商品生产系统内，通过自己的设计制造商（ODM）到自己的品牌制造商（OBM），为出口市场生产一些标准的、简单的商品，尤其是在发展中国家的生产者（Sum，本书第 10 章；格里芬等，2005）。人们很少关注是否这个线性运动模型"更上一层楼"。更加复杂的和高附加值的活动是可取的。而生产力、工资和创新的潜在经济效益能力被构建，

针对个别企业，至少在一些范围内是针对他们的工人和位置。一个创作谬论可能
起着作用，通过这个，所有生产者尝试用自己的品牌商品和服务进入市场，这并
非同时不可能。当多个生产者在竞争中同时对彼此的利润进行报价，就破坏了长
期业务的可行性，市场可能无法承受这样的品牌增值，策略可能证明是自我挫败
的、危险的和昂贵的。这个难题为领土发展策略提出了一个重要的研究问题，提
倡这个线性升级模型的版本。

注意这些论述，以拓宽一系列方法，把经验主义的重点扩大到也许更困难的
品牌与品牌地理化。为了询问格林伯格（2008）较厚的"神秘面纱"，就需要去
探索已被品牌化的商品，这些商品可能会出现地理上的关联，乍一看，不明显，
包括商品、服务和知识，例如头痛片、保险、移动通信、宠物食品、洗发水、超
市自有品牌、运输等。我们可以借鉴莫勒奇（2005）和他们的经验主义目标商品
所做的工作（库克等，2006）。同样，通过检验已出现差异的空间和地方品牌，
这些差异已被证明在地方市场是毫无价值的并且不可能使物价稳定。当品牌化的
空间和地方不起作用和/或产生令人失望的结果时，这种检验将会很有趣（汉尼
根，2004；朱利耶，2005）。而本合集强调了问题的重要性和一些有价值的文献，
商品、服务、知识、空间与地方的品牌与品牌化之间的关联保证了更进一步的调
查（帕帕多普洛斯，本书第2章；保尔和杰森，本书第9章）。

再次扩大未来的品牌与品牌地理化的经验范围，对他们的不平衡发展开展的
进一步工作将受欢迎，在加剧社会空间的不平等和发展的证据中，超越了至今已
获得重点关注的"全球"品牌。又如苹果的例子，在品牌空间的价值和意义的领
域中，2010年在中国随着其主要的台商独资分包商富士康的工人显眼的自杀率
和劳工动乱，不平衡发展变得格外明显。富士康正竭力满足新兴的国际上对苹果
最新产品iPhone和iPad的需求，苹果试图通过鼓励其主导的承包商从深圳枢纽
到中国北部和中部分散生产，以容纳增加的工资成本的压力（Hille，2010）。然
而，在知名度最高的"全球"品牌中，这种关于"不平等"和"社会动荡"的例
子往往是吸引媒体关注的唯一故事，并被视为在竞争、已品牌化的新闻业务之间
具有新闻价值。在生产和交付货物和服务品牌的地方中，人群之间每天五花八门
的异化的、探索的和不平等的经验无疑是更广泛的、国际的，但很少听说（除了
罗斯，2004）。重要的问题仍是关注品牌与品牌化如何与地方和区域发展相连，
例如在塑造经济结构、就业数量和质量以及消费模式的变化，并在财政严峻的时

期，提供相对便宜的但有争议的激励举措（派克等，2011）。例如，通过劳动力市场，严重的不平等明显地作为权威出现，如汤玛士·嘉德（2000）认为：强大的品牌"将使你从大学或就业市场最好的人群中做出选择，他们会以低工资和低福利、较少的个人发展的需求来为您工作"。此外，"市民们通过他们在空间和地方品牌的表现和体现中，体验他们有意识的或未知的注册，从而完成叙事空间的方式"，这个行为过程已很少受到关注（汉尼根，2004）。

进一步参与品牌与品牌地理化的政治，这样的品牌的所有者关系和他们对品牌的控制权保证了更多的进一步的关注。已经从现有的"反品牌"的工作获得了巨大的洞察力（詹森，2007），品牌与品牌化的逻辑和地方的复杂性之间存在着矛盾。狭隘构想的空间和地方品牌与品牌化寻求升华、清晰表达、展现和销售奇特的理解，关于空间或地方是关于什么的？如何在竞争中从其他空间与地方区分它。例如瓦纳比等表明：地方也应被更好地理解为有多个声音的品牌，而非只是单个声音的品牌，该品牌对于他们一些不同的公民和机构而言，意味着很多不同之事。但如果以此多重的、多种的方式，已被品牌化且已被预计，则这种品牌将使内部的和外部的"消费者"困惑，即使它会更好地反映地方的多样性和不同性。那么，所有权和控制权的问题渗透了这种品牌与品牌地理化的政治。他们提出了深奥的问题，关于地方是否应该有一定程度的品牌所有权，以便通过品牌实践，盗用"他们"的地方作为差异化的价值源。如保尔和杨森表明："斯堪的纳维亚设计"的集体品牌所有权是植根于一个无界限的和不断演变的地方。它提供了一个统一的和明确的叙述，关于在不同的地区、产品和部门的联系会分布和流动更广，其发展背后无单独的机构控制或拥有它。但是最重要的是，因其声誉，它仍然很有价值和意义。阿维德松也介绍了"开放的品牌"的观念，该观念是在信息技术中共享了开放的来源原理之后发现的。阿维德松也想知道：当品牌变得和社区和创新来源一样更加有意义（而不仅仅是私人利润）时，在信息技术中这种社会根源的生产方式的生产性特征是怎样的？这些例子指向了一些棘手的政治问题，关于"无论如何，它是谁的品牌吗？"谁有权决定品牌与品牌化的含义，是由单个声音的大众以及各种多个声音的大众决定？还是由单一的、整体的控制权的所有者决定？

本合集以国际上聚集的一些学科为品牌与品牌化地理提供了概念的和理论的见解，提出了富有成果的和具有挑战性的领域，以对经济、社会、文化和政治的交叉进行未来研究。本合集反映了多学科和国际的工作，作为一种工具来证明"被用来诠释品牌与品牌化和他们社会空间历史的空间关系和影响"的地理文献方式的多样性和多样化方式。这里的论证试图开始参与更广泛的社会科学文献，以便他们对"品牌与品牌化的空间维度"进行了解，以及通过突出展现，更清晰明确地、复杂地把空间和地方融入品牌与品牌化的范围，从而论证地理的重要性，那么有价值的联系会存在于地理学的分支学科之间，并超出了跨学科的对话的"贸易路线"、"旁路"和"危险的交集"（Grabber，2006）。

参考文献

Appadurai, A. (1986) "Introduction: Commodities and the politics of value", in A. Apparadurai (ed.), *The Social Life of Things*, Cambridge: Cambridge University Press, 3–63.

Bauman, Z. (2007) *Consuming Life*, Cambridge: Polity.

Beynon, H. (1988) "Regulating research: Politics and decision making in industrial organizations", in A. Bryman (ed.), *Doing Research in Organizations*, London: Routledge.

Bollier, D. (2005) *Brand Name Bullies: The Quest to Own and Control Culture*, Hoboken, NJ: Wiley.

Boorman, N. (2007) *Bonfire of the Brands: How I Learnt to Live Without Labels*, Edinburgh: Canongate.

Bové, J. and Dufour, F. (2002) *The World Is Not for Sale: Farmers Against Junk Food*, London and New York: Verso.

Bridge, G. and Smith, A. (2003) "Intimate encounters: Culture-economy-commodity", *Environment and Planning D: Society and Space*, 21, 257–268.

Castree, N. (2004) "The geographical lives of commodities: Problems of analysis and critique", *Social and Cultural Geography*, 5, 1, 21–35.

Cook, I. and Harrison, M. (2003) "Cross over food: Re-materializing postcolonial geographies", *Transactions of the Institute of British Geographers*, NS, 28, 296–317.

Cook, I. et al. (2006) "Geographies of food: Following", *Progress in Human*

Geography, 30, 5, 655–666.

Cook, I., Evans, J., Griffiths, H., Morris, R. and Wrathmell, S. (2007) "'It's more than just what it is': Defetishising commodities, expanding fields, mobilising change…", *Geoforum*, 38, 1113–1126.

Dossani, R. and Kenney, M. (2007) "The next wave of globalization: Relocating service provision to India", *World Development*, 35, 5, 772–791.

Dwyer, C. and Jackson, P. (2003) "Commodifying difference: Selling EASTern fashion", *Environment and Planning D*, 21, 269–291.

Edensor, T. and Kothari, U. (2006) "Extending networks and mediating brands: Stallholder strategies in a Mauritian market", *Transactions of the Institute of British Geographers*, 31, 323–336.

Gad, T. (2000) *4D Branding: Cracking the Corporate Code of the Network Economy*, London: Financial Times/Prentice Hall.

Gereffi, G., Humphrey, J. and Sturgeon, T. (2005) "The governance of global value chains", *Review of International Political Economy*, 12, 1, 78–104.

Grabher, G. (2006) "Trading routes, bypasses, and risky intersections: Mapping the travels of 'networks' between economic sociology and economic geography", *Progress in Human Geography*, 30, 2, 1–27.

Greenberg, M. (2008) *Branding New York: How a City in Crisis Was Sold to the World*, New York: Routledge.

Hannigan, J. (2004) "Boom towns and cool cities: The perils and prospects of developing a distinctive urban brand in a global economy", Unpublished Paper from Leverhulme International Symposium: The Resurgent City, 19–21 April, LSE, London.

Hartwick, E. (2000) "Towards a geographical politics of consumption", *Environment and Planning A*, 32, 1177–1192.

Harvey, D. (1990) "Between space and time: Reflections on the geographical imagination", *Annals of the Association of American Geographers*, 80, 3, 418–434.

Heartfield, J. (2004) "Branding over the cracks", *Critique*, 32, 1, 31–64.

Hille, K. (2010) "Foxconn to move some of its Apple production", *Financial*

Times, 29 June.

Holt, D. (2004) *How Brands Become Icons*: *The Principles of Cultural Branding*, Boston, MA: Harvard Business School Press.

Holt, D. (2006) "Jack Daniel's America: Iconic brands as ideological parasites and proselytizers", *Journal of Consumer Culture*, 6, 3, 355–377.

Hughes, A. and Reimer, S. (2004) "Introduction", in A. Hughes and S. Reimer (eds), *Geographies of Commodity Chains*, London: Routledge, 1–16.

Huish, R. (2006) "Logos a thing of the past? Not so fast, World Social Forum!", *Antipode*, 38, 1, 1–6.

Jackson, P. (2002) "Commercial cultures: Transcending the cultural and the economic", *Progress in Human Geography*, 26, 3–18.

Jackson, P., Russell, P. and Ward, N. (2007) "The appropriation of 'alternative' discourses by 'mainstream' food retailers", in D. Maye, L. Holloway and M. Kneafsey (eds), *Alternative Food Geographies*: *Representation and Practice*, Amsterdam: Elsevier, 309–330.

Jensen, O.B. (2007) "Culture stories: Understanding cultural urban branding", *Planning Theory*, 6, 3, 211–236.

Julier, G. (2005) "Urban designscapes and the production of aesthetic consent", *Urban Studies*, 42, 5/6, 869–887.

Klein, N. (2000) *No Logo*, London: Flamingo.

Kopytoff, I. (1986) "The cultural biography of things: Commoditization as process", in A. Apparadurai (ed.), *The Social Life of Things*, Cambridge: Cambridge University Press, 64–91.

Lawson, N. (2009) *All Consuming*, London: Penguin.

Lee, R. (2002) "'Nice maps, sha about the theory'? Thinking geographically about the economic", *Progress in Human Geography*, 26, 3, 333–355.

Lee, R. (2006) "The ordinary economy: Tangled up in values and geography", *Transactions of the Institute of British Geographers*, NS, 31, 413–432.

Littler, C. (2005) "Beyond the boycott: Anti-consumerism, cultural change and the limits of reflexivity", *Cultural Studies*, 19, 2, 227–252.

Lury, C. (2004) *Brands: The Logos of the Global Economy*, London: Routledge.

Lury, C. and Moor, L. (2010) "Brand valuation and topological culture", in M. Aronczyk and D. Powers (eds), *Blowing Up the Brand: Critical Perspectives on Promotional Culture*, New York: Peter Lang.

Markusen, A. (1999) "Fuzzy concepts, scanty evidence and policy distance: The case for rigour and policy relevance in critical regional studies", *Regional Studies*, 33, 869–884.

Miller, D. (1998) "Coca–Cola: A black sweet drink from Trinidad", in D. Miller (ed.), *Material Culture*, London: Routledge, 169–187.

Molotch, H. (2002) "Place in product", *International Journal of Urban and Regional Research*, 26, 4, 665–688.

Molotch, H. (2005) *Where Stuff Comes From: How Toasters, Toilets, Cars, Computers and Many Other Things Come to Be as They Are*, New York: Routledge.

Morgan, K., Marsden, T. and Murdoch, J. (2006) *Worlds of Food*, Oxford: Oxford University Press.

O'Neill, P. (2011) "The language of local and regional development", in A. Pike, A. Rodríguez–Pose and J. Tomaney (eds), *Handbook of Local and Regional Development*, London: Routledge, 551–568.

Perrons, D. (1999) "Reintegrating production and consumption, or why political economy still matters", in R. Munck and D. O'Hearn (eds), *Critical Development Theory: Contributions to a New Paradigm*, London and New York: Zed Books, 91–112.

Phau, I. and Prendergast, G. (2000) "Conceptualizing the country of origin of brand", *Journal of Marketing Communications*, 6, 159–170.

Pike, A. (2011a) "Economic geographies of brands and branding: 'Britishness' and Burberry in the luxury fashion business", Unpublished Paper, CURDS, Newcastle University, Newcastle upon Tyne.

Pike, A. (2011b) "Placing brands and branding: A socio–spatial biography of ' Newcastle Brown Ale' ", *Transactions of the Institute of British Geographers*,

36，2，206-222.

Pike, A., Rodríguez-Pose, A. and Tomaney, J. (2011) *Handbook of Local and Regional Development*, London: Routledge.

Pollard, J., McEwan, C., Laurie, N. and Stenning, A. (2009) "Economic geography under postcolonial scrutiny", *Transactions of the Institute of British Geographers*, NS, 34, 137-142.

Ross, A. (2004) *Low Pay, High Profile: The Global Push for Fair Labor*, New York: New Press.

Rusten, G. and Bryson, J. R. (2009) *Industrial Design, Competition and Globalization*, Basingstoke: Palgrave Macmillan.

Sayer, A. (1997) "The dialectic of culture and economy", in R. Lee and J. Wills (eds), *Geographies of Economies*, London: Arnold, 16-26.

Sayer, A. (2001) "For a critical cultural political economy", *Antipode*, 33, 4, 687-708.

Sennett, R. (2006) *The Culture of the New Capitalism*, New Haven, CT: Yale University Press.

Smith, A., Rainnie, A., Dunford, M., Hardy, J., Hudson, R. and Sadler, D. (2002) "Networks of value, commodities and regions: Reworking divisions of labour in macro-regional economies", *Progress in Human Geography*, 26, 1, 41-63.

Storper, M. (1995) *The Regional World*, New York: Guilford Press.

Sunley, P., Pinch, S., Reimer, S. and Macmillen, J. (2008) "Innovation in a creative production system: The case of design", *Journal of Economic Geography*, 8, 5, 675-698.

Turok, I. (2009) "The distinctive city: Pitfalls in the pursuit of differential advantage", *Environment and Planning A*, 41, 1, 13-30.

Watts, M. (2005) "Commodities", in P. Cloke, P. Crang and M. Goodwin (eds), *Introducing Human Geographies*, 2nd edition, Abingdon: Hodder Arnold, 527-546.